本书获南京大学"双一流"建设
文科中长期研究专项资助

西北政法大学新闻传播学国家级(省级)
一流专业建设经典资助出版

海外学术出版史译丛 | 主编 杨金荣 王立平

施普林格出版史

〔德〕海因茨·格策 著

钱思洁 译

南京大学出版社

江苏省版权局著作权合同登记图字：10－2019－201 号

图书在版编目(CIP)数据

施普林格出版史 /（德）海因茨·格策著；钱思洁
译. －－ 南京：南京大学出版社，2025.1
（海外学术出版史译丛 / 杨金荣，王立平主编）
书名原文：Springer－Verlag：History of a
Scientific Publishing House
ISBN 978－7－305－25106－1

Ⅰ.①施… Ⅱ.①海… ②钱… Ⅲ.①出版社－史料
－德国 Ⅳ.①G239.516.9

中国版本图书馆 CIP 数据核字(2021)第 231240 号

出版发行　南京大学出版社
社　　址　南京市汉口路 22 号　　　　　邮　编 210093
丛 书 名　海外学术出版史译丛
丛书主编　杨金荣　王立平
书　　名　施普林格出版史
　　　　　SHIPULINGE CHUBANSHI
著　　者　海因茨·格策
译　　者　钱思洁
责任编辑　官欣欣
照　　排　南京紫藤制版印务中心
印　　刷　徐州绪权印刷有限公司
开　　本　635 mm×965 mm　1/16　印张 39.25　字数 490 千
版　　次　2025 年 1 月第 1 版　2025 年 1 月第 1 次印刷
ISBN　978－7－305－25106－1
定　　价　128.00 元

网　　址：http：//www.njupco.com
官方微博：http：//weibo.com/njupco
官方微信：njupress
销售咨询热线：(025)83594756

总　序

　　一百余年前，踌躇满志、意气风发、学成归国的新青年，高吟荷马诗句："如今我们已回来，你们请看分晓吧。"（You shall see the difference now that we are back again.）他们借诗言志，抒发他们建设国家、舍我其谁的豪情，其志其情，至今令人难忘。新文化运动健将北京大学教授胡适就是其中的代表。他1917年学成回国，从上海登岸，在申城待了十余天，特别花了一整天时间调查了上海的出版界，发现简直没有几本书可以看的，无论是研究高等学问的书，还是供人旅途消遣的书。中文书出版状况如此，英文书出版更是如此。

　　一百多年前，站在学术文化思潮前沿的新文化运动领军人物何以如此关注当时的中国出版呢？

　　新文化运动催生了一批竞相绽放的出版物，其最重要的意义是为中国革命和中国社会的转型与进步做了重要的思想铺垫，陈独秀创办的《新青年》为中国共产党的成立做了思想的动员，由此改变了中国历史的进程。出版与新文化运动相伴而生，出版之于思想解放与文化学术建设的意义不言而喻。

　　新文化运动健将们倡导白话文，引进新式标点，推动分段标点本的白话小说出版，这些都对中国出版的现代化产生了积极的影响。他们也是当时中国出版的学术智囊与思想智库。他们不遗余力地为学术出版发展贡献自己的识见，从设备、待遇、政策、组织四层面，提出改进意见；又借力于中华文化教育基金会编译委员会,支持翻译出版世界学术名著,倡言出版人必须有"笔力",懂"时事",具"远识",探索中国出版由传统向现代的转型。

中国是文明古国,是出版的故乡。肇始于中国的造纸术、印刷术,为人类文明之火添薪助燃,也造就中国千年不绝刻书业的繁荣,这是中国文化维系不坠的内生力量。和中国文明一样,中国的出版文化也曾经独步世界,引领风骚。欧洲人文主义的再生与理性主义的复苏,与伴随产业革命的技术进步相叠加,渐渐改写了世界出版业的格局,曾经领跑世界的中国出版优势不再,这既是晚近中华帝国科技文化落后的折射,也是传统出版业缺乏现代性的表征。因此,一百年前,在传统中国转向现代中国的进程中,无论是业界的商务印书馆编译所所长高梦旦,还是学界的北京大学教授胡适之,他们都意识到中国出版需要"再造文明"。但整个20世纪的前半叶,战乱频仍,社会缺少让出版文化枝繁叶茂的土壤。中华人民共和国成立后,出版进入新的时代。特别是改革开放以来,学术研究回归常态,出版迎来了前所未有的荣景,科技、教育、文化的振兴,统一的文化市场,巨大的文化消费潜力,合力助推中国成为名副其实的出版大国,但距离成为出版强国,依然还有一段旅程。

新千年以来,建设文化强国上升为国家战略,写进了中央政府工作报告。以世界出版之"强"观照中国出版之"大",助力出版建设文化强国是其时矣。本着循果以推因的"历史的方法",我们组织了"海外学术出版史译丛",希冀作为比照的"样本",为中国出版做大做强、走向世界,提供有益参照。

海外学术出版史的书写形态,不外乎呈现"海外学术出版学科的历史","关注海外出版人物的历史"和"研究海外学术出版机构的历史"。由于出版学还不是一级学科,对于海外出版学科的体系性、学科的历史和阶段性特点,研究还很不充分,选择"海外出版学科的历史",不免勉为其难;海外学术出版人物的历史,专注于出版人个体，虽可深入出版人内心的世界，有具体的历史情景，但放眼域外学术出版的大历史，又不免见木不见林；海外学术出版机构史，是人格化的学术出版人史，可以考察个性化的学术出版思想文化的源流与演变，为明海外学术出版之变，提供了自成体系的样本，颇具可借鉴性，可以批判地吸收。有鉴于此，我们选择一批历史悠久的海外学术出版机构，以了解海外出版人的出版理想、经营哲学、规制文化、品牌策略、国际化路径等，为学术出版的比较研究提供史料，为学术出版实践探索提供镜鉴。例如，学术图书出版同行匿名评审制度，一直是可以攻玉的他山之石。尽管中国学术图书出版同行匿名评审也曾有迹可循，现代学术史上人尽皆知的陈寅恪为冯友兰《中国哲学史》纳入清华丛书出版提交的审查报告，堪称显例，但这一传统没有很好地赓续承继，现今，学术出版借助学位论文机器查重者有之，有关学术出版物的贡献、创新、竞争性诸要素的第三方匿名意见多付之阙如，这不能不说是中国学术出版规范建设亟须完善之处。"海外学术出版史译丛"在这方面或可提供具体而微的参照。

走向世界的中国学术出版，正越来越多地受到海外学术出版界的关注。中国出版在世界出版的视野中正越来越具有显示度。把中国学术、中国故事、中国价值、中国话语体系更多地通过出版走向海外，这是自今以后中国出版人的责任，而如何避免方法上、路径上少走弯路，就不能不关注海外学术出版的现在，了解海外学术出版的过去，从而汲取一切有益于强基中国学术文化出版事业的养料，为我所用。"三人行，必有我师焉。"放眼世界出版，无论是像施普林格、博睿这样的国际学术出版集团，还是像耶鲁、剑桥这样的大学出版体，其学术出版史不仅属于其自身，也是世界学术出版史的一部分，如果能对中国学术出版同行有所启迪，组织翻译出版本译丛的初衷也就达到了。

中国正由出版大国向出版强国迈进，待到中国真正成为学术出版强国之日,中国学术、中国话语游刃有余地在不同区域、不同国家向不同群体受众,以不同出版方式传播时,中国出版人也可以像一百余年前新文化运动的先辈一样,大声说一句:我们来了,且看分晓吧!

　　是为序。

杨金荣

2021 年 12 月于南京大学出版研究院

英译本序言

是什么促使施普林格出版社出版这两卷本的英译发展史？施普林格是一家立足于德国和德语的科学出版公司。随着整个英语世界，尤其是美国的科学活动变得日益重要，英语开始成为科学出版界的通用语言，并被全世界接受。各学科间的合作早已超越国家之间的边界，因此，声称代表当前科学研究水平并希望在全世界发行其书籍和期刊的施普林格出版社必须顺应这一发展潮流。为了全球信息的交流，使用科学的世界语言应受到欢迎。

除德语外，采用英语作为出版语言的必然结果是，通过翻译的方式，将施普林格公司150年的发展历史介绍给英语世界的作者和读者。尤其这第二部不仅是纯粹的历史介绍，同时也描述了从国内出版到国际出版的道路。在这条道路上，我们看到了全世界科学界和文学界的和平合作。

建议阅读第一部中的译者前言；其中的论述同样适用于第二部。

感谢玛丽·舍费尔（Mary Schäfer）夫人和贝恩德·格罗斯曼（Bernd Grossmann）先生将第二部译成英文，感谢乌特·比雅尔（Ute Bujard）夫人、克劳斯－迪特尔·巴赫姆（Claus-Dieter Bachem）先生和佩特拉·特赖贝尔（Petra Treiber）夫人在本书翻译过程中给予的精心关照。

海因茨·格策

德文版序言

编年史只能由那些对当下非常重要的人来撰写。

歌德,《格言和感想集》

第二部和第一部在几个方面略有不同。由于海因茨·萨尔科夫斯基(Heinz Sarkowski)对历史的深刻理解,他出色地重新整理了公司的往来通信。幸运的是,这些信件几乎被完整地保存下来,成了能说话的材料。[①] 我负责的这一时期有关的信件数不胜数,不仅要花费很多年妥善整理它们,而且会削弱记述的即时性。因此,我决定从个人经验出发,描述所发生的事情,并提供从信件中收集的细节。我在这里描述的不仅是我自己的经历,也是下文提到的公司众多成员和员工的亲身经历。

随着施普林格纽约分公司的成立,业务发展出现了分支,变得平行但独立,从一个工作场景到另一个工作场景的转换反复打断了事件的持续发展进程和报告的时间顺序。在这方面,文中偶尔重复某些事实是不可避免的。不过,在某些方面,在描述公司特定的发展脉络时似乎不应该被打断,而是在不考虑具体时间段的情况下,对其进行连续性描述。

首先,我要感谢亨里克·扎勒(Henrik Salle),他自 1935 年

---

① 第一卷的参考资料以缩写形式出现,并附有相关页码,例如[HS:p]。对于其他的书目来源,则引用在括号中,并与作者姓名一起出现,必要时会加上页码。

以来一直在公司工作，并积极见证了本书记述的整个时期，感谢他提出的宝贵建议。同样感谢海因茨·萨尔科夫斯基，感谢他以对历史的理解和专业知识为基础提供的有效支持；他为我编制了索引[①]。

XV

最后，感谢金特·霍尔茨(Günter Holtz)对于撰写纽约分部历史的贡献，并感谢霍斯特·德雷舍尔(Horst Drescher)的协助，他是过去几十年重大事件的见证人。我非常感谢以下员工提供的有关他们自己领域取得成功的一些信息和报告，他们是：拜格尔伯克(W. Beiglböck)，贝里斯泰特(W. Bergstedt)，布鲁代(B. Brouder)，伯恩(C. Byrne)，切施利克(D. Czeschlik)，丹尼尔(H.-U. Daniel)，恩格尔(W. Engel)，弗斯(A. Fössl)，加斯特(M. Gast)，格鲍尔(R. Gebauer)，戈尔克(M. Gohlke)，格策(D. Götze)，格罗斯曼(B. Grossmann)，哈根(J. L. von Hagen)，海因策(J. Heinze)，希尔德布兰特(T. Hildebrandt)，平野(T. Hirano)，霍夫曼(M. Hofmann)，卡洛(M. Kalow)，肯普(A. de Kemp)，小林(Ch. Kobayashi)，莱韦里希(B. Lewerich)，洛奇(H. K. V. Lotsch)，吕克尔曼(E. Lückermann)，马斯(H. Maas)，迈尔-考普(H. and A. Mayer-Kaupp)，梅赫拉(N. and R. Mehra)，克劳斯·米哈莱茨(C. Michaletz)，米勒(W. Müller)，奥斯特霍夫(C. Osthoff)，萨尔巴赫(P. O'Hanlon-Saarbach)，皮希特(L. Picht)，波尔汉斯尔(P. Porhansl)，拉勒(G. Ralle)，里德泽尔(H. Riedesel)，罗斯巴赫(G. Rossbach)，绍布(S. Schaub)，朔尔茨(I. Scholz)，西格尔(L. Siegel)，西格勒(R. Siegle)，施帕费尔德(R. Sparfeld)，施佩林(M. Sperling)，施通佩(R. Stumpe)，滕德罗(A. Tendero)，蒂克特尔(Th. Thiekötter)，图斯(J. Thuss)，托瓦尔(J. Tovar)，福斯(Ch. Voss)，维乔雷克(J. Wieczorek)，韦斯纳(H.

---

① 索引中的页码对应页边码，页边码为原英文版页码，供查检使用。——编者注

施普林格出版史

Wössner）。

科赫（K.-F. Koch）在文本和插图的设计上，表现出极大的耐心和谨慎。他非常慎重地做了一些必要的修改，并在许多方面为作者提供了帮助。感谢皮希特对文本的检查工作，也感谢巴登霍普（M. Badenhop）先生在编辑方面的协助。我的同事帕松（M. Passon）和肖赫（N. Schoch）帮助我进行了这项研究，并写了一些文章。衷心感谢他们所有人。

对于本卷中提供的大量插图，不得不多说几句：

随着科学工作者数量的不断增加，世界各地研究中心的多样化和各学科的分化、专业化，科学文献呈现出不可预见的增长态势，这反映在我们每年出版的图书和期刊数量的不断增加上（见第 105 页[①]图表，第 367 页表格）。尽管作者个人的贡献正被越来越多的团队合作取代，但个人的成就仍然影响着整个科学的进步。科学出版公司的工作特点是和作者建立互信关系。为了阐述这一点，书中的插图只能选择部分研究领域中与我们关系特别密切的人物的照片。

地名是根据原版德语正字法翻译的，在有可能的情况下，这里用英语给出。但中国例外，它的地名和地区名称采用的是更现代的写法。

XVI

关于这部书提到的所有图书和期刊的确切书目文献资料，我们参考以下数据来源。

1. 施普林格出版社 1842—1945 年的出版物，由汉斯·迪特里希·凯泽（Hans-Dietrich Kaiser）（图书部分）和威廉·布赫吉（Wilhelm Buchge）（期刊部分）汇编，由海因茨·萨尔科夫斯基编辑（1992 年）。

2. 施普林格出版社 1843—1992 年的期刊。由威廉·布赫吉汇编（1994 年）。

---

① 正文中括注的参考页码均为页边码。——编者注

3. 施普林格出版社 1842—1992 年的完整目录。由施普林格出版社出版（1992 年）。其中包含带有价格信息的光盘（CD‐ROM）、安装光盘（每张 3.5 英寸和 5.25 英寸），以及英文和德文手册。

施普林格出版社为庆祝公司成立 150 周年，计划分两部出版公司发展史。第一部由海因茨·萨尔科夫斯基筹划，内容涵盖了 1842—1945 年的历史，并于 1992 年 5 月 10 日在柏林举行的周年庆典上正式推出。第二部是 1945—1992 年的历史，包括在此论述的 1992 年部分的内容。本书覆盖的时间持续到 1991 年年底，但在某些情况下已超过 1991 年，例如，在提到本书所讨论作品的最新版本时。

海因茨·格策

引 言

为了让读者更充分地理解出版公司的工作，我们在此论述了科学出版的起源及其历史发展。

科学出版公司的诞生。 自活版印刷（letterpress printing）（约 1450 年）发明以来，科学文献的历史发展进程中就有科学出版社的身影和业务。一开始，印刷商和出版商是同一回事且两者集于一身。慢慢地，出版商逐渐从印刷商的事务中分离出来。从古登堡（Gutenberg）开始，出版商成为一种职业，一方面是激励者或选品中介，另一方面是"黑色艺术"的技术人员，即出版从业者认为自己的工作是这一行里最好的。这一发展的外在表现是直到今天，出版商的名字会印在书刊的扉页，而印刷商的名字则印在扉页的背面。

信息的传播和科学的组织。 如果我们不考虑文学领域，而专注于科学技术文献，那么很明显，在印刷机发明之前，广泛的、远距离的科学思想交流几乎是不可能实现的。接下来，新思想的萌芽、自然科学知识的积累，以及这些知识对技术进步的影响，都是这一时期的特点。这一进程与伟大的国家科学院的建立是齐头并进的：

1603 年，罗马，意大利国立林社学院（Accademia Nazionale dei Lincei in Rome）

1635 年，巴黎，法兰西学术院（Académie Française in

Paris)

　　1652 年,施韦因富特,利奥波第那自然科学院(Akademie der Naturforscher Leopoldina in Schweinfurt)

　　1660 年,伦敦,英国皇家学会(Royal Society in London)

　　因此科学界逐渐形成了一种充分利用排版和复制过程的系统的科学方法,该方法打破了时空交流上的界限。这可以视为一个循环:

　　1. 分发和接收印刷信息

　　2. 依据科学原理处理信息

　　3. 通过科学方法产生新的成果

　　4. 新成果被记录和打印出来,并在最短的时间内,分发给无限广泛的人群

　　5. 新的信息进一步得到接收和处理,继续这一循环,以便产生更多的想法和新成果。

　　因此,我们可以看到,科学生产的过程与分布式知识的接受是密切相关的。这可以借助口头或书面形式,但自从图书印刷技术发明以来,它主要是通过印刷媒介进行的,文本在任何时候都是可以核查和复制的。换句话说:如果没有科学图书和期刊的印刷信息,科学的进展——包括它们的技术后果——将是难以想象的。

　　印刷信息及其作者——作者和出版商——版权。由于接收、生产和传播之间的这种密切联系,以及印刷文字所发挥的决定性作用,科学工作者与他们的作品之间的联系已呈现出一种共生的特征。更重要的是,这些科学工作者正是以接收者和生产者的双重身份参与上述循环,而印刷文字就是这种循环的载

体。反过来,"拟人化"的文学实践形式——我喜欢这样称呼它们——已演变出来:科学工作者与图书和期刊相伴,他看重的是能为他提供高质量、高速度的可靠信息来源。就他本人而言,当他把他创作阶段的成果委托给一本书或一本期刊发行时,他试图以一种适当清晰,同时又具有审美吸引力的形式传递信息。(参见埃克曼)

　　科学出版商试图在上述循环的框架内尽可能地实现作者和编辑的愿望和主张,并根据自己所了解的科学领域的需要和市场的需求提出建议。这个**市场**包括年轻一代的科学家、技术人员和他们的新成员,科学机构、图书馆和工业公司,还有从事行政管理和对科学技术进步感兴趣的人。这样做有三方面的效果:维持上述科学进步周期,培训青年科学家和技术人员,将科学技术进步成果转化为实践,同时向公众进行宣传。

　　随着时间的推移,制作和分发印刷品的技术、物流方面的条件越来越便利。1886 年为保护作者权益而缔结的《伯尔尼公约》(Berne Copyright Convention),不仅使知识能够打破主权国家的有限领域,变成国际传播的出版物,也为知识和科学思想的广泛传播奠定了坚实的基础,而这些思想对 19 世纪世界范围内的科学技术发展至关重要。

　　生产成本的最小化和利用一切手段组织运输,几乎在世界任何地方都能订购和收到书刊。第二次世界大战后,越来越多的人使用英语来传递科学信息,这进一步推动了世界范围内研究领域的思想交流。

　　在 1854—1876 年出版的《病理学各论和治疗学手册》(*Handbuch der Speziellen Pathologie und Therapie*)的序言中,鲁道夫·菲尔绍(Rudolf Virchow)这样描述出版商在医学文献发展中的作用:"……促成这类作品的想法源于出版商",其他地方"没有出版商的精勤操持,科学家就无法生存……没有他们的预见,许多重要的作品将永远不会问世。即使是最充满激情的行业，不能为自己赢得所有的名人，也无法清晰地传达所有的智慧"。

当今的科学出版。在出版史上，一些特定的科学信息机构已经形成。

1. 科学类期刊

（1）原创论文（第一手）期刊。

（2）进展或结果报告（二次文献），概述某一特定时期内与某一特定专业相关的科学发现。

（3）评论类期刊（二次文献），定期尽可能完整地报道某一特定专业的文献。

2. 科学类书籍

（1）科学专题论著，相当于第一手期刊，报告某个研究者或研究团队的科学工作成果。

（2）参考书，连续报道某一广泛的科学主题，并提供基本事实材料。

（3）科学手册，应当尽可能全面地报告一个大学科领域的研究现状，并列举相关文献。

（4）科学图册。

（5）科学类教科书。

（6）手册，提供特定知识领域的简要说明和选定数据。

（7）数据收集（三次文献）。

第一手期刊和专题论著是当前**科技研究的焦点**，它使一线研究工作得以广泛传播。各国不同研究团体之间的思想交流和批判性的讨论，依赖于以第一手文献。

另一组出版物涉及应用领域的信息，是由二次和三次文献提供的。例如，某些医学期刊的唯一目的是告知执业医师有关诊断和治疗的最新发现。这同样适用于某些物理、化学和技术期刊，它们主要提供有关应用可能性的信息，并在科学界和工业界之间建立联系。医学期刊、电子工程、木材研究、机械加工、机械工程等技术领域的期刊都具有共同的目的。可以说，没有科学期刊和书籍所承载的信息，就不会有实践和技术的进步。

上述内容表明，科学出版为不同层次的信息创造了一个完整的工具库。就像向工业界、实践导向的接受者和广大公众传播相关科学成果一样，它也为科学家之间的批判性探讨提供了场所。随着时代的变迁，科学出版公司在各个层面传递信息的方法也在不断调整，以适应新的要求。

在过去的几十年里，古登堡的技术得到了电子设备体系的补充，甚至在某些情形下为后者所取代。电子生产是指传统的活字排版已被照排及相应的复制工艺取代。这些技术创新的成果仍然是印刷装订成册的期刊。

一开始，我们谈到科学出版者的形象及其与古登堡的渊源。从那时起，许多东西都发生了变化，但仍有许多东西被保留了下来——最重要的是与复制技术的密切联系，古登堡使用这种技术推动了印刷信息在全世界的传播。虽然计算机操控的排字机已经取代了活字，但它的目标仍然是一样的："alle Weisheit flüssig zu machen"——"清晰地传达所有的智慧"。正如鲁道夫·菲尔绍所表达的那样，为了使信息能**清晰**排列并以美观的形式**迅速**传播，现代出版社也有必要对其"媒介"的外观设计给予足够的关注。

然而，出版社的首要任务是获得和选择要复制的信息。在这方面，出版社的出发点和其他所有的生产行业是有根本差别的，因为出版社不能从仓库订购原材料[1]*。

出版社的特色在于，在选择"智慧"（"wisdom"）时，必须通过与富有智慧的人进行密切的个人接触来打开自己的大门。因此，除了事实上的知识，出版者还要有热情、敏感性、勇气和**愿意**

---

[1] 在经营管理的文献中，几乎没有人注意到出版活动当中这种完全不同的生产过程的性质。

屡次承担风险的能力,因为一开始只有数量有限的稿件注定会成功。严格地说,出版社必须能够预估经济风险,但永远没有确定的方法来做到这一点。风险只能通过个人经验——诉诸和评估现有的实用价值来控制,最重要的是,通过对形势和机遇的直觉来理解,再通过设想未来发展的能力来判断。在我们这样一个前所未有的充满活力的时代,单靠财务和组织技术手段是不可能建立或扩大出版公司的。所有生命的生物力量都是成长,出版公司也不例外。这意味着,在一个健康的企业中,零增长几乎是不可能的。在一个不断变化的环境中,出版社必须有想象力。

印刷媒体的未来。数据库。计算机的使用是否会取代图书和期刊上印刷的文字?这个经常被提出的问题需要一个辨别性的答案。我们重新考究上文所述的第一手科学刊物的情形,会看到许多因素都有利于这些媒体以印刷的形式存在,而与计算机辅助**生产**的改进无关。

在印刷媒体的"拟人化"特性中,它们得以继续存在的主要原因在于:几个世纪以来,格式、分类方法、可访问性和合用性基于读者的实际需要和认知经验,已经达到最佳形式。

在任何时间、任何地点阅读或浏览一本杂志或一本书的可能性将持续拥有吸引力。此外,每个在科学领域工作的人都知道,我们在翻阅一本杂志寻找某一主题时,可能意外地发现一些完全不同却非常有趣的东西,这可能比他最初寻找的东西更重要。

人类的实践美学也不应该被遗忘。一位著名的数学家曾告诉我,如果他不能看到他的研究成果发表在一本受到全世界尊重并在排版上堪称典范的科学杂志,那么科学对他而言是没有任何乐趣的。一本好书、一篇好的期刊文章包含着作者在科学研究、实验和智力思辨上的努力,这些都是由一个个有创造力的头脑创造出来的。将这一结果呈现在一本书或一篇期刊文章中——而不仅仅是在一个人的无形记忆中——是一种自我释放并创造能量的极佳体验。

此外,印刷媒介还有以下优点:

1. 经过多年的发展,精心设计的分销系统具有最佳的成本结构,可实现快速、全球化和低成本分销。

2. 任何时候都有可能产生大量的副本,因此单个副本的丢失和科学文本的存续无关(文献的性质)。

面对越来越多、或多或少有价值的科学出版物的不断涌入,陈词滥调是不现实的。只要科技研究不断发展,相应的出版体系也必须随之发展。科学活动又怎能以其他方式呈现呢? 当然不是通过匿名进入电子数据库的无形世界。然而,鉴于全世界数据产量的稳步增长,就必然要有合适的地方来收集和存储,并随时提供这些数据。直到最近,许多领域还可以借助印刷数据集来实现这一目标,但是数据的不断增加,使得数据要向电子存储系统过渡,而电子存储系统的出现恰逢其时。他们的任务是通过恰当的检索系统,为全面获取数据及其复杂的关联创造可能性,并且不断改进这些系统,以跟上研究的发展。

20 世纪 70 年代,一些图书管理员(同样是在德国)抓住机会购买了计算机系统,这样做不仅是为了管理的方便,也是为了存储完整的文本,以作为图书库存的补充物。他们相信,未来科学文献图书馆将是电子数据的存储库。他们认为,图书**和**期刊的命运是难以预料的。

与此同时,我们已经自动习惯了将期刊排除在外。但是,期刊的数量非但没有减少,反而有了相当大的增长——考虑到科学研究领域的巨大进展,这并不足为奇。据说期刊印刷品(目前)会继续存在,但在图书则会显著减少。这种说法显然是自欺欺人,因为科学图书和专著销量下降的原因在于,几十年来图书馆的采购预算一直拨款不足。预算还会因计算机、复印机和图书馆自动化产生的费用而减少。图书管理员们煞费苦心地维持他们的期刊订阅量，是为了避免连续出版物的中断——这是很自然的。预算中少得可怜的剩余部分——如果还有什么剩余的话——都被用于图书。

然而，现实情况是，人们对图书的兴趣一如既往地浓厚——不仅仅针对纯文学和艺术领域——这一点在图书馆预算仍然充足的地区可以看到。过去几十年的民意调查显示，人们的阅读习惯出现了两极分化：经常阅读的人现在读得更多，而不经常阅读的人的阅读意愿却在减弱。

威胁印刷品及其作者的是**肆无忌惮**的影印，以及将第一手信息**免费**（free of charge）输入多样化的信息系统和网络中。尽管德国著作权法（1985 年）做了修改——其他国家也有类似的修改——但由于**不受制约**的使用，原始出版物仍然受到相当大的损害，而且这一危害越来越严重。如此，提供第一手信息的原创期刊的购买量就受到了威胁。

因为复印机、文献传递系统、数据基地和信息网络自身不**生产**任何第一手信息，而是依赖于原始期刊中的第一手信息并运用这些信息，那么要维护信息系统的正常运转，版权法必须规定向原创作品的作者和出版商支付足够的使用费，这对科学技术同等重要。就这方面而言，仍然缺乏合适的版权结构。版权法适应技术进步的速度太慢了。因此，人们对版权方面的疏忽造成的长期后果被低估了。

除了我们所说的**视听媒体**所属的**传播**信息的计算机网络媒体，还有"电子"**原始期刊**，我们一直密切地关注它们的发展。它们将主要用于快速传播作为工作资料的新的特殊科学数据，并将取代个人的科学思想交流，而不是永恒的研究成果的出版。

XXVI

目　录

第一章　新的开始及其重建
（1945—1950）

　　费迪南德·施普林格（Ferdinand Springer）、尤利乌斯·施普林格（Julius Springer）和滕耶斯·朗格（Tönjes Lange），是第二次世界大战末期施普林格出版社的所有者。他们都已过了中年，但是，面对公司有形的和无形的重大损失，他们必须全力以赴，使公司重新走上正轨。在复杂的条件下，他们招募人员以恢复与作者的联系，提供生产基本框架，并重新组织宣传销售。他们的目标是恢复原状，这不是指战争结束前的情况，而是指出版社在 20 世纪 20 年代和 20 世纪 30 年代早期的声望。

柏林

　　施普林格出版社自 1842 年成立到第二次世界大战结束，除了位于布莱特大道书店的最初几年，它一直占据着柏林市中心的两个地点：1858—1911 年在蒙碧悠广场［HS：fig. p. 46］①，1911—1948 年在林克路 23 号［HS：fig. p. 217］。战争结束后，老板和员工失去了他们熟悉的工作场所。自 1943 年年底以来，这

---

① "HS：fig. p. 46" 表示 "参见《施普林格出版史（第一卷）》第 46 页图"，下同。——编者注

座建筑的三分之二在空袭中被摧
毁。为了能继续工作，1944 年夏
天，我们向位于柏林达勒姆区
(Berlin-Dahlem) 的博尔茨曼路 3
号威廉皇帝科学促进会（*Kaier-*
Wilhelm-Gesellschaft zur Förderung
der Wissenschaften，Kaiser Wilhelm
Society for the Advancement of the
Sciences）租用了场地。然而，这些
临时场所只供短暂使用；1945 年 8
月，在西方同盟国到达后不久，它
们就被美国人没收了。[①] 图书发行
者和朗格—施普林格 (Lange &

1 费迪南德·施普林格
（1881—1965）在第二次世界大
战结束后开始重建他的公司。

Springer) 不得不处理林克路上严重受损的建筑。1945 年 5 月，
员工们赶到现场估计当时的局势；大约二十名男女员工立即开
始清理废墟。他们修理了屋顶、窗户和门，以便能重新开始工
作。与此同时，部分库存也被从废墟中找了出来。

　　由于林克路的东侧，包括施普林格大楼，属于苏联占领区，
系统地恢复工作是困难的；街道东侧的建筑线是地段边界，而林
克路本身位于英国占领区。1945 年年底，滕耶斯·朗格设法在
耶本路 1 号的前陆军兵器局大楼内租用房间，为一些雇员提供
工作场所；直到 1946 年春天他们搬到海德堡之前，费迪南德·
施普林格和尤利乌斯·施普林格一直在那里工作。尤利乌斯·
施普林格虽然还不是正式合伙人，但是 1947 年他的工作就恢复
了。滕耶斯·朗格和他直接管理的部门，包括朗格—施普林格

----

① 二战结束后，从 1945 年 6 月 5 日起，柏林为苏、美、英、法四国所共占。1948 年
11 月在苏占区成立"大柏林民主临时政府"，同年 12 月在美、英、法三个占领区
组成西柏林市政府，柏林便分裂为东、西两个实体。本章叙述的历史时段涉及
这一事件。——译者注

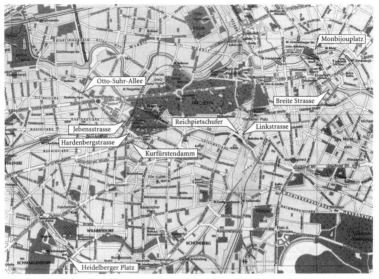

2　1967年柏林城市地图，标示着出版社的各个位置。地图中没有包括达勒姆区的临时办公地点（朔尔勒默大街和博尔茨曼路中的暂时使用地点）。

书店，仍然在林克路。

以下内容节选自滕耶斯在 1945 年 10 月 15 日给他在维也纳的弟弟奥托·朗格（Otto Lange，1887 年 4 月 26 日—1967 年 5 月 12 日）的一封信：

> 不幸的是，最后朗格—施普林格大楼全被彻底摧毁了。包括朗格—施普林格在内，我们大部分在林克路和其他仓库的书籍和期刊，都已被没收并送往东部。尽管我们速度很快，但还是花了好几个星期才搬完；那些重新报到的员工也参加了，我们也获得了一些外界的帮助。林克路受到的破坏更严重。我们在达勒姆的临时办事处，连同全部存货，都被美军官员没收了。这些资料必须先存放在研究所的地下室里；几周后，它们将被转移到材料实验办公室。在生产部搬到柏林动物园站附近耶本路的一幢新租的大办公大楼之前，这些资料仍会存放在那里。我们何时才能开始继续

2

工作是一个时间问题。我们在几周前申请了许可证，但是到现在还没有得到批准。此外还有打印机的问题；现在我们期盼戈塞（Gosse）先生的归来，他同我们会说俄语的雇员蒙斯基（Munsky）先生以及来自卡尔斯霍斯特苏方卫生管理机构总部的一名中校一起，去了莱比锡。他们正在研究印刷苏方医学教科书的可能性，而我们可能不得不解决这个问题。在这一点上，目前还没有任何结果。

费迪南德·施普林格博士几个月前从罗斯卡滕回来了，后来也把他的妻子带来了。除了珠宝和一些照片，他们几乎失去了一切；他们住在柏林西区的楚特（Zutt）教授家里。费迪南德·施普林格博士目前正在德国西部和西南部做评估，包括与我们有关的公司的情况以及迁往那里的可能性。

朗格—施普林格在我们会计部门曾经所在的大楼二层开设了一个临时门市部，他们已经相当忙了。最好的顾客是穿着制服的苏方科学家。我们只能慢慢地重新做簿记，主要是因为几乎所有的办公机器被没收了。我们已经证实古本（Guben）没有存下任何东西。卡劳（Calau）本周就将察看，但我也不抱太大希望。我在这里提到，就像我刚才想到的那样，这两家公司都已经注册好几个月了，但是当然，如果没有占领方的许可，出版公司是不能采取行动的。与此同时，随着员工人数的大幅减少，我们正在查明我们还有哪些库存，以及已经运走的图书和期刊的大致价值。冬天在林克路工作是很困难的，因为我们还没有电，地下室里全是地下水。对施莱歇来说，只要柏林的地下水位没有下降，把它抽出来并不值得，而且无论如何我们都负担不起这些成本。邻近的建筑物也有同样的问题，富格尔大楼严重受损，无法使用，所以我们的自助餐厅也没了。

随着公司的一部分搬到耶本路，出版社在英国占领区才有了正式的营业场所，这对 1945 年 10 月 25 日授予的出版许可（C. B. 8 B.）具有重要意义，尽管这只能用于书籍。只有个别期刊也获得了许可证，比如 1946 年年初，苏方批准的《驯养者》（*Der Züchter*，The Breeder），1946 年 4 月，美方批准的《自然科学》（*Die Naturwis-senschaften*）。美国人终于在 1946 年 8 月 5 日颁发了涵盖书籍和期刊的许可证（许可证号：US W 1093）。然而，从费迪南德·施普林格给查尔斯·布朗（Charles Brown）的信中可以看出，截至 1947 年 10 月 17 日，仍有五本最重要的期刊没有获得授权。只颁发个别许可证是因为难以确保足够的纸张配给。

以下内容摘自 1947 年 10 月 17 日费迪南德·施普林格写给查尔斯·布朗的信：

3　尤利乌斯·施普林格（1880—1968），负责公司的技术项目。

4　滕耶斯·朗格（1889—1961），在困难时期挺身而出，1949 年被柏林自由大学授予名誉医学博士学位。

在爱德华兹（Edwards）先生的建议下，我请求您在以下方面给予帮助：出于我不知道和我无法理解的原因，管辖我的美方当局——斯图加特情治部门——拒绝向我颁发重新出版下列期刊的许可证，而这是我公司最重要和最知名的一些期刊：

《朗根贝克外科文献》（*Langenbecks Archiv für Chir-urgie*）

（与《德国外科杂志》[*Deutsche Zeitschrift für Chirurgie*]合并）

《耳鼻喉医学文献》(*Archiv für Ohren-*, *Nasen-und Kehlkopfheilkunde*)

（与《颈鼻耳医学杂志》[*Zeitschrift für Hals-Nasen-Ohrenheilkunde*]合并）

《解剖学与胚胎学杂志》(*Zeitschrift für Anatomie und Entwicklungsgeschichte*)

《比较生理学杂志》(*Zeitschrift für vergleichende Physiologie*)

最后还有一本新的期刊《应用物理学杂志》(*Zeitschrift für angewandte Physik*)，这本杂志以我公司著名的《仪器科学期刊》(*Zeitschrift für Instrumentenkunde*)的续篇出版。

这些中的大多数都是各自领域内的唯一期刊，如果无法出版发行，各领域的研究将会陷入停滞。我可以从我现有的库存中提取制作这些期刊所需要的相当有限的纸张，而不必要求新的拨款，似乎没有任何客观理由不给我们颁发许可证。

1949 年 9 月 21 日颁布的《占领法令》(Statute of Occupation)结束了对许可证的限制。对于柏林的三个西方国家占领区，《占领法令》和《德意志联邦共和国基本法》都没有生效，其许可规定直到 1952 年 1 月 15 日才终止。

1946 年 7 月 16 日，夏洛滕堡地区的就业办公室（Regional Employment Office）代表柏林市政当局授予柏林施普林格出版社一般贸易特许权，准许其从事商业活动，但不允许其从事生产活动。1946 年年底，出版社和书商朗格—施普林格的职员共有 76 人。

MILITARY GOVERNMENT – GERMANY

MILITÄRREGIERUNG DEUTSCHLAND

INFORMATION CONTROL – NACHRICHTENKONTROLLE

LICENSE

ZULASSUNG

US W 1093

1. Subject to the conditions set forth in Paragraph 2, the following-named person

1. Gemäß den im Paragraph 2 festgesetzten Bedingungen, ist die folgende Person

Ferdinand Springer

Heidelberg, Neue Schloßstraße 26

hereinafter referred to as "licensee" is authorized to engage in the following activities:

welche im Nachfolgenden als „Zulassungsinhaber" bezeichnet wird, autorisiert, folgende Tätigkeit auszuführen:

Books and Periodicals   Bücher und Zeitschriften

2. This license is granted subject to the following conditions:

2. Diese Zulassung ist erteilt unter folgenden Bedingungen:

a) That all laws, ordinances, regulations and instructions of Military Government are complied with.

a) Daß alle Gesetze, Verordnungen, Vorschriften und Anweisungen der Militärregierung befolgt werden.

b) That this license be prominently displayed on the premises of the licensee at all times.

b) Daß diese Zulassung im Betrieb des Zulassungsinhabers jederzeit öffentlich angeschlagen ist.

c) That all newspapers, books, periodicals, pamphlets, posters, printed music, or other publications, sound recordings or motion picture films published or produced under this license shall bear in such manner as may be prescribed the legend: Published (or produced) under Military Government Information Control License No. US W 1093.

c) Daß sämtliche Zeitungen, Bücher, Zeitschriften, Broschüren, Plakate, Musikalien oder irgendwelche andere Veröffentlichungen, ebenso Schallplatten und sonstige Tonaufnahmen und Filme, die gemäß dieser Zulassung hergestellt oder veröffentlicht werden, folgende Aufschrift in vorgeschriebener Weise tragen: „Veröffentlicht (oder hergestellt) unter der Zulassung Nr. US W 1093 Nachrichtenkontrolle der Militärregierung".

d) That no person, not reported on the application for this license as having a financial interest in the business enterprise conducted under this license, shall be given nor shall receive any part of the profits of the business enterprise, nor shall any interest in the business enterprise be held for any such person, except with the express written permission of Military Government.

d) Daß keine Person, die nicht in diesem Gesuch als an diesem Geschäftsunternehmen finanziell interessiert eingetragen ist, irgendeinen Anteil an dem Nutzen aus dem Geschäftsunternehmen erhält; ferner, daß kein finanzieller Anteil an dem Geschäftsunternehmen für eine im Gesuch nicht erwähnte Person ohne ausdrückliche schriftliche Erlaubnis der Militärregierung zurückbehalten wird.

e) Other conditions:

e) sonstige Bedingungen:

None   Keine

3. This license is not granted for a stated term, is not a property right, is not transferable and is subject to revocation without notice or hearing.

3. Diese Zulassung wird für keine bestimmte Zeitfrist erteilt und stellt kein Eigentumsrecht dar; sie ist nicht übertragbar und kann ohne Kündigungsfrist oder Untersuchung rückgängig gemacht werden.

Stuttgart, 5. August 1946

J.H. HILLS
Colonel
Chief, Information Control Division
Württemberg-Baden
[Stempel]

5   1946 年 8 月 5 日，美国占领方授予费迪南德·施普林格在海德堡出版书籍和期刊的许可证

6 赖希皮楚弗路 20 号楼，1948—1958 年为柏林施普林格出版社总部。

　　1948 年 10 月 20 日，包括朗格—施普林格在内的大多数部门，都从林克路迁到不远处的赖希皮楚弗路（Reichpietschufer）20 号的一座大楼，虽然它也遭到了破坏，但在一定程度上还可以居住。为了暂时满足日益增长的对更大空间场所的需求，我们维修和租用附近谢林路 5—7 号的大楼。

1948 年年底，下列部门设在赖希皮楚弗路 20 号：	
Ⅰ　会计部门	O. 米勒
Ⅱ　图书制作部门	G. 舒尔茨
Ⅲ　广告部门	G. 哈尔夫特
Ⅳ　期刊制作部门	F. 佐施卡
Ⅴ　销售部门	R. 隆尼斯
VZ　施普林格期刊/朗格—施普林格	F. 施勒埃尔
Ⅵ　促销部门	W. 沃尔夫
朗格—施普林格直营部门	E. 施瓦茨
Ⅶ　统计/版税	H. 克吕格尔

海德堡

费迪南德·施普林格在 1942 年被迫出售他在公司的股份后,1945 年 5 月,他再次接任柏林的管理职位[HS:p.373]。1946 年秋天,他决定将公司转移至战争中幸免于难的海德堡。要恢复作者和编辑中断的关系,并建立新的联系,那么在海德堡将会更容易。与施普林格同行的有他的秘书洛特·勒泽尔(Lotte Röseler)、表兄弟路易丝·柯尼格尔(Luise Koeniger)以及多年来担任生产部门主管的保罗·戈塞(Paul Gosse)。戈塞负责建立一个新的生产部门,以满足公司的传统标准。格奥尔格·库德(Georg Kuder)也来到海德堡,担任医学文摘部门的负责人直到 1977 年 6 月。从 1947 年起,本部门一直位于卡尔广场海德堡科学院的顶楼。

还未重新开放的位于诺伊恩海默(Neuenheimer)公路 24 号的海德堡学院(Heidelberg College)的主楼,成了海德堡施普林格出版社的第一个家。1947 年,海德堡分社的工作人员超过 20 人;他们当中包括今天仍在我们身边或刚刚退休的阿马加特·格德克(Armgart Gädeke)(之后是迈尔-考普),多拉·格罗斯汉斯(Dora Großhans),夏洛特·施密特(Charlotte

7 诺伊恩海默公路 24 号海德堡学院,是施普林格出版社在海德堡的第一个家。

Schmidt)和奥托·霍夫鲍尔(Otto Hoffbauer)。直到 1950 年,

员工人数已增长到 57 人,和当时在柏林的情况一样,我们的办公场所再一次不够用了。

8　位于卡尔广场 4 号的海德堡科学院是医学和生物学摘要部门的第一个院落。

哥廷根

　　战争结束后,著名的威廉皇帝自然科学研究所(Kaiser-Wilhelm-Institute der Naturwissenschaften, Kaiser Wilhelm Institutes of the Natural Sciences)迁至哥廷根。鉴于柏林当时的政治局势和孤立状态,费迪南德·施普林格在其权力下放政策的框架内,决定将哥廷根作为"我们在精密科学领域的活动中心"。费迪南德在 1946 年 1 月 21 日写给亨里克·扎勒的信中,解释了建立哥廷根分公司——以及他后来决定去海德堡的动机。基于科学机构的分权化,比如从柏林到哥廷根和图宾根的威廉皇帝科学促进会,他认为,从长远来看,公司活动的权力下放也是必不可少的,"即使占领区已经不再界线森严"。费迪南德·施普林格与哥廷根的关系十分密切;1930 年 2 月 1 日,哥廷根大学哲学系授予他荣誉博士学位,以表彰他对数学科学的贡献。

　　事实证明,柏林的孤立状态是恢复出版活动的阻碍。与西

9 英方于 1945 年 10 月 25 日颁发的许可证,仅用于在哥廷根出版书籍。
"……任何其他出版物,"根据第 2c 条,必须出示信息控制许可证号码(根据已不能再复制的原稿重新排版,被划掉的单词表示其在原稿中也是被划掉的)。

德作者建立或保持联系是非常困难的,更不用说与其他国家的作者了。在与西德印刷商的关系和纸张采购方面也是如此。按规定是需要特别许可证的,这些许可证在每个占领区均受到不同条件的限制。赞成哥廷根作为首选搬迁地点的原因是,英国人提前发放了许可证(1945年10月24日),而且英占区控制科学活动的管理机构(英国军事管制政府的下属研究机构)也在那里。分公司于1947年1月4日完成商业注册登记。由于这一连串的巧合,亨里克·扎勒从1945年夏季开始就住在哥廷根。由于他是一位经验丰富的同事,并且与公司关系密切,我们很自然地就委托他创建分公司。扎勒满腔热情地投身于新的任务;他在文德路(Weenderstrasse)60号建立了出版办公室,那是一座建于16世纪的半木质结构的旧建筑,位于圣雅克比教堂广场的拐角处。

尤利乌斯·施普林格退休后,扎勒于1962年1月1日接管工程科学部门的管理工作,并于1961/1962年的秋冬移居柏林。位于文德路60号的办公室于1962年1月下半月关闭。约翰娜·瓦尔泰希(Johanna Vahlteich)是滕耶斯·朗格多年的雇员,在1964年12月31日之前,她一直管理着该公司在哥廷根—盖斯马尔的一个联络处。此后,"哥廷根"的位置从印记中去掉了。

慕尼黑

1878年1月1日在威斯巴登成立的医学出版公司贝格曼出版社(J. F. Bergmann),在4年前,即1918年被施普林格出版社收购[GÖTZE(2);HS:pp. 234f. and 316;fig. p. 236]。当时,威斯巴登不再是同作者保持必要联系的合适地点。因此我们决定将公司搬迁至慕尼黑,1920年1月1日公司搬迁至慕尼黑—博根豪森特罗格尔路56号。十年后,施普林格出版社也接管了贝格曼出版物的发行业务。

　　二战结束后,贝格曼出版社(Bergmann-Verlag)在 1948 年
10 月 20 日获得了美国军事管制当局的许可。幸运的是,在那呼
吁独立和自力更生的年代,弗里德里希·普罗布斯特(Friedrich
Probst)有着强大而自信的领导力,周围簇拥着一群忠诚的员
工。在中断了近 20 年之后,出版工作重新开始,第一步是重新
发行期刊和一部分受欢迎的有年头的旧刊物。与此同时,他们
必须探索和利用新的排版和印刷技术的可能性。由于其他仓库
被摧毁或没收,位于维尔茨堡的施蒂尔茨大学印刷股份公司
(Universitätsdruckerei Stürtz AG)仍有未受损的专著和手册库
存,这真是太幸运了。

　　在编辑、制作和市场领域,贝格曼出版社和施普林格出版社
之间的合作是顺利的。1977 年,莱曼出版社(J.F.Lehmann)的　　10
医疗类目录被接管,同年 10 月 1 日,贝格曼出版社搬进了位于
慕尼黑阿格尼丝-贝尔瑙尔广场的莱曼大楼。

10　位于慕尼黑的阿格尼丝-贝尔瑙尔广场的 8 号大楼是贝格曼出版社的所在
地,1977—1989 年,直到 1992 年,施普林格出版社的慕尼黑技术部门设立于此。

与此同时,我们在新大楼内设立了一个施普林格编辑部。事实证明,照顾到慕尼黑的众多作者特别是我们的医学作者和编辑是有利的,他们负责诸如《临床周刊》(*Klinische Wochenschrift*)和后来的《内科医师》(*Der Internist*)等重要期刊。对于我们负责技术项目的编辑部来说,慕尼黑也是一个重要的地方:无论是附近著名的慕尼黑工业大学,还是斯图加特和卡尔斯鲁厄等地的工业大学,以及苏黎世联邦理工学院,慕尼黑比柏林更容易到

11 鲁道夫·魏斯(Rudolf Weiß)(1949 年—1972 年)于 1968 年接替弗里德里希·普罗布斯特(1895—1974),担任贝格曼出版社的经理。

这些地方。除此之外,我们还要加强与重要工业公司(如位于慕尼黑和埃尔朗根的西门子公司)以及位于德国南部的许多其他领先行业之间的联系。出于这个原因,1969 年 4 月,曼弗雷德·霍夫曼(Manfred Hofmann)接管了慕尼黑施普林格的一家技术出版公司,该公司至今仍顺利运转。经济的全面发展使得公司的合并措施得以提上议程,于是贝格曼出版社于 1989 年 1 月并入施普林格出版社,并且按照联络处的需要裁减了人员(保留了联络处)。

弗莱堡

1947 年 10 月 9 日,除在德国西部的美英占领区申请许可证外,施普林格还向巴登-巴登(Baden-Baden)的法国占领区军事长官申请了许可证,并于 1948 年春获批。我们在弗莱堡的约

翰尼斯特街(Johanniterstrasse)4 号设立了一家正式的分支机构(哪怕仅仅是形式上的)"邮筒公司"分公司,经理是弗朗茨·约瑟夫·格罗布曼(Franz Joseph Großmann),他是赫德尔出版社(Herder-Verlag)的高管,也是我们未来员工贝恩德·格罗斯曼的父亲。公司于 1948 年 4 月 6 日成立。然而,在这一领域,没有与作者打交道的必要,他们在海德堡就能得到有效的照顾,更何况在法国占领区购买纸张也异常困难。施普林格出版的书籍中没有一本印着"弗莱堡"字样。因此,那里的办公室于 1949 年 10 月 6 日关闭。

施普林格出版社在维也纳

在战争结束时,奥托·朗格(1887 年 4 月 26 日—1967 年 5 月 12 日)是维也纳施普林格出版社的总经理。自 1924 年以来,他一直担任维也纳分公司的负责人,他的妻子玛丽亚(Maria)于 1936 年 3 月 6 日获得了授权书[HS:pp. 249f. and 366f.]。1945 年 4 月,绍滕巷 4 号的办公室和仓库毁于战火。但是,作为一项预防措施,相当数量在库的书籍和期刊已从场地中移除,大部分库存并没有遭到破坏。因此,与德国公司相比,维也纳保有更多的出版物。同年,该公司在默克尔巴斯台(Mölkerbastei)5 号找到了新的办公场所。

新奥地利国家没收了所有外国财产[HS:note51][①]。由于奥托·朗格自 1935 年以来一直是奥地利公民,他被允许继续担任出版公司的经理;然而,德国的合伙人失去了对公司的一切权利。费迪南德·施普林格要求赔偿,并对谈判的缓慢速度感到

---

① "HS:note51"指《施普林格出版史》第一卷的注释 51。下同。——编者注

不耐烦。但是根据当时的法律，由于公司位于奥地利，为避免危及公司，奥托·朗格[HS: fig. p. 366]不得不谨慎行事。1949年6月30日，费迪南德在给尤利乌斯·施普林格的信中阐明了这一情况："我刚刚看到你在6月25日给奥托·朗格的信，我想请你暂时不要同他通信。在为我们与他有关的权利而斗争的过程中，我只把我和他的来往局限于与此事有关的通信，这纯粹是形式上的……"经过长时间的谈判，费迪南德·施普林格于1954年6月9日在维也纳再次登记，成为奥托·朗格的平等合作伙伴；政府顾问汉斯·德尚（Hans Dechant）在这中间扮演了重要角色。随着时间的推移，我们同维也纳的关系又恢复了顺畅，尽管双方都有一定的保留。

12 维也纳施普林格出版社当前的标志由斯图加特设计师马克斯·博尔瓦格（Max Bollwage）于1980年设计。

13 维也纳市中心默克尔巴斯台5号前总部入口处的匾额，是为了纪念1923年外科医师艾泽尔斯贝格（Anion von Eiselsberg）请费迪南德·施普林格接手《维也纳临床周刊》（Wiener Klinische Wochenschrift）。这一事件促成了维也纳施普林格出版社的成立。

朗格于1967年5月12日去世，他多年的合作伙伴威廉·施瓦布尔（Wilhelm Schwabl）在6月10日被任命为总经理。1983年年底，威廉·施瓦布尔退休，布鲁诺·施韦德尔于1984年2月9日接替了他的位置。施韦德尔于1987年10月12日死于一场重病，自1988年2月3日起，维也纳施普林格出版社就由鲁道夫·西格尔接管。

14　这座位于默克尔巴斯台5号的"宫殿"共有两层,它可以追溯到普法战争之后的工业快速扩张时期,1945—1991年曾是施普林格出版社在维也纳的家。

15,16,17　奥托·朗格(1987—1967),滕耶斯·朗格的弟弟,维也纳施普林格出版社的首任总经理(自1924年起)。1967年,他多年的同事威廉·施瓦布尔(1909年出生)接任了他的职位。鲁道夫·西格勒(Rudolf Siegle,1944年出生)自1977年以来一直在维也纳施普林格出版社;1988年,他接替布鲁诺·施韦德尔(Bruno Schweder)出任公司经理。

18　1974 年 5 月 2 日,海因茨·格策、康拉德·费迪南德·施普林格和格奥尔格·费迪南德·施普林格(从左到右)在施瓦岑贝格宫(Schwarzenberg Palace)庆祝维也纳施普林格出版社成立 50 周年纪念。

恢复出口活动

第二次世界大战后,在德国境内销售图书是没有任何问题的;由于战时的损失惨重,各类科学文献都十分抢手。随着 1948 年 6 月 21 日的货币改革,这种情况突然发生了变化,人均购买力当即减少到 40 德国马克[UMLAUFF]。

甚至在此次事件之前,施普林格的高管们就已经有了合理的担忧,即仅靠国内市场,而没有出口的机会,就无法保证企业的持续成长。从理论上讲,出口产品是可能的,但只能以货物运输的形式出口,而不是作为印刷品;这样就无法向国外的个人订阅者邮寄期刊。1947 年 7 月 11 日,柏林市议会就恢复出口问题进行表决,同年 10 月 7 日,德国汉诺威的英占区当局联合进出口署(JEIA,Joint Export and Import Agency)就图书和期刊的发行问题达成了协议。国外的老客户纷纷向我们咨询,要购买重新面世的期刊,而首批 3000 份期刊也终于寄出。

在此期间,施普林格于 1947 年 10 月 15 日接受了罗伯特·马克斯韦尔(Robert Maxwell)的首次到访。作为一名捷克公民,马克斯韦尔曾在一支英国陆军部队担任志愿者,并因其在行动中的勇气而获得十字勋章。他对出版业很感兴趣。基于他和英国新闻出版官员的私人关系,他向施普林格出版社提出了加快推进出口的建议。他还想为公司收回被转移到奥地利的贵重库存,并从伦敦向全世界分销。在当时的情况下,这对费迪南德·施普林格来说是一个值得关注的提议,因为根据《占领法令》,这些库存是否归属于德国人或奥地利人,即外国发行人,是有争议的。从 1948 年 10 月起,我们就开始将库存从奥地利转移到伦敦,一直持续到 1949 年春。在此之前,马克斯韦尔在伦敦成立了欧洲期刊发行和广告有限公司(European Periodicals Publicity and Advertising Company Ltd.,EPPAC),在 1947 年 11 月 18 日宣布,并于 1948 年 4 月开幕的长期展会中,展出了德国出版物。期刊出口计划于 1948 年 1 月开始,我们根据当时的库存提出了首次报价。之后订单接踵而至,其中最大的订单是 1948 年 2 月 2 日来自芬兰赫尔辛基的一家学术书店(Aka-teeminen Kirjakauppa)。联合进出口署同意,截至 1949 年 1 月 1 日,通过欧洲期刊发行和广告有限公司订购的所有期刊可以直接邮寄给世界各地的个人订户,无需再办理特殊海关手续。自那时起,维尔茨堡的施图策大学印刷股份公司接管了我们的期刊国际发行业务。

1949 年 9 月 1 日,合资企业朗格—马克斯韦尔—施普林格公司(Lange,Maxwell & Springer,LMS)成立。LMS 公司和欧

14

洲期刊发行和广告有限公司一起，专门发售施普林格的出版物，当时我们并没有计划让 LMS 扮演发行商的角色。

LANGE, MAXWELL & SPRINGER

are specialists in the procurement and distribution to Libraries and Institutes in all countries of German Scientific Books and Journals, in particular the publications of Springer-Verlag, Berlin-Goettingen-Heidelberg, J. F. Bergman, Munich, Wilhelm Ernst & Sohn, Berlin, Walter de Gruyter & Co., Berlin, Urban & Schwarzenberg, Berlin-Munich, Verlag Chemie G.m.b.H., Weinheim-Berlin.

We have in London stocks of all the post-war productions of the above publishing houses, and are in a position to obtain any scientific publication still available in Germany, or to accept orders for future productions.

Lange, Maxwell & Springer are also distributors of the publications of Butterworth Scientific Publications Ltd., and Butterworth-Springer Ltd.

19　1949 年的营销企业目录中的广告，来自朗格—马克斯韦尔—施普林格公司（LMS）。

施普林格出版社的所有者并没有欣然接受马克斯韦尔的提议。他们对放弃公司的部分独立性存有疑虑。此外，鉴于来自国外的许多打听，人们认为当前的困难只是暂时性的，在可预见的将来，我们同国外的关系将会恢复正常。我们担心，如果国外客户认为他们被迫只能通过伦敦订购我们的产品，以及由此带来的复杂情况，那么这将被解读为公司软弱的一种表现。尽管有这些保留意见，但与马克斯韦尔的合作还是实现了，因为客观地看，这是在适当的时间内获得继续生产所需的资金特别是外汇的唯一可能途径。麦克斯韦尔不负众望；作为英国占领军的一员，他能够克服许多与当时德国内部事务有关的困难。然而，与欧洲期刊发行和广告有限公司和朗格—马克斯韦尔—施普林格公司的合作非常麻烦，这主要是由于伦敦的工作人员缺乏经验。1949 年至 1952 年，施普林格出版社的骨干员工在伦敦一待就是几个月，他们为出口业务的顺利开展奠定了组织基础。然而，这也给公司带来了风险；只有回想一下 1949 年柏林被封锁后不久的总体局势，我们才能理解采取这一行动的事实。1952 年，由于马克斯韦尔公司的问题日益严重，该合同没有按照原形式续签，双方做了各自的安排。合作一直持续到 1958 年，马克斯韦尔公司没有提出任何独占性的要求。在我们与欧洲期刊发行和广告有限公司和朗格—马克斯韦尔—施普林格公司，以及马克斯韦尔公司（I. R. Maxwell & Co.）的整个合作期间（1948 年 2 月 1 日到 1958 年 12 月 31 日），共完成净营业额约 2050 万马克。

伦敦掠影

费迪南德·施普林格不仅想回到国外市场，还想摆脱战后德国出版受到的限制。他对英国的感情，可以追溯到他作为学生时在那里度过的时光［HS：p. 156］，这使得伦敦成为一个可供选择的基地，特别是之前通过的伦敦分销协议，已经为那里铺平了道路。

20　由法国格拉斯（Grasse）的费迪南德·施普林格（格奥尔格和康拉德的继兄弟）设计的计划成立的巴特沃思科学出版有限公司的签章。

我们的文件里有一份施普林格出版有限公司（Springer Publishing Company Limited）的"公司注册证书"（"Certificate of Incorporation"），日期为 1948 年 10 月 15 日。这可能是 1949 年与巴特沃思科学出版有限公司（Butterworth Scientific Publications Ltd.）建立合资企业的第一次尝试。最初

的接触是由保罗·罗斯鲍德（Paul Rosbaud）进行的，罗斯鲍德在英国有良好的人际关系，当时他受到费迪南德·施普林格的青睐。巴特沃思公司的谈判伙伴是休·昆内尔（Hugh Quennell），他是一个对科学出版毫无兴趣的金融家。以下是第一次会议的交流内容：

> 昆内尔（语气傲慢）："那么，施普林格先生，你要在英国做什么呢？"
> 施普林格："昆内尔先生，我很高兴你没有问：'你到底要在英国做什么？'"

这打破了两人之间的僵局，他们的私人关系也开始变得融洽。上面这段引文体现了费迪南德·施普林格先生特有的机智和幽默。1949年4月21日，巴特沃思—施普林格有限公司（Butterworth-Springer Ltd.）诞生，施普林格公司贡献自己在编辑和制作方面的专长，巴特沃思提供必要的资金。新公司的总经理是英国人雷克斯·福瓦（Rex Foy），罗斯鲍德任编辑部主任，扎勒负责生产。在此期间，扎勒往返于哥廷根和伦敦。然而，很快地，巴特沃思公司和施普林格公司在目标上的分歧太大了。昆内尔感兴趣的是尽可能快地提高营业额，获得高利润，而不是有目标地发展一家高水平的科学出版公司。因此，合资企业于1951年春解散。

21　由海因茨·格策设计的佩尔盖蒙出版社的徽章，以及作为徽章原型的希腊硬币。

佩尔盖蒙出版社（Pergamon Press）的成立与这一解散有
关,因为马克斯韦尔公司接手了巴特沃思—施普林格有限公司
的股份,并将其更名为佩尔盖蒙出版社。新公司的标志是本书
作者设计的。在这次转让的时候,巴特沃思—施普林格有限公
司已经接手了三份期刊,然后转交给佩尔盖蒙出版社;其中最珍
贵的是施普林格《光谱化学学报》(*Spectrochimica Acta*),由阿
洛伊斯·加特雷尔(Alois Gatterer)编辑,他是位于甘多尔福堡
的梵蒂冈天文台天体物理实验室的主任。

SPECTROCHIMICA ACTA
EIN FORSCHUNGSARCHIV

UNTER MITWIRKUNG VON

G. BALZ-STUTTGART, J. BARDET-PARIS, H. DINGLE-LONDON, O. S. DUFFENDACK-
ANN ARBOR, MICH., A. FOWLER-LONDON, W. GERLACH-JENA, G. HANSEN-JENA,
G. R. HARRISON-CAMBRIDGE/MASS., P. JOLIBOIS-PARIS, J. JUNKES-CASTEL
GANDOLFO, H. KAISER-JENA, S. J. LEWIS-LONDON, G. LIMMER-MÜNCHEN,
F. LÖWE-JENA, R. MANNKOPFF-GÖTTINGEN, W. F. MEGGERS-WASHINGTON,
W. KOLLWAGEN-MÜNCHEN, K. RUTHARDT-HANAU A. M., A. SCHLEICHER-AACHEN,
O. SCHLIESSMANN-ESSEN, W. SEITH-MÜNSTER i. W., M. SLAVIN-COLLEGE-
PARK, MD., D. M. SMITH-LONDON, L. W. STROCK-SARATOGA SPRINGS,
H. B. VINCENT-ANN ARBOR, MICH.

HERAUSGEGEBEN VON

R. BRECKPOT   A. GATTERER   W. GERLACH
LOUVAIN   CASTEL GANDOLFO   MÜNCHEN
G. SCHEIBE   F. TWYMAN
MÜNCHEN   LONDON

2. BAND, 5. HEFT
MIT 13 TEXTABBILDUNGEN
(ABGESCHLOSSEN AM 30. OKTOBER 1942)

BERLIN
SPRINGER-VERLAG
1942

SPECTROCHIM. ACTA   *Preis RM 4.40*

22 《光谱化学学报》,1942 年,第 5 期,第
2 卷。请注意:在战争的第四年,封面上仍
然将一名"外敌"①列为编者。   17

———————

① 指来自伦敦的 F.Twyman。——编者注

第二章　并购（1950—1965）

战后最初几年的问题

　　1948 年 6 月 21 日的币制改革，为新的经济开端奠定了货币基础。但在此之前的几年里，公司已经采取关键步骤，并做了计划（参见本书第 30—31 页，可以概览货币改革之前开始重新出现的期刊概述）[①]。与我们在荷兰、英国和美国的竞争对手相比，我们没有资金可供支配。然而，理想并具有典范的资本被证明具有很大的优势：施普林格出版社享有的高品质声誉，已经建立并维持了数十年。此外，公司在对其作者和编者的忠诚度方面一直表现得十分出色。这种忠诚得到了回报——对那些在第三帝国时期被迫移居国外的人也是如此。出于对长期伙伴关系的考虑，供应商在重建阶段同样给予了我们支持。其中值得一提的是上伦宁根的朔伊尔费伦造纸厂（Scheufelen Paper Factory）、维尔茨堡的施蒂尔茨大学印刷股份公司以及德国东部地区的那些老印刷厂。我们也感谢德意志银行对我们的信任，特别是在开始阶段和关键的创建时期；我们特别鸣谢海德堡的格布哈特（O. Gebhardt）先生和卡普费雷尔（H. Kapferer）先生，以

[①]　此处为作者自注，其中"参见本书第 30—31 页"指向中译本边码。下同。——编者注

及曼海姆的海因茨·罗滕比歇尔（Heinz G. Rothenbücher）先生。

最后，当然同样重要的是我们忠诚的员工，他们拥有过去几十年积累的知识和经验，如果没有他们的帮助，新的创业很难取得成功。亨里克·扎勒就是其中的代表。他的父亲维克托·扎勒（Victor Salle）在19世纪就与施普林格出版社有联系。维克托当时是德国沙里泰医院内科第一门诊部的学生，担任威廉·希斯（Wilhelm

23　亨里克·扎勒（1910 年出生），1947—1962 年掌管哥廷根分社。后来他接管了柏林的技术项目，尤其致力于《兰多尔特—伯恩施泰因手册》。截至 1976 年，他担任制作部门的负责人。

His）的助理[HS：p. 179 ff.]，并于 1920 年和 1923 年分别担任成立于一年前的《内科医学协会总报》（*Kongreßzentralblatt für Innere Medizin*）和《临床周刊》的编辑。亨里克·扎勒则于 1935 年 11 月 25 日加入施普林格出版社，当时尤利乌斯·施普林格不得已退休，而费迪南德·施普林格需要一个技术领域的可靠助手。还必须提到生产部门的忠实的主力伙伴们：永远不会被人们忘记的保罗·戈塞，他在 1967 年退休时，已经为公司工作了 65 年；戈特黑尔夫·舒尔茨（Gotthelf Schulz）和弗朗茨·佐施卡（Franz Soschka），他们以高超的技术和坚韧不拔的精神，与德国东部的印刷商维持着异常艰难的联系。在销售方面，鲁道夫·隆尼斯（Rudolf Lönnies）获得了期刊行业弗里德里希·施勒埃尔（Friedrich Schröer，图 255）和会计行业的赖因霍尔德·哈林（Reinhold Hailing，图 309）的支持，以及埃贝哈德·弗勒梅尔（Eberhard Frömmel，图 253）、二手图书行业的朗格—施普林格和马克斯·尼德莱希纳（Max Niderlechner，图 254）的支持。

18

24 保罗·戈塞(1888—1968)自 1902 年起在施普林格出版社工作，一直管理海德堡的生产部门，直到 1967 年。

25 戈特瑟夫·舒尔茨(1902—1987，左侧)，1972 年之前担任柏林图书生产部经理。弗朗茨·佐施卡(1902—1972,右)，在柏林负责期刊制作，直到 1972 年。

26 鲁道夫·隆尼斯(1900—1978)，1971 年之前是施普林格出版社富有想象力和精力充沛的销售部经理。他于 1925 年加入公司，1947 年被任命为高管。霍斯特·德雷舍尔(1927 年出生，左侧)任职多年，1981 年出任销售和分销总监，1973 年之后负责促销部门。他在发展我们与苏联和波兰的关系上做出特别贡献。于 1991 年退休。

19

在费迪南德·施普林格和尤利乌斯·施普林格退休后，该公司忠实而宽宏大量的理事滕耶斯·朗格在战争结束后不久就聘请保罗·赫费尔（Paul Hövel）担任他在柏林办公室的私人助理。作为德国书业协会（Börsenverein des Deutschen Buchhandels）经济部的负责人，赫费尔在运营条件方面为公司提供帮助，并尽力清除障碍［HS：p. 343；note 75］。朗格于1961年5月8日去世后，赫费尔以高度的责任感负责组织、行政和人事工作。他忠心耿耿地为公司服务。1972年退休后，赫费尔为出版社的发展史收集材料，尽管无法查阅1858年以来的全部信件档案（这些信件当时尚未找齐）；因此，1982年版的出版史只能作为私人出版物发行。

战后公司面临的最大问题是难以提供必要的排字和印刷能力，同时难以获得纸张。费迪南德和尤利乌斯·施普林格已经同意将技术文献的主要部分交由东部的著名印刷商制作，例如因特德鲁克（Interdruck）公司，之前是布兰德施泰特（Brandstetter）公司和施帕默（Spamer）公司；安德森·内克瑟（Anderson Nexö）公司，之前和现在是莱比锡的哈格—德鲁古林（Haag-Drugulin）公司；克滕印刷公司，阿尔滕堡的皮勒（Pierer）公司；还有朗根萨尔查（Langensalza）的贝尔茨（J. Beltz）公司。工具书《兰多尔特—伯恩施泰因手册》也将在东部生产。1961年柏林墙的修建使这些联系变得麻烦起来，但这些联系并没有被切断，因为德意志民主共和国从施普林格采购的条件是，施普林格也要同民主德国的印刷商签订同等的合同；这实质上是一种易货贸易。费迪南德·施普林格为海德堡地区保留着高技术水准的施蒂尔茨大学印刷股份公司的生产力［HS：p. 214 f.］。20世纪50年代初，我们还与威斯巴登印刷公司（Wiesbadener Graphischen Betriebe）建立了合作关系。该公司的联合创始人阿明·维费尔（Armin Würfel）曾是莱比锡布兰德施泰特公司的合伙人，后来成为施蒂尔茨股份公司的董事（1953年1月1日至1960年6月24

日）。与其他西德印刷公司合作的尝试被证明是不可行的,部分原因是它们与出版社的地理距离较远,如位于杜塞尔多夫的奥古斯特·巴格尔(August Bagel)公司,和位于讷德林根(Nördlingen)的贝克(C. H. Beck)公司。然而,我们和吉森的布吕尔(Brühl)、维尔茨堡的特里尔奇(Triltsch),陶伯河上游罗滕堡的彼得(Peter)建立了富有成效的联系。20世纪50年代中期,我们和贝尔茨建立了联系。1949年,他在朗根萨尔查的印刷厂接受社会主义改造之后,贝尔茨定居在魏因海姆(Weinheim),并于1966年在黑姆斯巴赫(Hemsbach)开办了一家印刷厂。

27　保罗·赫费尔(1904—1989)于1945年加入公司。自1950年起,他是滕耶斯·朗格的助手,朗格1961年去世后,赫费尔接替了他的工作,直到1972年。

28　1953—1960年,阿明·维费尔(1899—1960)担任施蒂尔茨大学印刷股份公司的总经理,大力推广胶版印刷。

　　这些年来,费迪南德·施普林格为我们带来了决定性的推动力。费迪南德充沛的精力让人想起他早先的创举:第一次世界大战甫一结束,他就勇敢地提出了出版计划,令同行们惊叹不已。尽管销量不断下降,但他坚定地支持数学领域的出版工作,其中包括著名期刊《数学年鉴》（*Mathematische Annalen*）从托伊布纳（Teubner）出版社转到施普林格出版社［HS：p. 260 f.］。费迪南德·施普林格个性鲜明，他那极敏锐的感知力、非凡的智力、生动活泼的魅力，对事理的通达和善解人意，吸引着所有恰好与他长期共事的人，也吸引了每一位来访的人。有时候，在谈话人详细阐述完自己的要求之前，施普林格就能给对方一个一语中的的答案。他的书信风格亦如此，篇幅很少会超过半页，其简约遒劲的签名体现了他的性格。

29　1948 年 4 月，战后第一本出版物目录问世。目录共 23 页，列出了一些在战争中幸存下来的书目，一些先前受欢迎的图书修订版，以及一些"即将面世"的图书。

格。在外人看来，他并不是那么容易接近的；他给自己戴上了一副冷漠的面具，而这恰恰掩盖了他热心肠的本性。1952 年 5 月 13 日，在为海德堡"扶轮国际"分社（Rotary Club）填的履历表中（在《施普林格出版史》第一部引用过）他相当准确地描述过自己。有一段出自履历表的内容反映了他在重建初期活动中的特点：

> 刚开始，公司的重建几乎是没有希望的。我们在柏林的办公室有一半遭到破坏，其中一些完全被摧毁。维也纳的那座建筑物连同它的全部库存都被彻底毁坏了。维尔茨堡的印刷厂成为一片废墟。战争带来的后果是我们的库存损失高达近 700 万至 800 万马克，而且在 1945 年 6 月和 7 月，苏联占领方在没有收据和付款手续的情况下，将价值超过 1800 万马克的库存运回苏联。值得注意的是，这些库存

并不是被随机拉走的，而是根据莫斯科确切的清单搬运的。自然，这使得损失更加触目惊心。除了我们的好名声，我们只剩下大约10%的存货作为营运资本。在战争期间和战争结束后，差不多300种对我们出口贸易很重要的出版物是在美国翻印的，这一事实大大削弱了可供我们利用的资本！

在公司及其董事每天面临的所有新情况中，有一件事情是从未改变的：坚定地为科学服务，同样也是为德语服务，作为德国人研究的一种表达方式。这项任务的完成也决定着我们出版公司的命运……

费迪南德·施普林格并没有过多谈及他对出版政策的看法，他确信没有什么理论能够取代出版的本能。他又从1942年被强行中断的地方继续开始。之后，他跟进了大型手册的出版计划，以及自然科学、医学和数学的成果和进展报告，以及《数学科学导论》（*Grundlehren der mathematischen Wissenschaften*）等系列专著的出版计划。这些项目很快就开始了，尽可能与可靠的前任编辑合作。医学和数学文摘类也是如此。

海德堡的早期阶段

卡尔·雅斯贝尔斯（Karl Jaspers）和战后海德堡大学的第一任校长、外科医师卡尔·海因里希·鲍尔（Karl Heinrich Bauer）在重开这所德国历史最悠久的大学方面做出榜样，并取得成功，创造了恢复独立研究和教学的条件。施普林格无论是作为出版商还是从个人角度出发，都对他们感激不尽[DE ROSA]。在那段对大学精神基础的形成具有决定性意义的时期，雅斯贝尔斯把他的作品《大学之理念》（*Idee der Universität*）委托给施普林格出版社。该书是施普林格公司战后的第一本出版物，于 1946 年 6 月底出版，不是作为 1923 年出版的该书的新版本呈现，而是"基于过去二十年可怖经历的新蓝图"（雅斯贝尔斯的序言）。该书出版后不久，即在苏占区遭禁。

1913 年，施普林格曾出版雅斯贝尔斯的第一部著作《普通精神病理学》（*Allgemeine Psychopathologie*）［HS：p. 190f.］。1931 年，他的主要著作《哲学》（*Philosophie*）三卷本出版，我们在 1986 年发行了让娜·埃尔施（Jeanne Hersch, 1910—2000）的法文译本。

30　卡尔·海因里希·鲍尔（1890—1978）于 1943 年接替马丁·基施纳（Martin Kirschner）出任海德堡外科教席。作为海德堡大学的校长，他在 1945 年 8 月成功地使海德堡大学成为战后第一所重新开放的大学。

31　在海德堡大学约四十年之后，卡尔·雅斯贝尔斯（1883—1969）于 1948 年受聘出任巴塞尔的哲学教席。他在 1958 年获得德国书业和平奖，并于 1964 年成为科学与艺术荣誉勋章的成员。

22

施普林格和雅斯贝尔斯之间的讨论引发了创办《通识研习》杂志（*Studium Generale*）的想法，该期刊于 1947 年在曼弗雷德·蒂尔（Manfred Thiel）的指导下创办，其目的不仅是维系受到专业化趋势持续威胁的不同科学领域之间的交流，而且在于以"文学大学"（"universitas literarum"）这一概念的基础上深化交流。个别领域，特别是自然科学的巨大进步，似乎常常与科

SCHRIFTEN DER UNIVERSITÄT HEIDELBERG
HEFT 1

DIE IDEE
DER UNIVERSITÄT

VON

KARL JASPERS
PROFESSOR DER PHILOSOPHIE
AN DER UNIVERSITÄT HEIDELBERG

BERLIN UND HEIDELBERG
SPRINGER-VERLAG
1946

STUDIUM GENERALE
ZEITSCHRIFT FÜR DIE EINHEIT DER WISSENSCHAFTEN IM ZUSAMMEN-
HANG IHRER BEGRIFFSBILDUNGEN UND FORSCHUNGSMETHODEN

HERAUSGEGEBEN VON
K. H. BAUER · L. CURTIUS · F. ERNST · W. EUCKEN · E. HOFFMANN ·
E. v. HOLST · K. JASPERS · FR. OEHLKERS · H. PETERS · K. REIDE-
MEISTER · F. H. REIN · W. RÖPKE · R. SMEND · TH. STEINBÜCHEL ·
H. THIELICKE · J. TRIER · C. TROLL · A. WEBER · C. F. v. WEIZSÄCKER

SCHRIFTLEITUNG:
M. THIEL
SPRINGER-VERLAG IN HEIDELBERG UND BERLIN

HEFT 1   Oktober 1947   1. JAHRGANG

INHALT:

Zum Geleit

von Weizsäcker, Carl Friedrich, Das Experiment

Bünning, Erwin, Das Experiment als Quelle für Natur- und Geisteserkenntnisse, dargestellt an
der Entwicklung der physiologischen Problemstellung

Wellek, Albert, Das Experiment in der Psychologie

Reidemeister, Kurt, Raum und Erfahrung

Jensen, Adolf Ellegard, Wettkampf-Parteien, Zweiklassen-Systeme und geographische Orien-
tierung

Adama van Scheltema, Frederik, Naturformen der Kunst

Von der Universität: Bericht von der Universität Heidelberg

VORANKÜNDIGUNG:

Für die nächsten Hefte ist u. a. vorgesehen:

Eine Diskussion über Humanismus mit Beiträgen von H. U. v. Balthasar, R. Bultmann, H. Dahlmann,
O. Herding, H. Kühn, F. Müller, W. F. Otto, H. Peters.

Eine Diskussion über Rhythmus mit Beiträgen von A. Bethe, E. Bünning, W. Hager, W. Heinitz,
H. Caspers, E. v. Skramlik, R. Steglich, J. Trier u. a.

32　卡尔·雅斯贝尔斯的著作《大学之理念》于 1946 年作为海德堡大学系列丛书的第一辑出版。该丛书中记载了海德堡大学重新开放后最初几年的活动。

33　《通识研习》创刊于 1947 年 11 月底。创办杂志是施普林格的主意，并得到了卡尔·雅斯贝尔斯的大力支持。

学发展的总体情况背道而驰。人们常听到这样一句绝望的话："知道的越多，才发现自己所不知道的更多。"1971 年，《通识研习》杂志最终成为这一不可阻挡的趋势的牺牲品。这是一个不好的迹象，它损害了我们今天比以往任何时候都更需要的通识教育。

GARRÈ-STICH-BAUER

LEHRBUCH
DER CHIRURGIE

VIERZEHNTE UND FÜNFZEHNTE AUFLAGE

NEUBEARBEITET VON

DR. RUDOLF STICH UND DR. KARL-HEINRICH BAUER
EM. PROFESSOR DER CHIRURGIE   O. O. PROFESSOR DER CHIRURGIE
EHEMALS DIREKTOR DER CHIRURGISCHEN   DIREKTOR DER CHIRURGISCHEN
UNIVERSITÄTS-KLINIK GÖTTINGEN   UNIVERSITÄTS-KLINIK HEIDELBERG

MIT 601 ZUM TEIL FARBIGEN ABBILDUNGEN

BERLIN · GÖTTINGEN · HEIDELBERG
SPRINGER-VERLAG
1949

医学

卡尔·海因里希·鲍尔[LINDER(1—3)]是一位可靠

34　C.加雷和 A.博尔夏德（A. Bor-chard）的《外科教程》（始于 1920 年）于 1933 年由 R.施蒂希继续出版，1949 年起则由 K.H.鲍尔接手。

的朋友和顾问，他作为作者和编辑，与施普林格有着多方面的联系。其中之一是恢复出版卡尔·加雷（Carl Garré）和鲁道夫·施蒂希（Rudolf Stich）编写的《外科教程》（*Lehrbuch der Chirurgie*，1944 年第 13 版），第 14 和第 15 版于 1949 年出版，作者是加雷、施蒂希和鲍尔。他的极为重要的著作《恶性肿瘤疑难》（*Das Krebsproblem*，1949）也委托给施普林格出版。从施普林格两位杰出的作者雅斯贝尔斯和鲍尔那里，得到了全方位的支持。

施普林格对人性有着透彻的了解，这一点很少让他失望。当他打算从谁那里得到最好和最客观的建议时，这些建议常常被证明是有用的。施普林格和贝格曼（Gustav von Bergmann）的学生、内科医师赫伯特·施维克（Herbert Schwiegk）建立了长期联系，他的专业、有远见的判断对出版《内科医学手册》（*Handbuch der inneren Medizin*）和《临床周刊》以及后来的《内科医师》都很重要。施维克对施普林格出版社的忠诚一直延续到施普林格本人不再活跃于公司之后很长一段时

35　赫伯特·施维克（1906—1988），1952—1956 年在马堡的综合性医院担任全职的内科教师。随后他的老师古斯塔夫·冯·贝格曼推荐他任慕尼黑大学教授。此外，施维克还是施普林格的主要医学顾问。

间，并将这种忠诚传给了他的学生埃伯哈德·布赫博恩（Eberhard Buchborn）和格哈德·里克尔（Gerhard Riecker）。

在病理学和病理解剖学领域，施普林格主要是由柏林的罗伯特·勒斯勒（Robert Rössle）、弗莱堡的弗朗茨·比希纳（Franz Büchner）、图宾根的埃里希·莱特雷尔（Erich Letterer）

和巴塞尔的弗雷德里克·夏尔·鲁莱（Frédéric Charles Roulet）提供咨询意见，稍晚些，又由属于海德堡学派的威廉·德尔（Wilhelm Doerr）提供咨询意见。他特别看重的一位医学顾问是来自柏林的药理学家沃尔夫冈·霍伊布纳（Wolfgang Heubner）［HS：fig. p. 329］，他是为数不多的可以对施普林格直呼其名的人之一。霍伊布纳杰出的学生汉斯·赫尔肯（Hans Herken）紧随其后，与出版社建立了友好的关系（参见本书第 304 页）。

36 《内科医学手册》，1968 年第五版，第二卷，第一部分。

37 《临床周刊》，1946 年版，第 24/25 卷。

数学

在施普林格非常感兴趣的数学领域，弗里德里希·卡尔·施密特（Friedrich Karl Schmidt）为他提供咨询意见。施密特专业知识全面，通识水准高，且行事果决。施密特自 1935 年以来一直与公司保持着联系，他主要负责战后数学领域第一个项目的提出。在这方面，施普林格与哥廷根的老交情对此很有帮助：

38　里夏德·库朗(1888—1972)在第二次世界大战结束后不久就与费迪南德·施普林格恢复了私人和职业上的联系,并时常到访海德堡。

39　数学家弗里德里希·卡尔·施密特(1901—1977)曾任教于耶拿大学,1946 年在明斯特获得正式教授职位;从 1952 年起,他在海德堡大学任教。

自卡尔·弗里德里希·高斯(Carl Friedrich Gauß,1777—1855)以来,哥廷根成为世界数学中心,并在伯恩哈德·黎曼(Bernhard Riemann)、大卫·希尔伯特(David Hilbert)和菲利克斯·克莱因(Felix Klein)的影响下再次繁荣。希尔伯特的学生里夏德·库朗(Richard Courant)在 1934 年移民美国之前是哥廷根数学研究所的所长,他是施普林格公司一辈子的忠实朋友[HS:p. 262 ff.]。最幸运的是,库朗将最高的科学标准同对公

40　汉斯·彼得斯(Hans Peters,1896‑1966),行政法专家,于 1928 年成为施普林格在法律出版方面的顾问。他是《法律和政治科学百科全书》(*Enzyklopädie der Rechts-und Staat-swissenschaften*)的作者之一。

司实际问题的清晰认识相结合。因此，他是一个理想的顾问，出版商则倾向于采纳他的建议；这些建议总是很务实，而不是空谈。库朗与他的学生弗里茨·约翰（Fritz John）和彼得·拉克斯（Peter Lax）一道，总是以友好和无私的方式帮助公司，并在后来努力与美国的数学家建立了联系。

法学

汉斯·彼得斯是一位值得信赖的私人朋友和负责任的顾问，他是行政法专家，也是《法律和政治科学百科全书》的作者之一。彼得斯笃信罗马公教，坚决反对纳粹政权。1947 年，他与合著者沃尔夫冈·孔克尔（Wolfgang Kunkel）和埃里希·普赖泽尔（Erich Preiser）重新编纂了这部百科全书。1948 年，彼得斯向费迪南德推荐了这些作者，从 1949 年 2 月 15 日起，施普林格接受了他，让他成为自己在海德堡为数不多的员工之一。

与哥廷根的联系

正如前面提到的，身在海德堡的费迪南德·施普林格与哥廷根保持着特别密切的联系。他视哥廷根为所有自然科学的活动中心，因为哥廷根有着包括大学和威廉皇帝自然科学研究所在内的许多著名研究机构。此外，该大学杰出的医学院还与外科医师汉斯·黑尔纳（Hans Hellner）、内科医师鲁道夫·舍恩（Rudolf Schoen）和耳鼻喉科医师赫尔曼·弗伦策尔（Hermann Frenzel）建立了联系。当时，扎勒得以聘请阿诺尔德·奥伊肯（Arnold Eucken）担任《自然科学》杂志的主编（该杂志于 1946 年以第 34 卷再次出版），并请其着手撰写《兰多尔特—伯恩施泰因手册》第六版（参看奥伊肯的报告，见《手册》1950 年第 1.1 卷序言，第 xvii 页）。奥伊肯的观点与西格弗里德·弗吕格（Siegfried Flügge）后来接任《物理学手册》（*Handbuch der Physik*）主编时的观点一致；他坦陈自己的科学成果已经到了收获的季节，现在希望尽可能地借助经验和学术上的影响力为国民做些事情。奥伊肯与《兰多尔特—伯恩施泰因手册》的原编者，诸如格奥尔格·约斯（Georg Joos）、瓦尔特·罗特（Walther Roth）、恩斯特·施密特（Ernst Schmidt）和后来的艾伦·拉克斯（Ellen Lax）等人建立联系，并邀请他们再度担任共同作者，并与尤利乌斯·巴特尔斯（Julius Bartels）和保罗·滕·布鲁根卡特（Paul ten Bruggenkate）等新编辑签约。

41　阿诺尔德·奥伊肯（1884—1950）是战后《自然科学》杂志和《兰多尔特—伯恩施泰因手册》的第一位编者。

42　《自然科学》杂志、《医学周刊》（*Ärztliche Wochenschrift*）、《临床周刊》、《驯养者》在 1946 年恢复出版。

26

　　由于与《自然科学》《兰多尔特—伯恩施泰因手册》有关的工作量，以及重新开始运作的研究所有关工作变得过于繁重，奥伊肯聘请卡尔-海因茨·黑尔韦格（Karl-Heinz Hellwege）（时为哥廷根大学教师）协助他开展编辑工作。1950 年，黑尔韦格

43 卡尔—海因茨·黑尔韦格（生于 1910 年）是经由奥伊肯之手签约加入《兰多尔特—伯恩施泰因手册》编辑团队的一名忠实成员。此外，他还是公司在技术领域的顾问。

44 奥特弗里德·马德隆（Otfried Madelung，生于 1922 年）于 1985 年接替黑尔韦格，成为《兰多尔特—伯恩施泰因手册》（图 45）的编辑。

签订了编辑合同，从此开启了《兰多尔特—伯恩施泰因手册》在黑尔韦格的坚定领导下富有成效的时期。黑尔韦格于 1952 年被任命为达姆施塔特（Darmstadt）应用物理学教授。他把对现代物理学的全面了解与编辑这样一部著作所必需的组织能力结合在一起。幸运的是，他的妻子安妮·玛丽·黑尔韦格（Anne Marie Hellwege）是一位多才多艺的编辑助理，如果没有她，《兰多尔特—伯恩施泰因手册》的进一步发展是

ATOM- UND MOLEKULARPHYSIK
2. TEIL
MOLEKELN I
(KERNGERÜST)

BEARBEITET VON
P. DEBYE JR. · E. U. FRANCK · F. KERKHOF
W. MAIER · R. MECKE · H. PAJENKAMP · H. SEIDEL
H. STUART · E. WICKE

VORBEREITET VON
GEORG JOOS

HERAUSGEGEBEN VON
ARNOLD EUCKEN † UND K. H. HELLWEGE

MIT 460 ABBILDUNGEN

BERLIN · GÖTTINGEN · HEIDELBERG
SPRINGER-VERLAG
1951

无法想象的。从 1958 年起，她定期访问北美，参与华盛顿特区的国际信息学会议（International Documentation Conference），邀请新的作者。她与华盛顿特区的美国国家标准局（National Bureau of Standards）、新泽西州默里山的贝尔电话公司，以及位于田纳西州橡树岭、马萨诸塞州波士顿市，加利福尼亚州伯克利的数据中心建立联系，并在 1984 年访问了日本的物理学研究所。

手册

在货币改革之前，我们已经为推出三本医学方面基本手册的新版做了准备。这恰好为正在恢复的医学研究奠定了基础；它们在当时的重要性在今天也是难以想象的。其中最重要的是赫伯特·施维克接手的《内科医学手册》。此外，我们还计划推出新版《微视解剖学手册》（*Handbuch der mikroskopischen Anatomie*），该手册由威廉·冯·默伦多夫（Wilhelm von Möllendorff）创办，并于 1955 年由沃尔夫冈·巴格曼（Wolfgang Bargmann）接手继续出版。第三本医学手册是弗里德里希·亨克（Friedrich Henke）和奥托·卢巴尔施（Otto Lubarsch）合著的《特殊病理解剖学和组织学手册》（*Handbuch der speziellen pathologischen Anatomie und Histologie*），在 1931 年由罗伯特·勒斯勒接手，1956 年则由苏黎世的埃尔温·尤林格（Erwin Uehlinger）接手。

1948—1949 年，在国际机构和组织的参与下，新的物理学手册出版计划即将开始。鉴于这几年中，研究工作突飞猛进，第一本非常成功的《物理学手册》的新版本，即所谓的盖格尔/谢尔版，是不可能再版的。[HS：p. 272ff.]迈尔-考普研究了出版的可能性，并与弗莱堡的西格弗里德·弗吕格取得联系。西格弗里德·弗吕格在 1948/1949 年冬天第一次到海德堡。物理学家保罗·罗斯鲍德是这个出版项目的顾问，他是英格兰移民，他在

27

46 1931年，罗伯特·勒斯勒（1876—1956）接替了奥托·卢巴尔施在柏林的教席。他在自己擅长的病理解剖学领域为出版社提供建议。

47 在埃尔温·尤林格（1899—1980）的支持下，我们出版了《特殊病理解剖学和组织学手册》的另外 13 卷。尤林格还是《菲尔绍文献》（Virchows Archiv）和德尔、塞费特、尤林格《特殊病理解剖学》（Spezielle pathologische Anatomie）的联合编辑。

第二次世界大战之前就是施普林格的顾问。[HS：p. 361f.] 罗斯鲍德在世界各地广结善缘。他坚定地认为，仅靠德国国内的力量无法实行出版新的物理学手册的计划，施普林格必须与英国的出版社合作。直到 1952 年，施普林格认为是时候认真推动这一出版计划了，便要罗斯鲍德寻找可能适合担任联合编辑的英国实验物理学家和理论物理学家；弗吕格则被任命为德方编辑。1953 年，罗

48 沃尔夫冈·巴格曼（1906—1978），是《微视解剖学手册》和《细胞学与微视解剖学杂志》（Zeitschrift für Zellforschung und mikroskopische Anatomie）的编辑。

28

斯鲍德在伦敦同他推荐的编辑开了一次会。据推测,编辑大概是受了罗斯鲍德的影响,他们要求自己全权负责这一手册,并将所有签订的合同转让给新成立的佩尔盖蒙出版社。这对费迪南德·施普林格来说太过分了;伦敦会议最终使他与罗斯鲍德决裂。现在,物理学手册的编辑工作全都放在海德堡,由迈尔-考普和总编弗吕格负责完成。

WEIBLICHE GESCHLECHTSORGANE

VIERTER TEIL
VULVA, VAGINA, URETHRA

BEARBEITET VON
G. DALLENBACH-HELLWEG · B. EGLOFF
H. G. HILLEMANNS · J. JAEGER · G. F. KLOSTERMANN
H. LIMBURG · K. STAFFELDT · P. STOLL

MIT 378 ABBILDUNGEN

SPRINGER-VERLAG
BERLIN · HEIDELBERG · NEW YORK
1972

49　1972 年亨克和卢巴尔施合编的《特殊病理解剖学和组织学手册》第 7 卷第 4 部分。

50　西格弗里德·弗吕格(生于 1912 年)于 1955—1960 年底主编《物理学手册》(英文版书名 *Encyclopedia of Physics*)。

51　赫尔曼·迈尔-考普(Hermann Mayer-Kaupp,生于 1901 年)是费迪南德·施普林格的亲密合作者,也是海德堡第一位物理学、化学和生物学领域的主编。1947—1973 年,他一直在为这家公司做事。

　　《物理学手册》前两卷于 1955 年出版,到 1988 年已出版 55 卷。不幸的是,弗吕格在 20 世纪 60 年代末从该项目退出,将最

后几卷留给迈尔-考普。那一
时期物理学领域的迅速进展
超过了弗吕格制定的总体计
划,这很可能是他退出的原
因。尽管这一手册意义重大,
但它仍然是未完成的作品。

ENCYCLOPEDIA OF PHYSICS

EDITED BY
S. FLÜGGE

VOLUME I
MATHEMATICAL METHODS I

WITH 17 FIGURES

SPRINGER-VERLAG
BERLIN · GÖTTINGEN · HEIDELBERG
1956

52 《物理百科全书》(*Encyclopedia
of Physics*),1956 年第 1 卷。

期刊

经过最初几年的勇敢重
建,在被迫或长或短时间内的
停刊之后,公司一些最重要的
期刊开始复刊。科学期刊是
出版商与科研机构之间的重要纽带。对出版商来说,和科研界
的联系至关重要。这也是作者和出版公司之间信任关系的基
础,对出版来说必不可少,而且这种关系也是通过在他们在期刊
上的合作培养起来的。与此同时,我们也为其他出版领域的合
作奠定了基础,例如教材、手册以及科学领域的专著。近年来,
我们还增加了专业领域:科学类影片,新兴电子媒体领域的出版
物,以及共同操办教学和会议方面的事项。

费迪南德·施普林格从经济角度对期刊出版的主张是,三
分之一的期刊盈利,如此可以弥补三分之一的期刊的损失;最后
的三分之一收支相抵。这意味着,在任何情况下,期刊都不可能
获得巨大的利润。如前文所述,对出版公司而言,期刊的优势在
于理念上的重要性和先驱作用。期刊业务对科学出版商日益增
长的经济意义大大改变了这一理念。

备受推崇的《临床周刊》是最早出现的期刊之一,1946 年出
版了第 24/25 卷,由卡尔·海因里希·鲍尔、路德维希·海尔迈

1945

Juristische Blätter, vol. 68
(1945/46). Ed. H. Klang (V)

1946

Ärztliche Wochenschrift, vols. 1
and 2. Eds. R. Degkwitz,
H. v. Kress, F. Redeker,
W. Wachsmuth

Elektrotechnik und Maschinenbau
mit industrieller Elektronik und
Nachrichtentechnik, vol. 63.
Ed. L. Kneißler (V)

Klinische Wochenschrift,
vols. 24/25. Eds. K. H. Bauer,
L. Heilmeyer, A. Jores, K. Lang.
Ed. in chief: H. Schwiegk

Monatshefte für Chemie,
vol. 76. Eds. L. Ebert, E. Späth,
F. v. Wessely (V)

Die Naturwissenschaften,
vol. 33. Ed. A. Eucken

Österreichische Bauzeitschrift,
vol. 1. Ed. E. Czitary (V)

Österreichische Zeitschrift für
öffentliches Recht und Völker-
recht, vol. 1. Ed. A. Verdroß (V)

Österreichische zoologische
Zeitschrift, vol. 1. Ed. O. Storch
(V)

Österreichisches Ingenieur-Archiv,
vol. 1. Eds. F. Magyar, K. Wolf
(V)

Wiener klinische Wochenschrift,
vol. 58. Eds. L. Arzt, R. Übelhör
(V)

Zeitschrift des österreichischen
Ingenieur- und Architekten-
Vereines, vol. 91. Ed. F. Willfort
(V)

Zentralblatt für die gesamte Forst-
und Holzwirtschaft, vol. 70
(1946/47). Eds. H. Flatscher,
M. Schreiber (V)

Der Züchter, vols. 17/18.
Eds. G. Becker, H. Kappert,
H. Kuckuck, K. Pätau, H. Stubbe

1947

Acta Physica Austriaca, vol. 1
(1947/48). Eds. K. W. F. Kohl-
rausch, H. Thirring (V)

Berg- und hüttenmännische
Monatshefte, vol. 92.
Ed. W. Petraschek (V)

Der Chirurg, vols. 17/18.
Eds. K. H. Bauer, H. Hellner,
A. Hübner, O. Kleinschmidt

Frankfurter Zeitschrift für Patho-
logie, vol. 59. Ed. A. Lauche

HNO, vol. 1 (1947-1948-1949).
Eds. C. v. Eicken, H. Frenzel,
W. Lange, E. Lüscher, A. Sei-
fert, O. Steurer, J. Zange

Ingenieur-Archiv, vol. XVI.
(1947/48). Ed. R. Grammel

Mathematische Annalen, vol. 120
(1947/49). Eds. H. Behnke,
R. Courant, H. Hopf, K. Reide-
meister, F. Rellich, B. L. van
der Waerden

Meteorologische Rundschau,
vol. 1 (1947/48). Ed. K. Keil

Naunyn-Schmiedebergs Archiv für
Experimentelle Pathologie und
Pharmakologie, vol. 204.
Eds. F. Büchner, L. Heilmeyer,
W. Heubner

Der Nervenarzt, vol. 18. Eds.
K. Beringer, J. Zutt

Österreichische Chemiker-Zeitung,
vol. 48. Ed. R. R. Schäfer (V)

Österreichische Zeitschrift für
Telegraphen-, Telephon-, Funk-
und Fernsehtechnik, vol. 1.
Ed. V. Petroni (V)

Studium Generale, vol. 1
(1947-1948). Ed. M. Thiel

Virchows Archiv für Pathologische
Anatomie und Physiologie
und für Klinische Medizin,
vol. 314. Ed. R. Rössle

Wiener Zeitschrift für Nervenheil-
kunde und deren Grenzgebiete,
vol. 1 (1947/48). Eds. O. Kauders,
H. Reisner (V)

Wilhelm Roux' Archiv für Entwick-
lungsmechanik der Organismen,
vol. 143 (1947/49).
Eds. B. Romeis, A. Kühn

1948

Albrecht von Graefes Archiv für
Ophthalmologie vereinigt mit
Archiv für Augenheilkunde
(Knapp-Schweigger-Hess),
vol. 148. Eds. E. Engelking,
W. Löhlein, O. Marchesani,
A. Wagenmann, K. Wessely

Archiv für Dermatologie und
Syphilis, vol. 186. Eds. L. Arzt,
S. Hellerström, E. Hoffmann,
F. Hussels, A. Marchionini,
G. Miescher, G. A. Rost,
W. Schönfeld

Archiv für Meteorologie, Geophy-
sik und Bioklimatologie. Series
A, Meteorologie und Geophysik,
vol. 1 (1948/49). Eds. W. Mörik-
hofer, F. Steinhauser (V)

Archiv für Psychiatrie und Ner-
venkrankheiten vereinigt mit
Zeitschrift für die gesamte Neu-
rologie und Psychiatrie, Archive
vols. 118-179, Journal vol. 179.
Eds. K. Beringer, E. Kretschmer,
W. Scholz, R. Jung, T. Riechert

Biochemische Zeitschrift,
vol. 318. Eds. F. G. Fischer,
K. Lang

Deutsches Archiv für Klinische
Medizin, vol. 193. Eds. H. Ass-
mann, P. Martini, H. Reinwein,
R. Schoen, R. Siebeck

Deutsche Zeitschrift für die ge-
samte gerichtliche Medizin,
vol. 39 (1948/49). Eds. H. W.
Gruhle, W. Laves, G. Strassmann

Deutsche Zeitschrift für
Nervenheilkunde, vol. 158.
Eds. M. Nonne, H. Pette,
V. v. Weizäcker

Fresenius' Zeitschrift für analyti-
sche Chemie, vol. 128.
Ed. A. Kurtenacker

Gesetze und Verordnungen sowie
Gerichtsentscheidungen betref-
fend Lebensmittel (Beilage zur
Zeitschrift für Lebensmittel-
Untersuchung und -Forschung),
vol. 88. Ed. S. W. Souci

1945 年之后复刊或新创办的期刊。（V）= 维也纳施普林格出版社。

Monatshefte für Mathematik,
vol. 52. Ed. J. Radon (V)

Monatsschrift für Kinderheil-
kunde, vol. 96 (1948/49).
Ed. H. Kleinschmidt

Österreichische Zeitschrift für
Elektrizitätswirtschaft, vol. 1.
Ed. K. Selden (V)

Österreichische Zeitschrift für
Kinderheilkunde und Kinder-
fürsorge, vol. 1. Ed. A. Reuß (V)

Pflügers Archiv für die gesamte
Physiologie des Menschen und
der Tiere, vol. 249. Eds.
E. Abderhalden, A. Bethe,
A. v. Muralt, H. Rein

Planta – Archiv für Wissenschaftli-
che Botanik, vol. 35.
Eds. W. Ruhland, O. Renner

Tschermaks Mineralogische und
Petrographische Mitteilungen,
vol. 1. Eds. F. Machatschki,
H. Leitmeier (V)

Zeitschrift für Astrophysik,
vol. 24. Eds. W. Grotrian,
E. v. d. Pahlen, A. Unsöld

Zeitschrift für Hygiene und Infek-
tionskrankheiten, vol. 127.
Eds. R. Doerr, H. Schlossberger

Zeitschrift für Induktive Abstam-
mungs- und Vererbungslehre,
vol. 82. Eds. H. Bauer, A. Kühn,
G. Melchers, F. Oehlkers,
K. Pätau, H. Stubbe

Zeitschrift für Kinderheilkunde,
vol. 65. Eds. Ph. Bamberger,
K. Bennholdt-Thomsen, R. Degk-
witz, F. Goebel, H. Klein-
schmidt, E. Moro, A. Nitschke,
C. Noeggerath, E. Rominger,
B. de Rudder, O. Ullrich

Zeitschrift für Krebsforschung,
vol. 56 (1948/50).
Ed. G. Domagk

Zeitschrift für Physik, vol. 124.
Eds. M. von Laue, R. W. Pohl

Zentralblatt für Hals-, Nasen-
und Ohrenheilkunde..., vol. 38
(1948/49). Ed. H. J. Denecke

Zentralblatt für Mathematik...,
vol. 29. Ed. H. L. Schmid

1949

Arbeitsphysiologie, Internatio-
nale Zeitschrift für die Physio-
logie des Menschen bei Arbeit
und Sport, vol. 14 (1949/1952).
Eds. E. H. Christensen,
G. Lehmann

Archiv für Gynäkologie, vol. 176.
Eds. H. Martius, C. Kaufmann

Archiv für Ohren-, Nasen- und
Kehlkopfheilkunde vereinigt
mit Zeitschrift für Hals-, Nasen-
und Ohrenheilkunde. Archive
vol. 155, Journal vols. 52–155.
Eds. C. v. Eicken, H. Frenzel,
W. Lange, E. Lüscher, A. Seif-
fert, O. Steurer, J. Zange

Archiv für Orthopädische und Un-
fall-Chirurgie, vol. 44
(1949/1951). Ed. K. H. Bauer,
G. Hohmann, A. Hübner

Der Bauingenieur, vol. 24.
Eds. F. Schleicher, A. Mehmel

Beiträge zur Klinik der Tuberku-
lose, vol. 101. Eds. L. Brauer,
H. W. Knipping, F. Redeker,
W. Rudolff, H. Wurm

Berichte über die gesamte Biolo-
gie, sect. A: Berichte über die
wissenschaftliche Biologie,
vol. 64. Eds. E. Bünning,
K. v. Frisch, M. Hartmann

Berichte über die gesamte Biolo-
gie, sect. B: Berichte über die
gesamte Physiologie und Experi-
mentelle Pharmakologie, vol. 135.
Ed. K. Lang

Berichte über die allgemeine und
spezielle Pathologie, vol. 1.
Ed. W. Doerr

Heidelberger Beiträge zur Mine-
ralogie und Petrologie, vol. 1.
Ed. O. H. Erdmannsdörffer

Kongreßzentralblatt für die ge-
samte innere Medizin mit Ein-
schluß der Kinderheilkunde,
vol. 118. Ed. H. Schwiegk

Konstruktion, vol. 1. Eds. F. Sass,
F. Zur Nedden

Mathematische Zeitschrift,
vol. 51. Ed. K. Knopp

Monatsschrift für Unfallheilkun-
de und Versicherungsmedizin,
vol. 52. Eds. H. Bürkle de la
Camp, A. Hübner, B. Martin

Österreichische Wasserwirtschaft,
vol. 1. Ed. J. Kar (V)

Protoplasma, vol. 39 (1949/50).
Eds. J. Spek, F. Weber (V)

Psychologische Forschung,
vol. 23. Eds. J. v. Allesch,
H. W. Gruhle

Werkstattstechnik und Maschinen-
bau, vol. 39. Ed. O. Kienzle

Zeitschrift für die Anatomie und
Entwicklungsgeschichte, vol. 114
(1949/50). Ed. C. Elze

Zeitschrift für Angewandte
Physik, vol. 1. Eds. W. Meißner,
R. Vieweg, G. Joos

Zeitschrift für die Gesamte Expe-
rimentelle Medizin zugleich
Fortsetzung der Zeitschrift für
Experimentelle Pathologie und
Therapie, vol. 115 (1949/50).
Eds. W. R. Hess, A. Schitten-
helm, H. Schwiegk, K. Wezler,
E. Wollheim

Zeitschrift für Klinische Medizin,
vol. 145. Eds. G. v. Bergmann,
G. Katsch, W. Löffler, W. Woll-
heim

Zeitschrift für Menschliche Verer-
bungs- und Konstitutionslehre,
vol. 29 (1949/50). Eds. K. H.
Bauer, G. Just, E. Kretschmer

Zeitschrift für Parasitenkunde,
vol. 14 (1949/50). Ed. A. Hase

Zentralblatt für Haut- und
Geschlechtskrankheiten...,
vol. 72. Eds. G. A. Rost,
W. Schönfeld

Zentralblatt für die gesamte Neu-
rologie und Psychiatrie, vol. 105.
Eds. H. Kranz, K. Schneider

Zentralblatt für die gesamte
Ophthalmologie..., vol. 50.
Ed. E. Schreck

Zentralorgan für die gesamte
Chirurgie..., vol. 111.
Ed. F. Linder

1945 年之后复刊或新创办的期刊。

尔(Ludwig Heilmeyer)、阿图尔·约雷斯(Arthur Jores)和康拉德·朗格(Konrad Lange)主编。编辑团队的负责人是赫伯特·施维克,他很快就把这本杂志变成了广受推崇的临床相关基础医学研究刊物,尤其是在国外。在第 60 卷(1982 年)中,编辑工作转交给了施维克多年的同事汉斯·雅尔梅克尔(Hans Jahrmärker),他自 1961 年以来一直担任编辑工作。

53　自 1992 年以来,《临床周刊》更名为《临床研究者》出版。

54　内波穆克·策尔纳(1923 年出生)与《内科医学手册》合作,自 1984 年以来一直担任《临床周刊》的主编。

　　在第 62 卷(1984 年)中,内波穆克·策尔纳(Nepomuk Zöllner)接任编辑主任一职,同时成立一个由内科各专业的年轻成员组成的新编委会。从 1983 年 1 月 1 日到 1991 年,该杂志由贝格曼出版社的编辑部主任克莱门斯(H. J. Clemens)负责;他的继任者是克劳迪娅·奥斯特霍夫(Claudia Osthoff)。为进一步推动其在国际市场的发行,1992 年《临床周刊》更名,现以英文名《临床研究者》(*The Clinical Investigator*)出版发行。从第 35 卷(1957 年)到第 62 卷(1984 年),伊利诺伊州埃文斯顿(Evanston, Ill.)的格奥尔格·费迪南德·施普林格

(Georg F. Springer)是美国编委会的正式成员。

20世纪20年代的生物学领域,正如后来被归类为"生命科学"范畴的其他学科一样,接受了一种被称为"测量生理学"("measuring physiology")的概念——它是由生理学家亚历山大·冯·穆拉尔特(Alexander von Muralt)在他1943年出版的《实用生理学导论》(*Einführung in die praktische physiologie*,柏林,1943)[HS:p. 377]一书序言中提出的,即定量方法的主导地位同时渗透到分子构成领域。位于柏林的威廉皇帝科学促进会一直是生物研究的推动者,并对这一领域赋予了新的意义。生物学在战后就是这样重新开始的。诸如植物生理学、神经系统生理学以及遗传学的广阔领域都得到了蓬勃发展。马克斯·德尔布吕克(Max Delbrück)、尼古拉·季莫费耶夫—列索夫斯基(Nikolai W. Timoféeff-Ressovsky)、格哈德·施拉姆(Gerhard Schramm)和安东·朗(Anton Lang)等许多年轻的研究人员,曾在柏林达勒姆区的威廉皇帝自然科学研究所工作过一段时间,其中一些人待的时间很短,有些则工作了很久,有些人在战后随着研究所搬到了图宾根。出版公司和安东·朗之间的关系特别密切。作为一名"无国籍人士",他曾于弗里茨·冯·韦特施泰因研究所(Institute of Fritz von Wettstein)格奥尔格·梅尔歇斯(Georg Melchers)所在的部门担任科研助理。1937年以后,他一直活跃在《科学生物学通报》(*Berichte über die Wissenschaftliche Biologie/Reports on Scientific Biology*)的编辑团队中。第二次世界大战结束后,他在海德堡定居并担任费迪南德·施普林格的顾问,直到1949年他移民前往加拿大和美国。从1941年(第10卷)到1961年(第23卷),他参与了《植物学研究进展》(*Fortschritte der Botanik/ Progress in Botany*)和《植物生理学手册》(*Handbuch der Pflanzenphysiologie*,1950—1967)的第一版编辑工作。1967年到1991年,他在《植物》(*Planta*)杂志的编辑团队工作。

55　1946—1976 年,格奥尔格·梅尔歇斯(生于 1906 年)是图宾根的马克斯·普朗克生物学研究所所长,1947年成为图宾根大学的植物学荣誉教授。他同样是《诱导进化与遗传学杂志》的主编。

56　杂志以英文版的《分子遗传学和普通遗传学》(1967 年,第 1 期,第 99卷)继续发行。

1948 年,在尤利乌斯·施普林格家族的老朋友、编辑格奥尔格·梅尔歇斯的帮助下,施普林格出版社从博恩特雷格出版公司（Bornträger Publishing Company)收购了《诱导进化与遗传学杂志》(*Zeitschrift für Induktive Abstammungs-und Vererbungslehre*)。1958—1966年,该杂志被命名为《遗传学杂志》(*Zeitschrift für Vererbungslehre*);自 1967 年起,更名为《分子遗传学和普通遗传

57　《植物》杂志,1947 年,第 35 卷。

33

学》杂志(*Molecular and General Genetics*)。直到1984年,这本杂志都是由梅尔歇斯主编,而他早在1935年就积极参与编辑工作。1984年7月1日,泽德勒(H. Saedler)任主编,1989年由坎波斯-奥尔特加(J. Campos-Ortega)接任主编。

《染色体》(*Chromosoma*)杂志的编辑也在图宾根。《染色体》杂志最初包括《诱导进化与遗传学杂志》和《原生质》(*Protoplasma*)。汉斯·鲍尔(Hans Bauer)多年来一直是负责《染色体》杂志的编辑。1964—1989年,他的众多员工包括沃尔夫冈·贝尔曼(Wolfgang Beermann)。现任编辑是沃尔夫冈·亨尼希(Wolfgang Hennig)(自1976年起)和彼得·门斯(Peter B. Moens)(自1990年起)。

1946年,《驯养者》杂志第17/18卷恢复出版,古斯塔夫·贝克尔(Gustav Becker)、汉斯·卡佩特(Hans Kappert)、赫尔曼·库库克(Hermann Kuckuck)、K. 佩陶(Pätau)和汉斯·施图贝(Hans Stubbe)担任共同主编。它的副标题是《理论与应用遗传学》(*Zeitschrift für theoretische und angewandte Genetik*)。1947年,由威廉·鲁兰(Wilhelm Ruhland)和汉斯·温克勒尔(Hans Winkler)主编的《植物:科学植物学文献》(*Planta, Archiv für Wissenschaftliche Botanik*)从第35卷开始重新出版,它曾在3年前停刊。无论是过去还是现在,它都是国际领先的植物学科学期刊之一;后来,它以全英文期刊的形式面世,原刊名没有改动。

在生物学领域,施普林格出版社出版了更多关于植物学而非动物学的著作,其中一个原因是前者比后者的实际应用更广泛。当然,费迪南德·施普林格及其子康拉德·费迪南德·施普林格对植物学的浓厚兴趣无疑也起着重要作用。

1947年,《数学年鉴》[HS:p. 261f.]再次出版;它由阿尔弗雷德·克勒布施(Alfred Clebsch)和卡尔·诺伊曼(Carl Neumann)于1868年创办。这本国际知名杂志的编辑有菲利克斯·克莱因、大卫·希尔伯特、阿尔伯特·爱因斯坦、奥托·布卢门塔尔（Otto Blumenthal）和埃里希·黑克（Erich Hecke）等杰出的数学家。现在它在海因里希·本克（Heinrich Behnke）、里夏德·库朗、海因茨·霍普夫（Heinz Hopf）、库特·赖德迈斯特（Kurt Reidemeister）、弗朗茨·雷里希（Franz Rellich）和巴特尔·范·德·韦尔登（Bartel L. van der Waerden）的指导下继续出

58 《分析化学杂志》，1990 年，第 336 卷，第 1 期。

版，自 1934 年以来，韦尔登参与该杂志的编辑工作。

1948 年，弗雷泽纽斯（Fresenius）《分析化学杂志》（*Zeitschrift'für analytische Chemie*）［GÖTZE(3)］出版了第 128 卷，这是全球第一本专门研究化学的期刊，创办于 1861 年。它是由威斯巴登的弗雷泽纽斯分析化学研究所（Fresenius Institute of Analytical Chemistry）合作出版的。施普林格成功聘请了阿尔宾·库尔特纳克（Albin Kurtenacker）负责该期刊在新阶段的编辑工作，他的表现非常出色。

早年的努力绝不仅仅集中在恢复以前成功的科学期刊上。1946 年《医学周刊》的创办，旨在为执业医师提供快速、客观的信息。其主编是鲁道夫·德格维茨（Rudolf Degkwitz）、汉斯·弗赖赫尔·冯·克雷斯（Hans Freiherr von Kreß）、弗朗茨·雷德克（Franz Redeker）和维尔纳·瓦克斯穆特（Werner Wachsmuth）。杂志在战争结束不久后创刊，这反映了人们对信息的强烈需求，而长期以来关于医学各个领域进展的报导一直很少。

34

随着时间的推移，不断扩大的专业化趋势变得日益彻底，普通医师越来越难以在最广泛来源的原创作品的基础上，了解到与自身实践相关的医学进步的全貌。朝向专业期刊发展的趋势愈加清晰可见。这些因素不可避免地导致《医学周刊》停办，并在1960年以专业期刊《内科医师》的形式重新出版。根据设想，该刊物将以专题问题的形式出现，专门收录当前业内感兴趣的某一大领域的评论文章。这一思路非常成功，其他专业期刊（参见本书第281页）随后相继成立。

59 《内科医师》，1960 年，第 1 卷，第 1 期。

60 《海德堡矿物学和岩类学论文集》，1949 年，第 1 卷，第 1 期。

其他的新期刊还有《气象学评论》（*Meteorologische Rundschau*，1947），奥托·埃德曼施道夫（Otto H. Erdmannsdörffer，1947 年）主编的《海德堡矿物学和岩类学论文集》（*Heidelberger Beiträge zur Mineralogie und Petrographie*）。最后是《应用物理学杂志》，由瓦尔特·迈斯纳（Walther Meißner）、理查德·菲韦格（Richard Vieweg）和格奥尔格·约斯（1949 年）主编。

1946—1950 年，59 种现有期刊的续订和 8 种全新期刊的创刊是这一时期生产力的主要特征,这比最热情洋溢的描述更能说明这几年的生产力。这对新成立企业的财务能力提出了巨大的要求;可见出版人的勇气非凡。

在这一点上,值得感激的是,自重建阶段伊始,公司就能从与前威廉皇帝科学促进会的关系中受益,该协会于 1947 年更名为马克斯·普朗克学会(Max Planck Society)。公司不仅与历届学会主席有着互信联系,也与学会的众多科研机构有着出版业务合作。

我们与德国自然科学家和医师协会(Gesellschaft Deutscher Naturforscher und Ärzte)之间的关系也是如此。直到 1981 年,协会的大会报告会定期登载于我们的期刊《自然科学》和《临床周刊》。这两个杂志是马克斯·普朗克学会和德国自然科学家和医师协会的机关刊物。

工程科学

工程科学编辑部从一开始就在施普林格公司起着特别重要的作用[HS:pp. 95ff., 196ff., 294ff.]。该专业领域的出版物固有的优势在于,它们的读者主要是工业、商业或设计建造业的从业人员,这个专业领域对馆配的依赖性较弱。小尤利乌斯·施普林格(Julius Springer Jr.)的终生心血都灌注在公司这个部门,并且全面掌握了这一领域,成绩斐然。因为亨利克·扎勒完全忙于哥廷根分公司的工作,1947 年小尤利乌斯·施普林格回到公司后,开始独自负责工程科学部。扎勒从哥廷根出发,在汉诺威和布伦瑞克访问了工程学方面的一系列作者;然而,比起文学发表,作者们更感兴趣的是恢复教学和授课,以及获得重要的新教科书和参考书目。

在工程科学领域重新出版的首批重要著作之一是由布伦瑞

36

克的古斯塔夫·尼曼（Gustav Niemann）所著的《机械零件》
(*Maschinenelernente*)；第一卷出版于 1950 年，它至今仍是机械
工程专业领域的权威著作之一。

1947—1948 年，由里夏德·格拉梅尔（Richard Grammel）
编辑的第 16 卷《工程师文献》(*Ingenieur-Archiv*) 得以恢复出
版。1949 年，费迪南德·施莱歇（Ferdinand Schleicher）和阿尔
弗雷德·梅梅尔（Alfred Mehmel）主编的《土木工程师》(*Der
Bauingenieur*)第 24 卷出版。在弗里德里希·萨斯（Friedrich
Sass）和弗朗茨·齐·内登（Franz Zur Nedden）的编辑领导下，
《设计建造》(*Konstruktion*)出版了第一卷。1949 年，奥托·金
茨勒（Otto Kienzle）又出版了《车间技术和机械工程》(*Werksta-
atstechnik und Maschinenbau*)第 39 卷。

61　弗里德里希·萨斯。

62　萨斯在 1964 年创办了《设计建造》杂
志，一直担任其主理编辑直到 1963 年。

维也纳施普林格出版社

在德国发生这些事件的同时，奥托·朗格谨慎而果断地为奥

地利维也纳公司的出版未来奠定了基础，这家公司在很大程度上
独立于柏林和海德堡。幸运的是，被转移的纸质库存保存完好，
因此在经历全面瓦解之后，可以在短时间内恢复工作。早在 1945
年，8 本著作就得以面世；1946 年出版了 15 本，1947 年出版了 27
本，1960 年出版了 60 本！最初，图书出版的重点放在工程和法学
领域；在某种程度上，医学类书目的扩展则更为谨慎。在 1965
年出版的书目中，有一些图书经久不衰。比如特奥多尔·伯德
费尔德（Theodor Bodefeld）和海因里希·泽昆茨（Heinrich Se-
quenz）的《电机》（*Elektrische Maschinen*），或者弗里茨·奇梅
尔卡（Fritz Chmelka）和恩斯特·梅兰（Ernst Melan）的《材料力
学导论》（*Einführung in die Festigkeitslehre*）和《静力学》
（*Einführung in die Statik*）。1945 年，维也纳公司最重要的系
列之一——由拉斯洛·策希迈斯特（Lâszló Zechmeister）创办
并主编的《有机天然物化学进展》（*Fortschritte der Chemie or-
ganischer Naturstoffe*）——也
开始出版了。1946 年，卡尔·
吉尔克曼（Karl Girkmann）的
《平面结构》（*Flächentragwerke*）
一书出版，这是一本至今仍在
出版的权威著作。1947 年至
1948 年，瓦尔特·维滕贝格
（Walter Wittenberger）的《化学
计算》（*Rechnen in der Chemie*）
出版，至今畅销不衰，这是维也
纳公司出版的最成功的著作。
同年，施普林格出版了"维也纳
学派"（"Viennese Circle"）的作
品，即维克多·克拉夫特
（Victor Kraft）所著的《数学、逻

63 1950 年 5 月，维也纳施普林格
出版社的新书预告。

37

辑和经验》(*Mathematik，Logik，Erfahrung*)一书。1949 年又出版了经久不衰的图书：阿达尔贝特·杜舍克（Adalbert Duschek）的权威教科书《高等数学讲座》(*Vorlesungen über höhere Mathematik*)和阿道夫·普切尔（Adolf Pucher）的《混筋混凝土施工教程》(*Lehrbuch des Stahlbetonbaues*)。同一年在医学领域，我们出版了里夏德·卢赫辛格（Richard Luchsinger）和戈特弗里德·阿诺尔德（Gottfried E. Arnold）合著的《声音与语言治疗教程》(*Lehrbuch der Stimm-und Sprachheilkunde*)，该书也已成为权威著作。1950 年又出版了两部法律方面的经典著作：弗里茨·施温德（Fritz Schwind）的《罗马法》(*Römisches Recht*)和阿尔弗雷德·费尔德罗斯（Alfred Verdroß）的《国际法》(*Völkerrecht*)。

Chmelka/Melan

Einführung in die Festigkeitslehre

für Studierende des Bauwesens

Fünfte, verbesserte und ergänzte Auflage

Von

Fritz Chmelka

Unveränderter Nachdruck 1976

Mit 140 Abbildungen

Springer-Verlag
Wien New York

64　弗里茨·奇梅尔卡和恩斯特·梅兰：《材料力学导论》，1972 年，第 5 版。

Lehrbuch des Stahlbetonbaues

Grundlagen und Anwendungen im Hoch- und Brückenbau

Von

Diplom-Ingenieur
Prof. Dr. techn. **Adolf Pucher**
Graz

Dritte, verbesserte und erweiterte Auflage
Mit 324 Textabbildungen

Wien
Springer-Verlag
1961

65　阿道夫·普切尔：《钢筋混凝土施工教程》，1961 年，第 3 版。

由威廉·滕尼斯（Wilhelm Tönnis）的学生弗里茨·勒夫（Fritz Loew）编辑的《神经外科学报》(*Acta Neurochirurgica*)，以及瓦尔特·比克迈尔（Walter Birkmayer）和阿尔维德·卡尔森（Arvid Carlsson）创办的《神经传导杂志》（*Journal of Neural Transmission*）均于 1950 年创刊。已创立的旧期刊恢复了定期出版，如《法律学刊》（*Juristische Blatter*）（创办于 1872 年）、《原生质》（创办于 1926 年）。创办于 1851 年的《奥地利植物学杂志》（*Österrerichische Botanische Zeitschrift*）于 1948 年复刊，自 1974 年起改名为《植物分类学与进化》（*Plant Systematics and Evolution*）出版。

38

人才与工作场所的问题

尽管出版活动的迅速恢复带来了经济上的压力，并在 1949/1950 年引发了一些危急情况——例如，有时不得不分两次发放月薪，但重建计划并没有受到任何影响。柏林和海德堡的员工增长态势就是这种乐观态度的证明。

柏林施普林格出版社员工增长情况（1949—1958）

1949 年	151 名雇员	1954 年	232 名雇员
1950 年	186 名雇员	1955 年	251 名雇员
1951 年	195 名雇员	1956 年	260 名雇员
1952 年	211 名雇员	1957 年	272 名雇员
1953 年	223 名雇员	1958 年	290 名雇员

柏林　1950 年年底，柏林有 186 名员工，海德堡有 57 名员工。在一段时间内，对工作场所的需求，只能通过陆续翻新房间和租用赖希皮楚弗路谢林街（Schellingstrasse）5—7 号的邻近楼房来满足。广告部门在卡尔斯巴德（Am Karlsbad）解决了食宿问题。耶本路（Jebensstrasse）的处所于 1951 年 10 月被放弃，1953 年，我们在赖希皮楚弗路主楼旁新建的一幢低矮建筑暂时缓解了这一压力。

39

66　海德堡广场 3 号的大楼是柏林总部所在地。施普林格在 1958 年租下这栋楼，并于 1983 年购入。

　　生产和销售规模的扩大，以及员工数量的不断增长，意味着我们需要更大的工作场所。我们从林克路搬走的十年后，终于找到海德堡广场 3 号的大楼，这栋楼至今仍作为我们的柏林总部使用。它属于科隆的联邦法定医疗保险牙医协会（*Kassenzahnärztliche Bundesvereinigung*），当时它被租给自由柏林电台（Sender Freies Berlin）。1958 年 10 月我们开始搬家，这是战后的第一次搬迁，柏林施普林格出版社的所有部门和朗格—施普林格将在同一场所办公。我们只需对室内进行适当的整修，就可以满足所有对工作场所的要求。一家富有成效的出版公司的各个工作部门又再次步入正轨，包括工程学科编辑部、原柏林书刊的生产部门、促销和销售部门、财务和行政部门、人事部门、广告管理部门，以及拥有二手和珍本图书部门的朗格—施普林格书店。

　　海德堡　与柏林不同的是，海德堡的公司在 1949 年至 1950 年仅有编辑部门、书刊制作部门和医学文摘部门。不过，

《数学总报》(*Zentralblatt Mathematik*)杂志仍然在柏林出版制作。

　　当时,海德堡团队由赫尔曼·迈尔-考普组成,他是施普林格规划方面的同事,生产主管是保罗·戈塞,医学文摘部主任是格奥尔格·库德,负责会计和行政管理问题的是路易斯·柯尼格尔,洛特·勒泽勒(Lotte Roeseler)则是一位能干的秘书。除了要在星期六上班(这在当时是很平常的),这个小分队每周天早上 11 点被施普林格召集在一起,讨论刚从邮局取回的信件。

　　在此期间,康拉德·费迪南德·施普林格和海因茨·格策在海德堡学院的一楼共用保罗·戈塞所在部门的办公室。友好和谐的精神从一开始就很盛行。甚至在那时,海德堡的员工就对科学出版公司的未来和英语语言的重要性做了深入探讨。

　　此外,在柏林还设有一个与宣传部门有关的办公室,以及财务和人事办公室。这些下设机构也需要更大的办公场所,以前海德堡学院所在的

40

67　康拉德·费迪南德·施普林格
(1925 年出生),施普林格公司创始人
的曾孙,自 1963 年起出任公司合伙人。

诺伊恩海默公路 24 号的办公场所已无法满足这些需求。此外,海德堡学院打算恢复其最初的使命。在寻找替代方案的过程中,我们与附近诺伊恩海默公路 28—30 号大楼的业主协商;房子已经动工,不过房屋业主还是愿意把这幢本来只用作住宅的宏伟的大楼翻新,以满足我们的需要。1956 年,公司搬进新的办公场所,以下楼层可供我们使用:

68　海德堡施普林格出版社的第一个地址：诺伊恩海默公路 28—30 号大楼。

一楼　　收发室、电话总机、影印机、仓库、车库
二楼　　文摘部
三楼　　管理部
四楼　　书刊制作部、促销部
随着时间的流逝，更多可用的房间被占用。

海德堡的编辑策划重组

　　随着出版活动的恢复，海德堡的编辑工作由费迪南德·施普林格本人和他的同事赫尔曼·迈尔-考普负责。海因茨·格策于 1949 年 2 月 15 日加入。然而，当时的发展势头迅猛，我们需要增加更多的工作人员。

41　　　　1961 年，沃尔夫冈·盖尼茨（Wolfgang Geinitz）被聘为医学编辑。1964 年，由威斯特伐利亚明斯特大学莱茵霍尔德·雷默特（Reinhold Remmert）推荐，克劳斯·彼得斯（Klaus Peters）被聘为数学编辑；彼得斯的工作于 1980 年秋季由约阿希姆·海

69 阿马加特·迈尔-考普（Armgart Mayer-Kaupp,生于 1926 年）是海德堡最早的员工之一（1946）。1962 年 1月 1 日,她被任命为该公司的高级职员。截止 1975 年,迈尔-考普女士一直负责期刊的制作和海德堡的所有期刊活动,即与编辑打交道,监督经济效益。

70 沃尔夫冈·贝里斯泰特（1928 年出生）于 1956 年加入海德堡施普林格出版社,曾在施普林格集团旗下慕尼黑的贝格曼出版社工作 2 年。1960年,除了担负编辑职责外,他还负责权利和许可部门。从 1979 年到 1989 年他退休,贝格斯特一直致力于医学出版物。

因策（Joachim Heinze）接手。

自 1949 年起,之前由费迪南德·施普林格亲自负责的领域,即医学、生物学、数学和《法律和政治学百科全书》逐个移交到海因茨·格策手中,后者得到了沃尔夫冈·贝里斯泰特（1954 年起）、盖尼茨和彼得斯的支持。物理和化学领域仍然掌握在赫尔曼·迈尔-考普手中。

在合伙人尤利乌斯·施普林格和滕耶斯·朗格的充分理

71 沃尔夫冈·盖尼茨（1917 年出生）1961—1978 年是医学杂志的内部编辑。

解和支持下,费迪南德·施普林格自 1957 年 1 月 1 日起聘请海
因茨·格策作为施普林格公司的一般合伙人。尤利乌斯·施普
林格在一次讲话中向柏林的工作人员通知了这一决定。

这件事情与费迪南德·施普林格在 1958 年 5 月 5 日给滕
耶斯·朗格的信中提出的关于未来的想法和思考有关:

> 　　上次会议上,我们制定了一个人员调动计划。就我而
> 言,我已经找到了合适的继任者,他就是海因茨·格策博
> 士。而你和我的堂弟尤利乌斯目前只能由两个人接替。
> (隆尼斯和赫费尔接替你,扎勒和格贝勒接替尤利乌斯。我
> 们仍然在讨论书店人员的问题。)我建议对这些问题进行深
> 入探讨,并在下次会议上解决。

1952 年,康拉德·费迪
南德·施普林格去慕尼黑
的贝格曼出版社实习,以拓
宽他的经验,同年他又去了维
也纳(1952—1953)。1954
年 2 月到 1955 年 6 月,他在
纽约的朗格—麦克斯威尔—
施普林格(Lange, Maxwell
& Springer)工作;1954 年
10 月至 1955 年 5 月,这一
工作被中断的原因是他在
麦格劳 - 希尔(McGraw-
Hill)接受了一段时间的直
销实践培训。然而,他渴望回到他在 1947 年至 1948 年在苏黎
世和洛桑开始的生物学研究,他于 1956 年回到苏黎世,于 1963

Wir haben mit Wirkung vom 1. Januar 1957
unseren Prokuristen

Dr. phil. Heinz Götze

als Teilhaber in unsere Firmen

SPRINGER-VERLAG

J. F. BERGMANN

LANGE & SPRINGER

aufgenommen.

Dr. Ferdinand Springer
Dr. Julius Springer
Dr. Tönjes Lange

Berlin und Heidelberg, im Dezember 1956

72　通告宣布了海因茨·格策的合伙人
身份,自 1957 年 1 月 1 日生效。

年完成学业后获得博士学位。之后，他回到海德堡，回到出版公司。

73 约翰内斯·格贝勒（Johannes Gaebeler, 1939—1966），从 1962 年至 1966 年是亨里克·扎勒在技术规划部门的同事。

74 曼弗雷德·霍夫曼（1928 年出生）于 1969—1992 年担任施普林格在慕尼黑新成立的办公室的社内编辑。

　　根据海因茨·格策（HG）和康拉德·费迪南德·施普林格（KFS）于 1962 年 11 月 1 日在海德堡举行的会议，对施普林格出版社的柏林公司、哥廷根公司、海德堡公司和慕尼黑的贝格曼出版社划分经营范围：

医学	HG
生物	KFS
化学、生化	KFS
物理、天体物理学	KFS
数学	HG
地质学、矿物学、土壤科学	KFS
法律和政治科学	HG
哲学	HG
工程/技术	HG

行政学、组织学	HG 和 KFS
（赫费尔博士的研究领域）	共同

  海因茨·格策将继续负责《贝尔斯坦有机化学手册》和
《兰多尔特—伯恩施泰因手册》的作品，以及他与《兰多尔
特—伯恩施泰因手册》合作的新计划（新系列）。海因茨·
格策博士继续负责《控制论》（*Kybernetik*）、《残基评论》
（*Residue Reviews*）以及一本关于形态发生学的杂志，后者
目前还在设计阶段，并来自他创办的期刊组。海因茨·格
策引进的土壤科学（Giesecke）和地球化学（Correns）手册
将在过渡期之后交给康拉德·施普林格负责。

  本着费迪南德·施普林格博士和尤利乌斯·施普林格
博士早先的合作精神，在任何情况下，我们都假定双方会就
重要决定交换意见，并提出建议。

  经过熟悉一般情况的过渡时期后，业务将逐步转移到
康拉德·费迪南德·施普林格手中。生物学将是格策博士
交出去的第一个专业领域。

  在费迪南德·施普林格博士和尤利乌斯·施普林格去世之
前，他们一直为出版公司设定目标。同一时期，柏林的滕耶斯·
朗格负责促销和销售部门，以及仓储、广告、人员和财务部门的
运转；他拥有一批被公认的经验丰富的员工，以及来自保罗·赫
费尔的支持。1961 年年底，尤利乌斯·施普林格退休之后，在
亨里克·扎勒的领导下，工程编辑部门被整合到总体规划部
门，并且 1962 年至 1966 年期间，它是由约翰内斯·格贝勒一
起监管的。曼弗雷德·霍夫曼于 1968 年 7 月 1 日加入他们；
1969 年，他接任了我在慕尼黑创办的工程办公室，并一直任
职到 1992 年年底。

DAS CYTOPLASMA

BEARBEITET VON
H. W. ALTMANN · A. FREY-WYSSLING · A. GOEBEL
G. C. HIRSCH · E. MÜLLER · M. WATZKA · K. ZEIGER
E. A. ZELLER

REDIGIERT VON
F. BÜCHNER

MIT 246 ABBILDUNGEN

SPRINGER-VERLAG
BERLIN · GÖTTINGEN · HEIDELBERG
1955

75 《普通病理学手册》(*Handbuch der allgemeinen Pathologie*) 1955 年，第 2 卷，第 1 部分。

76 弗朗茨·比希纳（1895—1991）。

77 埃里希·莱特雷尔（1895—1982）。

78 弗雷德里克·夏尔·鲁莱（1902—1985）。他们三人是《普通病理学手册》的作者和主编。他们三人都是该公司的顾问。

柏林和海德堡这两个出版地紧密相连，相互依存；一种团结一致的感觉油然而生，而对偶尔出现的意见分歧的热烈讨论又

44

进一步强化了这种感觉。

手册

费迪南德·施普林格不顾多方的质疑和批评，坚定不移地继续推行手册概念。他重新发行现有版本的手册，并且乐观地开始着手准备新手册。例如，1955 年由弗莱堡的弗朗茨·比希纳、图宾根的埃里希·莱特雷尔和巴塞尔的弗雷德里克·夏尔·鲁莱主编的《普通病理学手册》；由威廉·鲁兰创办并担任主编的《植物生理学手册》在 1955 年至 1967 年之间出版了 18 卷。从一开始，这本手册就带有英文副标题《植物生理学百科全书》(*Encyclopedia of Plant Physiology*)，并收录了许多英语文稿，且每一卷都在增加英语内容（在第 16 卷和最后一卷中占比大约 80％），还有一些法语类的零星文章。

即便是在那个时代，也经常有人认为，这种概括介绍大型专业领域的形式已经过时，不再可行。但事实上，人们对手册非常感兴趣，因为它们呈现了知识在某一特定时间点的水平——通过对参考书目的批判性择取提供详尽的证据［HS：p. 260f.］。《普通病理学手册》的每一卷都已售罄。成功的先决条件是满足人们对了解某一特定知识领域发展的批判性报道的需求，直至某一卷的出版。众多的手册和多卷本手册已经成为永恒的经典，例如沃尔夫冈·泡利（Wolfgang Pauli）在汉斯·盖格尔（Hans Geiger）和卡尔·谢尔（Karl Scheel）主编的旧版的《物理学手册》(1933 年，第二版)中有关波动力学的论著，在战后重新推出的《物理学手册》(西格弗里德·弗吕格主编，1958 年)中几乎不用修改。大多数情况下，手册对某一专业的创立和发展做

79 威廉·滕尼斯(1898—1978)于
1954 年与斯德哥尔摩的赫伯特·奥
利维克罗纳共同创办了《神经外科
学手册》。

80 神经病理学家克劳斯—约阿希姆·
齐尔希（Klaus-Joachim Zülch, 1910—
1988)不仅是众多神经放射学著作的作
者,也是施普林格公司的亲密顾问。他
的主要成就在于脑肿瘤的分类方面。

了决定性的贡献。这涵盖了一些临床医学类的主题,如由威
廉·滕尼斯和赫伯特·奥利维克罗纳(Herbert Olivecrona)创
办,并于 1954 年至 1974 年由二人主编的《神经外科学手册》
(*Handbuch der Neurochirurgie*);它使人们进一步接受了神经
外科这一新领域,以及它与神经学和神经病理学领域合作所取
得的治疗成果。滕尼斯在维尔茨堡的外科医师弗里茨·柯尼希
(Fritz König)的指导下学习,后来去了斯德哥尔摩,师从神经外
科医师奥利夫克罗纳,并和奥利维克罗纳建立了终生的朋友关
系。在这本手册中,克劳斯-约阿希姆·齐尔希第一次描述了
脑肿瘤的病理问题,他后来在名为"1961 年 8 月 30 日至 9 月
1 日科隆国际研讨会的报告:脑肿瘤的分类"的专论中陈述了
这一点。齐尔希曾在布雷斯劳与神经学家奥特弗里德·福斯
特(Otfrid Foerster)共事,后者被认为是德国的神经外科学鼻
祖之一。

45

81.82　恩斯特·德拉（Ernst Derra，1901—1979）编辑了 1958—1959 年出版的《胸外科学百科全书》。

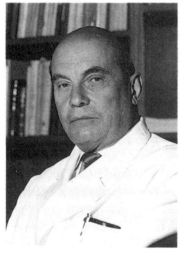

83　鲁道夫·岑克尔（Rudolf Zenker，1903—1984）是海德堡外科诊所马丁·基施纳手下的助理医疗主任。1942 年，基施纳去世后，岑克尔除了担任诊所主任，还继承了他在著述方面的遗产，包括基施纳的《普通和特殊外科学教程》（Allgemeine und spezielle Operationslehre），该书的第一版于 1927 年至 1940 年出版。目前由格奥尔格·黑贝雷尔（Georg Heberer）和鲁道夫·皮希迈尔（Rudolf Pichlmayr）主编。

84　《普通和特殊外科学教程》1992 年第 2 部分，第 3 章和第 5 章。

由恩斯特·德拉于 1958 至 1959 年主编的三卷本《胸外科学百科全书》(*Handbuch der Thoraxchirurgie/Encyclopedia of Thoracic Surgery*)是一个创举。它用两种语言的标题出版，这反映了外科治疗方面的长足进展，特别是在心脏外科领域。各国的德语、英语作者的全面参与，让这一医学学科在世界范围内的发展提供了令人印象深刻的文献资料。1976 年出版的《心脏外科》(*Herzchirurgie*)(德拉/比尔克斯[Bircks])对它起到了补充作用。

马丁·基施纳于 1927 年起创办了手术原理方面的系列手册，并以他的名字命名；创办该系列的意图是为执业外科医师提供帮助。从 1950 年开始，这些手册由鲁道夫·岑克尔编辑，后来在慕尼黑的格奥尔格·黑贝雷尔和汉诺威的鲁道夫·皮希迈尔的主导下继续编辑。它包含了诸如格尔德·黑格曼(Gerd Hegemann)的《普通外科学》(*Allgemeine Chirurgie*)、卡尔·考夫曼(Carl Kaufmann)和后来科隆的卡尔·京特·奥伯(Karl Günther Ober)的《妇科手术》(*Gynäkologische Operationen*)，以及金特·马肯森(Günter Mackensen)和赫尔穆特·诺伊鲍尔(Helmut Neubauer)的《眼科手术》(*Augenärztliche Operationen*)等重要著作。关于泌尿外科领域，该领域最初包含在基施纳的《普通和特殊外科学教程》内，但卡尔·埃里希·阿尔肯(Carl Erich Alken，洪堡/萨尔)、埃贡·维尔德博尔茨(Egon Wildbolz，伯尔尼)、维克托·迪克斯(Victor Dix)，伦敦)和亨利·魏劳赫(Henry Weihrauch，旧金山)创办了《泌尿外科手册》(*Handbuch der Urologie*)，并且自 1958 年到 1982 年共出版 20 卷。

《实用解剖学》是由慕尼黑的解剖学家蒂图斯·里特尔·冯·兰茨和外科医师维尔纳·瓦克斯穆特合著的解剖学著作，于 1935 年开始出版，中间从未中断过。考虑到外科医师的要求，对解剖关系进行细致的描述需要像西格弗里德·尼斯尔(Siegfried

46

HANDBUCH DER UROLOGIE
ENCYCLOPEDIA OF UROLOGY
ENCYCLOPÉDIE D'UROLOGIE

HERAUSGEGEBEN VON · EDITED BY
PUBLIÉE SOUS LA DIRECTION DE

C. E. ALKEN   V. W. DIX
HOMBURG (SAAR)   LONDON

W. E. GOODWIN   E. WILDBOLZ
LOS ANGELES   BERN

I

SPRINGER-VERLAG · BERLIN · HEIDELBERG · NEW YORK 1969

85　卡尔·埃里希·阿尔肯（1909—1986）是《泌尿外科手册》的创始人和联合主编。

86　《泌尿外科手册》，1969 年，第 1 卷。

PRAKTISCHE
ANATOMIE
EIN LEHR- UND HILFSBUCH DER
ANATOMISCHEN GRUNDLAGEN
ÄRZTLICHEN HANDELNS

BEGRÜNDET VON T. VON LANZ · W. WACHSMUTH

FORTGEFÜHRT UND HERAUSGEGEBEN VON
J. LANG · W. WACHSMUTH

ERSTER BAND · VIERTER TEIL

87　维尔纳·瓦克斯穆特（1900—1990）与解剖学家蒂图斯·里特尔·冯·兰茨（Titus Ritter von Lanz）共同创办了《实用解剖学》（Praktische Anatomie），其目标是展示实用外科的解剖学基础。

88　《实用解剖学》，1972 年第 2 版，第 1 卷，第 4 部分。

47

Nüssl)这样直觉敏锐的绘图师提供精确而又富有想象力的准备工作。尼斯尔在慕尼黑美术学院（Munich Academy of Fine Arts）教授医学绘画。在这之后，伊姆加德·达克斯旺格（Irmgard Daxwanger）、路德维希·约瑟夫·格拉斯尔（Ludwig Josef Grassl）、霍艾泽尔（H. Hoheisel）、耶尔格·屈恩（Jörg Kühn）、尤利乌斯·普普（Julius S. Pupp）都是活跃的插画家。这些作品的完成比出版商和读者所期望的要晚得多。该作品从一开始就受到了费迪南德·施普林格的特别青睐和支持：1935年首次问世近 60 年后，它即将完成。与此同时，重要的腹部外科解剖卷已经完成（1993 年年初），胸部卷也完成了；只有头部的第三部分还没有完成。

89　病理学家库特·贝尼尔施克（Kurt Benirschke，1924 年出生）在汉堡学习并获得博士学位。1949 年，他进入哈佛大学学习病理学，之后被任命为新罕布什尔州汉诺威市达特茅斯医学院（Dartmouth Medical School）的教师。1970 年，他移居加利福尼亚州圣地亚哥，与一个生殖医学团队合作。他为圣地亚哥动物园制定了一项研究计划。

90　哈罗德·雅各布森（Harold G. Jacobson，生于 1912 年），与罗纳尔德·默里（Ronald O. Murray）和杰克·艾德肯（Jack Edeiken）一起，同是《骨骼放射学》（Skeletal Radiology）杂志的首批编辑之一。

48

我们已经提到了早期为出版新版本的《内科医学手册》而付出的努力,这主要是赫伯特·施维克负责的部分。苏黎世杰出的内科医师威廉·勒夫勒(Wilhelm Löffler)负责编辑肺部疾病的卷册。与他合作就要经常到他的诊所走访,而正是在这期间,我们与一些瑞士医师建立了富有成效的联系。我们与病理学家埃尔温·尤林格的结识产生了持久的影响。多年来,他与威廉·德尔以及后来的格哈德·塞费特(Gerhard Seifert),成为《菲尔绍文献》《特殊病理学和组织学手册》、《特殊病理学》(*Spezielle Pathologischeie*)最投入的编辑之一。尤林格的主要兴趣是骨病理学和病理结果的放射学诊断。在伯尔尼,他还与阿道夫·祖平格(Adolf Zuppinger)以及苏黎世的亚历克西斯·拉布哈特(Alexis Labhart)(LABHART)建立了联系。尤林格是一位可靠的顾问,我很感激他。他与当时在新罕布什尔州汉诺威市达特茅斯医学院的库特·贝尼尔施克相识,贝尼尔施克出生于德国,但在美国攻读医学专业并继续其学术生涯。尤

林格委托他与弗里茨·施特劳斯(Fritz Strauß)和雪利·德里斯科尔(Shirley G. Driscoll)一起出版了《人类胎盘病理学》(*The Pathology of the Human Placenta*, Henke/Lubarsch)的部分卷册(1990年第2版)。此外,尤林格还鼓励我去纽约州布朗克斯区(Bronx, N.Y.)的蒙特菲尔医院和医疗中心(Montefiore Hospital and Medical Center)看望哈罗德·雅各布森,《骨骼放射学》杂志就是与他共同创办的。

91　海因茨·菲滕(Heinz Vieten, 1915 – 1985),《医学放射学手册》(*Handbuch der medizinischen Radiologie*)的创办人和第一任编辑。

92　菲膝的联合编辑弗朗茨·施特尔
纳德(Franz Strnad,1908—1973)。

93　菲膝的联合编辑阿道夫·祖平
格(1904—1991)。

在这段密切合作期间,我们与埃尔温·尤林格、库特·贝尼尔施克和哈罗德·雅各布森建立了良好的友谊。作者和出版商的共同目标,就是获得认可并传播知识。但随着时间的推移,相似的信念、对知识成就的欣赏和对彼此的喜爱,这些因素就能克服无形的障碍。在完全忠于自己职业的出版商看来,这是好运所赐。

　　海因茨·菲膝是当时

RONTGENDIAGNOSTIK
DES SCHADELS I

ROENTGEN DIAGNOSIS
OF THE SKULL I

VON · BY

W. BERGERHOFF　H. ELLEGAST　G. FRIEDMANN
R. LORENZ　F. MUNTEAN　H. J. SOSSE
K. THEILER

REDIGIERT VON · EDITED BY

L. DIETHELM　　F. STRNAD
MAINZ　　　　　FRANKFURT/M

MIT 452 ABBILDUNGEN
WITH 452 FIGURES

49

SPRINGER-VERLAG · BERLIN · GÖTTINGEN · HEIDELBERG · 1963

94　《医学放射学手册》,1963 年,第 7 卷,
第 1 部分。

95 洛塔尔·迪特黑尔姆（1910 年出生），基尔放射科教授，1967 年在美因茨。他于 1963 年担任本手册的联合编辑，并在 1970 年参与创办了《神经放射学》(*Neuroradiology*)杂志。

96 弗里德里希·霍伊克（1921 年出生）从 1971 年开始担任《医学放射学手册》的联合编辑。他是出版公司的顾问，也是《今日放射学》(*Radiology Today*)系列的创办人，他和华盛顿特区的马丁·多纳(Martin Donner)一起主编该丛刊。

负责杜赛尔多夫医学院外科的放射科医师，最初他是一名物理学家[VIETEN: pp.110 ff.; HEUCK]。在我几次去杜赛尔多夫拜访《胸外科学手册》(*Handbuch der Thoraxchirurgie*)的编辑恩斯特·德拉时，我见到了菲滕，我们随即讨论了出版 12 卷综合性的医学放射学手册的事宜。1957 年，在美因河畔法兰克福举行的德国放射学会(German Radiology Congress)一次难忘的会议上，我们签订了出版合同。德国放射学会的一些成员认为菲滕太过于年轻，不能肩负这一重任！菲滕也表示，希望能有其他编辑的加入，于是我们成功聘请了弗朗茨·施特尔纳德（法兰克福）、奥勒·奥尔森(Olle Olsson，伦德)和阿道夫·祖平格（伯尔尼）。1963 年，洛塔尔·迪特黑尔姆（Lothar Diethelm，基尔，1961 年时在美因茨)加入了他们，当时迪特黑尔姆已经是一名成功的副主编。1973 年 5 月 4 日，施特尔纳德的突然离世,对这本手册来说是巨大的损失。更幸运的是,在1974年,斯图加特的弗里德里希·霍伊克(Friedrich H. W. Heuck)和弗吉尼亚州里士满的克劳斯·兰宁格(Klaus Ranninger)获得了与编辑合作的机会。来自德国的兰宁格因该出版项目赢得了美国的杰出作者奖;不幸的是,他没能活着看到他的书在1977年出版。从1966年开始,这本手册就收录了英文版本,1969年在东京举办的第十二届国际放射科医师大会(International Congress of Radiologists)上,我们向更多专家展示了这本手册。维也纳的霍尔茨克内希特(G. Holzknecht)编写的关于颅骨诊断学科方面的书(第七卷),于1963年分两部出版,该书非常有价值并且大获成功。

50

《医学放射学手册》标志着施普林格出版社在医学放射学专业领域领先地位的开始,这一优势地位通过专业期刊《放射科医师》(*Der Radiologe*)和一系列六种国际英语期刊的推出而得到系统性的强化:1970年的《神经放射学》;1973年的《儿科放射学》(*Pediatric Radiology*);1976年的《胃肠放射学》(*Gastrointestinal Radiology*);1976年的《骨骼放射学》;1977年的《心血管放射学》(*Cardiovascular Radiology*);1979年的《泌尿外科放射学》(*Urologic Radiology*)。1981年,法语版的《欧洲器官放射学》(*European organ Radiologie*)紧随其后出版,最近推出的一期(1991年)是影响全欧洲的期刊《欧洲放射学杂志》(*European Radiology*)。

我们的手册项目还涵盖了除医学和生物学以外的领域。在工程学领域,卡尔斯鲁厄的格奥尔格·布莱施泰纳(Georg Bleisteiner)和埃尔朗根的瓦尔特·曼戈尔特(Walter Mangoldt)合著的《控制工程学手册》(*Handbuch der Regelungstechnik*)于1961年问世。西门子董事会成员和员工们作为编辑和作者也参与了该作品的出版,这本书是我们与这家重要公司长期合作的良好见证,并且这种关系延续至今。

在战后自然科学演变发展的过程中,地球化学已经成为一门独立的学科,这主要归功于通过实验重建自然过程的可能性。1964 年,我们和哥廷根的卡尔·韦德波尔(Karl H. Wedepohl)达成一项协议,出版了全英文的《地球化学手册》(*Handbook of Geochemistry*),韦德波尔则很早就与海德堡的《矿物学和岩类学论文集》建立了联系。《地球化学手册》以活页出版物的形式推出了六卷,这使我们能够按照各个主题完成的顺序来出版它们。只有凭借这一形式,再加上主编孜孜不倦的工作,才有可能在不到十年这相对有限的时间里,出版令人感到意料之外的大量材料。这项工作在地球化学史上具有里程碑式的意义,即使用今天的眼光看也很有必要。

尽管有与此相反的说法,手册的理念在美国得到了接受和发展。约翰·菲尔德(John Field)主编的《生理学手册》(*Handbook of Physiology*,1954—1958 年)就是证明。该手册的前言明确提到了德国的手册传统,并特别提到了 1926—1932 年由施普林格出版社出版,由阿尔布雷希特·贝蒂(Albrecht Bethe)、古斯塔夫·冯·贝格曼、古斯塔夫·埃布登(Gustav Embden)和亚历山大·埃林格尔(Alexander Ellinger)主编的《普通生理学和病理生理学手册》(*Handbuch der normalen und pathologischen Physiologie*);为简化起见,它被称为"贝蒂—埃布登"(The Bethe-Embden)。考虑到各国在这一研究领域的各个

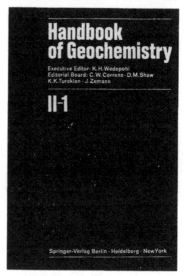

97 《地球化学手册》(1969 年,封面),第二卷,第一部。这部手册出了六卷,是施普林格出版社的第一种活页出版物。

51

领域都取得的巨大进展，当时我们认为在德国编写一本新的生理学手册的想法似乎还为时过早。

化学手册

《贝尔斯坦有机化学手册》 1881 年和 1883 年，弗里德里希·康拉德·贝尔斯坦（Friedrich Konrad Beilstein, 1838—1906）出版了两卷本的有机化学手册。该手册共有 2 200 页，描述了 15 000 种左右的化合物。自 1916 年以来，施普林格出版社一直负责出版和销售这本手册，并拥有该作品的发行权[HS: pp. 231ff.]。带有施普林格印记的第一卷于 1918 年问世。截至并包括第四版的第四次增补（该增补涵盖了 1959 年以前的时期），约有 150 万种化合物在约 28 000 页上被加以说明。以英语显示的 1960—1979 年原始资料的第五次增补，展示了约 350 万种化合物。自 1980 年以来，该手册每年都会新增加 30 万至 50 万种化合物[BEILSTEIN]。

战争结束后不久，1945 年 6 月 21 日，费迪南德·施普林格把"德国化学文献的重建"视为最重要的任务之一。弗里德里希·里希特（Friedrich Richter）曾在 1923 年负责编写第四版的第一部增订本，自 1933 年以来，他一直担任《贝尔斯坦》编辑部的全权负责人，战后，里希特试图让员工们再次聚在一起，并与施普林格出版社取得联系。

1944 年，《贝尔斯坦》的员工开始从危险的地方撤离，先是到措布滕（Zobten），然后逃到德累斯顿附近的塔兰特（Tharandt），他们在那里的林业学校找到了住所。战争结束后，员工们返回柏林。在那里，美国占领军没收了他们手头的材料。1946 年春，《贝尔斯坦》的工作人员又从柏林搬到法兰克福，在那里，他们有望在赫希斯特公司（Farbwerke Höchst）的图书馆工作。1946 年 6 月 13 日,里希特已经能够向施普林格报告说:"一周前,我们开始为第二部增订本第七卷撰写手稿——这是一个值得纪念的时刻!"

1947 年 1 月 3 日,美国军政府任命里希特为"贝尔斯坦企业"("Beilstein Enterprise")的理事。贝尔斯坦研究所目前在驻军政府的监督下在赫希斯特继续工作,当局于 1946 年年底将没收的资料移交给编辑人员,以"备日后使用"。整个贝尔斯坦资

BEILSTEINS HANDBUCH
DER ORGANISCHEN CHEMIE
VIERTE AUFLAGE
ZWEITES ERGÄNZUNGSWERK
DIE LITERATUR VON 1920—1929 UMFASSEND

HERAUSGEGEBEN UND BEARBEITET VON
FRIEDRICH RICHTER

SIEBENTER BAND
ALS ERGÄNZUNG DES SIEBENTEN BANDES DES HAUPTWERKES

BERLIN · GÖTTINGEN · HEIDELBERG
SPRINGER-VERLAG
1948

98 《贝尔斯坦有机化学手册》,1948年,第 7 卷,第 4 版,第二部增订本。

产——包括周转资金和合同——都上交给了黑森资产管理局(Hessian Bureau of Property Control);1951 年 1 月 6 日,他们再次受美国驻军政府管辖,该政府最终于 1951 年 7 月 19 日将他们委托给了新成立的贝尔斯坦有机化学文献研究所(Beilstein Institute for Literature on Organic Chemistry)。1951 年 8 月 1 日,该研究所作为基金会注册成立,里希特任理事会主席。里希特作为手册的理事与施普林格出版社签订合同,美国驻军政府对此未提出异议。

根据创始人的意愿,新的贝尔斯坦基金会(Beilstein Foundation)继承了前德国化学学会(German Chemical Society)的权利和义务。施普林格准备继续履行其作为基金会出版社的义务,恢复这一手册的出版;考虑到当时的经济状况,这是一个大胆而有远见的决定。我们需要大量的资金,也亟需大规模融资。里希特和施普林格之间的合作完全基于他们数十年成功合作所

形成的信任基础，早在 1948 年，就能出版第二部增订本的第 7
卷和第 8 卷，1949 年则出版了第 6 卷、第 9 卷和第 10 卷。1950
年和 1951 年又各出版了三卷。

在努力销售这些书籍的过程中，出版公司遇到了全球发行
的大量《贝尔斯坦》重印本的挑战[HS：note 46]；他们的出现是
受美国军事管制法令（American martial law）（"敌国贸易法
案"，"Trading with the Enemy Act"）许可的，并且直到 20 世纪
60 年代，这些产品仍被允许在市场上销售。

99　弗里德里希·里希特（1896—1961）
是 1933 年《贝尔斯坦手册》编辑部的唯一
主任。在 1951 年他被任命为贝尔斯坦基
金会的主席。

100　汉斯-京特·博伊特（1916—
1985）于 1965 年 12 月接替弗里德里
希·里希特担任贝尔斯坦研究所主
任，任职至 1978 年；赖纳·卢肯巴赫
（Rainer Luckenbach）紧随其后。

各地科学活动的恢复导致化学文献的出版数量的快速增
长，这在当时是无法想象的。因此，《贝尔斯坦》的出版数量从
1960 年的 78 印张增加到 1970 年的 380 印张，最后在 1980 年增
加到 900 印张。里希特当然预计年产量会增长，但最多也只能
达到 120 印张，并假设此后甚至会有所下降。他的继任者汉斯-
京特·博伊特（Hans-Günther Boit，1961—1978 年在职）预见到

了文学浪潮的到来,并为应对这一洪流做了必要的准备。随着数据量的不断增加,报告新信息变得更加困难。从文献发表到在《贝尔斯坦》上发表间隔时间不超过 5 年,这似乎越来越不现实。

1957 年,《贝尔斯坦》的编辑部从赫希斯特搬到了美因河畔法兰克福市的卡尔·博施大厦(Carl Bosch)。1958年,弗里德里希·施内德勒(Friedrich Schnedler)被任命为基金会的法律顾问[SCHNEDLER]。1981 年年底之前,他一直以智慧和负责任的态度为研究所的行政和财务管理工作服务。他明白,相互信任是合作成功的基础。

101 《〈贝尔斯坦〉创立 100 周年(1881—1981)》是在 1981 年 5 月 13日美因河畔法兰克福-赫希斯特的世纪庆祝 100 周年之际出版的。

1954 年 10 月 26 日,就第四部增订本达成协议;1954 年12 月 3 日,理事会批准了该协议。原合同规定,对每一份新出版的增订本,都应做出有约束力的安排(自 1954 年 12 月 21 日里希特致施普林格)。

在某种程度上,《贝尔斯坦》手册的竞争对手是爱思唯尔(Elsevier)创办的《有机化学百科全书》(*Encyclopedia of Organic Chemistry*),该书由《贝尔斯坦》的前雇员弗里茨·拉特(Fritz Radt)编辑,其第一卷于 1940 年出版。该书共出版了38 卷(至 1962 年结束),每隔 10 年出版一份增刊。里希特曾受邀(1947 年 6 月 13 日给费迪南德·施普林格的信)和拉特一起接管该百科全书,但他谢绝了这一提议。爱思唯尔百科全书仍未完成;它仅仅出版了第三辑,即第 12—14 卷,由若干部分和增订本构成。1957 年,在与爱思唯尔的贝格曼谈判后,该百科全书被施普林格出版社收购。

《贝尔斯坦》手册非常成功,并在 1969 年达到顶峰,每册销量为 2 372 本。这与工业界和大学的现实需求有关,部分来自于财政政策的慷慨支持,特别是在美国得到了"教育、研究和发展"政策的支持。1969 年,我们应新任命的化学教授费索尔(Fessor)的要求,以 3.7 万马克的价格将一套完整的《贝尔斯坦》手册出售给得克萨斯州的一所师范学院,这例子几乎可以当作轶事趣闻了。图书管理员更关心的是它需要占据多少英尺的货架空间,而不是价格!

《贝尔斯坦》的监督机构是由马克斯·普朗克学会任命的理事会。在诺贝尔奖得主理查德·库恩(Richard Kuhn)担任董事长,直到他去世前不久,通常会邀请出版公司的一名代表出席理事会会议,这早已成为惯例。

在特奥多尔·维兰德(Theodor Wieland)担任理事会主席,赖纳·卢肯巴赫担任董事总经理期间,1981 年 5 月 13 日,我们在美因河畔法兰克福-赫希斯特[BEILSTEIN;GÖTZE(7)]举办了《贝尔斯坦有机化学手册》百年纪念日庆祝活动。

20 世纪 80 年代初,很明显的是,印刷媒介中对新发现的有机化合物进行全面的列表和分类,其数量已不再是线性增长,而是呈对数式增长,几乎达到了自然容量的限度。出版公司很早就注意到数据的电子采集和存储的必要性。值得注意的是,这一转换所需的费用远远超出一个自给自足、经济上有效率的出版企业所能承受的,而且以后也未必有足够的"投资回报"。除了昂贵的基本设备之外,软件的持续更新和必要的硬件改造的开支通常超过了可预期的纯利润。

得益于联邦研究和技术部(Federal Ministry for Research and Technology)部长及其负责信息服务的助理部长汉斯·东特(Hans Donth)的独到见解,他们所在的部门慷慨解囊,为化学数据的在线转换提供了资金。因此,在克莱门斯·约胡姆

(Clemens Jochum)的指导下,贝尔斯坦研究所很快实现了转型。进一步的融资担保问题仍在讨论中。

《盖墨林无机化学手册》(*Gmelin-Handbuch der Anorganischen Chemie*)。20 世纪 70 年代初,盖墨林研究所(Gmelin Institute)所长玛戈特·贝克-格林(Margot Becke-Goehring)意识到,鉴于化学研究的现代趋势,分开收集有机化学和无机化学的数据不再是合理的,这

102 1988 年,为纪念化学家利奥波德·盖墨林(Leopold Gmelin)200 岁诞辰,德国邮政局发行了一枚特别邮票。

引发了人们的共同思考[BECKE－GOEHRING]。此外,创立于 1817 年的《盖墨林无机化学手册》的市场潜力似乎还没被挖掘殆尽。因此,经德国化学家协会(Society of German Chemists)同意,马克思·普朗克科学促进会(Max Planck Society for the Promotion of the Sciences)与施普林格出版社于 1973 年 11 月 8 日签订了一份关于盖墨林手册的出版合同。贝克(M. Becke)和我当时的想法是把两组数据,即贝尔斯坦和盖墨林,合并成一个综合的化学信息库。迄今为止,这一想法的实现受阻于法律因素,或许也是因为在根据新要求调整法律概念方面缺乏勇气。多年来,提高盖墨林的销量是有可能的,但后来由于全球范围内图书馆预算减少的趋势它们也受到了影响。

1979 年 7 月 1 日,海德堡的埃肯哈德·弗拉克(Ekkehard Fluck)接任盖墨林研究所所长。他将英语作为手册的出版语言,因为他确信,只有这样才能确保手册在世界范围内得到更广泛的接受。这对于像《盖墨林》这样描述性的作品来说尤其重要;几年后,《贝尔斯坦》也是这样做的。

103 继海德堡大学的成功教学生涯后,玛戈特·贝克-格林(1914年出生)于1969年成为位于美因河畔法兰克福的盖墨林研究所所长。

104 埃肯哈德·弗拉克(生于1931年),贝克尔·格林的继任者,盖墨林研究所所长。

1991年12月,盖墨林数据库开始投放市场。它与贝尔斯坦数据库的不同之处在于,《盖墨林》手册的描述性概念是对盖墨林数据库的补充,从而形成了一个全面的盖墨林信息系统,而《贝尔斯坦》手册中的数据系统与贝尔斯坦数据库中的数据系统是相同的[FLUCK;p. 40]。在这里,贝尔斯坦和盖墨林之间概念上的差异体现在手册与数据库的关系上:尽管《贝尔斯坦》手册今后将从数据库中生成——因此它们在内容上是

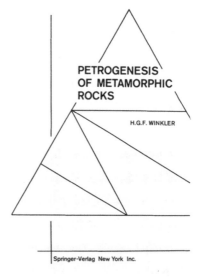

105 赫尔穆特·温克勒尔(Helmut G. F. Winkler)的《变质岩的成因》(*Petrogenesis of Metamorphic Rocks*),1965年(护封)。

56

相同的——但《盖墨林》手册和盖墨林数据库仍然是盖墨林信息系统的两个独立组成部分,它们在内容上互为补充。

进一步的出版计划

哥廷根不仅是数学和物理学的中心,也是地球科学的中心,此地诞生了一部成功之作:赫尔穆特·温克勒尔的《变质岩的成因》。不久之后,第二版出版;1965 年,为 1964 年纽约施普林格出版社的成立而推出的英译本问世。它成为我们在美国市场上最成功的作品。《变质岩的成因》共出版了五版,总销量超过30,000 册,其中一半在美国。这本书对世界范围内的研究和实践有着深远的影响。

生物化学学会(Society for Biological Chemistry)在莫斯巴赫(Mosbach)(巴登)组织了年度科学会议,其报告自1951 年以来一直由施普林格出版社出版;每一位生物化学家都知道,这就是莫斯巴赫学术讨论会(*Mosbacher Colloquien*)。前 19 卷的文章大部分是德文的。从第 20 卷(1969 年)起,各期都有了英文主题标题,系列名称为"莫斯巴赫研讨会"(*Colloquium Mosbach*)。

106　克利福德·特鲁斯德尔(生于 1919 年),《理论力学与分析文献》(1957 年起)和《精密科学史文献》的创办人、编辑。

在应用数学/物理学领域,赫尔曼·迈尔-考普架起了一条通往马里兰州巴尔的

ARCHIVE
for
HISTORY OF EXACT SCIENCES

Edited by
C. TRUESDELL

Volume 1, Number 4

SPRINGER-VERLAG
BERLIN · GÖTTINGEN · HEIDELBERG

20. Colloquium
der Gesellschaft für Biologische Chemie
14.–16. April 1969 in Mosbach/Baden

Inhibitors
Tools in Cell Research

Edited by Th. Bücher and H. Sies

With 150 Figures

Springer-Verlag Berlin · Heidelberg · New York 1969

107 《精密科学史文献》,第一卷, 1961 年第 4 期。

108 《莫斯巴赫生物化学学会研讨会》(巴登)(Colloquium der Gesellschaft für biologische Chemie in Mosbach [Baden]),1969 年,第 20 卷。第 1—8 卷以《生理化学学会研讨会》(Colloquium der Gesellschaft für physiologische Chemie)为题。

摩的克利福德·特鲁斯德尔(Clifford Truesdell)的桥梁,这对未来的学术出版至关重要。在克利福德·特鲁斯德尔这位受过广泛教育、具有独创性、对科学要求很高的作者和编辑的建议下,《理论力学与分析文献》(Archive for Rational Mechanics and Analysis)于 1957 年由他创办并担任主编,1960 年他又创办了《精密科学史文献》(Archive for History of Exact Sciences)。1964 年,特鲁斯德尔编辑的《施普林格自然哲学文摘》(Springer Tracts in Natural Philosophy)问世。所有这些成果至今还很有价值。此外,特鲁斯德尔还是一位备受尊敬的图书作者,他为《物理学手册》做出宝贵贡献。

1962 年,我们和加利福尼亚州河滨市的弗朗西斯·冈瑟(Francis A. Gunther)一起创办了《残基评论》期刊。冈瑟曾长期在莱沃库森(Leverkusen)的拜耳公司(Bayer)从事植物保护

57

剂方面的工作,现在负责加州大学河滨分校的农药研究。他是一位异常忙碌且事业有成的编者。在第 98 卷(1987 年)中,标题被扩展为《环境污染和毒理学评论》(*Reviews of Environmental Contamination and Toxicology*)。

医学专业领域期刊

在医学期刊领域——如前所述——我们创办了以下期刊: 1928 年(1946 年复刊),《外科医师》(*Der Chirurg*);1928 年(1947 年复刊),《神经科医师》(*Der Nervenarzt*);1950 年,《皮肤科医师》(*Der Hautarzt*)。这些期刊均由阿尔弗雷德·马尔基奥尼尼(Alfred Marchionini)主编。与专业期刊发展趋势相一致的是,1955 年 9 月 18 日,外科医师 K.H.鲍尔向鲁道夫·弗赖(Rudolf Frey)提出创办德语麻醉学期刊的建议。弗赖很积极;之后,《麻醉师》杂志(*Der Anaesthesist*)于 1952 年创刊。

我试着为这种类型的期刊——包括 1947 年开始的耳鼻喉科(ENT)指南——引入某种方案,这种方案将使专家们能够迅速而可靠地了解与他们的实践相关的最新研究成果。个别领域的专家将有选择地进行报告,并在某种程度上为执业医师的日常工作提供帮助。这种调整不是在现有专业期刊的基础上一朝一夕能完成的;因为它们的主编更希望坚持发表以实践为

109 《外科医师》,1947 年,第 4 期,第 17/18 卷。

导向的原创文章。

　　最近创办的内科专业杂志《内科医师》取代了《医学周刊》，这是将新理念付诸实施的合适载体，并"将科学的医学研究成果转化为医生的语言"。杰出的内科医师如赫伯特·施维克（慕尼黑）、汉斯·弗赖赫尔·冯·克雷斯（柏林）和赫尔穆特·赖因魏因（Helmuth Reinwein，基尔）为我们提供了热情的服务。根据设定的目标，该杂志将与同时成立的实习医师专业协会密切协调，并有希望在编辑方面合作。这个圈子诞生了一批非常忠实的编辑，如京特·布德尔曼（Günther Budelmann，汉堡）、沃尔夫冈·鲁格（Wolfgang Ruge，汉诺威）、弗里茨·瓦伦丁（Fritz Valentin，慕尼黑）和马克西米利安·吉多·布罗格利（Maximilian Guido Broglie，威斯巴登）。只接受专家特邀评论文章的计划遇到了一定保留，但这只是在开始阶段。随着时间的推移和期刊发行量的不断增加，稿件在读者中引起了热烈的反响，优秀作者的参与也变得越来越容易。每一期都有一个与

58

110 《麻醉师》，1952 年，第 1 期，第 1 卷。

111 《内科医师》，1992 年，第 12 期，第 33 卷。

时下相关的重要主题。我们注意到,这种写作风格并没有超出读者的理解范围。期刊的成功首先取决于编辑工作的和谐性,而这是通过对期刊的高度评价,甚至是热情所支撑的。从 1960 年开始,编辑人员习惯于每年在威斯巴登医师大会(Wiesbaden Congress of Internists)的开幕日举行会议,并概述未来两年的议题。1992 年,《内科医师》就已有 23 700 名用户订阅!

112 《妇科医师》,1968 年,第 1 期,第 1 卷。

　　《内科医师》是迄今为止根据计划成立的其他八种这类期刊的典范:《放射科医师》(1961 年),《泌尿科医师 A 和 B》(*Der Urologe A und B*,1962 年),《妇科医师》(*Der Gynakologe*,1968 年),《矫形外科医师》(*Der Orthopäde*,1972 年),《病理学》(*Der Pathologe*,1979 年),《创伤外科医师》(*Der Unfallchirurg*,1985 年),最后是《眼科医师》(*Der Ophthalmologe*,1992 年)。在《内科医师》之前建立的专业期刊,即《外科医师》《神经科医师》《麻醉师》和《皮肤科医师》,它们在一定程度上与《内科医师》的理念相适应,但它们并没有放弃原创文章。

59

数学

　　1962 年我第一次乘船去美国期间,接触了一批对施普林格出版社的进一步发展具有持久重要意义的数学领域的国际作者。在参观了纽约库朗研究所（Courant Institute）之后——当时它还不是默瑟街（Mercer Street）上那座可爱、宽敞的里夏德·库朗数学科学研究所（Courant Institute for Mathematical Sciences），我在密歇根州安阿伯市第一次见到保罗·哈尔莫斯（Paul Halmos），当时他是范·诺斯特兰出版公司（Van Nostrand Publishing Company）的顾问。在我做了自我介绍后，他问施普林格出版社是否打算维持数学类书籍的高昂价格；如果是这样的话，最好还是继续和他妻子就考古学的话题交谈！（哈尔莫斯太太对这个问题确实很感兴趣。）我们的第一本英语书的价格超过了美国图书的平均价格水平；那时，我们刚刚在英语市场站稳脚跟——两年后我们才在纽约成立分公司！随后，我们开始了一场生动的对话，保罗·哈尔莫斯提出了一系列给我留下深刻印象的想法和建议。他认为，如果我从三个大的领域来思考，并在每个领域都配备一名顾问，这对我"征服数学世界的计划"是有利的。就美国而言，在这方面，我们考虑了彼得·希尔顿（Peter Hilton）。他是《数学成果》杂志（*Ergebnisse der Mathematik*）的编辑贝诺·埃克曼（Beno Eckmann，苏黎世）推荐给我的。当时他在纽约州伊萨卡市的康奈尔大学工作，后来他成为公司优秀的顾问和忠实朋友[HILTON]。

对于"铁幕那一边"的地区，哈尔莫斯建议与索尔可佛尔维-纳吉（Szökefalvi-Nagy）合作，我们同他建立了非常愉快的联系；然而，鉴于政治上的障碍，合作仍然很有限。至于欧洲，哈尔莫斯推荐了当时在埃尔朗根的莱茵霍尔德·雷默特。我回国后不久，在哥廷根的格哈德酒店（Gebhards Hotel）第一次见到了他。就这样，我们开始了一次幸运而成功的合作，这使我们的数学项目得到海因里希·本克、马塞尔·贝格尔（Marcel Berger）、昂利·嘉当（Henri Cartan）、柯马拉伏罗·常德拉塞卡朗（Komaravolu Chandrasekharan）、陈省身（S. S. Chern）、阿尔布雷希特·多尔德（Albrecht Dold）、贝诺·埃克曼、列瓦兹·瓦列里

60

113 彼得·希尔顿（生于 1923 年）为该公司提供了多年的数学咨询。他从 1964 年到 1983 年编辑了《数学成果》杂志。

114 柯马拉伏罗·常德拉塞卡朗（1920 年出生）是孟买塔塔基础科学研究所（Tata Institute）的数学家，1965 年在苏黎世的瑞士联邦理工学院（Swiss Institute of Technology）接任赫尔曼·外尔（Herman Weyl）的教席。

115 数学家保罗·哈尔莫斯（生于 1916 年）自 1970 年以来一直是施普林格出版社的顾问。

116 马塞尔·贝格尔（生于 1927 年），自 1979 年起合作主编《数学发明》（*Inventiones Mathematicae*），自 1982 年起合作主编《数学科学导论》。

117　希策布鲁赫（生于 1927 年），1956 年起在波恩任数学教授，马克斯·普朗克数学研究所（Max Planck Institute of Mathematics）所长。

118　麦克莱恩（生于 1909 年），芝加哥数学教授，长期担任"黄皮丛书"杂志的联合编辑。

阿诺维奇·加姆克列利泽（Revaz Valerianovich Gamkrelidze）、汉斯·格劳尔特（Hans Grauert）、弗里德里希·希策布鲁赫（Friedrich Hirzebruch）、弗里茨·约翰、彼得·拉克斯、格特·H. 米勒（Gert H. Müller）、让-皮埃尔·塞尔（Jean-Pierre Serre）、卡尔·施泰因（Karl Stein）、雅克·蒂茨（Jacques Tits）和安德烈·韦伊（André Weil）等重要同道的全力支持。在范·诺斯特兰出版公司放弃数学项目后，哈尔莫斯本人成为我们纽约数学板块——由瓦尔特·考夫曼-比勒（Walter Kaufmann-Bühler）和吕迪格·格鲍尔（Rüdiger Gebauer）组成——的可靠顾问。

在芝加哥，我拜访了桑德斯·麦克莱恩（Saunders MacLane），他是我们多年的联合编辑，也是《数学科学导论》的作者，至今我们仍然保持着密切的关系。在西海岸的斯坦福，我与华人数学家钟开莱（Chung Kai Lai, 1917—2009）的邂逅令人印象深刻。钟开莱于 1960 年发表了名为《具有平稳转移概率的马尔可夫链》(*Markov Chains with Stationary Transition Probabilities*)这一开创性著作,该书的第二版载于 1967 年的"黄皮丛书"("Gelbe Sammlung")出版。在之后中国的活动中,钟开莱和郑清水(Cheng Ching-Shui)、江泽培(1923—2004)一起,于 1983 年编辑了他的老师许宝騄先生的论文集(《许宝騄文集》)。

生物、化学和物理

　　20 世纪 50 年代,慕尼黑动物学教授、《比较生理学杂志》(*Zeitschrift für vergleichende Physiologie / Journal of Comparative Physiology*)主编卡尔·冯·弗里希(Karl von Frisch)恢复了理查德·戈尔德施密特(Richard Goldschmidt)于 1927 年创立的《认知科学》(*Verständliche Wissenschaft*)系列,他本人在同一年出版了有关蜜蜂的"经典"著作《蜜蜂的生活》(*Aus dem Leben der Bienen*),该书共有九个版本[FRISCH]。我试图给这一以自然科学为导向的书系做人文方面的补充,请海德堡的汉斯·冯·坎彭豪森(Hans Freiherr von Campenhausen)担任主编。第一卷《破译失落的文字和语言》(*Entzifferung verschollener Schriften und Sprachen*)由约翰内斯·弗里德里希(Johannes Friedrich)撰写,他破译了赫梯语;该书于 1954 年出版,并受到了广泛的好评。1953 年 2 月 23 日,费迪南德·施普林格在写给他的堂兄尤利乌斯的信中提到,理查德·戈尔德施密特已经策划了一个由威廉·洛卜克(Wilhelm Röpke)主编的人文期刊。1973 年,我在纽约创办了一套相近的丛书——海德堡科学书系(Heidelberg Science Library)。
　　在重建初期开始或新发行的丛书中,有一套是由弗里茨·冯·韦特施泰因发起的[HS:fig. p. 288],即《植物学研

119 卡尔·冯·弗里希（1886—
1982）因对蜜蜂语言的重要研究于
1973 年获得诺贝尔奖。

120 弗里希《蜜蜂的生活》出自他
1935 年以来编辑的《认知科学》系列，
1993 年出版了第 10 版，旨在面向更
广泛的公众。

究进展》杂志，其第一卷于 1932 年出版。1948 年，该系列接续
推出第 12 卷，内容涵盖 1942—1948 年间的学科进展。从第 36
卷起，这套丛书的名称改为《植物学进展》（*Progress in
Botany*），每年出版一卷。第 53 卷施普林格周年庆典发布。自
1990 年以来，文稿全部以英文出版。

　　1949 年，《化学研究进展》（*Fortschritte der Chemischen
Forschung*）开始出版。这是一套科学丛书，每年出版一卷，内容
涵盖了年度研究成果。

　　在物理学领域，迈尔-考普成功地与克里斯蒂安·格特森
（Christian Gerthsen）签约，出版主书名为《物理学》（*Physik*），
副书名为《讲义配套教程》（*Ein Lehrbuch zum Gebrauch neben
Vorlesungen*）的书。当今所有德国物理学家在学习阶段都受到
该书的很大影响；自 1948 年以来，该书已售出 20 多万册。从第
6 版开始，汉斯·奥托·克内泽尔（Hans O. Kneser）做了修订；

Robert Wichard Pohl

Mechanik, Akustik und Wärmelehre

18., überarbeitete Auflage

Nach dem Tod des Verfassers herausgegeben von Robert O. Pohl

Mit 591 Abbildungen

Springer-Verlag
Berlin Heidelberg New York 1983

121 实验物理学家罗伯特·维夏德·波尔(1884—1976)是费迪南德·施普林格的密友,也是成功的物理教科书的作者。

122 罗伯特·维夏德·波尔的《物理学引论》,1983 年,第一卷,第 18 版。

从第 12 版开始,修订工作由赫尔穆特·福格尔(Helmut Vogel)接手。与此同时,罗伯特·维夏德·波尔(Robert Wichard Pohl)撰写的《物理学引论》(*Einführung in die Physik*)三卷本也推出了新版:第 1 卷《力学、声学和热力学》(*Mechanik，Akustik und Wärmelehre*),第 12 版,1953 年出版;第 2 卷《电学》(*Elektrizitätslehre*),第 13/14 版,1949 年出版;第 3 卷《光学》(*Optik*),第 7/8 版,1948 年出版(从第 9 卷开始名为《光学和原子物理学》[*Optik und Atomphysik*])。此后,这三卷书又陆续出版了多个版本:1983 年

Christian Gerthsen Helmut Vogel

PHYSIK

Ein Lehrbuch zum Gebrauch neben Vorlesungen

17., verbesserte und erweiterte Auflage
bearbeitet von Helmut Vogel

Mit 1124 Abbildungen, 8 Farbtafeln, 56 Tabellen
und über 1150 Aufgaben

Springer-Verlag
Berlin Heidelberg New York
London Paris Tokyo
Hong Kong Barcelona
Budapest

123 格特森、福格尔的《物理学》,1993 年,第 17 版。

第 1 卷第 18 版、1975 年第 2 卷第 21 版、1976 年第 3 卷第 13 版。

那一时期(1961 年),最值得注意的新项目之一是《控制论》杂志,该杂志致力于一门新的研究科目,它是由诺伯特·维纳(Norbert Wiener)在 1948 年发起的,并被延续到了生物学领域。我得以和图宾根的马克斯·普朗克生物控制论研究所(Max Planck Institute for Biological Cybernetics)的维尔纳·赖夏特(Werner Reichardt)开展编辑合作;凭着极大的热情和非凡的实验天赋,他看好并积极推动这一具有前景的新研究领域。

与内固定研究学会合作

最后,施普林格在 20 世纪 50 年代末和 20 世纪 60 年代初与巴塞尔大学外科诊所的鲁道夫·尼森(Rudolf Nissen)手下的助理医疗主任马丁·阿尔高维尔(Martin Allgöwer)建立了重要联系。阿尔高维尔曾在 1956 年被任命为瑞士库尔(Chur)的格劳宾登州医院外科部门负责人。他在 1957 年出版了一本关于烧伤治疗的专著后,便将注意力转向了骨折和手术治疗相关方面,并与瑞士圣加伦州的整形外科医师莫里斯·米勒(Maurice Müller)合作(1957 年年底)。弗里茨·柯尼希、阿尔宾·兰博特(Albin Lambotte)、比利时骨科医师罗伯特·丹尼斯(Robert Danis)等外科医师已经在这方面积累了宝贵的实践经验。1958 年,阿尔高维尔与新方法的开创者莫里斯·米勒达成一致,阿尔高维尔邀请汉斯·维伦格尔(Hans Willenegger)和罗伯特·施奈德(Robert Schneider)等同道到库尔成立一个工作组,共同致力于骨折手术理论和实践的推进。小组命名为"骨合成问题工作组"("Arbeitsgemeinschaft für Osteosynthesefragen"),这样表述是为了强调该方法的问题导向,以免它被不加批判地使用。英文名为"内固定研究学会"(The Association for the

Study of Internal Fixation, ASIF)。1959 年至 1960 年的冬天，在弗利姆斯（Films）滑雪节的某个周末，阿尔高维尔把我介绍给了米勒。这是一段影响深远、值得信任的关系的开端，且这种关系一直延续到今天。1962 年 10 月 24 日，我们就《骨折治疗手术技术》（*Technik der Operativen Frakturenbehandlung*）一书签订合同，这是计划"三部曲"中的第一卷；该书于第二年出版。

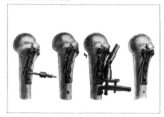

M.E.Müller · M.Allgöwer · H.Willenegger

Manual der Osteosynthese
AO-Technik

In Zusammenarbeit mit
W.Bandi · H.R.Bloch · A.Mumenthaler · R.Schneider
B.G.Weber und S.Weller

Springer - Verlag Berlin · Heidelberg · New York

124,125,126　《骨合成术手册》（*The Manual der Osteosynthese*）是 1967 年由马丁·阿尔高维尔（1917 年出生）、莫里斯·米勒（1918 年出生）和汉斯·维伦格尔共同撰写。

127　内固定研究学会研究中心（瑞士达沃斯）于 1992 年 1 月竣工。

BÜRGERSPITAL BASEL

Chirurgische Universitätsklinik

Vorsteher: Prof. Dr. M. Allgöwer

Telephon 44 00 41

Herrn
Dr. H. Götze
Springer-Verlag
Postfach 1780
69 Heidelberg 1

4000 Basel, den 3. Juli 1967 Al/w

Mein Lieber,

Vielen Dank für Dein Schreiben vom 29.6.67. Auf Elba werden
wir ein richtiges "Editorentreffen" durchführen können, denn
Prof. Müller wird ebenfalls dort unten sich von seinem
Semester erholen. Das Wichtigste ist jetzt wirklich die Neu-
auflage des Buches, wobei man sich durchaus überlegen könnte,
mehr auf das Bildliche und weniger auf den Text Gewicht zu
legen - allfällige Uebersetzungen würden dadurch wesentlich
leichter gemacht. Wir müssen unbedingt die Angelegenheit
auf Napoleon's Insel besprechen und fördern.
Ich freue mich, dass wir uns bald sehen und bin

mit den besten Grüssen
Dein

(Prof. Dr. med. M. Allgöwer)

128　1967 年 7 月 3 日阿尔高维尔致海因茨・格策的信，他建议
在厄尔巴岛（Elba）与莫里斯・米勒会面，讨论《骨折内固定技
术》新版出版事宜。

莫里斯·米勒，马丁·阿尔高维尔，罗伯特·施奈德，汉斯·维伦格尔《骨合成术手册》《*Manual der Osteosynthese-AO-Technik*》

出版	第一版		第二版		第三版		售出总数
	出版年/出版商	售出份数	出版年/出版商	售出份数	出版年/出版商	售出份数	
德文原版	1969年 海德堡，施普林格出版社	7 600	1977年 海德堡，施普林格出版社	14 780	1992年 海德堡，施普林格出版社	5 000	27 380
英译本	1970年 海德堡，施普林格出版社	9 380	1979年 海德堡，施普林格出版社	21 270	1991年 海德堡，施普林格出版社	16 520	47 170
法文译本	1970年 巴黎，Masson 1974年(第1次加印) 巴黎，Masson	2 000 945	1980年 海德堡，施普林格出版社	2 771	1996年(筹备) 海德堡，施普林格出版社		5 716
意文译本	1970年 博洛尼亚，Aulo Gaggi	1 500	1981年 帕多瓦，Piccin Editore	2 040	1993年 海德堡，施普林格出版社	383	3 923

続表

出版	第一版		第二版		第三版		售出总数
	出版年/出版商	售出份数	出版年/出版商	售出份数	出版年/出版商	售出份数	
西文译本	1971 年 编辑:巴塞罗那,Ci-entifico-Medica 1972 年(首次重印) 编辑:巴塞罗那,Ci-entifico-Medica 1975 年(第 2 次加印) 编辑:巴塞罗那,Ci-entifico-Medica 1977 年(第 3 次加印) 编辑:巴塞罗那,Ci-entifico-Medica	1006 1000 1028 2000	1980 年 海德堡,施普林格格出版社 编辑:巴塞罗那,Ci-entifico-Medica	4000	1993 年 巴塞罗那,施普林格出版社	1002	10036
葡文译本					1993 年 圣保罗,Editora Manole Ltda.	1000	1000

出版	第一版		第二版		第三版		售出总数
	出版年/出版商	售出份数	出版年/出版商	售出份数	出版年/出版商	售出份数	
日文译本	1971年 东京·医学书院	1500	1988年 东京·施普林格出版社 1990年(第1次加印) 东京·施普林格出版社 1990年(第2次加印) 东京·施普林格出版社	1600 800 400	1994年 东京·施普林格出版社		4300
塞尔维亚-克罗地亚文译本			1981年 柳博维亚/卢布尔雅那, Metalka	2000		2000	
中译本	1983年 海德堡·施普林格出版社	1000			1995年 北京,人民卫生出版社		1000
廉价版本					1992年 海德堡·施普林格出版社	5000	5000
		28959				28905	107525

这是施普林格出版社最成功的书目之一。该表格展示了大量外文版本的出版商，也反映了公司的扩张驱动力。该书第一版的法文、意大利文、西班牙文译本、日文译本由所在地区的当地出版商出版，到第二版，只有两家外国出版商参与了译本，而第三版的译本已经或正在由同期在特定国家成立的施普林格分公司（或由施普林格的柏林、海德堡公司）出版。

除技术外，第二卷将介绍其科学基础，第三卷将介绍其临床应用。然而，这种新方法的迅速推广，使我们有必要集中全部精力完善和改进这项手术技术。1965年年初，我们出版了英文版《骨折内固定技术》(*Technique of Internal Fixation of Fractures*)。这本书很快就销售一空，1967年，我在厄尔巴岛与阿尔高维尔和米勒度假期间，为新版本的出版做出安排。不断的培训、记录和改进技术的尝试让我们没有时间编写新版本的手稿。然而，为实际应用写一本"手册"（"manual"）是当务之急。还在度假时，米勒开始口述一篇文章，这段文字是《骨合成术手册》的基础，该书的第一版于1967年出版。在1977年和1992年又再版了两次，而且每次都有大量重印。由阿尔高维尔主编的最新版本不仅包含了纯粹的技术问题，而且指出了骨科学的基本原理。除了经常重印的德语版本，近年来还出现了大量的翻译版本（见表66—67页）。

公司在维也纳

除了德国开展多样的文化活动，维也纳施普林格出版社在重建时期也保持着强劲的出版势头。在此，项目涵盖了一些长期的节目，诸如阿尔弗雷德·科佩基（Alfred Kopecky）、鲁道夫·沙舒拉（Rudolf Schamschula）的《机械技术》(*Mechanische Technologie*)、阿道夫·普切尔的《弹性板影响场》(*Einflußfelder elastischer Platten*)和弗朗茨·克施尼策尔

（Franz Gschnitzer）的《奥地利民法教程》（*Lehrbuch des österreichischen bürgerlichen Rechts*）。《原生质学》（*Protoplasmatologia*）系列的第一卷于 1954 年出版。1955 年，由库特·米歇尔（Kurt Michel）撰写的十卷本的标杆著作《科学摄影》（*Wissenschaftliche Photographie*）问世。

129　工程师汉斯·利斯特（Hans List, 1896 年出生），1947 年成为维也纳施普林格出版社《内燃机》（*Die Verbrennungskraftmaschine*）系列的编辑。

130　京特·温克勒尔（Günther Winkler, 1929 年出生）于 1967 年创办了《国家与法律研究》（*Forschungen aus Staat und Recht*）书系；该书系迅速演变为主要关注奥地利政治问题的国家法类丛书。

转变

1965 年 4 月 12 日，我们收到了公司多年来的高级领导人费迪南德·施普林格去世的消息。几十年来，他一直被尊为公司的领军人物，正如他的一位作者描述的那样，他管理公司时信心十足，并且是一位仪度庄饬的商人。在他生命的最后几年，他因一种潜伏的疾病而失去活力。费迪南德如此才思敏捷，却落上这种疾病，想来很是悲惨。

自 1904 年 1 月 1 日费迪南德·施普林格加入公司后，他为公司的发展做了举世瞩目的贡献；《施普林格出版史》第一部（1842—1945）已详细描述了这些贡献。1935 年，在他的堂兄尤利乌斯辞职后，费迪南德·施普林格认为，出于政治上的顾虑，应该把自己从日常业务中逐渐抽离，并让他的合伙人滕耶斯·朗格在公开场合代表公司。作为一个"半犹太人"，费迪南德本人在 1942 年被迫辞职［HS：p. 372 f.］，出于安全考虑，他和公司的所有联系都中断了，包括他与朗格的联系；只有自由职业者身份的罗斯鲍德，敢让他了解公司内部的情况。

战争结束时，费迪南德·施普林格已经 65 岁了，在朗格和堂兄尤利乌斯的支持下，他以异于寻常的干劲在柏林着手重建公司。1949 年 2 月 15 日，他在海德堡得到了海因茨·格策的支持。施普林格在战后取得的最佳成就，是他在去世前出版的《施普林格目录汇编》（1964 年）。这本书共 336 页；仅就他尤其引以为傲的手册项目而言，他在战后创建或恢复的手册就占了该目录 49 页，共计 713 卷。

虽然费迪南德·施普林格本人很少出现在德国贸易中——他更愿意把这件事交给滕耶斯·朗格，但他对自己职责范围内相关的专业事务还是很感兴趣的。他是战后复兴 AWV（*Arbeitsgemeinschaft Wissenschaftlicher Verleger*，科学出版商协会）的人之一，并在他的合作伙伴滕耶斯·朗格之后担任 AWV 的负责人；朗格曾在 1942 年至 1945 年担任过 AWV 的负责人。1947 年，他在海德堡召集了战后第一次会议，并担任了几年的主席。也正是由于施普林格，德国科学出版社在战后恢复了他们的传统角色。德国科学基金会（*Deutsche Forschungsgemeinschaft*，DFG）的中央委员会已计划按照英国模式建立大学出版社，因为有人认为德国出版社在二战结束后无法卷土重来［SIEBECK］。曾是德国科学基金会委员会成员的施普林格似乎一开始就赞成这一建议，这使得在场的许多人感到惊讶。正如其中一位后来回忆的那样，"这对私人科学出版商来说是相当大的解脱，因为这样就可以省去缓慢销售专著的麻烦，和很大一部分费用昂贵的编辑工作。这样做的结果是，大学出版社关注枯燥艰涩的科学研究，而私人出版商则在培育有趣且易于销售又不必承担风险的文学作品"。[SCHNEIDER] 1899 年至 1900 年，也就是施普林格在牛津大学学习期间[HS：p. 156]，他曾认真考虑过成为一名外交官！

70

131　1951 年 8 月 29 日，庆祝费迪南德·施普林格 70 岁生日：(左起)美因河畔法兰克福的生理学家埃里希·贝蒂(Erich Bethe)；柏林的滕耶斯·朗格；汉堡神经学家伊丽莎白·施普林格、费迪南德·施普林格、莉萨·霍伊布纳(Lisa Heubner)和海因里希·佩特(Heinrich Pette)。

施普林格意识到，出版的理念必须适应时代的变化[HS：p. 164f.]。尽管内心怀有极大的忧虑和抗拒，他还是顺应了英语成为自然科学文献的语言这一趋势：在他去世的前一年，他终于接受了我的紧急提议，即在纽约设立分支机构。他于 1965 年 4 月 12 日去世，葬在汉德舒斯海姆(Handschuhsheim)的墓地，旁边是他两年前去世的妻子伊丽莎白。保罗·帕里出版公司(Paul Parey Publishing Company)的共同所有人、他的朋友阿图尔·格奥尔吉(Arthur Georgi)在悼词中向他致敬：

……费迪南德·施普林格博士才华横溢，魅力非凡。他聪明过人，性格鲜明，慎思谨行；他有能力瞬间把握人物、观念和局面，并能迅速而清晰地做出决断，且虑事长远；他那坚定的意志和出版人所特有的想象力，都是受过系统的教育；他宽大为怀，不带偏见——使得他像磁铁一般，吸引着科学界的目光。

　　他的两个终身合作伙伴之一，滕耶斯·朗格，跟随着他的脚步，于1961年5月8日去世；之后的1968年11月20日，尤利乌斯·施普林格也故去了。

　　尤利乌斯·施普林格有着丰富的经验，完善的专业知识，且为人值得信赖，他主要负责工程学科的事务，这在很大程度上提升了公司的形象，并获得成功。1904年起，他一直致力于进一步扩大他父亲弗里茨·施普林格(Fritz Springer)创建的工程学科出版公司，1907年1月1日，他和他的堂兄小费迪南德(Ferdinand Jr.)成为该公司的共同所有人。鉴于纽伦堡法令(Nuremberg Laws)(剥夺犹太人的德国公民身份)的规定，他被迫于1935年10月辞职[HS：pp. 345ff.]。但他没能幸免于进一步的耻辱；1938年11月，他在奥拉宁堡(Oranienburg)集中营待了几个星期，他的财产也一度被没收，并且在战争结束前一直过着与世隔绝的生活。1947年1月1日，尤利乌斯·施普林格复职，并成为公司的共同所有人，在接下来的15年里，他成功地重建了工程学科出版项目。在他75岁生日时，他的作者弗里德里希·萨斯在《德国图书贸易商报》(*Börsenblatt des Deutschen Buchhandels*)向他致敬[SASS：p. 277]：

　　尤利乌斯·施普林格出版的技术类著作数不胜数，没有这些作品，我们这些工程师就无法完成今天的要求。每一个有机会亲眼目睹这些作品是如何诞生和发展的，

71

是如何不遗余力、不计成本地完成的，是如何将他的细心
和认真传递给他的员工的人，一定都会感到纯粹的享受。
然而，最重要的是尤利乌斯·施普林格在很大程度上所
拥有的天赋：预见未来的能力，鼓励创新出版技术著作的
非凡远见，敏锐的直觉使他能够从年轻工程师中找到合适
的员工……

认识尤利乌斯·施普林格的人
都很钦佩他在与作者和员工打
交道时所表现出的平和，以及
热忱的态度；多年的苦难并没
有让他留下任何怨恨。

尤利乌斯于 1968 年 11 月
20 日去世，11 月 27 日葬在柏
林采伦多夫（Zehlendorf）的墓
地。他在技术出版项目中的工
作已于 1962 年由哥廷根分公
司前经理扎勒接手。

滕耶斯·朗格于 1961 年 5
月 8 日死于一场意外事故。他
是一个慷慨、豁达的人，也是他
服务了 40 年的公司的忠诚护
卫者。作为经理，他将希尔瓦

132　奥托和滕耶斯·朗格兄弟。

尔德书店（Hirschwald Bookstore）扩建为一家科学书籍邮购公
司和一家备受推崇的出口公司［HS：pp. 246 ff.］；1941 年，公司
改名为朗格—施普林格，以表彰他所做的贡献。1933 年，朗格
成为施普林格公司的总经理，1935 年，尤利乌斯·施普林格辞
职后，他和费迪南德·施普林格一起成为公司的股东。由此，他
确保了公司在那些艰难的岁月里能够继续经营下去。他预料到

公司将被迫"雅利安化",应费迪南德·施普林格的要求,他与弟弟奥托·朗格一起接手了剩余的股份。在公司生存受到威胁的那些年里,他凭借娴熟的技巧,偶尔也借由巧妙的策略,成功地保持了公司的独立性[HS:pp. 379 ff.]。

战后,朗格按照他们在1935年和1942年达成的协议,把他在公司的股份退还给费迪南德·施普林格。基于对公司的贡献,他成为公司的终身股东。公司的组织管理、战后的重建,特别是销售和分销重组方面的成绩,主要归功于他。似乎这些责任还不够,他还承担起带领公司走出"辉煌而又孤立"状态的责任:并在1956年当选为德国书业协会董事会成员。莱茵哈德·雅斯佩特(Reinhard Jaspert)代表整个书业协会认可了他的成就[JASPERT:p. 1557];维尔纳·多德舍纳(Werner Dodeshöner)为他撰写了讣告[DODESHÖNER:p. 750],并评论如下:

> 朗格是一个……沉着而果断的人,这体现了他不来梅人传统中的泰然自若和协调平衡的能力——因此,他这个不同寻常的人物,与我们忙碌的生活和工作方式形成鲜明对比,因为我们总是太在意结果。从他的一系列建议和决定中,人们可以感受到他的冷静和笃定,也是一个在辩论中时常能从正题与反题中得出有效结论的人。朗格能够认清正确的道路,并使之为人接受且行得通,这也是他在战后能够自上而下成功地重建施普林格的原因。朗格不仅熟悉图书贸易的所有细节;也能意识到特定时期即将出现的问题。

他的荣誉并不少。在他60岁生日那天,柏林自由大学授予他第一个荣誉医学博士学位,达姆施塔特工业大学授予他荣誉理事的称号。

朗格的管理职务后来由保罗·赫费尔接任,后者自 1945 年起就在公司工作。1972 年夏天,68 岁的赫费尔退休了,但依然致力于施普林格出版社的历史研究[HÖVEL]。1989 年 12 月 4 日,赫费尔去世,享年 85 岁。

第三章　海外分公司

准备阶段

英语作为通用语

　　1949 年，我与康拉德·费迪南德·施普林格的第一次讨论使我们更加坚定了我们的信念，随着第二次世界大战的结束，德国科学出版公司运转的前提发生了巨大变化，尤其是德语作为科学语言在世界范围内的声誉。科学研究中心开始往英语地区（尤其是美国）转移，这使得英语成为科学界的通用语言；尽管德语在某种程度上一直保持着它的地位，特别是在东欧地区。在其他欧洲国家，尤其是斯堪的纳维亚半岛，德语过去通常被用作科学语言，然而他们已经完全适应了以英语作为科学用语。从德国移居国外的众多科学家现在都在用新国家的语言来写作。最终，美国的研究机构在战后不久就愿意对所有科学领域提供帮助，这种开放的心态促使许多来自欧洲的年轻研究者移居美国，他们渴望了解科学工作的最新成果，并熟悉新的研究方法。

　　日渐加深的专业化趋势在很大程度上促成了这些变化。首先，这意味着所有领域在任何一个国家都不再可能有同等的代表性。现在，科学合作遍布全球。因此，从"科学—地理"的角度来看，在本国内进行科学出版将不再可行。除此之外，还有前面提到的科学通用语从德语到英语的转变，其重要性与 18 世纪学者的用语从拉丁语向地方语言的转变相似。回顾科学通用语的发展历程，可知朝向英语语言的变化是不可避免的，但当时人们并未普遍接受这一点［GÖTZE（1）］。

74

起初，出版社需要全力以赴，克服恢复出版活动所面对的各种困难。第一个目标是在德语世界再次获得一席之地。国外对具有悠久传统的德国科学期刊的兴趣与日俱增，这被解读为德国科学期刊地位逐渐恢复的迹象；与施普林格出版社保持友好关系的哈佛大学移民国外的药理学家奥托·克来耶给费迪南

133　药理学家奥托·克来耶（Otto Krayer, 1899—1982）于 1929 年在柏林定居；在他的老师保罗·特伦德伦堡（Paul Trendelenburg）去世后，他于 1930 年成为柏林大学药理学研究所的负责人。克来耶于 1933 年离开德国，经伦敦和贝鲁特到达波士顿。从 1937 年至他 1966 年退休，他在哈佛大学一直担任药理学研究所所长（另见 "O. Krayer Zum 65. Geburtstag", 载于 *Naunyn Schmiedebergs Archiv*, vol. 248 -250, 1964/1965）。

德·施普林格来信，说德国科学书籍将再次被放在美国图书馆的前排书架上。这次通信给费迪南德·施普林格留下了非常深刻的印象。

这种说法强化了人们对作为通用语的英语被日益频繁地使用的消极态度。甚至连给德文文章的英文摘要也遭到了拒绝，尽管这些摘要至少会有力地吸引外国读者拿起我们的期刊。汉佩尔（Hamperl）在他的回忆录中写道："费迪南德·施普林格博士几乎可以说是一位德语出版物狂热的捍卫者，他深信德语的使用和传播是他作为出版商从事活动的基础之一。多年来，我一直试图让他出版癌症研究杂志投稿摘要的英译本。"［HAMPERL：

p. 241] 此外,在大部分人看来,在德国启动英语出版计划的想法似乎很冒险,因为很明显,我们最终将不可避免地把出版业务扩展到国外的英语地区。

当时荷兰的情况有所不同。在荷兰,科学领域以英语为通用语已经成为惯例。出于传统原因,法国人在科学研究领域一直坚持使用自己的语言,这一行为后来被证实成为他们走向国际出版市场的障碍。而在此期间,法国的官方立场几乎没有任何改变。

然而,德国科学家使用英语的倾向实际上也是有限度的。从美国学习回来的年轻研究者首先要在自己的大学里发表德文论文,以在德国的大学赢得认可。与此同时,他们努力用英语在美国期刊上发表他们新近的研究成果,这就使得德国期刊再度处于不利地位。因此,就目前而言,我们对于从年轻一代科学家那里得到对我们政策的积极支持,是感到失望的。

一个生动的例子可以说明这种情况。我未能请德国的诺贝尔奖得主费奥多·吕南(Feodor Lynen)写一篇重要的英文文章,投给我们的《生理学成果》(*Ergebnisse der Physiologie*),尽管他对我们的态度相当友好。他给

Französisch nicht mehr Sprache der Wissenschaft

Paris, 7. November (AFP)

Den „Unsterblichen" der „Academie Francaise" wurde jetzt ein Bericht unterbreitet, aus dem hervorgeht, daß „die französische Sprache als Ausdrucksform in den wissenschaftlichen Disziplinen" in den letzten Jahren einen schweren Rückschlag erlitten habe. Als bezeichnend für diese Tendenz wurde die Einwilligung der in Frankreich veröffentlichten technischen Zeitschriften genannt, jetzt Beiträge ihrer französischen Mitarbeiter in englischer Sprache abfassen zu lassen, um diesen Zeitschriften eine bessere Verbreitung außerhalb Frankreichs zu sichern.

75

134 摘自 1959 年 11 月 8 日《德国世界报》(*Die Welt*):"法语不再是科学通用语。一份提交给法兰西学术院院士的报告说'法语作为科学学科的一种表达形式'在过去几年里遭到重创。与这一趋势相关的征兆是,法国出版的技术期刊已同意它们的法语作者以英语投稿,以便这些期刊更好地在法国之外的国家发行销售。"

了我们一篇文章,这是已经提交给《生理学评论》(*Physiological Review*)的英文手稿的德译本。当然,我们不得不拒绝它,因为印刷英文原稿的译本将是对我们所有努力的打击;我们是努力为着让出版物对英语世界具有吸引力,为了重建德国科学及其出版物的声誉。不过,我们也得到了一些有远见者的鼓励,特别是在理论医学和自然科学领域——例如,来自图宾根的格奥尔格·梅尔歇斯,《诱导进化与遗传学杂志》的编辑,或是来自海德堡的病理学家威廉·德尔和苏黎世的埃尔温·尤林格。在法国,马塞尔·贝塞斯(Marcel Bessis)倡导将英语作为科学界的通用语言[BESSIS]。数学家们被证明是最能接受以英语为通用语的人;他们的算式语言已经有了一种国际上可以理解的媒介,且这种媒介与作者的母语无关。

在德国,印刷商用外语排版要收取额外的费用。与此同时,我们还必须从内部聘请以英语为母语的人担任校对编辑,检查文字,并在必要时纠正、提高手稿的文字质量。与某些方面的观点相反,我们并不是仅仅因为希望从更大的市场中获取利润,而支持英语作为出版语言进行推广。长远来看,我们的目标依然是扩大期刊的发行量,这是确保德国科学文献得以延续的唯一途径。但是,实现此目标需要大量的投资,并会给公司带来巨大的风险。

过了一段时间,人们才认识到这种发展的必然性。后来,国际知名的法国作者来到我们这里,用英语发表他们的研究成果,因为在法国发表对他们来说太过困难。

如果我们不着手于将英语作为科学出版的通用语,那么我们向日本出口的图书和期刊也将被中断,因为大多数日本科学家已开始把英语作为第二语言。举个例子,19世纪和20世纪初,德语在日本医学中的主导地位已经结束[HS:note 69]。

显然,德语对我们的出版工作仍然具有决定性的意义。想想我们为德国和讲德语的邻国提供的教科书项目,其中包括针

对专业人士和继续教育提供
的文献，以及面向从业人员提
供的出版物，尤其是这些出版
物在技术领域以及最近的计
算机科学领域发挥了重要作
用。该技术部门还包括了由
11 种专业医学期刊组成的系
统开发小组，其中发行量最大
的《内科医师》名列榜首。

德语出版物仍然占我们
出版物总产量的 40％以上。
在东欧地区，德语正变得越来
越重要。英语作为国际科学
文献首选媒介的地位依然未
受影响。

135　马塞尔·贝塞斯（1917—1994），
是琼·伯纳德（Jean Bernard）的学生，
是著名血液学家。贝塞斯于 1975 年创
办《血细胞》（*Blood Cells*）杂志；1973
年，我们出版了他的《活血细胞及其超
微结构》（*Living Blood Cells and their
Ultrastructure*）一书，并将其译成法语。

康拉德·费迪南德·施
普林格和我一直秉承着 20 世纪 40 年代末期的目标，即以科学
出版公司的身份进入以英语为主导的世界。实现这一理念需要
坚定的决心、耐心和毅力。在这条道路上迈出的第一步则是制
定英语出版项目。

英语出版项目的发展

出于上述原因，决定使用英语作为出版科学文献的媒介具
有深远的意义。要维持在所有快速发展的研究领域都得到承认
的国际科学出版商地位，只是说服德国作者使用英语提交他们
的文稿，还不足以实现我们的目标。最近，在自然科学、医学和
数学等多样化的研究领域取得的进展，都是在全世界合作的架
构内取得的，因此，个别科学家的国籍并不重要。这意味着我们
必须确保能够找到最好的作者，无论其国籍如何。

起初，我们只能在德国境内做到这一点。我们得到了一些

老作者的帮助,其中一些作者已经移民,还有一些作者与我们继续保持或重新恢复了联系,例如纽约的里夏德·库朗;密歇根州东兰辛市的安东·朗;加利福尼亚州帕萨迪纳的拉斯洛·策希迈斯特;波士顿哈佛大学的奥托·克来耶和他的学生乌尔里希·特伦德伦堡(Ullrich Trendelenburg),以及肯塔基州莱克星顿市的埃尔温·施特劳斯(Erwin Straus)。与我们期刊的外国编辑的接触同样很有价值。因此,我们试图邀请重要的外国科学家担任编

FOUNDATIONS OF
POTENTIAL THEORY

BY

OLIVER DIMON KELLOGG
PROFESSOR OF MATHEMATICS IN HARVARD UNIVERSITY
CAMBRIDGE · MASSACHUSETTS · U.S.A.

WITH 30 FIGURES

BERLIN
VERLAG VON JULIUS SPRINGER
1929

136 我们最早的英文书籍之一:奥利弗·戴蒙·凯洛格(Oliver Dimon Kellogg)的《数学科学导论》(1929 年,第 31 卷)。

辑。在此,年轻的德国科学家在国外建立的联系同样很重要。

为保持国际社会对我们知名文献刊物的兴趣,向新世界的科学通用语言开放是不可或缺的。本书第 80 页至 81 页的图表列出了在一段不稳定的过渡期后,我们规定的必须使用英语投稿的刊物。前文已经提到一些相关的例子。然而,语言本身并不能为国际科学对话开辟道路;期刊的内容必须符合科学界的标准。在一些研究领域,我们落后了,相应期刊的吸引力也会变弱。在其他领域,例如在精密自然科学和数学方面,我们一直与时俱进。只有高水准的期刊才能吸引那些在国外留学期间赶上国际科学水平的年轻德国科学家。

这一切的前提是在德国本土开展这类活动;这需要一定的时间和耐心。在那个年代,努力和耐心是我们必须牢记的关键词。在德国,并非所有的科学家都能理解其中的联系。因此,

137　埃尔温·施特劳斯（1891—1974）从 1935 年出版《感知的意义：心理学基础论文集》（Vom Sinn der Sinne. Ein Beitrag zur Grundlegung der Psychologie，1956 年推出第 2 版）起，就是施普林格出版社的作者。

138　我们最早的英语期刊之一：《矿物学和岩类学论文集》（Contributions to Mineralogy and Petrology），1966 年，第 1 期，第 12 卷。

Contributions to
Mineralogy and Petrology
Beiträge zur
Mineralogie und Petrologie

Volume 12 · Number 1 · 1966

Managing Editor　C. W. Correns, Göttingen
Editorial Board　Tom. F. W. Barth, Oslo
　　　　　　　　W. v. Engelhardt, Tübingen
　　　　　　　　Francis J. Turner, Berkeley
Advisory Board　D. S. Coombs, Dunedin/New Zealand · M. Grünenfelder, Zürich
　　　　　　　　George C. Kennedy, Los Angeles · W. S. MacKenzie, Manchester
　　　　　　　　H. W. van der Marel, Eoe/Holland · G. R. Tilton, Santa Barbara
　　　　　　　　K. H. Wedepohl, Göttingen · J. W. Winchester, Cambridge/U.S.A.

Springer-Verlag · Berlin · Heidelberg · New York
Contr. Mineral. and Petrol.　7. 3. 1966　A 20 174 F

我们应该更加感谢那些对我们的努力予以支持的人。以下是一些特别的例子：面对英语国家在自然科学和医学上的巨大进步，在德国，僵化的传统保留了诸如"卫生学"这样的专业，我们的项目以罗伯特·科赫（Robert Koch）创办的《卫生学与传染病学杂志》（Zeitschrift für Hygiene und Infectionskrankheiten）为代表。该期刊的编辑——汉斯·施罗斯贝格尔（Hans Schlossberger）和后来的瓦尔特·基库特（Walter Kikuth），都是令人印象深刻的杰出科学人物，他们试图保持该期刊的优良传统。基库特接手了编辑工作，他对我们的想法持开放态度；但是，当时德国缺乏科学研究环境。因此，我们试图与瑞士的科学家取得联系；尽管这些科学家也受到战争年代的阻碍，但由于他们与国外科学家的不间断接触，并且有医学和化学领域的长期研究传统支持，他们能够快速地上手。因此，我们不仅仅是有可能将

78

ZEITSCHRIFT FÜR HYGIENE
UND INFEKTIONSKRANKHEITEN

MEDIZINISCHE MIKROBIOLOGIE, IMMUNOLOGIE
UND VIROLOGIE

HERAUSGEGEBEN VON

R. HAAS   W. KIKUTH   P. KLEIN
FREIBURG I. BR.   DÜSSELDORF   MAINZ

SCHRIFTLEITUNG

W. KIKUTH
DÜSSELDORF

149. BAND, 1. HEFT
MIT 28 TEXTABBILDUNGEN
(ABGESCHLOSSEN AM 10. DEZEMBER 1962)

SPRINGER-VERLAG
BERLIN · GÖTTINGEN · HEIDELBERG
1962

Current Topics in Microbiology
and Immunology

Ergebnisse der Mikrobiologie und Immunitätsforschung

Volume 40

Edited by

W. Arber, Genève · B. Benacerraf, New York · W. Braun, New Brunswick · L. Brent,
Southampton · R. Haas, Freiburg · T. N. Harris, Philadelphia · W. Henle, Philadelphia ·
P. H. Hofschneider, München · N. K. Jerne, Frankfurt · W. Kikuth, Düsseldorf ·
P. Koldovsky, Prague · H. Koprowski, Philadelphia · O. Maaloe, Berkeley · E. G. Nauck,
Bonndorn · R. Rott, Gießen · H.-G. Schweiger, Wilhelmshaven · M. Sela, Rehovoth ·
L. Syrdek, Prague · P. K. Vogt, Denver · E. Wecker, Würzburg

Springer-Verlag · Berlin · Heidelberg · New York 1967

139 《卫生学与传染病杂志》,1962 年,第 1 期,第 149 卷。

140 《微生物学和免疫学前沿论题》,1967 年,第 40 卷。

R.德尔和 H.施罗斯贝格尔主编的《卫生学、细菌学免疫研究和实验治疗成果》(*Ergebnisse der Hygiene*,*Bakteriologie*,*Immunitätsforschung und experimentellen Therapie*)转为英文版本;该杂志在变更为《微生物学、免疫研究和实验治疗成果》(*Ergebnisse der Mikrobiologie*,*Immunitätsforschung und experimentellen Therapie*,自 1957 年起)之后,更多的现代研究人员如瓦尔特·基库特、迈尔(K. F. Meyer)、瑙克(E. G. Nauck),特别是巴塞尔的托姆恰克(J. Tomcsik)和费城的亨勒(W. Henle)也加入其中,同时也从科学角度赋予了它新的面貌。后来,亨勒和一批国际知名的优秀编辑一起,果断地帮助我们将该杂志进一步发展成《微生物学和免疫学前沿论题》(*Current Topics in Microbiology and Immunology*,1967 年),这些编辑包括阿伯(W. Arber)、法尔科(S. Falkow)、亨勒(W. Henle)、霍夫施奈德(P. H. Hofschneider)、汉弗莱(J. R. Humphrey)、J.克莱因、科尔多夫斯基(P. Koldovsky)、科普罗夫斯基(H. Koprowski)、马洛(O. Maaloe)、梅尔歇斯(F. Melchers)、罗特(R. Rott)、施魏格尔(H. G. Schweiger)、塞鲁克(L. Syrucek)和福格特(P. K. Vogt)。

《普夫吕格尔文献:欧洲生理学杂志》(*Pflügers Archiv*)是我们努力实现国际化——或者说,起初是欧洲化——的一个特别令人印象深刻的例子。得益于伯尔尼生理学家亚历山大·冯·穆拉尔特的理解与合作,《普夫吕格尔文献》取得成功,堪称典范。我们与他建立了非常友好的关系。费迪南德·克罗伊塞(Ferdinand Kreuzer)曾担任《普夫吕格尔文献》的主编长达18年之久,他在1991年12月18日的一封私人信件中将这一转变做了如下描述。

从德文改为英文的期刊

Contributions to Mineralogy (from 1967)
previously: Heidelberger Beiträge zur Mineralogie und Petrographie, from 1958 Beiträge zur Mineralogie und Petrographie

European Journal of Biochemistry (from 1967)
previously: Biochemische Zeitschrift

Molecular and General Genetics (from 1968)
previously: Zeitschrift für Vererbungslehre

Oecologia (from 1968)
previously: Zeitschrift für Morphologie und Ökologie der Tiere

Theoretical and Applied Genetics (from 1968)
previously: Der Züchter

Astronomy and Astrophysics (from 1969)
previously: Zeitschrift für Astrophysics

European Journal of Clinical Pharmacology (from 1971)
previously: Pharmacologia Clinica

Journal of Comparative Physiology A (from 1972)
previously: Zeitschrift für vergleichende Physiologie

Medical Microbiology and Immunology (from 1972)
previously: Zeitschrift für medizinische Mikrobiologie (from 1966); before that: Zeitschrift für Hygiene und Infektionskrankheiten

Naunyn-Schmiedeberg's Archives of Pharmacology (from 1972)
previously: Naunyn Schmiedebergs Archiv für Pharmakologie

Applied Physics A: Solids and Surfaces (from 1973)
previously: Zeitschrift für angewandte Physik (up to and incl. 1971); (from 1973) - 1972 announced as International Journal of Applied Physics

Applied Physics B: Photophysics and Laser Chemistry (from 1973)
previously: Zeitschrift für angewandte Physik (up to and incl. 1971); (from 1973) - 1972 announced as International Journal of Applied Physics

Research in Experimental Medicine (from 1973)
previously: Zeitschrift für die gesamte experimentelle Medizin einschließlich experimenteller Chirurgie

Archives of Microbiology (from 1974)
previously: Archiv für Mikrobiologie

Cell and Tissue Research (from 1974)
previously: Zeitschrift für Zellforschung und mikroskopische Anatomie

European Journal of Applied Physiology and Occupational Physiology (from 1974)
previously: Internationale Zeitschrift für angewandte Physiologie einschließlich Arbeitsphysiologie; before that: Arbeitsphysiologie

Histochemistry (from 1974)
previously: Histochemie / Histochemistry / Histochimie; before that: Zeitschrift für Zellforschung und mikroskopische Anatomie, Histochemie

Psychological Research (from 1974)
previously: Psychologische Forschung

Virchows Archiv A: Pathological Anatomy and Histopathology (from 1974)
previously: Virchows Archiv für pathologische Anatomie und Physiologie und klinische Medizin, from 1968 Virchows Archiv A: Pathologische Anatomie und klinische Pathologie

Virchows Archiv B: Cell Pathology (from 1974)
previously: Frankfurter Zeitschrift für Pathologie, from 1968 Virchows Archiv B: Zellpathologie

Archives of Toxicology (from 1975)
previously: Archiv für Toxicologie, before that: Führner / Wielands Sammlung von Vergiftungsfällen

Biological Cybernetics (from 1975)
previously: Kybernetik

Journal of Neurology (from 1975)
previously: Zeitschrift für Neurologie; before that: Deutsche Zeitschrift für Nervenheilkunde

Roux's Archives of Developmental Biology (from 1975)
previously: Wilhelm Roux's Archiv für Entwicklungsmechanik der Organismen

Zeitschrift für Physik B: Condensed Matter (from 1975)
previously: Physik der kondensierten Materie / Physique de la matière condensée / Physics of Condensed Matter. 1974 Physics of Condensed Matter

Archives of Dermatological Research (from 1976)
previously: Archiv für dermatologische Forschung

European Journal of Pediatrics (from 1976)
previously: Zeitschrift für Kinderheilkunde

Human Genetics (from 1976)
previously: Humangenetik / Human Genetics / Génétique humaine; before that: Zeitschrift für menschliche Vererbungs- und Konstitutionslehre

International Archives of Occupational and Environmental Health (from 1976)
previously: Internationales Archiv für Arbeitsmedizin; before that: Archiv für Gewerbepathologie und Gewerbehygiene

Lung (from 1977)
previously: Pneumonologie / Pneumonology; before that: Brauers Beiträge zur Klinik der Tuberkulose

Psychopharmacology (from 1977)
previously: Psychopharmacologia

Archives of Orthopaedic and Trauma Surgery (from 1978)
previously: Archiv für orthopädische und Unfall-Chirurgie

Archives of Gynecology and Obstetrics (from 1979)
previously: Archiv für Gynäkologie

Journal of Cancer Research and Clinical Oncology (from 1979)
previously: Zeitschrift für Krebsforschung und klinische Onkologie

Zoomorphology (from 1981)
previously: Zoomorphologie; before that: Zeitschrift für Morphologie und Ökologie der Tiere

Anatomy and Embryology (from 1982)
previously: Zeitschrift für Anatomie und Entwicklungsgeschichte

Graefe's Archives for Clinical and Experimental Ophthalmology (from 1983)
previously: v. Graefes Archiv für klinische und experimentelle Ophthalmologie

European Biophysics Journal (from 1984)
previously: Biophysics of Structure and Mechanism (from 1974); before that: Biophysik

Radiation and Environmental Biophysics (from 1984)
previously: s. European Biophysics Journal

Der Unfallchirurg (from 1985)
previously: Unfallheilkunde / Traumatology

Probability Theory and Related Fields (from 1986)
previously: Zeitschrift für Wahrscheinlichkeitstheorie und verwandte Gebiete

European Journal of Plastic Surgery (from 1987)
previously: Chirurgia plastica

Parasitology Research (from 1987)
previously: Zeitschrift für Parasitenkunde

Surgical and Radiologic Anatomy (from 1987)
previously: Anatomia clinica

Fresenius' Journal of Analytical Chemistry (from 1990)
previously: Fresenius' Zeitschrift für analytische Chemie

Annals of Hematology (from 1991)
previously: Blut

Archive of Applied Mechanics (from 1991)
previously: Ingenieur-Archiv

European Archives of Oto-Rhino-Laryngology (from 1991); previously: Archives of Oto-Rhino-Laryngology (until 1990) before that: Archiv für klinische und experimentelle Ohren-, Nasen- und Kehlkopfheilkunde

European Archives of Psychiatry and Clinical Neurosciences (from 1991)
previously: European Archives of Psychiatry and Neurological Sciences (until 1990), before that: Archiv für Psychiatrie und Nervenkrankheiten

Journal of Legal Medicine (from 1991)
previously: Zeitschrift für Rechtsmedizin; before that: Deutsche Zeitschrift für die gesamte gerichtliche Medizin

Zeitschrift für Physik A: Hadrons and Nuclei (from 1991)
previously: Zeitschrift für Physik A: Atomic Nuclei

Clinical Investigation (from 1992)
previously: Klinische Wochenschrift

Der Ophthalmologe (from 1992)
previously: Fortschritte der Ophthalmologie

回顾 1968 年《普夫吕格尔文献》的转型及其影响：

出版商和编辑委员会，特别是冯·穆拉尔特认为，现在是《普夫吕格尔文献》扩大国际出版范围并改变期刊设计的时候了。现在国际社会强烈建议使用英文，虽然德文和法文仍可使用；与此同时，我们还应该吸引那些非德语国家的编辑，并采用新的、现代化的封面设计方式，期刊的名称还增加了部分以"欧洲生理学杂志"扩展杂志的名称；并强制要求至少由两名推荐人进行同行评审。"新"期刊始于 1968 年的第 302 卷，创刊号献给冯·穆拉尔特，在他 65 岁生日和退休之际，出版商和他的编辑同事们向他致以敬意，感谢他完成了30年的服务，并在促成这一伟大变革方面发挥了最大的影响力。来自非德语国家的第一批编者鲁汶的奥贝尔特（X. Aubert）和巴黎的莫雷尔（F. Morel），他们在1968年出版的第299卷中加入了编委会。1968年，在出版第302卷期间，阿姆斯特丹的博德斯（J. Th. F. Bodes）、布拉格的古特曼（E. Gutmann）、比萨的

141　1968年，费迪南德·克罗伊塞（生于1919年）深度参与了将《普夫吕格尔文献》转变为英文的工作。从那时起，直到1986年，他担任该杂志的主编。

莫瑞兹（G. Moruzzi）和奈梅亨的克罗伊塞（F. Kreuzer）也加入了编委会。1969年，在出版第306卷期间，斯德哥尔摩的冯·尤勒（U.S von Euler）加入编委会。尽管我们遭到一些德国生理学家的抵制，我们还是决定从1980年第385卷开始只接受英文论文。

　　就个人记忆而言，回忆一下与《普夫吕格尔文献》转型同时发生的某些"幕后"事件，即文献之外的事件，可能会有一些意义。大多数荷兰生理学教授（联合成立了所谓"生理学修会"["Fysiologen Convent"]）主张荷兰加入"新"的《普夫吕格尔文献》。这是1968年2月20日马克斯·施奈德（Max Schneider）、博德斯和克罗伊塞在位于奈梅亨的家中举行会议时决定的。但就在前一天，我们听说两位荷兰生理学家已同意与一家著名的荷兰出版商共同创办一份名为"欧洲生理学杂志"（"European Journal of Physiology"）的

82

A21624D

142 成为英文版本前的《普夫吕格尔文献》(1968 年,第 4 期,第 301 卷)。

143 成为英文版本后的《普夫吕格尔文献》(1992 年,第 3 期,第 422 卷)。

新刊物。然而,由于《普夫吕格尔文献》的国际化进程的迅速推进,该杂志未能出版。此外,当时比荷卢和瑞士方面也有一些想法,即建立一个新的"勃艮第"生理学杂志,取代《生理学与药理学学报》(*Acta Physiologica et Pharmacologica Neerlandica*)和《海尔维第生理学与药理学学报》(*Helvetica Physiologica et Pharmacologica Acta*)。然而这个想法也被放弃了,这也与《普夫吕格尔文献》的扩展有关。不久之后,《海尔维第生理学与药理学学报》(1943 年第 1 卷—1969 年第 26 卷)和《生理学与药理学学报》(1950 年第 1 卷—1969/1970 年第 15 卷)停刊。

1968 年之后,《普夫吕格尔文献》的进一步发展充分证明了当时所做的决定是正确的。来自世界各地的论文(尽管使用了新名称"欧洲生理学杂志",但是期刊也接受来自欧洲以外的论文)的提交量稳步增长,因此审稿的程序不得不越来越严格,拒稿率最后上升至50%。在1975年至1989年期间,《普夫吕格尔文献》的影响因子从1810增加到3488(提供1989年的几种影响因子,以资比较:伦敦的《生理学杂志》[Journal of Physiology]为4635,《美国生理学杂志》[American Journal of Physiology]为3075,《应用生理学杂志》[Journal of Applied Physiology]为2095)。

144　克劳斯·图劳(Klaus Thurau, 1928年出生),慕尼黑生理学家,师从哥廷根的K·克拉默。他的主要研究领域是肾脏生理学。自1986年以来,图劳接替费迪南德·克罗伊塞,担任《普夫吕格尔文献》的统筹编辑。

　　就这样,现存最早的生理学杂志自1968年第302卷开始,从一份德文期刊变成了一份英文的欧洲期刊,名为《普夫吕格尔文献:欧洲生理学杂志》。这是实现泛欧洲合作理想的早期范例,也是施普林格出版社一贯倡导的。如果我们看一看通过这种方式逐渐转变成英文期刊的期刊列表(部分是英文标题),就会明白这一过程有多漫长,以及需要多大的耐心和毅力才能得出令人满意的结果:这一过程我们用了大约15年的时间。与此同时,康拉德·费迪南德·施普林格在1963年作为合伙人加入公司。他尤其致力于发展生物学和地质学(参见本书第43页)。在他的研究领域,旧的《动物形态学与生态学杂志》(*Zeitschrift für Morphologie and Ökologie der Tiere*)在1968年转变为《生态学》(*Oecologia*)杂志;这说明了他在出版计划中对生态学的重视。

1967 年，我们创办了《欧洲生物化学杂志》(*European Journal of Biochemistry*)，它是欧洲生物化学学会联合会(FEBS)的官方期刊。施普林格出版社将《生物化学杂志》(*Biochemische Zeitschrift*)作为基础出版[HS：pp. 166 ff.]。该期刊由卡尔·纽伯格(Carl Neuberg)于 1906 年创立，当时柏林达勒姆区的威廉皇帝自然科学研究所在生物化学领域取得了巨大的进步，期刊至今仍拥有相当数量的订阅用户。一群年轻的欧洲生物化学家热烈地支持该项计划。欧洲优秀的原创论文集中在这份新的期刊上，这足以见证欧洲研究工作的成功，而这些研究成果迄今为止一直分散在众多国家的专业期刊上，因此或多或少没有引起人们的注意。在施普林格出版社内部，迈尔-考普为这一发展做出突出贡献。我们同欧洲生物化学学会联合会建立了密切的关系，特别是与列日的编辑克劳德·利贝克(Claude Liébecq)，以及欧洲生物化学学会联合会在伦敦的期刊委员会（主要代表为普拉卡什·达塔[S. Prakash Datta]）建立了密切联系。

145　克劳德·利贝克（1921 年出生）自 1967 年以来一直是《欧洲生物化学杂志》(FEBS)的编辑。

　　除了上述德文期刊逐渐转变为欧洲或国际英文刊物的过程外，还有大量新期刊的创办，这些期刊从一开始就计划成为欧洲或国际期刊。发展这类已经被设想为以英文为通用文字的刊物——一开始就有编辑人员坚定地支持新理念，这比改造旧期刊要容易得多，因为编辑也持有某种传统主义，这是在转型过程

83

中必须克服的。

最终的成果是对所有这些努力的丰厚回报：旧的德文期刊基本上能够在全球科学讨论的现代框架内继承他们的传统。《成果》(*Ergebinisse*)和《进展》(*Fortschritte*)这类出版物也有相似的变化，比如，由弗里茨·冯·韦特施泰因于 1932 年创办的《植物学研究进展》(*Fortschritte der Botanik*)期刊在 1974 年演变为《植物学进展》(*Progress in Botany*)。再如《癌症研究的新近成果》(*Recent Results in Cancer Research*, 1965 年)之类的新丛书，从一开始就有双语或多语种标题。

进入英语市场：共同出版协议

仔细观察世界范围内科学进步、所涉及的领域以及推动科学进步的人物和团队进行认真观察，已经成为我们制定英语语言项目发展过程中理所当然的事情。然而，对相关市场的密切关注也同样重要。科学活动集中的地区也是科学文献的优质市场。那些为了自身经济和工业政治的发展而努力寻求科技进步的地区，对我们来说是很有希望的市场。

84

建立英文期刊和图书出版计划是一个漫长的过程，必须同时确保全球的销售量；否则，整个构想注定要失败。这意味着我们不仅要制订英语出版计划，同时还要建立必要的销售和分销渠道，这样才能成功。必须同时制订并实现两个艰巨的目标，从根本上违背了一个基本的战略规则，即设定优先次序！在这个过程中，我们的投资资本在这一过程中受到了不同寻常的征税。

首先，通过推进"桥头堡"来实现我们向国际英语市场（包括以英语为交流和科学通用语的世界上其他部分地区）的销售的扩张，其中包括努力与美国和英国出版商签订合作出版协议。第二次世界大战期间和战后，美国已经建立了重要的科学出版社，并且在许多情况下都是效仿德国和其他欧洲公司的做法。其中一些是由移居美国的德国或奥地利出版商成立的，例

如纽约的学术出版社(Academic Press)，纽约的跨学科出版社
(Interscience，后来并入约翰·威立出版公司[John Wile])，纽
约的格伦—斯特拉顿(Grune & Stratton)出版社。成立于阿姆
斯特丹的北荷兰出版公司(North Holland Publishing
Company，后为爱思唯尔收购)、伦敦和牛津的佩加蒙出版社，他
们的所有计划都是针对英语科学出版日益增长的潜力。

起初，我试图与美国的公
司达成合作出版协议。我们
与普兰蒂斯－霍尔出版社
(Prentice-Hall)、跨学科出版
社以及最重要的学术出版社
签订了合作出版协议。1961
年，在法兰克福书展上，我们
与普兰蒂斯-霍尔出版社的社
长约翰·鲍尔斯(John G.
Powers)进行了交流。除了
成功达成协议，我们还发现我
们拥有共同的利益，这些共同

146 约翰·鲍尔斯(生于 1916 年)和
他的妻子纪美子(Kimiko Powers)建议
施普林格出版社在纽约和东京设立分
支机构。自 1975 年到 1993 年，他是这
两个地方的董事会成员。

利益是下一步思想交流和友好关系的基础。事实证明，这对公
司很有帮助，特别是对在纽约和东京的分支机构：因为鲍尔斯在
日本图书贸易方面已有经验，并通过与日本人结婚而与日本建
立了个人联系。鲍尔斯从普兰蒂斯·霍尔出版社退休后，成为
纽约施普林格出版社、东京的怡斯顿图书有限公司(Eastern
Book Service)和东京施普林格出版社的董事会成员。

学术出版社于 1942 年由莱比锡学术出版公司(Akademische
Verlagsgesellschaft)的瓦尔特·约翰逊(Walter J. Johnson)和
他的姐夫库特·雅各比(Kurt Jacoby)创立。在此之前，美国的
医学期刊大多是学会的机关刊物；这些新公司引入了欧洲的科
学期刊体系，这种体系由出版商建立，独立于任何特定的科学组

85

织。某些类型的科学二次文献如《……成果》(*Ergebnisse der...*) 和《……进展》(*Fortschritte der...*)，也以《成果》(*Results*) 或《新近成果》(*Recent Results*)，以及《……进展》(*Progress in...*) 或《……回顾》(*Review in...*) 的形式美国式使用，这很快就取得了较高的科学水平，并得到了广泛的认可。

此外，瓦尔特·约翰逊还在纽约开了一家科学书店——约翰逊书店(Johnson Bookseller)，并在书店内设立了专业的珍本部门。他与由马克斯·尼德莱希纳领导的朗格—施普林格的珍本部门一直保持着密切的联系，并多次拜访该部门以讨论古籍事宜并进行相关采购。

美国实验生物学学会联合会(Federation of American Societies for Experimental Biology) 的年会——简称联合会会议(Federation Meetings)——每年春天在大西洋城举行。年会期间所有相关的国内和国外出版商的书籍会大量展出。学术出版社的瓦尔特·约翰逊，非常愿意在他的展位上展示我们新的英文出版物，并为"新人"提供了很好的建议。在展出的图书中，有一些是根据合作出版协议从我们出版的图书中挑选出的英文图书；学术出版社接手的英文图书每种可多达 1500 册。按照合作出版的规则，这些书都带有两家出版社——施普林格出版社和学术出版社的印记。由于美国在斯普特尼克危机①之后的那些年里，为教育、研究与发展提供了慷慨的补贴，因此为美国和加拿大指定的联合出版版本数量相对较多。

与英国公司达成合作出版协议则需要特别的耐心和决心，但对我们来说，在伦敦这样的地方搭建业务，是相当重要的。伦敦是图书贸易的中心，对英联邦国家——在国际图书贸易中被

① 1957 年 10 月 4 日，苏联成功发射了世界第一颗人造地球卫星斯普特尼克一号(Sputnik-1)，这标志着人类从此进入利用航天器探索外层空间的新时代。由于这时正值冷战，斯普特尼克一号的发射震撼了整个西方，在美国国内引发了一连串事件，亦开启了美苏两国之间的太空竞赛。——译者注

称为"传统的英国市场"——
有很大的影响。此外,在一个
斯坦利·昂温爵士(Sir
Stanley Unwin)不厌其烦地
提倡引进以德国模式为蓝本
的图书贸易结构和固定目录
价格的国家,这种做法被接受
的前景很好。最终我们和丘
吉尔·利文斯通(Churchill
Livingstone)公司、朗文出版
集团(Longman Group)、海尼
曼出版公司(Heinemann)、查普
曼—霍尔出版公司(Chapman
& Hall)和艾伦—昂温公司
(Allen & Unwin)签订了联
合出版协议。

147 瓦尔特·约翰逊(Walter J. Johnson,1912 年出生)从莱比锡移民到美国,1942 年在纽约创办了学术出版社和约翰逊书店。在纽约施普林格出版社成立之前,学术出版社与施普林格联合推出了许多英文书籍。

　　尽管联合出版最初在许多方面很有帮助,但它并不能作为永久性的解决方案。我们对自己著作的定价和分销的影响有限,而且,这些著作并不是独家的;当然,这是吸引这些国家和作者的一个重要因素。从长远来看,我们必须成为自己的代表,以实现将德国施普林格出版社进一步发展成为国际知名的科学出版公司的目标。

纽约施普林格出版社

成立

　　前面几章描述的许多步骤可以看作是在纽约建立分支机构的准备工作。费迪南德·施普林格对这一想法持反对态度;

1949年和巴特沃思出版公司交涉的经历可能在这里起了作用。

1954年，我和康拉德·费迪南德·施普林格商定，在美国逗留期间，他将收集与在美国设立分支机构有关的数据和事实。在1958年8月3日的一份备忘录中，我指出在美国设立出版机构的紧迫性，我继续运用我的说服力来实现这一目标。战后世界格局正在重新调整，为确保出版社的未来，我们必须谨慎地谈判。

白皮书　1960年10月，我编写了一份白皮书，其中包含了所有可用的论据和数据。里夏德·库朗等公司的老朋友都相信，如果公司想恢复其世界声誉，一定要向北美扩张。在公司的合伙人中，除康拉德·费迪南德·施普林格外，我没有其他盟友，不过，当时他正在苏黎世从事生物学研究。费迪南德·施普林格在数学领域的顾问F.K.施密特对事情的看法更为现实，尽管他对自己的建议也非常谨慎。

经过反复讨论，我终于向费迪南德·施普林格提交了一份公司建议，其中包括无论公司是否有可能在美国设立分支机构，我们都要保证，年轻一代在原则上要保守公司在德国的根基。这有助于改变他的态度，这个建议可以间接表明，不放弃德国企业的文化根基是多么重要；况且那也不是我们的初衷。

澄清问题　现在可以进行一系列的实际考虑。在1963年春天的美国之行，金特·霍尔茨受邀四处考察走访。1963年7月15日，在一份长达9页的关于在美国成立施普林格分公司的研究报告中，他提出了自己的看法。

同年9月6日，霍尔茨又发表了题为《施普林格美国分公司盈利能力的思考》的详细分析报告。其中的观点基于这样的假设：前四至五年将出现亏损，但之后利润将逐年增长。根据美国法律，我们最多可以结转五年的经营亏损，所以预计这些亏损将在几年内分期偿还。这些假设在后来得到了证实。

反复敦促　在1963年10月22日的一份详尽的备忘录中，我一再指出在美国建立分支机构的紧迫性，否则，就不可能获得更多的英文作者，也不可能阻止重要的德国或欧洲作者流向美国或荷兰的出版商。我们也不可能创办新的国际期刊，更不可能将现有的德文机关刊物转变为英文机关刊物。当然，国际化对大多数现有期刊的生存是至关重要的。

况且，施普林格出版社在英语世界的成立与发展壮大，对亚洲、澳洲、非洲和非德语欧洲新市场的开辟是不可或缺的。在这份备忘录之后，出版社所有者之间再次讨论了这个问题，包括来自维也纳的奥托·朗格，他考虑在美国设立一个小型办事处。此后，除美国的海关条例和推广机会外，我们还需要进一步研究和澄清个别问题：营业地点、法律问题和财务上的后果。

148　金特·霍尔茨（1920 年出生）于 1951 年加入施普林格出版社，1952 年担任广告部经理，1962 年担任推广部经理。他为我们在纽约的分公司做了准备，并从 1964 年开始担任第一任总经理，直到 1971 年他回到柏林。之后，他担任销售和分销主管，1981 年退休。

最初的决定　1963 年 11 月 28 日，一项支持"小规模的解决方案"的决定达成了：设立一个用于联络和推广的办公室，这并不是一个独立运作的分支机构。这项工作原定于 1964 年 7 月 1 日开始，但由于必要的准备工作而推迟到了当年 9 月。只有在 11 月 28 日做出决定后，我们才有可能联系到一些外部信息源，如德国驻华盛顿大使馆、柏林和纽约的德裔美国人商会（Chambers of Commerce），以及法律顾问和银行。

我们迅速就计划中办事处的合适地点达成共识。波士顿和纽约都在我们的考虑之中；我们最终决定将办事处设在纽约，因为欧洲和美国的所有大城市都可以方便地到达纽约。此外,纽约是许多其他出版公司的总部,这样我们更容易找到、雇用合适的员工。多年来,事实证明这个决定是有价值的。1964年夏天,大家对新公司的名称进行了反复斟酌。首选的"施普林格出版社"(Springer Press)被否决了,因为它有可能与"施普林格出版公司"(Springer Publishing)相混淆,该公司是由小尤利乌斯·施普林格的长子伯恩哈德·施普林格(Bernhard Springer,1907—1970)于1951年创立的,他于1937年移居美国。因此我们决定使用德国公司的名字"施普林格出版社"("Springer-Verlag")。

合伙人的决议 1964年3月2日,合伙人签署了关于成立纽约施普林格出版社(Springer-Verlag New York)的最终决议。两周后,金特·霍尔茨抵达纽约,当场说明了一些尚待解决的问题,并着手筹备工作。直到5月底,他在比克曼塔饭店(Beekman Tower Hotel)设立了自己的"总部",该饭店后来被拆除了,即便如此,这家饭店也是昔日辉煌的遗迹。霍尔茨得到了临时秘书的协助。

除必要的搜寻和物色合作方的活动外,新办事处最重要的职能之一在于,它既是康拉德·费迪南德·施普林格和我与已经获得联系的作者的联络点,也是我们在美国和加拿大寻找新作者的基地。例如,在早期的活动中,有一次是与迈伦·莱德贝特(Myron C. LedBetter)和凯特·波特(Keith R. Porter)接触。在1966年于京都举行的第六届国际电子显微镜大会(International Congress on Electron Microscopy)上,我与他们达成了一项出版协议,出版名为《植物细胞精细结构导论》(*Introduction To The Fine Structure of Plant Cell*)的书。霍尔茨在1963年于洛杉矶举行的哈维·库欣[1]会议上第一次见到了神经外科医

89

---

[1] 哈维·库欣(Harvey Williams Cushing,1869—1939),美国外科医师和作家,专长于脑外科,对脑外科手术的技术进行了改进,并在神经系统、血压、垂体和甲状腺领域有重大发现。哈维·库欣撰写了他老朋友威廉·奥斯勒爵士(Sir William Osler)的传记,并在1926获得了普利策奖。——译者注

师路德维希·肯佩（Ludwig Kempe），这发生在我们美国活动的早期阶段。

现场准备工作　霍尔茨与已经代表我们的图书销售公司取得了联系，其中最重要的是施特歇尔特—哈夫纳（Stechert & Hafner）、约翰逊书店以及亨利·斯特拉顿（Henry Stratton）旗下的纽约洲际医药书店（Intercontinental Medical Booksellers New York）。对我们的销售计划同样很重要的还有以下公司：洛杉矶的泽特林—布鲁日（Zeitlin & Verbrügge）、

149　德国出生的外科医师路德维希·肯佩（生于 1915 年）在马里兰州贝塞斯达的里德医院（Walter Reed Hospital）工作时，写下了他的成功之作《神经外科手术》（ Operative Neurosurgery，1970）。

纽约的玛丽·罗森伯格（Mary S. Rosenberg）、专营医学书籍的批发商乔治·艾略特（George Elliot）、纽约和佛罗里达的泰勒·卡莱尔（Taylor Carlisle）书店、洛杉矶的技术图书公司（Technical Book Company）、洛杉矶的德文书店（German Bookstore），尤其是斯特西书店（Stacey's Booksellers），它在西方有三家零售店，是美国科学文献的重要批发商。

施普林格当时的法律顾问是海因茨·迈利克（Heinz Meilicke），他给我们推荐了享有盛誉的华尔街律师事务所——苏利文—克伦威尔律师事务所（Sullivan & Cromwell）来处理新公司成立相关的法律事务。该事务所的高级合伙人夏普（Sharpe）先生不仅就"美式商业之道"给了我们重要的建议，而且为新公司的开张奠定了法律基础。经过充分的协商，我们决定在特拉华州注册纽约施普林格公司（Springer Verlag New York Inc.），

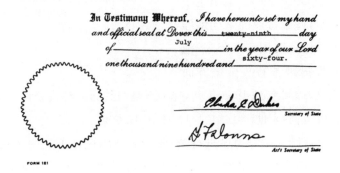

150　1964 年 7 月 29 日，纽约施普林格出版社的注册证书。

因为该州的公司法最为宽松，尤其是对非美国所有的公司而言。

海因茨·迈利克建议我们成立一家名为施普林格出口有限责任公司（Springer Export GmbH）的中间公司，并将它作为纽约公司的所有者。前者由柏林海德堡施普林格出版社（Springer-Verlag Berlin Heidelberg）持有。另外，维也纳施普林格出版社（Springer Verlag Wien）占股 10%。

夏普先生向我们介绍了安永会计师事务所（Arthur Young）——美国优秀的公共会计和咨询公司之一，我们至今仍与他们保持着密切的业务关系。威廉·康克林（William W. Conklin)和国际财务部门的负责人,即杰西·迈尔斯(Jessey Miles)、彼得·多兰(Peter Dolan)、索伦·朗(Solon Lang)、莱斯特·施内(Lester Schner),以及詹姆斯·戴维森(James Davidson),都是我们备受尊敬的合作伙伴。通过安永,我们认识了美国纽约化学银行(Chemical Bank)国际部主管海因茨·戈特瓦尔德(Heinz Gottwald)。他出生于波茨坦,在银行业的学徒生涯结束后去了美国。多年来,他为我们提供了有关金融方面

151 美国纽约化学银行的海因茨·戈特瓦尔德(1905—1984),他在所有金融问题方面向公司提供咨询帮助,并于 1966 年至 1983 年担任公司董事会成员。

的建议,1966 年到 1983 年间,他一直是纽约施普林格公司的董事会成员;后来他于 1984 年 11 月 20 日去世。

会谈继续在海德堡进行,霍尔茨对纽约进行了短期访问。很明显,即使在早期阶段,"小规模的解决方案"显然没有取得预期的结果。我们必须建立自己的销售和分销架构。

图书发行方面,我们在布鲁克林找到了梅赛德斯图书经销商(Mercedes Book Distributor)。这里的设施并不奢华,但对我们微不足道的起步来说,这已经足够了。同时,我们自己运作分销很长一段时间之后,又回到了这家公司,因为这家公司发展得很好。

现在,正式开始运营的时间已定于 1964 年 9 月 8 日,即劳动节①之后的第二天,也是漫长的暑假过后恢复学术生活的那一

---

① 美国官方公布的劳动节在每年九月的第一个星期一。——译者注

152 纽约人称第五大道 175 号为"熨斗大厦"。1964 年开始，纽约施普林格出版社在此办公，占用的空间从最初的第 19 层扩展至其他五层楼。这座建筑由丹尼尔·哈得逊·伯纳姆(Daniel Hudson Burnham)于 1902 年建成，钢结构石灰岩外墙引人注目，是曼哈顿第一座摩天大楼。1979 年，它被列入国家历史遗迹名录。它像一个三角形，夹在百老汇和第五大道之间的第 23 街交叉点，总是吸引着知名的摄影师前来拍摄。这张照片是由博·帕克(Bo Parker)于 1986 年拍摄的，收在彼得·格威利姆·克雷特勒(Peter Gwillim Kreitler)珍藏的熨斗大厦照片集。建筑分为基础部分、14 层的竖井和柱面。我们的图片展示了设计的美学效果，尤其是从第 7 层到第 14 层的三组凸窗，给大墙面增添了一种宁静的韵致。

第三章 海外分公司

天。霍尔茨在所谓熨斗大厦（Flatiron Building）的顶层租用了
90 平方米（约 100 平方码）的办公空间，大厦呈三角形，位于百
老汇和第五大道的拐角处；大厦建于 1902 年，是纽约第一座摩
天大楼。它是一座立面为方形石灰岩的钢结构建筑。时至今
日，它依然是纽约的地标性建筑。我们的办公地址，直到现在，
仍然是第五大道 175 号。与此同时，我们扩大了办公场所的规
模，现在我们又占用了好几层楼。

SPRINGER-VERLAG
Berlin · Göttingen · Heidelberg

SPRINGER-VERLAG
Wien

To the
Editors and Authors
of Books and Periodicals
of the Springer-Verlag

We have caused the formation of an associated firm called:

Springer-Verlag New York Inc.
175 Fifth Avenue
New York/N.Y. · 10010

Mr. Günter Holtz, who has been associated with us for many years, has been entrusted
with the management of Springer-Verlag New York Inc.

The main aims of Springer-Verlag New York Inc. are to keep close contact with our
authors in the United States and to enlarge the sale of our books and periodicals
in this country.

Please do not hesitate to contact Springer-Verlag New York Inc. if you have any
requests or proposals.

SPRINGER-VERLAG
Berlin · Göttingen · Heidelberg

SPRINGER-VERLAG
Wien

Dr. Ferdinand Springer
Dr. Heinz Götze
Dr. Konrad F. Springer

Otto Lange

153　1964 年 8 月 21 日发给施普林格出版社的编辑和作者的通函，对担任纽约
分部总经理的金特·霍尔茨做了介绍。

1964 年 8 月 21 日,从德国和奥地利发出的关于成立新办事处的正式通知递向了施普林格出版社的所有编辑和作者。1964 年 9 月 14 日至 10 月 3 日,美国重要的科学杂志刊登了这一广告。第一封信于 1964 年 9 月 8 日发出,寄往德国和奥地利公司信息库中的所有美国地址,以及在许多其他美国出版商合作名录中的协会。反响是强烈的,索取个别小册子和商品目录的请求,使得我们的四名工作人员一直忙到深夜,甚至周末也不例外。我们的电话也响个不停,多年来,我们一直对一个奇怪的要求感到好笑:打电话的人想找"施普林格先生"("Mr. Springer")。当被告知施普林格先生不在城里后,他又要求和"费尔拉格先生"("Mr. Verlag")通话;我们的绝大多数美国客户显然把"Verlag"当作第二个人的名字了。

为纽约公司拟订的工作计划后来成为其他办事处的范本,其内容如下:

1. 为我们欧洲产品的销售建立有效的运作机制,以适应当地在广告、销售和会计方面的惯例。与欧洲的主要区别在于,我们不熟悉科学书籍的零售业务。因此,我们必须通过邮寄系统和销售代表直接与我们的潜在客户联系,并与现有的零售商和批发商密切合作。

2. 与德国和奥地利公司所在地的作者和编辑建立直接联系,并与美国的作者建立新的联系。

3. 确保业务成本(包括人员成本)能由贸易差额支付;在实现这一目标并且盈利之前,纽约分部不得不开始独立出版。

母公司的投资回报率(一开始较小)已按计划实现。欧洲出版的作品在美国的销售量异常增长,恰好清楚地说明了这一点(参见本书第 95 页表格)。五年后(1969 年),美国的销售量达到了收支平衡点，即账面上的平衡，而我们在9年内（至1973年）就赚回了全部原始投资。值得补充的是，纽约分公司销售的欧洲作品使得营业额增加，这意味着它从一开始就为母公司带来了相当大的流动资金，而这与纽约分公司本身的利润无关。

继1964年9月8日纽约分公司成立的最后4个月可以看作筹备期的一部分。1965年，我们的营业额已经达到542 000美元，1969年则增加到2 900 000美元。员工人数也有所上升，从最初的7人增加到1969年年底的32人。尽管欧洲的母公司仍在向美国的客户直接供货（金额约为1 200 000美元，大多是订购《贝尔斯坦》和《兰多尔特—伯恩施泰因手册》之类的大部头），但我们仍实现了营业额的增长。此外，大量的期刊订阅是通过德国的出口公司（如哈拉索维茨［Harrassowitz]）、美国的进口公司（如约翰逊书店和施特歇尔特—哈夫纳）办理的，我们与他们的关系非常密切。这种缓慢的重新安排很符合我们的利益；任何突然的变化都会危及我们在进出口公司中的地位，而这些公司多年来一直与我们可靠且成功地合作着。

1964—1992年纽约的出版活动（单位：千美元）

年份	书籍			期刊			总计
	美国出版的作品	欧洲出版的作品*	总计	美国出版的作品	欧洲出版的作品（施普林格）	总计	
1964	—	—	65	—	—		65
1965	—	—	401		141	141	542
1966	—	—	784	6	222	228	1 012
1967	—	—	1 288	19	330	349	1 637
1968	—	—	1 540	20	434	454	1 994
1969	—	—	2 116	22	762	784	2 900
1970	—	—	2 417	32	1 031	1 063	3 480
1971	—	—	2 564	57	1 341	1 398	3 962

年份	书籍			期刊			总计
	美国出版的作品	欧洲出版的作品*	总计	美国出版的作品	欧洲出版的作品（施普林格）	总计	
1972	—	—	2 556	181	1 716	1 897	4 453
1973	—	—	3 199	373	2 452	2 825	6 024
1974	—	—	3 818	464	3 279	4 254	9 072
1975	—	—	5 376	988	4 441	5 429	10 805
1976	—	—	5 103	921	4 432	5 353	10 456
1977**	1 873	5 865	7 738	1 731	5 139	6 870	14 608
1978	2 703	6 129	8 832	1 882	5 986	7 868	16 700
1979	3 885	6 843	10 728	2 485	7 274	9 759	20 487
1980	4 199	7 559	11 758	2 677	8 579	11 256	23 014
1981	5 223	7 943	13 166	2 868	9 663	12 531	25 697
1982	5 040	7 148	12 188	3 179	10 397	13 576	25 764
1983	5 424	8 269	13 693	2 559	8 504	11 063	24 756
1984	6 058	8 260	14 318	3 813	7 135	10 948	25 266
1985	6 474	9 249	15 723	4 419	7 336	117 555	27 478
1986	7 284	12 380	19 664	5 132	8 834	13 966	33 630
1987	7 380	12 786	20 166	6 125	12 773	18 898	39 064
1988	9 365	14 287	23 652	6 641	15 132	21 733	45 425
1989	10 285	14 283	24 568	7 176	15 945	23 121	47 689
1990	10 374	14 640	25 014	7 867	15 366	23 233	48 247
1991	11 272	14 139	25 411	7 979	10 726	18 705	44 116
1992	11 094	14 093	25 187	7 611	12 058	19 669	44 856

注释：

　*柏林、海德堡和维也纳施普林格出版社出版的图书以及批发图书，包括其他欧洲出版商出版的图书。

　**1977年之前出版的所有图书，无论是美国的还是欧洲的，都被视为未明确其来源的"出版商"。

毫无疑问,最初几年的成功在一定程度上要归功于美国政府当时为研究和教学提供的慷慨补贴。另外,我们不得不与汇率的波动做斗争。20世纪60年代末,我们不得不习惯于图书馆预算的缩减,同时,不断增加的科学文献的供应量使得出版商之间的竞争大大加剧。

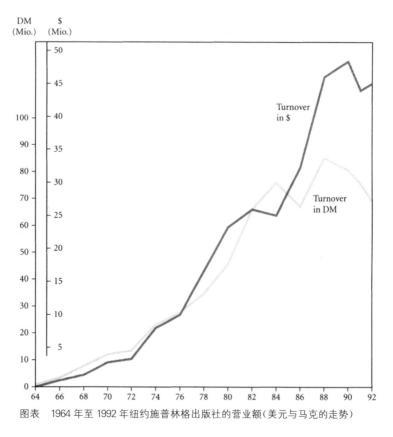

图表　1964年至1992年纽约施普林格出版社的营业额(美元与马克的走势)

　　我们经常被问到,第二次世界大战期间施普林格出版社的损失如此惨重,资金稀缺,那么在当时的情况下,德国和奥地利公司是如何为纽约施普林格出版社的成立提供资金的。即便考虑到当时美元对德国马克的汇率为1∶4,有效的资金投入也非常少。名义上的创始资金为75 000美元,但到了1964年年底,实际转拨并用于启动费用的只有35 000美元。1964年9月8

96

日至 12 月 31 日，纽约施普林格出版社的营业额为 65 000 美元；进一步扩张的资金主要靠德国和奥地利的母公司提供的产品信用。对于美国的观察家来说，我们这种由于缺乏资金而采取小步快跑的策略是令人惊叹的。到 1965 年年初，我们已经有 7 名员工，然而他们不得不在租来的 90 平方米办公场所艰难度日。由于对公司继续拓展的可能性持乐观态度，我们决定在同一楼层临时增租两间 80 平方米的办公室。就这样，我们满怀希望地迈入了 1965 年。

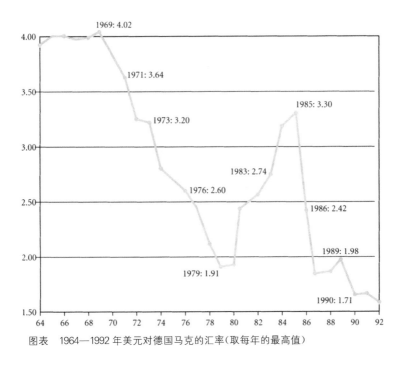

图表　1964—1992 年美元对德国马克的汇率（取每年的最高值）

　　我们迈出了第一步，并站稳了脚跟。现在我们必须依靠自己的力量向前推进。因为我们既不能指望得到熟悉美国行情的编辑们的帮助，也无法指望得到任何其他有经验的工作人员的帮助，即便他们可能对当地的促销和销售惯例有所了解。我们无论如何也请不起这样的顾问：哪有高素质的人才愿意离开美国的大公司，加入我们这个外国的小企业呢？

97

不过，由于在纽约有了一个有组织的基地，我们物色优秀的美国作者就容易得多了。康拉德·费迪南德·施普林格和我多次赴美，我们与美国科学家建立了联系，并决定开展英文出版项目。

来自母公司的支持

纽约分公司的组织工作得到了德国施普林格公司所有部门的鼓励和积极支持。有经验的员工被委派到纽约工作一段时间，以便熟悉美国的运作方式和与纽约有关的特殊问题，并利用他们自己的专业知识提供帮助。1964 年秋天，伊尔塞·朔尔迈尔（Ilse Schollmeyer）在纽约待了 4 个多月，她按照柏林和比勒费尔德惯用的方法组织订单填写系统。1965 年春天，保罗·赫费尔、会计经理赖因霍尔德·哈林和比勒费尔德的仓储和配送主管埃里希·洛布斯（Erich Lobbes）也相继到来。不久后，海德堡制作部门的成员也

154　乌特·比雅尔（1942 年），海德堡施普林格出版社出版部主任。

来了，以支持纽约出版的初步尝试。1970 年至 1971 年间，吉泽拉·托伊森（Gisela Teusen，婚后改姓德利斯［Delis］）在纽约花了半年时间帮助创办期刊。1975 年 11 月 1 日，加比·施米茨（Gaby Schmitz）继任，她在纽约管理制作期刊多年，直到 1986 年 10 月 1 日返回了海德堡。最后，乌特·比雅尔于 1976 年加入纽约图书出版部门，并于 1987 年至 1991 年担任出版部经理和副总裁。就这样，母公司和它在纽约的子公司相互交织，形成了一种愉快的团队精神，越来越多的美国员工也加入其中。金特·霍尔茨成功地创造了这种精神，这种精神不鼓励任何

自以为是的行事方式。这成为公司成功发展和壮大的必要
前提。

一些问题

我们已经预料到了一些问题，并为之做好了准备。不过事实证明，其中一些问题比我们所预想的更难以克服。

版权问题 最棘手的问题之一来自美国版权法。美国既没有加入伯尔尼公约，也不属于《世界版权公约》(Universal Copyright Convention)。为保护图书版权，我们必须在华盛顿特区的版权局登记每一个书名。美国版权法包含一个所谓的生产条款(manufacturing clause)，这个条款可以追溯至保护主义的古老传统。它规定，美国作者的作品只有在美国出版时，才受到美国保护。这项困难条款(hardship clause)确实为不超过 500 册的进口作品提供了为期 2 年的临时版权保护。

版权局的执法机构是纽约海关办公室的一个部门，该部门认真监督规章制度的遵守情况，并凭借长期的经验，对规避规章制度的各种伎俩了如指掌。我们的作品中有不少是需要精确定义的特例，因为它们是由美国和非美国的科学家共同撰写的。一方面，我们很难指望美国作者放弃他们的版权保护；另一方面，我们也不满足于一本书只引进 500 册。

唯一的解决办法是让我们在美国出版美国作者的作品。我们没有计划这样做，至少没有这么快。我们需要的是一个资历深厚的出版人员。起初，我们使用来自德国和奥地利公司的胶片或其他书稿的复印件勉强度日，但很快我们就需要在纽约建立自己的出版部门；在完成这项工作之前，我们是在自由职业者的帮助下完成的。促使我们独立的另一个诱因是码头工人的罢工，这种罢工有时会持续数周，这直接影响整个东海岸。由于加拿大的码头工人声援他们的美国同志，从欧洲经加拿大港口改道运输几乎没有可能。很容易想象，当我们开始推销一部重要的作品，并且在已有约定出版日期和大量订单的情况下，货物却

在船上或纽约码头上被搁置时,我们面临的局面有多困难。这种情况下,我们不得不在纽约制作自己的宣传材料,虽然这并不属于我们计划中的一部分。

进口关税 直到 1966 年 12 月,保护性关税的概念一直存在,美国对进口的英文书籍仍然征收 7% 的关税。这给我们的经济核算带来很大的负担。从 1967 年 1 月 1 日起,美国终于加入已颁行多年的《佛罗伦萨协定》(Florence Agreement);大多数文明国家在该协定中都曾承诺,不对科学和教育类图书的进口设置关税壁垒。

美国再版——1917 年的《对敌贸易法》 同样困扰我们的是,美国在第一次和第二次世界大战期间没收了德国的所有专利、商标和版权,这是美国政府基于 1917 年 10 月 6 日的《对敌贸易法》(Trading with the Enemy Act)。美国出版商只需向外侨财产监管处(Alien Property Custodian)支付价目表标价的 7.5% 就能获得再版和翻译的许可,其中的 10% 作为翻译费用。这些都是简单而廉价的再版,并不需要额外的排字、制版、插图费或版税,因此这些书很有可能以很低的价格出售。这样一来,我们自有版本的 238 种、390 卷图书[HS: p. 381]在美国的销售就受到了影响。直到 1962 年 10 月 22 日,[1]对德意志联邦共和国而言,这一规定才得以取消;至于美国的那些再版出版商,仍被允许销售完他们的存货。《贝尔斯坦》也受此影响,当时由密歇根州安娜堡的爱德华兹出版公司(Edwards Publishing Company)大量重印[SARKOWSKI (1)]。

期刊订阅 我们在处理期刊订阅工作时遇到了性质完全不同的内部问题。在这方面,欧洲和美国在科学出版方面的做法有着本质区别。我们已经为我们的文献类刊物,即"第一手期

---

[1] 《对敌贸易法》修正案。是第 87—846 号公法的正式名称,第二章,第 205 节,76 Stat.Ⅲ5。——译者注

刊"("primary journals")按卷册引入了固定数量价格。然而，我们只能估算每年出版的实际期数和卷数。我们希望每年的卷数取决于实际收到了多少可用的稿件，而不是预先设定一个确切的数字，因为那样会迫使编辑在年底用水准不达标的文章填补最后几卷，或推迟重要论文的出版。鉴于美国的图书管理员必须知道总体价格才能准备来年的预算，我们引入了每年的"最高价格"("maximum price")并发布相应的图书价目表。由于通常要提前一年支付期刊的订阅费，这一程序还需要仔细记账。美国的订阅代理机构更加简单：他们的客户通过在订单中发送支票来支付固定的年度价格，这使得开具收据变得很没有必要。我们别无选择，只好遵从美国人的习惯。纽约分公司使用美元开具发票，但母公司必须以德国马克支付，我们因此而蒙受了汇率波动带来的损失；这只能部分地通过远期利率的波动来抵消。

令人高兴的一面

我们在纽约的成功很快引起了欧洲其他科学出版社的注意，其中一些出版社问我们是否会接管他们在美国产品的发行，这也就不足为奇了。考虑到我们的能力仍然有限，我们不得不非常有选择性地回复这些请求。然而，这几年来，我们与Centrex 出版集团（与飞利浦出版公司联合）、雷依代尔（Reidel）出版社的合作令人满意；上述公司都位于荷兰。

此外，1964 年年底纽约办事处开业后不久，我们收到来自墨西哥、阿根廷、巴西，甚至一些亚洲国家的需求和订单，这些国家在战后几年主要从美国订购书籍。这些都是积极的事件，为我们以后能够在世界其他地区拓展业务积累了经验。

格伦—斯特拉顿出版公司

1966 年 3 月 14 日，我和格伦—斯特拉顿的老板亨利·斯特拉顿在纽约举行了一次会议。斯特拉顿告诉我们，由于他没有继承人，他计划在这一年内卖掉他那规模虽小却有名的出版公司。格伦—斯特拉顿是《新陈代谢》(*Metabolism*)、《血液学》(*Blood*)和《血液循环》(*Circulation*)等重要期刊的出版商。经过我们的内部商议，并与安永会计师事务所和美国纽约化学银行协商，我们决定放弃它。我们认为，它所需要的银行贷款将是个很大的负担，这超出了我们自己的能力；我们本来是要立足于既有的能力，按部就班，缓慢发展。我们继续遵循我已经提到的"小步走政策"。

纽约分社的（临时）标志

1967 年，人们认为，为了突显这是一家独立的公司，同时又与欧洲公司保持着密切联系，纽约分公司应该有自己的标志。两匹对立的马头组成的"S"形，在某种程度上借鉴了德国公司的标志。1970 年后的几年，它出现在纽约分公司的书刊封面和版权页上，并被用于宣传材料。

155　1970 年至 1984 年，纽约施普林格出版社的标志。

然而，其他欧洲和海外分公司成立后，纽约分公司在 1984 年与所有其他分公司一起恢复使用母公司的传统标志，该标志由马克斯·博尔瓦格于 1975 年进行了现代化改造。

营业额的增长

纽约分公司销售母公司的图书和期刊的情况，正如我们所料。本书第 104 页的图表清楚地表明，从 1964 年到 1969 年（纽约收支平衡的第一年），纽约分公司的出版发行非常成功，这并没有对约翰逊书店和施特歇尔特—哈夫纳的图书进口造成负面影响。这在当时让我大吃一惊。1968 年的衰退以图表中的下降为标志；纽约施普林格出版社虽然也感受到了衰退的影响，但其营业额没有停止增长，这说明了纽约分公司对母公司的重要性。

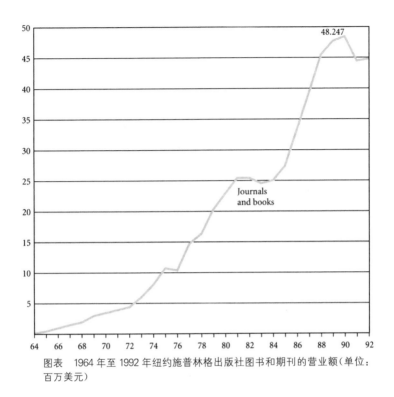

图表　1964 年至 1992 年纽约施普林格出版社图书和期刊的营业额（单位：百万美元）

　　1966 年，纽约施普林格出版社卖出的我们的出版物（不包括《贝尔斯坦》）比纽约两家图书进口公司的总和还要多。到 1969 年，纽约公司在美国的总销售量（包括哈拉索维茨的销售量）所占份额上升到约 70%。期刊销售的发展尤其令人印象深刻。虽然从 1966 年到 1968 年，约翰逊书店和施特歇尔特—哈夫纳的销售额上涨了约 33%，但同一时期，纽约施普林格出版社的销售额上涨了约 80%！纽约施普林格出版社已经成立，但是约翰逊书店和施特歇尔特的期刊营业额依然在增涨。这一事实表明，他们的销售额并未向施普林格转移；相反，纽约施普林格出版社销售额的增长完全归功于我们自己的业务和活动。总体来说，从 1966 年到 1969 年这 4 年的时间里，纽约的期刊销售额增长了一倍以上。

102

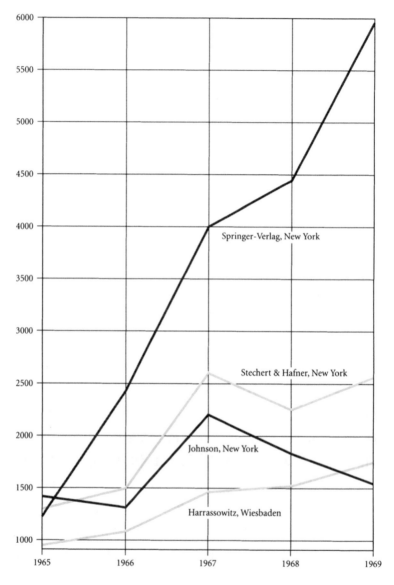

图片 1965 年至 1969 年纽约施普林格出版社的营业额，与约翰逊书店和施特歇尔特—哈夫纳和哈拉索维茨公司的营业额比较（单位：千马克）

施普林格出版史

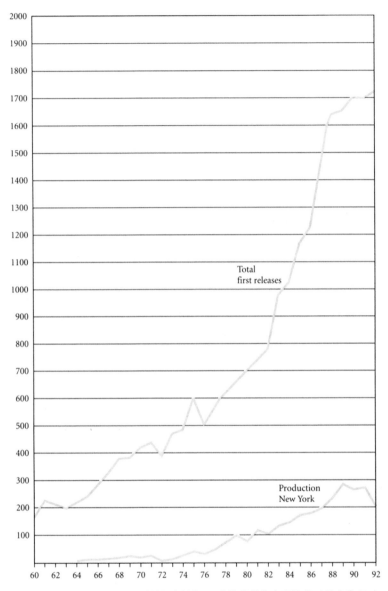

图片 1964 年至 1992 年,柏林、海德堡、纽约施普林格出版社书刊首次发行时的总销量,包括新版(不含大型手册和再版书刊)。与纽约施普林格出版社书刊产量的对比。

105

第三章 海外分公司

仔细比较纽约进口公司和纽约施普林格出版社的营业额变化情况,可以看出,从 1964 年 9 月 8 日纽约分公司的成立到 1969 年年底,母公司在美国的额外销售额约为 750 万马克。而这只是考虑到纽约公司作为德国公司分销商的职能,而没有考虑纽约公司本身的出版活动;这大大加强了我们自己在美国市场的地位,提升了我们在作者心目中的形象[GÖTZE (6)]。

无论纽约公司本身业务和销售发展的如何,母公司与纽约的营业额都是非常重要的。本书边码第 95 页表格说明了纽约分公司对母公司不断增长的生产力做出的特别贡献!销售额的增加使我们的印刷量增加,这反过来又改善了我们的预算状况,并使我们能够在保证利润的情况下调低价目表上的价格。

除母公司的进口业绩外,纽约施普林格出版社——像后来建立的分公司一样——制定了与自身相符的不断增长的出版计划,并且其在营业额中所占比重越来越大。1991 年,欧洲刊物与纽约原版刊物的比例约为 7∶3。

103

在那些日子里,我们经常扪心自问:应该如何凭借强大的销售队伍以应对竞争,尤其是在医疗出版领域。例如,我们听说桑德斯出版社(Saunders)有 50 名推销员。这只适用于拥有包括许多教材在内的大型项目的公司。相比之下,我们只聘用了几个所谓的抽佣销售,他们也为其他出版商工作。同时,我们尽一切努力精选并维护好订购的地址清单,不断优化我们的直销广告。

104

然而,一支经验丰富的销售队伍确实能提高销售的可预测性,并能更好地与图书管理员之间建立个人联系,这在图书馆预算不足的情况下显得尤为必要。一批目标明确的优秀图书营销人员具有不可估量的价值。

锡考克斯仓库

1975 年,我们在新泽西州锡考克斯(Secaucus)建立了自己的图书仓库,并将订单执行和会计工作转移到新泽西州。直到 1991 年,出于利润和灵活性的考虑,我们才决定从 1993 年 1 月起恢复在布鲁克林重组的梅赛德斯图书经销商办事处，并放弃了锡考克斯仓库。

关闭纽约施普林格出版社？

当然，纽约分社的发展并不是一帆风顺的。1969 年，海因茨·迈利克建议核销柏林施普林格出版社在纽约公司股份中的 85 万德国马克。这无异于是对纽约分公司进行毫无根据的清算。我的论点得到了董事们的支持。实际上，1970 年、1971 年和 1972 年的余额表明，折旧将在这 3 年内核算完毕。后来的发展不仅证明了我们在纽约设立分公司的决定是正确的，也证明这确实是公司迈出的重要一步。

在达到收支平衡点的 4 年后，也就是纽约分公司成立的 9 年后，所有的投资和早期产生的所有损失都由利润弥补了——考虑到启动资金很小，这是一个了不起的结果。

编辑计划：英文书刊

如果没有纽约分公司在相对短的时间内实现营业额的增长，英语项目在欧洲的迅速扩张就不可能实现。当然，开发这样的项目是向世界上其他市场进一步拓展分销的先决条件；例如在日本，我们唯一的销售机会在于我们的英文产品。

在纽约发起的图书和期刊计划，或在纽约公司的帮助下于欧洲发起的计划，很快就需要我们在纽约设立编辑部，主要是负责作者和德国、奥地利公司编辑部门之间的联络工作。即便如此，我们也不足以在短时间内完成，特别是在 1966 年春天的那种情形下。出于前文提及的原因，我们决定在纽约出版更多的书刊之后再设立编辑部。

然而，在扩张之前，我们的编辑部门有必要对市场进行分析，以确定哪些学科领域最有潜力。我们发现了三个主要的目标领域：数学、医学/心理学和生物学。之后是地质学、物理/化学和工程学科，因规模有限，现由母公司或伦敦办事处负责。

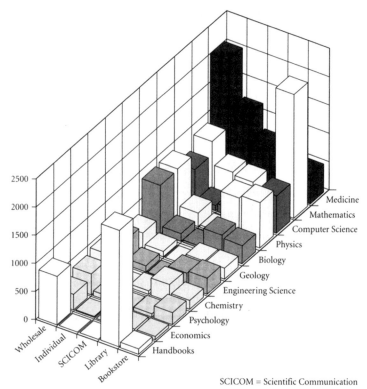

106

SCICOM = Scientific Communication

图片　按编辑部计划的领域和发行渠道，1991 年纽约施普林格出版社的图书销售额（单位：千美元）

数学　我们觉得有能力在数学领域与美国开展竞争。当我们在纽约开始工作的时候，我们已经出版大约 70 种英文书籍，涵盖了数学的所有分支。此外，我们已经从海德堡的基地与该领域的许多美国作者和编辑建立了联系。芝加哥的桑德斯·麦克莱恩自 1966 年起担任《数学科学导论》的联合主编之一，彼得·希尔顿自 1964 年起主编《数学成果》，概率论专家钟开莱则于 1964 年在《数学科学导论》杂志发布了他的《具有平稳转移概率的马尔可夫链》一文。

我们的德国数学项目为我们提供了坚实而广泛的基础，这可以追溯到——"黄皮丛书"——1918 年创办的《数学杂志》（*Mathematische Zeitschrift*），1920 年收购的《数学年鉴》，以及

1921 年创办的《数学科学导论》。在纽约，里夏德·库朗、他的学生弗里茨·约翰和彼得·拉克斯以及库朗数学科学研究所的其他成员都是我们可靠而忠实的顾问。

20 世纪 60 年代，范·诺斯特兰出版社退出数学领域之后，我们收购了它的一部分项目。保罗·哈尔莫斯曾是范·诺斯特兰出版社的出版顾问，现在可以加入我们的事业了。数学项目最初由海德堡的数学编辑部负责，该编辑部由克劳斯·彼得斯领导，他从 1964 年 9 月 1 日起一直负责该项目。在那些日子里，他在纽约工作的时间和在海德堡工作的

MARKOV CHAINS
WITH STATIONARY TRANSITION
PROBABILITIES

BY

KAI LAI CHUNG
PROFESSOR OF MATHEMATICS AT SYRACUSE UNIVERSITY (U.S.A.)

SPRINGER-VERLAG
BERLIN · GOTTINGEN · HEIDELBERG
1960

156　钟开莱著《具有平稳转移概率的马尔可夫链》（"黄皮丛书"，1960 年，第 104 卷）。

157,158　弗里茨·约翰（1910—1994）和彼得·拉克斯（生于 1926 年），他们都是里夏德·库朗的学生，也是公司多年的顾问和作者。

时间一样多。实际出版地点
取决于特定的某一卷册或某
一书的作者或编辑的住所。

　　1973 年 4 月 3 日，瓦尔
特·考夫曼·比勒接管了纽
约的数学科学项目，最终成为
编辑部主任。1986 年 12 月
22 日，比勒英年早逝。之后，
吕迪格·格鲍尔于 1987 年 3
月 16 日接任了他的工作，并
在 1989 年开始负责纽约的全
部编辑项目。通过海德堡和
纽约的共同努力，我们在数学

159　瓦尔特·考夫曼·比勒（1944—
1986），纽约的数学编辑，是 1981 年由
施普林格出版的《卡尔·弗里德里希·
高斯》传记的作者。

领域取得了世界性的领先地位。这一点在 1990 年京都出版的
国际数学家大会（International Congress of Mathematicians,
ICM，成立于 1893 年）的论文集（参见本书第 317 页）中得到了
令人信服的体现。

　　计算机科学　为了推进计算机科学领域的国际项目，我们
有必要与位于美国西海岸的这一研究领域的中心，即硅谷，进行
直接接触。格哈德·罗斯巴赫（Gerhard Rossbach）准备搬到那
里，以便获取信息并和作者签约。1986 年，他在圣芭芭拉开设
一家办事处，并在那里待了四年半。起初，该办事处是海德堡公
司计算机科学部门的一个分支机构，但在 1987 年 1 月，由纽约
施普林格出版社接管。1990 年 10 月，罗斯巴赫在培养了一名
接班人之后回到海德堡。这一解决方案并没有带来预期的效
果。汉斯-乌尔里希·丹尼尔（Hans-Ulrich Daniel）和吕迪格·
格鲍尔提出了新的设想，并确保阿兰·维德（Allan Wylde）担任
圣克拉拉（Santa Clara）新办事处的主任，该办事处于 1991 年 11
月 7 日正式投入使用。

160 位于加利福尼亚州圣克拉拉的施普林格办事处。

医学 在医学领域,我们遇到了美国众多的知名出版商,如桑德斯出版社、威廉姆斯-威尔金斯出版社(Williams & Wilkins)以及莫斯比出版社(Mosby)等。此外,临床医学(与其他的学科相反比如数学)具有国家和地理特征。这在双向翻译中是一个障碍。尽管如此,我们在这一领域也展示了我们的风采。在病理学领域,我们与芝加哥的维尔纳·基尔斯滕(Werner

161 吕迪格·格鲍尔(生于 1951 年),纽约公司数学和计算机科学编辑,瓦尔特·考夫曼·比勒的接班人;自 1989 年起任纽约编辑部主任。

Kirsten,来自著名的法兰克福医学院)、库特·贝尼尔施克(埃尔温·尤林格向我介绍了他们)以及放射科医师克劳斯·兰尼格(Klaus Ranniger,应召从德国来到弗吉尼亚州的里士满)保持着良好的关系。纽约施普林格出版社十周年手册中列出了1974 年以前出版的医学书目。

在这里,有两个新地址创办的系列,在此特别值得谈一谈。第一套丛书是《内分泌学专论》(*Monographs on Endocrinology*),我得以请到盐湖城的莱奥·塞缪尔斯(Leo T. Samuels)主编,英国剑桥的撒迪厄斯·曼（Thaddeus Mann）、苏黎世的亚历克西斯·拉布哈特和当时在海德堡的约瑟夫·灿德尔（Josef Zander）担任共同编辑；1967 年至 1982 年，旧金山的格鲁巴赫（M. M. Grumbach）也是编委会成员。第一卷出版于 1967 年，其他卷次则不定期间隔出版。虽然这套丛书是在海德堡出版的，但它实际上是纽约出版计划的一部分，因为只有在那里才可能与美国的作者保持必要的联系。这些年里，康拉德·费迪南德·施普林格和我访问了美国的许多大学和科研机构。

第二套丛书是《外科专业综合手册》（*Comprehensive Manuals of Surgical Specialities*），这个想法是我在 1971 年初向理查德·埃格达尔（Richard Egdahl）提出的。他是波士顿大学医学院的一名外科医师，我已经和他就医学工程的问题打过交道。1975 年，埃格达尔与阿亚拉（L. A. Ayal）合作，亲自撰写了该系列的第一卷《内分泌手术手册》（*Manual of Endocrine Surgery*），堪称典范。1989 年，埃迪斯蒙德（A. J. Edismund）和格兰特（C. S. Grant）合作撰写了第二卷。本丛书的目的是通过简明而详尽的文字，以及最重要的，通过易于理解的手术过程彩色插图，帮助外科医师开展工作，使他们了解最新的临床进展和外科技术。理查德·埃格达尔是一位出色的编辑。其中一些卷册被成功地译成德语。埃格达尔还深入研究了医疗保健的相关问题，并就这一主题出版了重要文集。1986 年，我们请他作为科学顾问加入了纽约分公司的董事会。

纽约的内部医学编辑是查尔斯·维索凯（Charles Visokay，1973 年 12 月 3 日至 1979 年 4 月 10 日在岗）和罗伯特·基德（Robert Kidd，1983 年 7 月 1 日至 1991 年 1 月 31 日在岗）。此后，威廉·戴（William Day）继任主编。

生物学 康拉德·费迪南德·施普林格为我们自己的生物学项目制定了富有成效的计划。他在纽约得到了玛丽·卢·莫特尔（Mary Lou Motl，1972 年 10 月 2 日至 1979 年 4 月 30 日在岗)和马克·利克尔(Mark Licker,1976年2月1日至1989年5月26日在岗)的协助。

管理层的变动

在经历了令人着迷,但对个人要求很高的发展阶段后,霍尔茨希望在1970年返回欧洲,这是可以理解的。在那里,他主要负责母公司的整体销售和分销业务。他是一个很受欢迎的合作伙伴,总是随时做好准备为施普林格出版社开拓新市场。这些年,我们在签约新作者和宣传我们的作品方面进行了深入合作。霍尔茨自1951年以来一直在公司工作,最初任广告部门主管;1962年他还接管了推广部门。

贝恩德·格罗斯曼接任了霍尔茨在纽约的副总裁兼首席执行官的位置。在他早年为弗莱堡赫德尔出版社工作的过程中,格罗斯曼在英语和西班牙语国家的图书贸易方面获得了相当丰富的经验。他靠着专业知识和谨慎的态度经营这一领域,现在该领域平稳运转着。

162 贝恩德·格罗斯曼(生于1928年)继金特·霍尔茨之后,于1970年至1978年担任纽约施普林格出版社的经理。此后,他成为公司在国际销售和附属机构权利方面的专家。从1985年开始,他作为海因茨·格策的助手,开始处理与中国的关系。

十周年纪念 格罗斯曼任职期间,在纽约市第五大道拐角处西54街1号大学俱乐部举行了纽约施普林格出版社十周年庆典。麻省理工学院心理研究所所长汉斯-卢卡斯-托伊贝尔(Hans-Lukas Teuber)就纪念这一主题发表了精彩的演讲,受到了听众的热烈欢迎。他在演讲时没有做笔记,也没有书面记录,因为1975

年的不幸离世,他未能准备计划出版的版本。我成功地让托伊贝尔与慕尼黑的德特勒夫·普鲁格(Detlev Ploog)合作,他为我们的杂志《心理学研究》(*Psychologische Forschung*)提出了一种新的构想,将心理学视为一门自然科学。同时,他还支持我们的《感官生理学手册》(*Handbook of Sensory Physiology*)。

十周年纪念日之际,我们出版了题为《1974:纽约施普林格出版社十周年》("1974-Ten Years Springer-Verlag New York")的小册子,其中包括出版社的历史概要、公司目标的陈述,以及对在最初十年和我们一起工作的作者和编辑的感谢。随后,我们的数学顾问和《数学成果》的联合主编彼得·希尔顿赞扬了公司一直以来的工作。接下来,

163　纪念册《1974:纽约施普林格出版社十周年》回顾了公司的第一个十年历程。

我们的第一批编辑弗朗西斯·冈瑟讲述了他在纽约施普林格出版社的经历。然后是库特·贝尼尔施克的一篇关于美国施普林格出版社的诙谐开场白,介绍了出版社为制作高质量出版物所做的努力,以及它在相对较短时间内获得的良好声誉。小册子的最后以康拉德·费迪南德·施普林格的好友彼得·威利(Peter J. Wyllie)撰写的一篇幽默文章作为结尾,讲述了他与"一个不寻常的出版商"的相遇。

根据格罗斯曼本人的要求,他于1978年返回德国,开始负责对外关系事务。他把他在国际图书贸易中获得的经验应用到附属许可和版权领域。他于1984年返回纽约,开始负责专门业务,并管理朗格—施普林格的美国办事处。霍尔茨退休后,他开始协助我处理同中国的图书贸易和日益增多的联系作者的工

作,这让他一直忙到退休。

在纽约,我们希望聘请一位在出版方面有经验的美国人,这有利于公司未来的发展。1978 年,罗伯特·比温(Robert L. Biewen)加入了我们,事实证明他是我们在美国的一个不错的选择。然而,很快我们之间就出现了根本性的分歧:纽约施普林格出版社既是母公司的美国经销商,又是美国的独立出版商,这种双重身份让他难以接受。他觉得自己没有动力去推广一家非美国出版公司在美国发行的作品,尽管这些进口作品贸易数额远远超过纽约公司自己作品的营业额——比例约为2/3 对 1/3。最终他建议,委托一家美国机构全权负责欧洲作品的进口和发行!这显然是不可行的,于是我们在 1980 年与比温友好地散伙了。

164　弗朗西斯·冈瑟(生于 1918 年),是《残基评论》的多年编辑。

165　约兰达·冯·哈根(Jolanda L. von Hagen, 1935—1994)于 1965 年至 1975 年在纽约施普林格出版社工作,1982 年至 1990 年任该公司总裁。

我和罗伯特·本施(Robert E. Baensch)有过一段时间的接触,他是放射科医师维利·本施(Willy Baensch)的儿子;他移居美国,接受过出版方面的培训。他的德国背景和在美国的丰富经验,似乎是处理纽约手头任务的最佳组合。

本施于 1980 年 7 月 17 日与我们合作。会议决定,当地首席执行官也应被任命为纽约分公司的总裁,以便在公司内外都表明分公司的独立性。

本施的兴趣在经济和金融领域,这一点我们当然欢迎。然而,这也使得本施持有一种片面的态度,即他认为每年的收支平衡是最重要的,而编辑策划和销售则被列于次要位置。越来越大的意见分歧迫使我们在 1982 年 6 月 21 日与本施分道扬镳。

约兰达·冯·哈根加入麦格劳—希尔之前,曾在 1965 年至 1975 年间担任纽约施普林格出版社的财务主管。她于 1980 年 9 月 5 日回到柏林施普林格出版社,1981 年 1 月 1 日成为销售和市场营销负责人,并担任分销部门副总监,该部门在金特·霍尔茨于 1980 年底退休后由霍斯特·德雷舍尔管理。

作为纽约施普林格出版社的总裁兼首席执行官,冯·哈根女士面临着困难的局面;她认真地在这一岗位上,直到 1990 年,这远远超过原来预想的 3 年。在此期间,她成功地与美国图书馆建立了愉快的合作关系,并于 1988 年 6 月成为版权结算中心①的董事会成员。

我们与位于马里兰州巴尔的摩的约翰斯·霍普金斯大学威廉·韦尔希医学图书馆(William H. Welch Medical Library)馆长理查德·波拉塞克(Richard Polacsek)保持着活跃的思想交流。在他担任乌尔姆大学图书馆馆长期间(1964—1969 年),我就认识他了,乌尔姆大学图书馆是由路德维希·海尔迈尔创办的。我们邀请波拉塞克作为美国图书馆事务的代表加入纽约施普林格出版社的董事会,他在那里一直工作到 1986 年。

---

① 美国版权结算中心(Copyright Clearance Center,CCC)是一家国际领先的版权许可科技机构。该机构为内容产业简化合规调查提供解决办法,推广作者的作品,并维护版权原则。——译者注

166 伯纳德·布鲁代（生于 1934 年）于 1964 年在纽约的《读者文摘》（Readers' Digest）开始了他的出版生涯。1975 年，他加入纽约施普林格，现在他负责财务，并于 1990 年起担任执行副总裁。

167 瓦尔特·考夫曼-比勒在 20 周年纪念手册中写道："这 20 年的成果有约摸 1 100 种图书和 30 多种期刊。"

二十周年纪念　在冯·哈根女士任职期间，我们于 1984 年在位于东 69 街 101 号的联合俱乐部庆祝纽约施普林格出版社成立二十周年。主要发言人是库特·贝尼尔施克，他谈到一个贴近他内心的主题：正在消失的动物。我们与董事会成员约翰·罗伯特·鲍尔斯一道邀请安迪·沃霍尔（Andy Warhol）参加此次庆祝活动，贝尼尔施克的演讲给安迪·沃霍尔留下了深刻的印象。因此，在我邀请

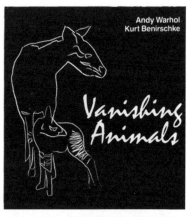

168 库特·贝尼尔施克在纽约施普林格出版社 20 周年之际发表的演讲，在 1986 年成为一本珍贵的书：《消失的动物》，附有安迪·沃霍尔制作的插图。这本书将客观的信息和艺术上令人印象深刻的插图完美地结合在一起，提高了人们对物种保护重要性的认识。

沃霍尔为我们计划出版的演讲稿设计插图时,他立刻接受了。后来证明这是一部不寻常的作品,它的题名和演讲主题一样,叫作《消失的动物》(*Vanishing Animals*)。作品出版后引起了强烈反响,它在激发人们关注这一非常重要的议题方面很可能发挥了作用[SPRINGER NEW YORK]。

二十周年纪念册包含了纽约公司从 1964 年以来出版的所有书刊的名字,以及一份由康拉德·费迪南德·施普林格和我本人签署的介绍性文件,包括一份未来目标的声明。

对于一家科学出版社来说,二十年并不算长——不过,对于我们总结已经取得的成就并为未来制定目标而言,这已经足够长了。

纽约施普林格出版社由一家德国公司创立,很明显,当时英语即将成为新的世界科学合作体系的连接纽带。20 世纪 30 年代和 20 世纪 40 年代初的国际科学和政治事件更是加速了这一进程。战后,人们首先自然而然地倾向于恢复原状。然而,基本上来讲,先决条件一旦改变,就会有新的推动力。持论审慎的观察者,很快就能清楚地看出战前的状况还剩下什么,以及哪些地方发生了根本性变化。借由这些观察,我们可以推断未来的走势。在认识到一条新路线和决心采用这条路线之间,我们必须做出重大决定,并且必须表明愿意为了美好和成功的未来承担短期风险。一方面是连续性的力量,加上对冒险的犹豫不决;另一方面是对未来的新看法和将要应对的挑战。

挑战之一是进入英语世界,特别是美国,在那里,前一个时期现代科学的发展得到了集中和有力的推动。面对这一发展趋势,我们的反应是在 1964 年成立纽约施普林格出版社。这个新公司是代表欧洲公司在美国的办事处,并制定自己的出版计划。

我们必须满怀感激地指出,本着公平竞争的精神,我们在我们的新地点——我们的新家——受到了很好的接纳。纽约施普林格出版社今天所展示的形象证实了我们当年的决定是正确的,也证实了我们就此付出的巨大努力是正确的。我们现在觉得自己是美国出版界的一员。我们不仅成功地为我们的英文出版物在北美的推广建立了有效的营销中心,而且成功地以纽约公司为基地,协同施普林格柏林公司、海德堡公司以及(现在的)东京公司,制订了出色的出版计划。

在纽约施普林格出版社成立二十年后的今天,我们可以把以下几个方面视为未来的目标:

1. 继续与北美和世界各地那些深入合作的作者和顾问保持密切、信任的关系。

2. 在考虑市场需求的前提下,保持适合每种出版物的高质量水准。

3. 在整个北美地区推广和销售柏林、海德堡、维也纳、东京、纽约等地的所有施普林格出版物,并与图书馆员和所有发行渠道保持良好和密切的联系。

4. 在与读者的持续对话中,推广数学、计算机科学、自然科学、医学、心理学和工程技术等各个领域的出版物;不仅在纯科学领域,而且越来越多地应用于科学、教科书和从业者的文学作品中。如今,在图书馆市场之外,开拓大众市场变得越来越重要。

114

5. 及早发现并促进纯科学和应用科学发展的新领域和新的可能性。

有了这五项指导原则,我们就可以充满信心地踏上通往未来的道路。为实现目标,我们需要有上进心的员工,公认的优良传统的支持,以及创业者的精神。这样,即便在困难时期,我们也应该能够从容地领导好我们的纽约公司,为了国际出版的利益,也为了科学本身发展并履行我们的国际职责。

二十五周年纪念 1989 年 6 月 7 日,约兰达·冯·哈根在现代艺术博物馆(Museum of Modern Art)筹划了纽约施普林格出版社二十五周年庆典。海因茨·奥托·佩特根(Heinz Otto Peitgen)以精彩的、精心准备的"分形之美"("The Beauty of Fractals")演讲让观众着迷;这是一个非常特殊的场合。

在周年纪念这一年(1989 年),纽约施普林格出版社的 220 位员工出版了 280 种图书,交付了 50 多份科学期刊。与此同时,图书馆预算持续下降,其经济后果变得越来越明显,这对大学和研究机构的影响是致命的。

1990 年 7 月 1 日,汉斯-乌尔里希·丹尼尔接替约兰达·冯·哈根成为公司的总裁兼首席执行官,开始管理公司。除自身的业务范围外,公司还承担了重振波士顿比克霍伊泽出版社(Birkhäuser Boston)的重任。1985 年,该公司被收购时负债累累。现在,比克霍伊泽和埃德温·贝施勒(Edwin Beschler)共同管理着公司,并期待着一个更加健康的未来。

1992 年底,我们决定关闭我们在锡考克斯的仓库,并将我们的库存和分销活动转

169 汉斯-乌尔里希·丹尼尔(生于 1951 年)在海德堡当了 5 年的物理编辑后,于 1990 年受命管理纽约施普林格出版社。

移到布鲁克林的梅赛德斯。我们在 20 世纪 60 年代末曾与这家经销商合作,并在随后的几年里扩大并改进了其服务能力。

纽约仍是我们通往英语世界的主要桥梁,这是一个科学活动密集的地区。1970 年 7 月 17 日在海德堡举行的德国公司股

东会议上，我详细报告了1960年至1970年这十年间公司的发展进程；在此期间，我们计划并促成了第一个海外分公司的成立[GÖTZE(6)]。

纽约施普林格出版社董事会成员和高级职员名录

董事会成员	总裁	
费迪南德·施普林格 1964—1965	1964—1965 奥托·朗格	1992年起 吕迪格·格鲍尔
海因茨·格策 1964年起	1966—1980 海因茨·格策	1992年起 克雷格·范·迪克 (Craig van Dyck)
康拉德·费迪南德·施普林格 1964年起	**总裁兼首席执行官**	**副总裁助理**
格奥尔格·费迪南德·施普林格 1964—1974	1980—1981 罗伯特·本施	1974—1975 罗伊·亨特（Roy Hunt)
奥托·朗格 1964—1966	1982—1990 约兰达·冯·哈根	1974—1986 瓦尔特·考夫曼·比勒
海因茨·戈特瓦尔德 1967—1983	1990年起 汉斯—乌尔里希·丹尼尔	1974—1975 玛丽·卢·莫特尔
金特·霍尔茨 1967—1980	**执行副总裁**	1974年 英格里德·里索普 (lngrid Risop)
威廉·施瓦布尔 1967—1985	1964—1970 金特·霍尔茨	1974年 赫伯特·斯蒂尔曼 (Herbert Stillman)
赫尔曼·迈尔—考普 1968—1973	1971—1973 贝恩德·格罗斯曼	1974—1979 英奇·瓦伦丁 (Inge Valentine)
贝恩德·格罗斯曼 1971—1978	1990年起 伯纳德·布鲁代	1974—1975 查尔斯·维索凯

董事会成员	总裁	
克劳斯・米哈莱茨 1974 年起	**执行副总裁兼首席执行官**	1975—1978 托 马 斯 ・ 戴 (Thomas Day)
约翰・鲍尔斯 1975—1993	1974—1978 贝恩德・格罗斯曼	**财务主管**
伯纳德・布鲁代 1979 年起	1978—1980 罗伯特・比温	1964—1965 金特・霍尔茨
罗伯特・比温 1979 年	1980 年 罗伯特・本施	1966—1975 约兰达・冯・哈根 (Holschuh)
罗伯特・本施 1980—1982	**高级副总裁**	1976—1981 伯纳德・布鲁代
理查德・波拉塞克 1981—1986	1977—1989 伯纳德・布鲁代	1982 年 杰 克 ・ 迈 尔 斯 (Jack A. Myers)
约兰达・冯・哈根 1982—1991	1984—1988 阿尔文・艾博特(Alvin A. Abbott)	1984 年起 丹尼斯・卢尼
彼得・多兰 1983—1987	1986 年 托 马 斯 ・ 英 格 内 里 (Thomas Ingegneri)	1986 年起 玛丽・安・彭德尔 顿 （ Mary　Ann Pendleton）
理查德・埃格达尔 1986—1992	**副总裁**	**审计主管**
弗里茨 ・ 兰布（Fritz Lamb） 1986 年起	1971—1975 约 兰 达 ・ 冯 ・ 哈 根 (Holschuh)	1969—1970 约 兰 达 ・ 冯 ・ 哈 根 (Holschuh)
汉斯・乌尔里希・丹尼尔 1991 年起	1974—1977 格 奥 尔 格 ・ 博 登 (George Bogden)	1981 年 杰克・迈尔斯
迪特里希・格策 1990 年起	1975—1976 伯纳德・布鲁代	1986—1993 玛丽 ・ 安 ・ 彭 德 尔顿

董事会成员	总裁	
	1976—1977 弗兰克·科利斯 (Frank Corless)	秘书
1964—1992 年 间 的 高级职员	1976—1978 查尔斯·维索凯	1964—1965 伊尔塞·朔尔迈尔
执行委员会主席	1977—1978 罗伯特·邓达斯 (Robert Dundas)	1966—1970 英奇·瓦伦丁
1981 年起 海因茨·格策	1978—1979 克拉斯·舍格伦(Claes Sjögreen)	1971—1973 阿尔布雷希特·冯·哈根(Albrecht von Hagen)
董事会主席	1981—1983 阿尔文·艾博特	1974—1977 维克托·博尔佐迪 (Victor Borsodi)
1964—1965 费迪南德·施普林格	1987—1991 乌特·比雅尔	1978 年起 伯纳德·布鲁代
1966 年 奥托·朗格	1987 年起 丹尼斯·卢尼(Dennis Looney)	**助理秘书**
1967 年起 康拉德·费迪南德·施普林格		1964—1970 沃尔夫冈·贝里斯泰特 1970 年 阿尔布雷希特·冯·哈根

日本·东京

重新建立旧时联系

20 世纪 50 年代末 60 年代初,美国在国际科学发展中的主导地位变得显而易见。然而,同样重要的一另现象是当时,日本这个国家对世界经济的潜在作用力和推动力只有极少数人认识得到。日本在第二次世界大战后,以极大的决心开始重组它的政治和经济生活。日本没有在对美国的怨恨上花费太多时间,相反,日本试图尽可能地将美国的科学技术为己所用,这显然是非常成功的。欧洲人仍然过分专注于自己国家的重建,当然他们也确实有先见之明:他们也开始向美国看齐。日本与德国的关系不如从前那么紧密了,虽说两国的交往可以追溯至很久之前,特别是在医学领域[KRAAS and HIKI]:罗伯特·科赫的学生是北里柴三郎(Shibasaburo Kitasato),保罗·埃里利希(Paul Ehrlich)的同事是秦佐八郎(Sahachiro Hata),虽然这些记忆犹存。恩格尔贝特·肯普费(Engelbert Kaempfer,1651—1716)、弗朗茨·冯·西博尔德(Philipp Franz von Siebold,1796—1866)[KEENE]和埃尔温·巴尔茨(Erwin Bälz,1849—1913)等德国研究人员和医生在日本的声誉继续保持不变[ISHI-BASHI]。

自19世纪末以来,施普林格出版社与日本的大型书商(也是出版商)有着良好的关系,特别是与丸善书店(Maruzen)、株式会社南江堂(Nankodo)的关系很好。然而,在那个靠书信往来的时代,由于距离很远,联系起来难免受到一定的限制。第二次世界大战后,商人或医生到日本旅行仍然被认为是有风险的。卡尔·埃里希·阿尔肯是《泌尿外科手册》的联合主编,他在20世纪50年代应一名日本学生的邀请飞抵日本,随后带回了生动的报道。在我看来,由于全世界都在向英语这一通用语言过渡,重新加强与恢复旧时出版界的联系是值得的;这也是我们在纽约立足后的目标。1961年我第一次在法兰克福书展见到约翰·鲍尔斯时,我就从他那里得到了有关日本图书贸易的具体信息。

1966年8月28日至9月4日,第六届国际电子显微镜大会在京都新会议中心召开,我便有机会获得有关日本图书贸

易的第一手资料。我们提供
了相关出版物，包括1958年
在柏林举行的第四届电子显
微镜大会的大量会议记录。
我在京都见到了我们许多的
作者：米勒（Miller）、波特、施
特克尼亚斯（Stoeckenius）和
埃贝哈德·蔡特勒（Eberhard
Zeitler）。大会结束后，我在东
京逗留了一段时间，参观了株
式会社南江堂，并向丸善书店
的社长司忠（Tadashi Tsukasa）
表示了敬意。和明治维新
（1868年）之后的许多商界领
袖人物一样，司忠属于旧日本

170　司忠（1893—1986）自1947年至1971年担任丸善书店和出版社的社长。在此后的两年时间里，他一直担任该社的名誉社长。

贵族。他本人有资格骑马进入伊势岛（Iseshima）上最高的皇室
神社。

117

　　几年前，司忠曾访问过柏林的施普林格出版社，如今我又受
到了他的热情接待。特别是他们负责出版物进口的同事樱井
（K. Sakurai），并带我参观了与我们直接合作的部门。我对当
时日本盛行的一丝不苟的工作秩序印象深刻。

第二次世界大战后的局势

　　樱井先生说，鉴于世界局势的不断变化，不幸的是，日本人
对德国科学文献的兴趣下降了，想恢复这种兴趣可能很难。我
的回答是，此次我是来用新的英语项目加强我们之间的旧关系
的，这使他发出了惊讶的"啊，原来如此（sodesuka）!"这句话既
表示惊讶又表示赞赏。通过与樱井先生的讨论，我清楚地认识
到，德文书籍在日本不再像过去那样受欢迎，年轻的科学家们也
很少学习德文，而是改学英文。这种发展势不可挡，已经导致我

们的德文科学文献在日本的"绝迹"。樱井先生对我们的英文出版物清单表现出了浓厚的兴趣，我向他详细介绍了这些出版物。这些广泛的讨论被司忠和樱井视为新的、更密切的合作的开始——这对我们来说是非常重要的。1966年，丸善书店在日本各地已经拥有13家规模宏大的分店，如今已有40家。在我们所有的会面过程中，我都代表维也纳施普林格出版社的利益，并自豪地呼吁大家关注我们在纽约的分公司。

东京之行圆满结束后，我又飞往旧金山拜访西海岸的数学家，最后经纽约返回德国。在纽约停留期间，我与金特·霍尔茨讨论了东京之行的结果，他在国际市场营销方面的经验和对新的事业不偏不倚的态度，对我来说一直非常宝贵。我提议他和我一起参加下一次的日本之行。当时从法兰克福飞往东京所需的时间正好是现在的两倍，并且穿着和服的男男女女在东京的大街上很常见！现在很难想象，对日本的这一承诺在当时被认为是不合时宜的——不幸的是，这种看待事物的方式如今仍然存在。人的想象力往往不足以把握未来发展的可能性。

118

建立新的关系

1968年5月26日至6月6日的第二次访问中，我们有机会恢复并强化从前以面对面或通信的方式建立的联系。我们最初接触的是金原一郎（Ichiro Kanehara）创办的株式会社医学书院（Igaku Shoin Ltd.），他的儿子金原一夏（Hajime Kanehara）最初担任总经理，然后从1974年9月1日开始担任社长。

由于我们与金原一夏对当时还处于实验阶段的视听媒体的共同兴趣，我们建立了友好关系。1978年，金原一夏因癌症过早去世。编辑部主任长谷川泉（Izumi Hasegawa）教授继续担任总经理。金原一夏的儿子金原于负责医学书院的纽约分公司，金原于在1985年回到东京，接管了公司的经营权。我们与医学书院株式会社的合作一直建立在相互信任的基础上，这一点得到了外事部主任椿本（Takao Tsubaki）的大力推动，椿本的性格

171　从左至右：海因茨·格策、椿本、罗宾·德·克莱夫-洛（Robin de Clive-Lowe）、长谷川泉、金原一夏。金原对视听媒体的发展非常感兴趣，并接手了我们在日本拍摄的第一部关于内固定技术的片子（参见本书第 249 页）。在我1972 年访问东京期间，他向我展示了索尼版本。

融合了日本人性格中最好的方面，他做过很多年的能剧①演员。此外，我们还与出版部门经理安藤直文（Naobumi Ando）和昭田正夫（Masao Akita）建立了良好的联系。他们对我们的英文出版物很感兴趣，如路德维希·肯佩的《神经外科手术》杂志和莫里斯·米勒和马丁·阿尔高维尔的《内固定技术手册》（*Manual of Internal Fixation*）。

119

　　1969 年 10 月，日本癌症协会（Japanese Cancer Society）会长吉田富三（Tomizo Yoshida）介绍我认识了日本国际医学会（International Medical Society）会长石桥长英（Choei Ishibashi）［ISHIBASHI］。他是一位儿科医生，是我们的朋友，能说一口流利的德语。他曾是卡尔斯鲁厄治疗周（Karlsruhe

---

① 　能剧，一种传统的日本戏剧形式，自江户时代便是戏剧、音乐、舞蹈和视觉艺术的迷人融合。——译者注

Therapy Week)①的常客。1957 年,吉森大学（University of Giessen）医学系授予他荣誉博士学位。

石桥长英是独协医科大学（Dokkyo Medical University）的创校（1973 年 4 月）校长；该校接替了由日本高级家族赞助的德国学校。石桥长英同时担任教务长,矶田敏三郎（Sensaburo Isoda）是继任校长和教务长。1975 年 3 月 12 日,在新学院图书馆落成典礼上,我向他赠送了对日本医学的发展有重大影响的德国解剖学家约翰·亚当·克尔穆斯（Johann Adam Kulmus,里加）的《解剖表》（"Anatomic

172　石桥长英（1893—1990）,东京大学儿科教授,吉森大学名誉医学博士（1957 年）。

Tables"）的个人复印本。直到 1990 年 9 月 25 日石桥长英去世之前,他一直慷慨地支持着施普林格出版社在日本的发展。

1968 年,我们在丸善书店再次受到社长司忠和樱井的热情接待。我们还见到了作为执行董事的中田正夫（Masao Nakata）,这是我们与最高管理层之间最重要的联系。与此同时,日本各地的分支机构也在不断增加,其中一个办事处就设在北方最重要的大学城札幌。

我们还参观了纪伊国屋书店株式会社（Kinokuniya Bookstore Co. Ltd.）。总经理松原理（O. Matsubara）和员工相良（H. Sagara）、金子（T. Kaneko）等人就英文图书的长期订购

---

① 1949 年,在德国的卡尔斯鲁厄举行了名为"第一届德国治疗周"的医药健康相关行业展览会。此后遂成惯例,人们以"卡尔斯鲁厄治疗周"代指每年在此地举办的医药健康展会。——编者注

和库存订购达成了良好协议。纪伊国屋书店在数学、物理学和化学领域非常活跃。因此,我们在日本的大学里开始展出数学书籍。此外,纪伊国屋书店也有兴趣在亚洲重印数学书籍,比如施普林格的作者吉田耕作(Yosida Kosaku)的《泛函分析》(*Functional Analysis*)。多年来,我们与纪伊国屋书店建立了非常好的关系,特别是与总经理松原,我们经常就专业问题与他进行内容丰富的讨论[GÖTZE(4)]。

此外,我们还与海外出版株式会社(Overseas Publications Ltd.)的社长黑田(T. Kuroda)和他的图书部主管大村贤(Ken Ohmura)就英语和德语图书的长期订单和库存订单达成协议。我们还拜访了日本出版贸易株式会社(Japan Publications Trading Company Ltd.)的执行董事村山(T. Murayama)先生。这家公司与其他东亚国家有过成功的合作。在那里,我们见到了马来西亚出版社有限公司(Malaysia Publishing House Ltd.)的刘新民(Liu Sinn Min),他与村山合作密切,他在新加坡的基地负责印尼市场。

173　松原理(Osamu Matsubara, 1917年出生),是总部位于东京的专事图书销售和发行的纪伊国屋书店株式会社总经理。纪伊国屋书店拥有57家分公司和53家书店。

我们此行的最后一站是美国亚洲公司(US-Asiatic Co.)。该公司在大阪和名古屋都设有分支机构,主要涉足的兴趣领域是物理学、电子学、生命科学和高分子化学。

与美国的哈里·艾布拉姆斯公司(Harry N. Abrams Inc.)及其副总裁查尔斯·特里(Charles S. Terry)的会面给我们带

来了启发。他们在联系印刷商方面给了我们很大的帮助。在那个年代,日本还是一个成本相对低的商品生产地。于是,我们与日本凸版印刷株式会社(Toppan Printing Company Ltd.)、大日本印刷株式会社(Dai Nippon Printing Ltd.)、东京书籍印刷株式会社(Tosho Printing Company Ltd.)等签订了合作协议。我们与所有这些公司打交道的时间长短不一,直到日本的价格水平开始上升到欧洲标准,合作开始变得不切实际为止。

新的承诺

1968 年的访问为我们在日本的进一步发展奠定了基础。这次访问的目的是加强我们与日本书商的个人联系,从而获得有关情况的第一手资料,并为与日本书商签订发行协议(如长期订单)铺平道路。日本的图书贸易结构与中欧(Central Europe)的关系比与美国的关系更为密切。这次证实了我在 1966 年访问期间获得的第一印象:当时我注意到的学术出版转向英语的趋势现在变得更加明显了。这方面的一个迹象是,所有的谈判都使用英语;现在很少能遇到懂点德语的人。我们很清楚,德文作品的销量充其量只能维持已达到的水平;甚至还有可能下降。这就必须通过大力推广我们的英语出版项目来弥补这一不足,特别是考虑到日本在科技方面取得的令人印象深刻的惊人发展。这更加表明,我们涉足英语领域是正确的;现在这被认为是理所当然的。

在同日本建立联系和了解彼此处境的过程中,我们发现,我们面临来自英国、荷兰和美国的重要出版商的竞争,这些出版商已经在日本活跃多年,例如巴特沃思、爱思唯尔、北荷兰、范·诺斯特兰和美国普莱纽姆出版社(Plenum Press)。罗宾·德·克莱夫·洛创立的怡斯顿图书有限公司是其中的代表,该公司慷慨地在东京大学附近为其客户的作品提供了指定展览场地。

积极的销售政策

很明显,我们不能仅靠通信获取诸多新的机会来增加我们的销售额。遥远的距离和心态上的差异是主要的制约因素。一个决定性的障碍是完全不同的语言和文字结构。例如，如果不了解转录系统，就不可能用罗马字符创建邮件列表，而转录系统的基础不仅仅是语音。

因此，出于前面提到的语言原因，我们不得不采取积极的销售政策，这也包括代表我们自己。我们还在东京的时候就试图解决这一问题。美国亚洲公司（US-Asiatic Company Ltd.）的山川（Yamakawa）向我们推荐了一位经验丰富的日本书商——矢泽静子（Shizuko Yazawa）。在研究了其他可能性后，我们在离开东京之前聘请了她。在这里，速度是最重要的，因为矢泽也收到了一些美国公司的邀请。我们拒绝将我们的业务委托给怡斯顿图书有限公司，因为这家公司的成本较高；特别是在起步阶段，我们希望获得更适合我们项目的个性化服务。我们认为，只要在日本的这位女性代理人不需要管理大量的员工，那么她遇到问题的概率就会很小。这一观点得到了证实：在随后的岁月里，矢泽女士兢兢业业，娴熟地完成了她的工作，并取得了巨大的成功。她帮助我们从内部更深入地了解日本的图书贸易。

在那个年代，日本人在外在着装方面还比较传统。甚至在东京的大街上，也能看到大量穿和服的男女，更不用说京都了。不过，即便在今天，我们也不应该忘记，西式服装并不能让日本人变成西方人；这当然是件好事。希望在日本做生意的人——在中国的情况也类似——最好熟悉这个勤劳的岛国的历史和生活方式。日本在如此短的时间内——1968年，自明治维新以来仅过了100年，从一个有着古老保守文化传统的闭关自守的国家，转变为一个适应西式民主的现代化的工业国家。我甚至可以说，熟悉东亚国家的文化是在经济领域合作成功的前提。日本作家松原久子（Hisako Matsubara）提出的观点发人深思［MATSUBARA：p. 14］：

在我看来,在西方,强硬的原则占主导地位。德国的情况尤为如此。也许是因为德国数月不见阳光,也许是因为灰濛濛的天气,也许是因为阴冷潮湿的空气。然而,更有可能的是,数百年来逐渐僵化的经验使人们变得坚韧:他们的祖国——中欧——地理位置开阔,但是防御能力差。这样就形成了一种行为模式,在这种模式中,人们之间的交往以强硬为基础。没有丝毫温柔可言。相反,人们把强硬作为生活和生存的原则。每个人都相信,并说服自己相信,只有通过持续的强硬,他们才能获胜。

这就是为何即使在今天,许多德国人在受到温和对待时仍会表现出激烈的反应。他们认为温柔是软弱的表现,而其他人的软弱则会触发他们无意识的行为,这种行为只能从历史的角度才能理解,并深深植根于他们的潜意识中。他们希望,或者说事实上,他们不得不扮演更强大的角色。我们还可以观察到一些相反的反应:当他们面对韧性更胜一筹的人时,他们会咬紧牙关,束手就擒。

在类似的情况下,日本人的表现很不一样:温柔会让他们感到不安;当他们受到温和对待时,他们反而会变得顺从和包容。

此外,我们1968年的访问清楚地证实了一个重要经验:只有亲自和人、事、场景接触,才能推陈出新,圆满收官。单靠书信交流是远远不够的,这一点不仅适用于日本!

多年来,我们遇到的书商和出版商群体在不断变化,也在持续壮大。日本的裕林舍公司(Yurinsha)和数学出版公司(Mathematica)在我们的数学项目发行方面起着重要作用,现在仍然如此,就像欧姆发行株式会社(Ohmsha)出版我们的科技类作品那样。

矢泽静子的图书馆学背景,为工作打下了良好的基础。她与我们的商业合作伙伴保持着长久的联系,并协助我们为客户提供服务,开展促销活动,帮助我们赢得新客户。我们把推广和销售当作首要任务;这样一来,我们与作者的联系不得不退居次要地位,目前也仅限于通信。

1969 年 10 月 6 日至 11 日,第 12 届国际放射科医师大会(International Congress of Radiologists)在东京举行,我又去了趟日本。我们展出了自 1963 年开始出版的全部的《医学放射学手册》。它受到了广泛的关注,但人们对它没有出英文版感到遗憾。这件事对我们建立国际形象的努力具有重要意义。

随着英语作为全球通用语的发展趋势,我们对美利坚合众国的保留态度首次有所增加,这在年轻一代中尤其明显。与此同时,年轻一代对德国连同其古老传统的态度更加积极,但这在商业方面几乎没有影响,可能是德国人对此缺乏回应。

与日本的出版物相比,我们的图书价格高得离谱,因为进口图书需要普遍加价,这是由日本书商协会规定的。因此,让日本市场参与我们的亚洲再版似乎很重要。这些都是亚洲印刷公司用廉价纸张,低成本制作的书籍的完整重印本。如此,他们就能以当时的低价销售这些产品。版权归原出版商所有。发行必须限于图书价格低廉的国家。日本市场是很重要的,因为我们可以利用日本的图书贸易,开拓往韩国、印度尼西亚、马来西亚和菲律宾发行的机会。

我们努力实现有限仓储,为了在短时间内保证图书供应。在做出事关长期后果的决定之前,我们试图分析我们在日本出版市场的地位,并明确今后的任务。克劳斯·戴蒙尔(Klaus Dymorz)于 1970 年 10 月 16 日到 12 月 23 日期间在日本,为公司后续的发展打下了基础。

扩大目标

我们在日本的销售机会想进一步迅速发展,需要两个基本条件:

——我们必须有一定数量的库存,无论是在我们自己的仓库里,还是在合伙人那边,以便在短时间内提供我们的图书;

——我们必须为日本编制我们自己的邮寄名单。

幸运的是,通过与丸善书店、医学书院株式会社、南江堂株式会社和纪伊国屋书店株式会社的合作,我们找到了化解问题的好办法。我们考虑让怡斯顿图书有限公司代表我们。创始人兼老板罗宾·德·克莱夫-洛是一位来自新西兰的经验丰富的书商。他娶了一位日本女子,能说一口流利的日语。他在管理公司方面表现出高超的技巧:他限制代理出版商的数量,以便将自己的精力专注于每家出版商,并获得成功。我和霍尔茨自 1968 年就认识他了,但由于前面提到的原因,我们各奔东西了。然而,我们与日本业务的快速增长需要一个更加高瞻远瞩的解决方案。因此,1971 年 6 月 8 日,我们与罗宾·德·克莱夫-洛签订了合同。1971 年年底,矢泽静子从我们这边离开,共事期间她尽了最大的努力帮助我们在日本建立市场。

在这几年以及随后一段时间,日本的科学技术发展态势愈加引人注目。日本公司在许多专业领域都处于领先地位,如计算机和无线电技术、娱乐电子、光学和造船业。在医学领域,胃肠病学的进展与神经生理学和生物学各个方向的进展同样引人注目。这带来了科学作品的迅速增加,它们最终进入西方世界。医学书院株式会社在纽约成立分支机构就是这种变化的标志。与此同时,日本对西方文献的需求量也在增加。1966 年至 1977 年,我们的销售发展也反映了这一上升趋势,这表明建立自己的分销公司是有利的。

接手怡斯顿图书有限公司

大约在这个时候,在日本,一种对古老文化传统的民族意识开始占据主导地位,作为此前对美国无节制崇拜的一种反应。这场运动的标志是作家三岛由纪夫(Yukio Mishima)于 1970 年

11 月 25 日的仪式性自杀，这本是一种象征性的呼吁，要求人们记住日本的传统。但后来这场运动逐步升级为一种仇外心理。罗宾·德·克莱夫-洛的妻子是日本人，他忧心孩子们的未来，决定搬回新西兰。我请约翰·鲍尔斯帮忙，看看罗宾——在这种情况下——是否准备把怡斯顿图书有限公司（EBS）卖给施普林格出版社。出于各种原因，这种间接方法是可取的。

鲍尔斯多次与罗宾·德·克莱夫-洛会面，并于 1976 年 11 月 8 日给了我肯定的答复。经过讨论和谈判，双方于 1977 年 9 月 9 日签署了一项接管协议，与此同时，双方还签署了一项为期 5 年的咨询协议。

怡斯顿图书有限公司董事会由以下人员组成：海因茨·格策（董事长），海德堡；康拉德·费迪南德·施普林格，海德堡；克劳斯·米哈莱茨，柏林；约翰·鲍尔斯（纽约施普林格出版社董事会成员），纽约。

驻东京的经营管理人包括：片仓宏人（Hiroto Katakura），执行董事；大村贤，总经理；中井将胜（Masakatsu Nakai），销售经理、审计师；花冈英治（Hideharu Hanaoka），信息中心主管。

怡斯顿图书有限公司的办公室位置优越，它正对着东京大学的老大门"赤门"（"Red Gate"），日语叫"Akamon"。1979 年 2 月，我们搬到了靠近虎之门（Tiger Gate，日语"Toranomon"）的更为现代化的办公室。

174　田山方南给虎之门新店题写的开业贺词：春风秋雨几星霜，文质彬彬笔阵盛。

这是施普林格出版社在日本迈出的决定性的、意义深远的一步。它的重要性，以及我们在日本营业额的进一步突破，必须放在 20 世纪 60 年代中

eastern book service, inc.

PUBLISHERS' AGENTS · PUBLISHING AND BOOKSELLING SERVICES

29-13 HONGO 5-CHOME, BUNKYO-KU,   CORRESPONDENCE TO : C.P.O. BOX 1728
TOKYO 113   TOKYO 100-91
TELEPHONE : (03) 813-4577~9 / TELEX : J26536 / CABLE : EASTERNBOOK TOKYO

ANNOUNCEMENT

We the undersigned herewith attest that with effect from November 1, 1977 the shares in the company Eastern Book Service, Inc. of the present shareholders represented by Mr. Robin de Clive-Lowe have been transferred to the company Springer-Verlag, Berlin Heidelberg New York.

The company, Eastern Book Service, Inc. will continue under the same name and with the same functions. It will, as hitherto, endeavour to represent the interests of those companies which trade with Eastern Book Service, Inc. in the best possible way.

Mr. Robin de Clive-Lowe will serve in an advisory capacity for Springer-Verlag henceforth.

The management of Eastern Book Service, Inc. will remain unchanged under the direction of Mr. Hiroto Katakura as executive director and Messrs. Ken Ohmura, Masakatsu Nakai and Hideharu Hanaoka as executives.

We hereby request that the same confidence be shown in Eastern Book Service, Inc. as hitherto. In the future we shall also do our best to be worthy of this trust.

For Springer-Verlag

Heinz Götze   Robin de Clive-Lowe
(Chairman of the Board of
Eastern Book Service, Inc.)

175　1977 年 11 月 1 日，施普林格出版社宣布接管怡斯顿图书有限公司。

期我们所处的关键地位这一背景下来看待，因为当时德语文献的市场正在萎缩。

　　施普林格出版社的朋友、书法家兼茶道大师田山方南（Honan Tayama）为新办公室写了一首贺诗。它的译文是这样的："假以时日，出版社将继续繁荣下去。"

To all members of staff and co-workers of
EASTERN BOOK SERVICE, INC. TOKYO

Dear Ladies and Gentlemen,

As we start the new year of the horse we look forward to an
exciting, productive and happy 1978. For the Eastern Book
Service company, 1977 brought substantial changes inasmuch
as, with effect from November 1, 1977, the shares in the
company were transferred from the then shareholders, represented
by Mr. Robin de Clive-Lowe, to the company Springer-Verlag
Berlin - Heidelberg - New York (with the horse in its colophon!).

However, for the internal structure of Eastern Book Service's
organisation no intrinsic changes will occur as a result. We
shall continue under the same name and the same functions. We
shall, as hitherto, endeavour to represent the interests of
all those companies which trade with Eastern Book Service in
the best possible way.

Mr. Robin de Clive-Lowe will serve in an advisory capacity for
Springer-Verlag henceforth.

In future Eastern Book Service will be headed by a board of
directors comprising the following members:

a) Non-resident board members:

Heinz Götze, co-owner and managing director
Springer-Verlag, Heidelberg (chairman of the board)

Konrad F. Springer, co-owner and managing director
Springer-Verlag, Heidelberg

Claus Michaletz, managing director
Springer-Verlag, Berlin

John G. Powers, member of the board of Springer-Verlag
New York, Inc., New York

b) Japan-based executives:

Hiroto Katakura, Executive Director

Ken Ohmura, General Manager

Masakatsu Nakai, Sales Manager and auditor

Hideharu Hanaoka, Chief, Information Center

For all members of staff of Eastern Book Service, to whom we are
sending this greeting, no major changes in their employment will
result from the change in the tenure of shares.

Rather we are relying on your continuing firm, committed and
successful collaboration.

In this spirit we should like to send you our kind regards for
the New Year, together with best wishes for good health for
yourselves and your families.

Heinz Götze
(chairman of the board)

176　1978 年施普林格出版社向怡斯顿图书有限公司的新员工致以
新年问候。

128

1977 年 11 月 1 日,罗宾·德·克莱夫-洛及其家族所有的怡斯顿图书有限公司股份全部转让给了施普林格出版社。当年年底,怡斯顿图书有限公司(现属于施普林格出版社)的所有员工,都收到了母公司的新年祝福。1975 年至 1992 年营业额的发展证实了我们的预期(参见本书第 134 页图表)。

有了怡斯顿图书有限公司,我们不仅拥有了一个经验丰富的销售团队,还拥有了一个无与伦比的销售工具。因此,我们能够安排许多施普林格书展,例如,从 1978 年 3 月 6 日开始与丸善书店合作举办的展览,以及从 1980 年 9 月 8 日在东京开始的与医学书院株式会社合作举办的书展。

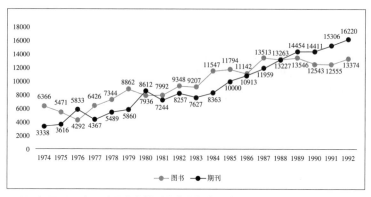

1974 年至 1992 年日本图书和期刊的营业额发展情况 T(单位:千马克。浅色线 = 图书,深色线 = 期刊)

纽约施普林格出版社的英语项目无疑在怡斯顿图书有限公司的进一步积极发展中起到了重要作用,正如我们将重要的期刊转变为科学通用语言一样。相反的趋势是,到了 20 世纪 70 年代中期,手册的销售量明显下降,尤其是《贝尔斯坦》
系列手册。

从那时起,怡斯顿图书有限公司的销售部门开始由经验丰富的中井将胜接管。考虑到罗宾·德·克莱夫-洛即将返回新西兰,罗宾离开前任命了一位熟悉国际图书贸易的私人代表片仓弘人。然而,情况很快就变得明朗起来:一家公司若过于依赖施普林格出版社的资金支持,那么想获得可观的利润还需要很长时间。这也是后来我们在其他一些地方的经验。

177　1978 年 3 月,东京丸善书店的施普林格展览橱窗。

　　在我的要求下,之前在纽约与我们合作愉快的安永公司,在东京为我们安排了一位可靠的顾问——平野照雅(Terumasa Hirano)。我请他每月为我们审核账目,并向我汇报;1982 年 6 月的一次私人访问中,他对科学图书贸易相关问题的理解给我留下了深刻的印象,我问他是否准备接管怡斯顿图书有限公司。平野考虑了两周后,接受了这个提议。

　　对于我们在日本的企业来说,有一个能够完全融入日本商业和管理风格,并被日本员工接受的负责人是非常重要的。平野自 1982 年 9 月 1 日起担任怡斯顿图书有限公司董事长。同时,我们也任命他为柏林、海德堡、纽约施普林格出版社公司董事会成员,以展示密切合作的必要性。

178, 179 平野照雅（生于 1934 年）自 1983 年起担任东京施普林格出版社董事长。作为怡斯顿图书有限公司的董事长,他还得到了负责营销和发行的中井将胜(生于 1940 年)的支持。

平野出生于广岛,在日本京都大学学习经济学。1966 年至 1972 年,他在华盛顿特区的世界银行担任国际金融公司（International Finance Corporation）的投资官。在此期间,他又在乔治·华盛顿大学研究生院获得了工商管理硕士学位。1973 年,平野加入东京安永会计师事务所,并担任了 10 年的管理服务总监。

180 平野照雅是欧洲古典音乐的爱好者,长笛演奏得非常出色。

1982 年 10 月,怡斯顿图书有限公司迁回东京大学附近,靠130 近最初的"赤门"(113① 东京都文京区本乡 3 - 37 - 3)。后来的

---

① "113"表示日本东京都文京区的邮编代码,下文"105"则是东京都港区的邮编代码。——编者注

施普林格出版史

事实证明,我们在虎之门(Shuwa Toranomon)的地址(105 东京都港区虎之门 3 - 23 - 6),离东京大学以及它的教授和学生们太远了。在新地点,我们预留了一些用于出版活动的场所,这些房间在 1991 年改迁到街对面的一幢新办公楼,即所谓的 K & K 大楼(K&K Building),它位于 113 东京都文京区本乡 3 - 30 - 10。

181,182 怡斯顿图书有限公司办公室地址为东京都文京区本乡 3 - 37 - 3,东京施普林格出版社办公室地址为本乡 3 - 30 - 10。

东京施普林格出版社

1983 年 1 月 25 日,我们决定成立东京施普林格出版社,它与纽约施普林格出版社的运作方式相同,尽管前提条件大不一样;因为我们计划一开始就用怡斯顿图书有限公司的一些利润来资助东京公司的出版活动。我们从日本出版商那里收到大量施普林格图书翻译权的请求,这使得我们有了自己出版此类日文

183   国井利泰(Tosiyasu L. Kunii,生于 1938 年),东京大学计算机科学实验室主任,1993 年 4 月起任日本会津大学(University of Aizu)创始校长和教授。

译本的想法，从而突显我们在日本的形象。

1983 年年初，海诺·马蒂斯（Heino Matthies）前往东京培训日本的出版人员；他在那里待了很长时间，并监督了最先推出的几种书目：《数论中未解决的问题》（*Unsolved Problems in Number Theory*），加拿大数学家盖伊（R. K. Guy）著，纽约施普林格出版社，1981 年版；《非霍奇金淋巴瘤组织病理学》（*Histopathology of Non-Hodgkin Lymphomas*），卡尔·莱纳特（Karl Lennert）著，1981 年版；《计算机图形学》（*Computer Graphics*），国井利泰主编，1983 年版。国井先生是格哈德·罗斯巴赫签约的，多年来，他成为公司可靠的顾问和期刊编辑，也是公司真正的朋友。

奥古斯托·萨米恩托（Augusto Sarmiento）在矫形外科学领域的著作《骨折的闭合功能治疗》（*Closed Functional Treatment of Fractures*）的日文译本被证明是特别成

184 《计算机图形学》，国井利泰主编，1983 年版。

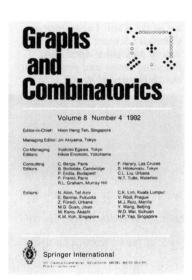

185 国际著名期刊《图形和组合学》，1992 年，第 4 期，第 8 卷。

功的,该译本在最初的 3 个月内就卖出了约 1 500 册！紧随其后,三本期刊也相继出版:《图形和组合学:亚洲期刊》(*Graphs and Combinatorics-an Asian Journal*,1985),《心脏与血管》(*Heart and Vessels*,1985),《新一代计算》(*New Generation Computing*,1983 年)。最近,我们收购了日本外科学会(Japanese Surgical Society)的由三岛义雄(Yoshio Mishima)主编的杂志《当代外科学》(*Surgery Today*,1992)。该杂志与我们的《外科医师》杂志和《英国外科学杂志》(*British Journal of Surgery*)进行信息交流,这有效地促进了国际思想交流。

 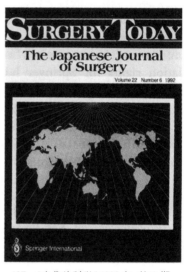

186 《新一代计算》第 4 期,第 10 卷。　　187 《当代外科学》1992 年,第 6 期,第 22 卷。

　　东京施普林格出版社的编辑工作必须考虑到这样一个事实:我们在日本本土并不会取得成功,因为很多优秀的日本出版社在本土很活跃;我们要在国际层面取得成功,因为日本的科学界需要向外探寻,以满足其对信息的需求。我们的优势在于出版日本优秀作者的英文作品,为他们融入国际科学文献网络提供便利,并将外国的科学作品翻译成日文。在这方面,我们从一开始就做到了。但这并不排除日本作者提交的稿件先以日文出版，再以英文出版。

1988年1月1日，平野成为怡斯顿图书有限公司的合作伙伴，同年5月5日，东京施普林格出版社纪念其出版活动五周年。1990年2月27日至3月1日，我们在东京首届国际书展上大获成功。在全国非日本出版商中，我们被媒体评为"第一名"（参见《德国图书贸易商报》1990年9月28日报道）。

施普林格集团的国际理念

施普林格集团作为跨国企业的优势在于，可以根据出版方面的需求和作者的潜在优势，为世界各地策划国际参与的出版物。在集团内部进行简单的翻译权转让是没有问题的。因此，公司就可以在全球的出版框架内协调作者、翻译和销售的关系。这与美术出版商几十年来的做法如出一辙，即同时使用多种语言出版具有国际市场潜力的图书，从而将每个版本的基本制作成本降到最低。

宇宙图书公司

1988年，我们以"宇宙图书公司"（Cosmos Book，Inc）为名，在草加市（Soka City）建立了自己的图书分销中心。该中心占地面积520平方米，主要负责掌管、储存、配送东京施普林格出版社的所有图书和期刊，以及施普林格集团在日本销售的所有图书和代理的其他出版商在日本的所有出版物。怡斯顿图书有限公司是美国、英国、法国、瑞士、德国等国20多家出版公司的代理。大村贤出任宇宙图书公司的经理。在这之前，他从1977年开始担任怡斯顿图书有限公司的总经理。然而，时间表明，成本高昂的配送中心虽然在海德堡是成功的，但在规模较小的日本，与聘请外部代理相比，是没有任何优势的。

1991年4月1日，我们在日本人口最稠密的工业中心之一的大阪设立了怡斯顿图书有限公司的常设分公司。管理这家公司的大中和茂（Kazushige Onaka）是一位经验丰富、忠诚的员工。办公地址是 573^① 大阪市枚方市禁野本町 2 - 13 - 56。

自 1977 年怡斯顿图书有限公司被接管以来，据其总营业额可知，多年来它为德国、奥地利和美国的施普林格出版社以及所有其他分公司提供了出色的服务（见下表）。过去的几年里，怡斯顿图书有限公司的销售量非常可观；施普林格的产品（不含比克霍伊泽的产品）占比达到了 60%。怡斯顿图书有限公司代表母公司所取得的成功远远超过了最初的投资。

怡斯顿图书有限公司的营业额，1975—1992 年（单位：十亿日元）

年	EBS	年	EBS	SVT
1975	32.7	1983	191.4	4.2
1976	63.7	1984	285.2	51.3
1977	69.8	1985	319.1	118.6
1978	76.7	1986	367.8	150.6
1979	117.2	1987	429.8	208.4
1980	199.1	1988	574.3	245.3
1981	171.1	1989	642.3	269.1
1982	174.3	1990	719.5	323.1
		1991	792.1	386.4
		1992	764.4	358.0

注：EBS＝施普林格集团（柏林、海德堡、纽约、东京等处）的总销售额；SVT＝东京施普林格出版社和海德堡施普林格出版社在日本的销售额。

展望未来

经过不懈的努力，我们已经奠定了可以继续建设的基础。然而这是有前提的，特别是考虑到日本在科学技术方面取得的成就。施普林格集团内部的密切合作，例如在海德堡、纽约/圣

---

① "573"表示日本东京都文京区的邮编代码，下文"105"则是东京都港区的邮编代码。——编者注

第三章　海外分公司　　　　　　　　　　　　　　　　　　　　185

克拉拉和东京的计算机科学编辑之间的合作，将确保持续取得成功。同样的道理也适用于所有其他的编辑领域。

怡斯顿图书有限公司和东京施普林格出版社如今是全球出版战略不可或缺的组成部分，只有通过自由而坚定的共同努力，才能充分发挥其实力。衷心感谢所有帮助过我们的人，特别是我们的日本编辑和作者，感谢经验丰富的顾问约翰和鲍尔斯·纪美子，感谢支持我们的朋友石桥长英和今井忠一（Tadashi Imai），感谢前日本驻德国大使文彦凯（Fumihiko Kai）。我们在日本市场的有利地位，使我们能够利用日本未来在东亚和东南亚日益增长的政治和经济影响，抓住一些机遇。

我们为众多重要的日本科学家打开欧洲和美国的文学创作之门铺平了道路。仅在战后时代，我们的出版项目就涵盖了 400 多名日本作者。我认为这是对国际科学对话的杰出贡献。显然，我们应该继续发挥这一中介作用，有计划地推进出版计划。

东京、海德堡、柏林和纽约工作人员之间的交流首先是为了继续进行专业培训；与此同时，这也有助于我们相互了解和彼此尊重，对我们的教育事业和国家之间的和平理解有所促进。

恩格尔伯特·肯普费作品的传真版本

1975 年，在荷兰政府的支持下，东京的讲谈社株式会社（Kodansha Publishing）出版了德国医师和探险家菲利普·弗兰茨·冯·西博尔德撰写的《日本：日本及其邻国和受保护国的叙述文献》（*Nippon-Archiv zur Beschreibung von Japan und dessen Neben-und Schutzländern*）（四卷本，外加增补一卷）的传真版本。荷兰人以这一崇高的举动向冯·西博尔德致意，因为他曾是荷兰人在长崎附近德岛（Deshima）半岛贸易站的医师。

这使我们萌生了一个想法，即制作另一位探索日本的伟大德国人——莱姆戈的恩格尔伯特·肯普费的图文并茂的报告的传真版本，标题取为《日本的历史与叙述》（*Geschichte and Beschreibung von Japan*）。德国博物学和民族学会东亚分会

188 1868 年日本向西方开放之前，长崎附近的德岛半岛是日本唯一的以荷兰国旗为标志的对外贸易站。（出处：Prince Hendrik Naval Museum）

（The Deutsche Gesellschaft far Natur-und Völkerkunde Ostasiens / German Society for the Natural History and Ethnology of East Asia）对该出版项目有兴趣，并提供了难能可贵的支持。肯普弗的遗物被他的继承人卖给了大英博物馆[HABERLAND]。在德国，他几乎被人们遗忘，而在日本，他至今被人们铭记。日本驻柏林前领事今井忠一编辑了这本书的日文版本，但是缺了肯普费自己的插图。1976 年，裕仁天皇的弟弟三

135

189 恩格尔伯特·肯普费《日本的历史与叙述》；1980 年，施普林格出版社制作了 1777/1779 年旧版的传真版本。

笠宫崇仁亲王(Takahito Mikasa)在第 20 届国际出版商大会的
开幕式上发表了一场关于肯普费的演讲。1691 年至 1692 年，
肯普费在德岛半岛的荷兰东印度公司当过医生，他的著作是迄
今为止对日本及其居民的最可靠的叙述。

190　海因茨·格策将编号第一册的肯普费的作品传真版本赠送给为增补卷
评注写序的三笠宫崇仁亲王。亲王曾在 1976 年于京都举行的第 20 届国际出
版商大会开幕式上发表了关于恩格尔伯特·肯普费的演讲。

　　在肯普费去世后，他的叙述的英文版于 1728 年出版，而第
一个德文版面世则要到 50 年之后了(1777 年至 1779 年)。后
者与《日本植物图谱选集》(*Icones selectae plantarum*, *quas in
Japonia collegit*,伦敦,1791 年)一起重印，并在增补卷附有评

注。前海军上将小岛秀夫（Hideo Kujima）是位于东京的日独协会①的副会长，他非常慷慨地向我们提供了他自己的旧版本，以供我们传真印制。

三笠宫崇仁亲王亲切地为增补卷写了序言。传真版本在1980年完成后，我们向他赠送了编号第一册的传真版本，以示谢意。

施普林格出版社的销售和分销总监金特·霍尔茨自始至终都在积极推动这项工作，而制作总监海因茨·萨尔科夫斯基则以他的专业见解支持着这项工作。东京的项目经理是金特·霍尔茨的儿子赫尔穆特·霍尔茨（Helmuth Holtz）。

日本凸版印刷株式会社精心制作了这一版本。山田商会（Yamada Shokai）造纸厂生产的特殊纸张与原作相似。此外，凸版印刷株式会社负责图书的装订工作，创造出具有当时风格的半皮革卷册，并为四卷不同大小的图书制作了精妙雅致的书套，这样的工作大概只有在今天的日本才能实现。这本书的完成超出了所有人的预期。丸善书店从500册图书中抽取了150册在日本发行，纽约的约翰逊书店为北美预订了40册。

中国·北京

起因和1974年第一次访问

回顾古老的历史，中国是东亚文化的母国。她的文明成就中，有两项特别令出版商着迷的发明：造纸术和活字印刷术。中央王国（The Middle Kingdom）在东亚的作用类似于古希腊古罗马时期在西方文化发展中所起的作用。

---

① 日独协会（Japanisch-Deutsche Gesellschaft e.V.）是历史悠久的日本公益财团法人，旨在增进日本和德国之间的交流。日本人在与西方接触之初，译德国人（Deutsche）为"独逸"，称德国（Deutschland）为"独逸国"。——编者注

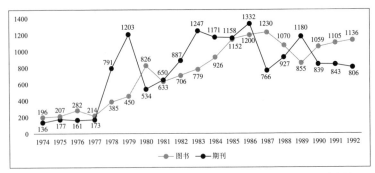

1974 年至 1992 年施普林格出版社在中国的图书（蓝线）和期刊（赭线）销售情况
（单位：千马克）

1956 年和 1958 年莱比锡书展期间，施普林格出版社与中国负责图书出口的北京国际书店建立了联系。我们的主要合作伙伴是负责为中国进口科学书籍的机构——外文书店。战后，我们与代表们的首次会晤，于 1957 年在法兰克福举行。在那次书展和后来的书展活动期间，我试图与中国方面的人士建立个人联系。后来我发现，这些早期的接触正是我作为第一位西方出版商受邀参加 1973 年 4 月在广州举行的中国工业博览会（Chinese Industrial Fair）的原因。邀请来得太仓促，我也觉得广州并不适合重建图书销售关系。因此，我写信表示希望能直接被邀请到北京，因为我们的老伙伴外文书店就在北京。经过漫长的等待，在 1974 年复活节的星期一，我接到了中国驻巴特哥德斯堡（Bad Godesberg）领馆的电话，那边要我尽快到场，为签证发放进行初步谈话；大使馆已经给我发来了去北京的邀请函。大使的秘书袁成玉（Yuan Cheng-Yu）询问了我此次计划访问中国的目的和背景。在我说明了来意后，我说希望我们的销售总监金特·霍尔茨陪同。这次谈话结束后不久，我们都收到了签证，1974 年 6 月 13 日晚上 7 点 55 分，我们乘坐当时仅有的一家提供北京航班的欧洲航空公司——法国航空（Air France）公司的航班离开巴黎。我们的兴奋之情溢于言表，我们在中国

137

受到了热情的接待。中国新成立的图书进口组织叫中国图书进口总公司(China National Publications Import Corporation, CNPIC)。

接待我们的是徐曼申(Xu Manshen)和秦仲君(Qin Zhongjun)，前者说英语，后者说法语。他们表现出一种可以理解的拘谨感，因为当时只有在特殊情况下，才被允许与外国人接触。秦先生和徐女士都以友好和理解的态度支持我们在中国进一步开展工作。

138

我和秦先生以及德文翻译金盛道(Jin Shengdao)先生一起乘车前往北京饭店。多年来，我们在与中国图书进口总公司保持联系期间，金先生一直陪同我通过铁路交通前往全国各省进行长途旅行。

我们的访问分为商务会议和参观故宫、长城和明十三陵。我们还被带到了老北京烤鸭店。为了回请，我们不得不想个主意，因为客人的邀请是不会为东道主所接受的。在德国大使罗尔夫·弗里德曼·保尔斯(Rolf Friedemann Pauls)缺席的情况下，他的副手、特使海因里希·勒雷克(Heinrich Röhreke)帮了我们大忙；他向我们提供了正式的大使馆请柬，供我们发出晚宴邀请，中国人对此是无法拒绝的。日复一日，我们与合作伙伴的关系变得更加轻松和紧密。

在我们的商务会议中，我们了解到当时销量平平的施普林格出版社却是中国最大的西方科学出版社，其次是牛津大学出版社和麦格劳—希尔出版社。我们想方设法恢复对中国的图书和期刊进口；协商过交付的可能性之后，几年时间下来我们获得了可观的营业额(参见本书第 155 页表格)。

中国图书进口总公司第一任经理是于强(Yu Qiang)。1977 年，丁波(Ding Bo)接替了他的职位，丁波是一位思想开明、富有同情心的伙伴。我们与他和他英语口语极佳的同事徐邦兴(Xu Bangxing)建立了信任关系。直到 1984 年 11 月徐邦兴退休，这种良好的关系一直持续。那一年，我们三人踏上了令人难忘的黄山之旅——安徽省著名的景点。1985 年，我们在深圳自由贸易区再次相遇，为计划中的香港分公司寻找仓库设施。

说回第一次访问。1974 年 6 月 19 日，我们见到了中国杰出的数学家华罗庚(Hua Loo Keng)，他是我在美国新罗谢尔拜访里夏德·库朗时，由哥廷根的卡尔·路德维希·西格尔（Carl Ludwig Siegel）向我推荐的。中国的"文化大革命"还在如火如荼地进行着，而且——后来我从苏联数学家那里得知——华罗庚是从下放的农村来北京做这次演讲的。我给他带来一本施普林格出版的数学书；但在中国科学院院士及其出版社工作人员在场的情况下，

191 数学家华罗庚（1910—1985）成为公司的好朋友，并将他的几本书委托给我们。1983 年，我们出版了他的《论文选集》（*Selected Papers*），作为我们"蓝皮丛书"（"Blue Series"）的一部分。

第一次会议进展得相当生硬。只有我们分别时，华先生和我们久久地握着手，这时才看出来他是多么感激有这样的机会。

1978 年恢复联系

接下来的几年，我们之前的协议没有取得什么重要进展。直到"四人帮"倒台，我们才有了再访中国的计划，我们希望之前在 1974 年开启的讨论有机会接续下去。这次访问的时间是 1978 年 9 月 15 日至 18 日，我不仅去了北京，还去了南京和上海。人们似乎松了一口气，说话也更公开了。"四个现代化"（"Four Modernizations"）的口号描述了后毛泽东时代的目

标,即农业、工业、国防,以及科学方面的关键进展。这四个目标的重要性排序是可以理解的,因为尽管中国实行了计划生育,但人口仍在不断增长,养活人口是首要任务。农业得到了大力发展,然后形成完善的农业体系。人们希望这能够抵消农村人口的外流。

例如,我们与能说一口流利德语的清华大学副校长张维的接触更有效。20世纪30年代,他曾在柏林工业大学学习并获得博士学位。他的妻子①也曾在德国哥廷根的流体力学研究所工作,师从路德维希·普朗特(Ludwig Prandtl,1875—1953)。他们的女儿也出生在柏林!

192 张维(1913—2001)曾任北京清华大学副校长、教授。他在柏林工业大学完成学业,德语说得很好。张维督导了《杜贝尔机械工程手册》中文版的出版。

Dubbel
机 械 工 程 手 册
第 一 卷
W.Beitz K.-H.Küttner 主编
张 维 张淑英 等译

清华大学出版社
Springer - Verlag

193 《杜贝尔机械工程手册》中文版,1991年,第1卷。

---

① 张维的妻子陆士嘉(1911—1986),原名陆秀珍,萧山人,中国著名流体力学家、教育家。陆士嘉是下文提及的世界流体力学权威普朗特教授唯一的亚裔女博士。——译者注

那时候大学和科研机构的校长都是政治家，而不是科学家；副校长才是科研负责人。张维在空荡荡的大学门口接待了我，因为"文革"后学校还没有恢复授课，当时大学里空无一人。张维成为我们出版社特别好的朋友。他发起并督导了《杜贝尔机械工程手册》（*Dubbel-Handbook of Mechanical Engineering*）的中文翻译工作。计划中三卷本中的第一卷于1991年出版（施普林格出版社和清华大学出版社）。张维是中国科学界，特别是工科领域的领军人物之一。除了其他成就，他还曾在毗邻香港的中国经济特区深圳，担任深圳大学的创校校长。

1979年3月31日，中国向西方世界开放后，我们在北京的美术馆（Fine Arts Gallery）举办了施普林格系列图书综合展览。这是二战结束以来，中国首次举办的西方图书展览，因此引起了中国科学家和图书馆员异常浓厚的兴趣。除北京外，该展览还在济南、南京、杭州和成都四个大学集中的城市同时举行。

随后的几年里，我们在北京和中国其他许多城市的大学和外文书店组织了这类展览；我们认为这是向中国科学家、工程师和医生介绍我们自己的必要手段。因此，我们得以重塑施普林格出版社在老一代人记忆中的形象，同时也给中青年一代留下深刻的印象。当然，中国科学家和研究机构购买书籍和订阅期刊的资金有限，也正因为如此，施普林格率先在当地展示自己就很重要。

武汉长江大桥

与此同时，我们开始准备与武汉医学院（后来是武汉同济医科大学）建立合作伙伴关系。当时，德国驻北京大使馆文化专员汉内洛雷·特奥多尔（Hannelore Theodor）提醒我注意这个教德语的传统学校。这所大学的历史可追溯至1907年德国医师埃里希·宝隆（Erich Paulun，1862—1909）在上海建立的中国医师培训中心（同济德文医学堂，后来是同济大学医学院），这是同济大学的起源。1952年，为改善武汉新成立的重工业中心的医疗基础设施，医学院迁往武汉。自始至终，即使是"文革"期间，武汉医学院（1955 年始名）也保持着对德国医学的热爱。学校的这些学生只有在接受了一年的德语教学后，才能开始医学方面的学习。

194　裘法祖（1914—2008，左）是武汉医学院名誉校长，也是与海德堡大学开展合作的发起人之一。武忠弼（1919—2007，右），病理学教授，1981 年至 1984 年任武汉医学院副校长。武忠弼当时是武汉超微病理研究室主任。

　　副校长裘法祖是该学院的负责人，20 世纪 30 年代曾在德国留学，并在慕尼黑获得博士学位，师从病理学家汉斯-格奥尔格·博尔斯特（Hans-Georg Borst），然后在此地执业多年。他在德国巴特特尔茨（Bad Tölz）的地区医院担任过一段时间的外科主任。在此期间，他结识了来自德国班贝格的妻子洛尼（Loni），之后他们一起回到上海。"文化大革命"期间，他们俩都遭受了难以形容的痛苦。裘法祖现在是中国最受尊敬的外科医生之一；他编写的外科标准教科书，至今仍在被使用，并被持续加印。对那些在以后岁月里和他一起共事的人来说，他一直是一个真正的朋友和可靠的顾问，并给了我们许多潜在作者的宝贵建议。我与当时的海德堡医学院院长戈特哈德·舍特勒

HEINZ GÖTZE

Dr. phil. Dr. med. h.c. Dr. med. h.c.
Mitinhaber des Springer-Verlages

D-6900 HEIDELBERG 1
Neuenheimer Landstr. 28-30
Telefon 0 62 21 / 48 72 25

Herrn
Professor Dr. med. Dr. med. h.c. G. Schettler
Vorsitzenden des Klinikum-Vorstandes der Medi-
zinischen Fakultät der Universität Heidelberg
Ludolf-Krehl-Klinik
Bergheimer Straße 58

6900 Heidelberg

6. Juli 1979
Gtz/Wd

Lieber Herr Professor Schettler,

darf ich mich heute als Ehrendoktor Ihrer Fakultät mit einer Anre-
gung an Sie wenden: Im Rahmen meiner wissenschafts-verlegerischen
Tätigkeit - verbunden mit meinem persönlichen Interesse für die Kunst
und Kultur Ostasiens - habe ich schon 1974 auf Einladung chinesischer
Dienststellen China besucht zur Wiederanknüpfung verlagsbuchhändleri-
scher Verbindungen Aus dieser Wiederanknüpfung ist inzwischen ein
engerer Kontakt erwachsen, der im Frühjahr diesen Jahres zur Durch-
führung einer umfassenden Exklusivausstellung der Produktion unseres
Verlages in fünf chinesischen Universitätsstädten geführt hat. Es
war die erste Ausstellung dieser Art eines westlichen Verlegers in
China überhaupt.

Im Rahmen dieser Kontakte unterhalte ich besonders enge Verbindungen
mit dem Herrn Botschafter der Bundesrepublik Deutschland in Peking,
Herrn Dr. Erwin WICKERT, mit dem ich auch seit vielen Jahren freund-
schaftlich verbunden bin.

Frau Dr. Hannelore THEODOR, die in ungewöhnlich engagierter Weise
als Kulturattachée der Botschaft in Peking tätig ist und über die ich
bereits Anregungen zur Vermittlung chinesischer Studenten nach
Deutschland realisieren konnte, hat mir dieser Tage über einen Be-
such der Medizinischen Hochschule in Wuhan, Provinz Hubei, berichtet.
Diese Medizinische Hochschule ist zur Hälfte aus der Medizinischen
Fakultät der ehemaligen deutschen Tong Ji Universität in Shanghai
hervorgegangen. Frau Dr. THEODOR wurde von 12 fließend deutsch
sprechenden Professoren der ehemaligen Tong Ji Universität und
2 hauptamtlichen Deutschlehrern begrüßt. Die deutsche Tradition
der Tong Ji Universität wird von dieser Gruppe energisch fortge-
setzt. Trotz der langen Jahre des Abgeschnittenseins von jedem
direkten Kontakt hat sich hier ein Stück deutscher Kulturtradition
erhalten, das gefördert werden sollte. Wir unterstützen diese Medi-
zinische Hochschule durch Sendung deutscher medizinischer Publika-
tionen aus unserem Verlage.

Darüber hinaus aber streben die Professoren in Wuhan Kontakte mit
deutschen Kollegen an und insbesondere eine Partnerschaft mit einer
deutschen Medizinischen Hochschule oder einer Medizinischen Fakultät
einer deutschen Universität.

Ich möchte dieses Anliegen zunächst und in erster Linie der mir be-
sonders eng verbundenen Heidelberger Medizinischen Fakultät vortragen
und wäre dankbar, wenn ich hierzu die Reaktion der Fakultät erfahren
dürfte.

Für die Beantwortung oder Vermittlung weiterer Auskünfte stehe ich
jederzeit gern zur Verfügung. Ein gleiches Schreiben habe ich an
den Gesamtdekan der Medizinischen Fakultät der Universität Heidelberg,
Herrn Professor Dr. H. IMMICH, gerichtet.

Ihrer Antwort sehe ich mit lebhaftem Interesse entgegen und verbleibe

mit den besten Empfehlungen und Grüßen
Ihr

195   1979 年 7 月 6 日海因茨·格策给戈特哈德·舍特勒的信,建
议海德堡大学医学院和武汉医学院建立合作关系。

施普林格出版史

(Gotthard Schettler)共同发起了武汉医学院与海德堡大学的合作项目。放射学家保罗·格哈德(Paul Gerhard)被选为这次合作的教师代表；他和他的妻子对来到海德堡的中国交换生给予了极大的照顾。

在这一官方安排之前，由于海德堡病理学家威廉·德尔富有远见的倡议，一名来自武汉的研究生以完全非官方形式获准进入他的研究所，他就是病理学家邓仲端。邓于 1979 年 11 月底抵达海德堡，并在海德堡待了两年。

1979 年 11 月 1 日至 9 日，在第四次武汉之旅，我和金特·霍尔茨第一次见到了裘法祖和他的妻子，以及精通德语的病理学家武忠弼。我们被介绍给他们的工作伙伴（当中许多人会说德语），并被安排参观了图书馆。这次访问期间，有关邓仲端离国进修的手续也已办妥。

与上海的联系

大约同一时期，《世界外科学杂志》(*World Journal of Surgery*)上提到了一位在上海第一医学院执业的优秀显微外科医生：骨科主任陈中伟。他因为把在交通事故中完全断裂的手指再植，并恢复其全部功能的医案而闻名世界。我试图与他取得联系，并得知他碰巧在德国访问。我们找到了他，商定出版一本显微外科方面的英文书，对其已经由上海科技出版社出版的作品进行改进。1979 年 11 月，为进一步讨论书稿事宜，我去了他在上海的门诊部。由陈中伟、杨东岳、张涤生合著的《显微外科学》(*Microsurgery*)一书于 1982 年出版，这本书在世界范围内引起了极大的关注，因为西方的显微外科学进展是不如中国的。毫无疑问，这部作品刺激了德国乃至整个西方世界对这一外科专业的投入。

1980 年 5 月 15 日，德国外科学会第 97 次代表大会邀请陈中伟以"基于长期结果的再植适应症和治疗"("Indications and therapy of replantation based upon long-term results")为主题

196 海因茨·格策与陈中伟（生于 1929 年）在上海中山医院（第一医学院）的门诊部。陈中伟是显微外科的先驱。

Chen Zhong-wei   Yang Dong-yue
Chang Di-sheng

Microsurgery

In Collaboration with
Bao Yueh-se · Chao Yu-lin · Chen Qi-san · Chen Yu-yan
Chou Liang-fu · Ge Xian-xi · Han Yun-hua · Li Xiao-zhong
Wang Yan · Wei Xuan · Yang Guan · Yu Zhong-jia

With 366 Figures

Shanghai Scientific and Technical Publishers
Springer-Verlag Berlin Heidelberg New York 1982

TREATMENT OF BURNS

Editors:
Yang Chih-chun, MD
Hsu Wei-shia, MD
Shih Tsi-siang, MD

Translation Supervisor:
Nyi Pao-chun, BS, MD

With 213 Figures, Some in Color

Shanghai Scientific and Technical Publishers
Springer-Verlag Berlin Heidelberg New York 1982

197 陈中伟、杨东岳、张涤生合著的《显微外科学》。

198 杨之骏、许伟石、史济湘合著的：《烧伤治疗学》。

发表演讲。精彩的演讲引发了现场热烈的讨论。会议结束后，陈中伟参观了几家德国外科门诊。1979 年,陈中伟曾引起我对上海第二医学院(Second Medical College in Shanghai)烧伤科主任杨之骏(Yang Chih-chun)的注意,我立即给他写信。他和许伟石(Hsu Wei-shia)、史济湘(Shih Tsi-siang)一起为我们写了《烧伤治疗学》(*Treatment of Burns*)一书,1982 年该书出版后在国际上引起了极大的关注。中国人在烧伤治疗方面走出了自己的成功之路。通过这两本书,施普林格出版社开始让西方了解中国医学的非凡成就。

来自伦敦的图书管理员:詹姆斯·杨

20 世纪 80 年代初,我和霍尔茨都清楚地意识到,我们需要一名会说中文的工作人员,来处理在这个幅员辽阔的国家中不断扩大的联系网络。于是我们聘请了詹姆斯·杨(James T. S. Yang)。他出生于四川省会成都,在上海生活了很多年。1949 年,他移居香港,1965 年,他又从香港去了伦敦,在肯辛顿和切尔西区的市镇中心图书馆(Central Library of the Borough)工作。1966 年,他成为伦敦大学伊丽莎白女王学院的图书管理员。作为图书管理员,他对我们这一行非常了解,对中国的情况也非常熟悉。他能流利地说出中国所有的主要方言,包括广东话,这一点连许多中国人都很难做到,因此深受钦佩。从那时起,詹姆斯·杨就以他的勤奋、睿智和最大的忠诚照顾着我们在中国的利益。1985 年 11 月他协助我们筹备了香港分公司,并一直管理到 1987 年。按照他自己的意愿,他回到了伦敦,但他总能帮助我们完成在中国的特殊使命。

1980 年 4 月,我们把詹姆斯·杨介绍给了中国图书进口总公司的负责人,请杨先生当我们在中华人民共和国的代表。杨先生有计划地致力于数量众多的外文书店的工作,这些书店对中国科学院各研究所和各大学发挥了重要作用。1981 年,我第一次去了四川成都,以便获得这些书店的第一手资料。杨先生

199　中国图书进出口总公司（China National Publications Import and Export Corporation，CNPIEC）新总部位于北京市朝阳区工体东路 16 号，邮编 100704。

为中国的图书馆员开设课程，向他们介绍西方图书馆的实践动态。

　　我们的合作伙伴中国图书进口总公司于 1981 年将业务扩大到出口，更名为中国图书进出口总公司。它负责向西方输出中国文献。1986 年，我们在海德堡-罗尔巴赫（Heidelberg-Rohrbach）的大楼里为中国图书进出口总公司提供了工作场所，并帮助它在欧洲成立分公司；中国图书进出口总公司很快就扩大了规模，并于 1989 年搬到了位于德国埃格尔斯巴赫自己的大楼里。现在它由金盛道管理，金就是当年 1974 年在北京机场迎接我和霍尔茨的口译员！

　　展览

　　1981 年 10 月 27 日，我们在北京举办了一次医学文献展，地点是 1979 年我们第一次举办大型书展的地方。1982 年中国化学会（Chinese Chemical Society）成立 50 周年，也正好是《贝尔斯坦》出版 100 周年纪念，这为我们全面介绍化学及相关领域

　　　　　　　　　　　　　　　　　　　　　　　　施普林格出版史

的出版物提供了极好的机会。同时,我们在北京、上海、南京、成都、天津和武汉的六家外文书店展出了我们的期刊。1983 年 5 月和 6 月,我们在 20 家外文书店继续展出这些期刊。

1983 年,我们的中国合作伙伴在北海公园的历史建筑中提供了新的展览设施,这些建筑直接毗邻广阔的故宫。多亏徐曼申女士的帮助,我们才能够立即使用它们。1984 年是我们第一次访问中国的十周年纪念,我们计划举办一场有关整个施普林格出版社的大型展览。展会随后从北京开到了安徽省合肥市,那里有唯一的中国科学院所属的大学。1984 年德国书业协会在北京举办了德国出版商展览,我们参与了大量展销活动。根据我们的集体经验,我们与中国图书进出口总公司达成协议,继续制定自己的展览和参观计划。除了詹姆斯·杨和贝恩德·格罗斯曼——1980 年金特·霍尔茨退休后,他们越来越让我放心,并最终接管了中国市场,香港分公司的莫里斯·邝(Maurice Kwong)和科尔内利娅·申德沃尔夫(Cornelia Schindewolf)也成功地参与了此次展览。

147

与中国科学界的接触

在我们进行出口工作的同时,我试图与中国科学界的代表接触,其中包括一些卓越人物。正如前面所说的,多亏哥廷根的数学家西格尔,我第一次访问北京时,见到了他的中国同事华罗庚。新时期到来之后,他于 1979 年 11 月从法国南锡到海德堡时拜访了我,并在那里获得了荣誉博士学位。华先生是一位关键的顾问,他把我和其他中国数学家联系到了一起,其中包括他的学生王元和龚升。此外,华先生在之后的几年里还写了不少成功的著作。从 1981 年他特别感兴趣的《从单位圆谈起》(*Starting with the Unit Circle*)开始,后来还和他的学生王元一起,编写了《数论在数值分析中的应用》(*Applications of Number Theory to Numerical Analysis*,1981)。他的《数论导引》(*Introduction to Number Theory*)于 1982 年出版。

华罗庚是一位多才多艺的数学家,尤其在数论方面的表现异常突出。他在晚年最感兴趣的是优选法问题。我们决定在我们的"蓝皮丛书"中出版一卷《华罗庚论文选集》,由伊利诺伊大学的哈伯斯塔姆(P. Halberstam)编辑。1983 年 3 月中旬,在中国科学院举行的一次仪式上,德国大使金特 • 舍德尔(Günter Schodel)向作者赠送了这部作品的成品。1985年,华罗庚被提名为巴伐利亚科学院的通信院士;同年,华罗庚在日本演讲时突然去世,无法亲自接受这一荣誉。慕尼黑数学家卡尔 • 施坦因在巴伐利亚科学院 1985 年的年鉴第238—239 页([STHN])为他撰写了一篇讣告,尽显崇敬之意。转载如下:

Hua Loo Keng   Wang Yuan

Applications of Number Theory
to Numerical Analysis

Springer-Verlag
Berlin Heidelberg New York
Science Press, Beijing
1981

200　华罗庚、王元《数论在数值分析中的应用》(1981 年)。

华罗庚(1910 年 11 月 12 日—1985 年 6 月 12 日)

1985 年 6 月 12 日,新任院士华罗庚在日本讲学时突然去世,巴伐利亚科学研究院对此表示深切哀悼。

华罗庚于 1910 年 11 月 12 日出生在江苏省金坛县。在接受了短暂的学校教育后,他自学数学成才。1932 年至1935 年,在北京清华大学工作,历任助教、讲师。1936 年至1938 年,以中英庚款资助,赴剑桥大学担任研究员;1938 年至 1946 年任昆明西南联合大学教授。1946 年和 1947 年,受邀访问苏联科学院和美国普林斯顿高等研究院。1948

148

年,赴美国伊利诺伊大学厄巴纳分校任数学教授。中华人民共和国成立后,他回到了祖国;1950年,他接受清华大学的邀请,并于1951年当选为中国数学会理事长,同年被任命为即将成立的数学研究所所长;"文革"期间,他冒着极大的个人危险保护身边的同事和学生。1979年至1981年,华罗庚任中国科学院副院长。1979年起,他前往国外(联邦德国和美国)讲学。华罗庚先后获得南锡大学、香港大学、伊利诺伊大学的荣誉博士学位。1982年,当选为美国国家科学院外籍院士。

Scientific books find publisher in Germany

by CD staff reporter

Two books by Chinese scientists have been printed in English by Germany's Springer-Verlag, in the latest Sino-German co-operation in publishing.

The books – "Optical and Spectroscopic Properties of Glass" by professor Gan Fuxi, a well-known optometrist, and "Nitrogen Fixation and Its Research in China" by professor Guo-fan Hong, a famous biologist – are part of the long-term co-operation between the Shanghai Science and Technology Publishing House and Springer-Verlag.

201　1992 年 6 月 30 日《上海焦点》(*Shanghai Focus*)的剪报。

华罗庚的科学著作涵盖了异常广泛的领域。最值得一提的是他在数论方面的论文,其中涉及他对华林问题(Waring's problem)和哥德巴赫猜想的研究,以及指数、符号和的理论。在其他数学学科领域,他的贡献涵盖了典型群、斜场理论、多复变函数论到傅立叶变换理论和微分方程理论。他在所有这些领域都取得了实质性的进展。

华罗庚领导的一个研究团队开发了可用于工业应用的数学方法。他写了许多书,这些书已被翻译到世界各地。他的部分作品于1983年收入《论文选集》出版。

华罗庚的成就证明他是一位高水平的创造性科学家。他是中国最重要的数学家之一。

1983 年，在美国加州斯坦福的我们的作者钟开莱的帮助下，我得以向西方国家介绍他的老师许宝騄（1910—1970），并出版了《许宝騄文集》。许宝騄生活在中国，是概率论的先驱之一。

　　我还认识了中国科学院的胡含，他成为我们《遗传学理论与应用》（*Theoretical and Applied Genetics*）杂志的联合编辑。1986 年，我们出版了他的《高等植物的体外单倍体》（*Haploids of Higher Plants In Vitro*）一书。

　　我很感激裘法祖批判性的、可靠的建议，他介绍我认识了众多杰出的医学研究者，其中最重要的是上海的汤钊猷；汤先生开发了肝癌的早期检测方法，并成为一名世界著名的外科医生。他与三位同事合著了《亚临床肝癌》（*Subclinical Hepatocellular Carcinoma*，1985）和《原发性肝癌》（*Primary Liver Cancer*，1989）。

149

　　我还联系到了两位优秀且经验丰富的外科医师黄国俊（Huang Guo Jun）和吴英恺（Wu Ying Kai）；后者是他那一代外科医师当中在西方最知名的。我与他们两人商定，于 1984 年出版了《食管癌和贲门癌》（*Carcinoma of the Esophagus and Gastric Cardia*）一书。

　　通过陈中伟（Chen Zhong-wei）、杨之骏和汤钊猷，我们与上海的作者有了紧密的联系。在与受过高等教育的市儿童医院院长黄忠（Huang Zhong）交谈之后，我对中国的医疗体系有了宝贵的了解，他曾是范可尼（Guido Fanconi）在苏黎世的学生，德语说得很好。

　　20 世纪 20 年代和 20 世纪 30 年代初，德国教授会定期被邀请到同济大学担任客座教授，任期三年。其中有来自德国美因茨的药理学家古斯塔夫·库申斯基（Gustav Kuschinsky）和来自德国达姆施塔特的造桥工程师库特·克勒佩尔（Kurt Klöppel），他们成功地探索出了在南京修建第一座跨越长江的公路和铁路桥的方法。克勒佩尔的学生李国豪曾在达姆施塔特与克勒佩尔共事过一段时间,现在是同济大学校长;1987年我们出版了李国豪的《箱梁桁梁桥的分析》(*Analysis of Box Girder and Truss Bridges*)一书。

裴法祖还向我推荐了以黎鳌(Li Ngao)为首的一群作者,他关于烧伤治疗在中国的最新进展的书《重度烧伤的现代治疗》(*Modern Treatment of Severe Burns*)于1992年问世。

与天津南开大学的联系

我们多年的数学作者和编辑陈省身,曾在德国汉堡学习(1936年获得博士学位),后来在中国和美国生活和工作,他让我们有了接触中国数学领域的更多机会。1978年至1989年,我们在"蓝皮丛书"中推出了他的论文精选集。我们成功地将数学文献展览与1980年8月在北京举行的由陈省身主持的关于"偏微分方程和微分几何"("Partial Differential Equations and Differential Geometry")的讨论会结合起来。

陈省身热情地恢复了与祖国的科学关系,他除了担任加州伯克利数学研究所所长,还被他的母校天津南开大学聘为客座教授。在南开期间,他委托我们出版了《南开数学讲义》(*Nankai Subseries of Lecture Notes in Mathematics*)。在陈省身的帮助下,海德堡大学和南开大学考虑建立合作伙伴关系;由于吉斯贝特·楚·普特利茨(Gisbert zu Putlitz)和滕维藻(Teng Weizao)两位校长的热情接待,该计划于1985年9月完成。

150

202 数学家陈省身(生于1911年)曾在汉堡学习,师从威廉·布拉施克(Wilhelm Blaschke),于1936年获得博士学位。陈省身是《数学科学导论》的共同编辑和南开大学数学研究所南开书系(Nankai Subseries)的创办人。

203　1980 年，北京外国数学图书展。左起：霍斯特·德雷舍尔、吴文俊、金特·霍尔茨、陈省身、海因茨·格策、江泽涵、丁波、詹姆斯·杨。

分管科技的国务委员

　　1979 年 3 月 5 日，在旧金山访问期间，我带着陈省身给我的一封推荐信，与中国科学院院长方毅取得了联系。方毅多次接见了我，中国国内和国外的科学和政治发展是我们热烈讨论的话题。

204　1980 年，中国科学院院长方毅（1916—1997）在北京的办公室接见海因茨·格策和金特·霍尔茨。

方毅曾任中国书法家协会主席^①，这是中国传统力量的一个明显的标志。中国传统上不仅将汉字的个性化表现列为艺术中的最高等级，而且把完美地掌握书法艺术视为成为领导者的先决条件。

　　我们同方毅的继任者宋健也建立了同样的信任关系，宋健自1985年7月1日起担任中国国家科学技术委员会主任。我们在1988年出版了他与于景元合作撰写的《人口控制论》（*Population System Control*）这本了不起的书。

　　与此同时，1988年4月15日至16日，海德堡大学医学院和同济医科大学（由武汉医学院于1985年更名而来）之间签订了正式的合作意向书（参见本书第141页）。

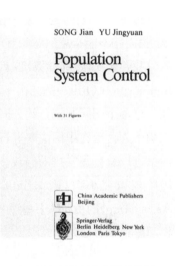

205　1980年11月5日，宋健（生于1931年）接替方毅担任中国国家科学技术委员会主任，在北京仿膳饭庄晚宴前在嘉宾录上签字。

206　宋健、于景元合作撰写的《人口控制论》于1988年由施普林格出版。

---

① 据中国书法家协会官网，方毅未曾担任中国书法家协会主席一职。此处有偏差，敬请留意。——编者注

中国的版权

长期以来,我们的主要目的是为我们的出版项目,争取更多的中国作者,并促进我们的出版物在中华人民共和国的销售。近二十年来,我们的出版物销售相当可观(参见本书第 138 页图表),我们认为需要谨慎地与我们的合作伙伴讨论版权问题。

当时,与个人权利保护有关的问题在中国还处于悬而未决状态;想要加入两个国际版权公约——《伯尔尼公约》和《世界版权公约》——当中的一个,条件还不成熟。因为这两个公约都是基于"国民待遇"原则,即在任何公约签署国,外国作者与该国国民应享有同等的权利。由于中华人民共和国彼时尚未出台著作权法,当时无法解决"国民待遇"的条件。我在与方毅副总理会谈时讨论了这个问题,他是相当理解的。但是,在当时的条件下,我们并不能指望问题得到快速解决。

我曾于 1980 年 1 月 29 日给出版管理部门(Publishing Administration Office)的汪衡①写信,并解释为什么中国迫切需要加入这两个国际版权公约。同年 4 月 18 日,我第一次有机会与汪衡本人讨论在中国国内进行版权筹划的可能性。在这次中国图书进口总公司安排的会议上,沈仁干也参加了。他后来是中国版权研究小组(Copyright Study Group of the Publishers' Association)的负责人。这次会议对我们进一步解决中国的版权问题是卓有成效的。

在与中国作者达成协议时,我遵循的原则与我在苏联时一样:中国作者获得正常的出版合同,我们支付正常的版税,以满足他们的意愿。在利用一种法律立场的同时,我们就不能令人信服地反对这种法律立场。我们的态度得到了中国所有主管部门的充分理解,就像在苏联一样,可能对克服现有的困难起到了一定的作用。人们曾努力制定一项全面的版权法,但与此相关

---

① 汪衡曾任国家出版局版权处处长。——编者注

的问题却非常棘手。首先我们必须回答一些基本问题,例如:知识成果应该被视为私有财产吗?作者可以因此获得报酬吗?或者说,版税应该仅仅被视为劳动报酬吗?更严重的问题是,即使中华人民共和国成为国际版权公约的一员,它也不认为自己有能力支付与西方国家同等的版税。

与此同时,英国版权专家在中国开设课程,让更多的人了解版权保护和专利法的概念。在这种思想交流背景下,汪衡的两位同事,即上述的沈仁干和杨亚(Yang Jah),于 1980 年 9 月访问英国。英国版权法循着"合理使用(fair use)"①原则而演进,与欧洲大陆的版权法走上了不同的道路;我觉得中国专家也应该熟悉我们的制度,这一点是非常重要的。我的建议被接受了,沈仁干和杨亚得以在从伦敦返回中国的途中在德国停留。德国波恩的联邦司法部热烈地欢迎了两位特使,慕尼黑马克斯·普朗克版权研究所(Max-Planck-Institut für Urheberrecht/Max Planck Copyright Institute)的欧根·乌尔默(Eugen Ulmer)欣然同意为他们提供为期一周的入门课程。

1984 年,版权研究小组在北京成立,由李琦(Li Qi,音译)领导。同年 11 月德国书业协会在北京举办书展期间,我们又安排了德国版权专家弗朗茨-威廉·彼得(Franz-Wilhelm Peter)与李琦会面。1986 年 3 月 20 日,我们邀请李琦到海德堡参加《伯尔尼公约》100 周年纪念仪式。

最后,到了 1990 年 9 月 2 日,中华人民共和国通过了《中华人民共和国著作权法》,并于 1991 年 6 月 1 日生效。它满足了中国加入国际版权公约之一的要求。

1992 年 7 月 12 日,中华人民共和国向世界知识产权组织

---

① "合理使用原则"通常是指为了学习、引用、评论、注释、新闻报道、教学、科学研究、执行公务、陈列、保存版本、免费表演等目的,可以不向版权人支付报酬而使用其作品。这是为了在保护版权人利益、加强对版权限制的同时,不至于减慢信息传播速度和增加社会成本。——译者注

（World Intellectual Property Organization）提交加入《保护文学和艺术作品伯尔尼公约》（简称《伯尔尼公约》）的申请。1992年7月1日，北京的全国人民代表大会批准加入该公约。公约最初于1886年在伯尔尼签署，目前已有90多个国家加入。毫无疑问，在中华人民共和国境内进行漫长讨论的这一结果，是所有国家共同保护知识产权方面进行更密切合作的重要一步。

"德国医学"

同时我们与中国医学界，尤其是那些与德国医学有传统联系的医院建立了密切的联系。我们提出创办中文期刊的想法，目的是把德国或西方医学的新成果介绍给中国。裘法祖和他在武汉医科大学的同事们立即做好了合作的准备。以海德堡的戈特哈德·舍特勒为首的德国编辑部将相关的稿件送到武汉。中国方面在裘法祖的带领下，选择从中国人的角度看来最可取的稿件。这些稿件被翻译成中文后送到上海的一家印刷公司，这家公司是上海科学技术出版社前经理王国忠（Wang Guozhong，音译）推荐的，而王国忠则是上海所有印刷出版活动的负责人。第一期《德国医学》（*Deutsche Medizin*）中文期刊于1984年11月出版。该刊被列入中国邮政新出版物名录，至今已是第九年。期刊现在完全在武汉出版制作，其责任编辑是汉堡的赫普克尔（W.-W. Hoepker）。

207 《德国医学》，1993年，第10卷第2期。本刊由施普林格出版社发行，刊登西方期刊的重要科学文章（中译版）。

应裘法祖的要求，《德国医学》杂志的题名由时任卫生部部长的钱信忠用汉字书写。在这里，我们再次见到了中国的古老

154

传统,即当一个重要的项目由最高负责人亲自手书题名时,会被认为是一个好兆头。

图书专款采购办公室

1983年9月,我尚在北京,此时海德堡收到了纽约施普林格出版社和美国出版商协会提供的北京大学图书馆设立图书专款采购办公室(SBAFD)的消息。该办公室由教育部赞助,负责利用国际复兴开发银行(International Bank for Reconstruction and Development,即世界银行)的资金,为中国一流大学的图书馆协调,采购急需的科技文献。在任何其他西方出版商或书商到达那里之前,我就与当时北京大学图书专款采购办公室负责人马世毅(Ma Shiyi,音译)取得了联系。他还是这所大学图书馆的副馆长,而这可能是中国最重要的图书馆。

1984—1990年向北京的图书专款采购办公室出售的图书,包括大型工具书(单位:千马克)。1991/1992年没有收到世界银行的付款。

年份	柏林施普林格出版社销量	朗格—施普林格销量	维也纳施普林格出版社销量	销量合计
1984	0.7	90.7	8.0	99.4
1985	226.5	250.7	19.0	496.2
1986	240.1	369.6	21.0	630.7
1987	69.0	130.7	2.0	201.7
1988	223.0	361.4	24.0	608.4
1989	344.3	500.2	28.0	872.5
1990	56.4	266.0	2.5	324.9
合计	1160.0	1969.3	104.5	3233.8

155

仅仅一个月后,施普林格出版社/朗格—施普林格和图书专款采购办公室之间就西欧(尤其是欧洲大陆)的科学文献供应达成了基本协议,1984年1月,来自北京的第一笔款项抵达柏林。1984年至1990年期间,施普林格出版社/朗格—施普林格来自图书专款采购办公室的综合营业额超过300万马克。此后,这个充满希望的计划的积极阶段完全停滞了。贝恩德·格罗斯曼一直小心翼翼地与北京保持着联系,并密切关注着那里新的重要动向。本书第155页的表格概述了我们与图书专款采购办公室合作的工作成果。

博览会和会议

北京国际图书博览会　中国对国际图书贸易的兴趣日益浓厚,举办了第一届(1986年9月5日至10日)、第二届(1988年9月2日至7日)、第三届(1990年9月1日至7日)和第四届(1992年9月2日至7日)的北京国际图书博览会。作为在1974年第一家进入中国的西方出版公司,施普林格出版社在这些活动中一直占有一席之地。来自中国的官方邀请和德国大使馆的接待都证明了这些博览会的重要性。

1986年北京国际外科医师大会(International Congress of Surgeons)　第一届国际外科医师大会于1986年11月3日至6日在北京举行。这是进一步扩大医学专业领域并深入开展思想交流的一个可喜的序幕,许多西方外科医生参加了这次会议,并得到了中国同行的正面评价。

国际癌症大会(International Cancer Congress)　施普林格在主动与德国驻北京大使磋商后,于1988年4月22日至24日在北京(陆道培)和武汉(裘法祖)的医学机构共同举办了第一届国际癌症大会。在哈拉尔德·楚尔·豪森(H. zur Hausen)的指导下,位于德国海德堡的癌症研究中心(Deutsche Krebsfors-chungszentrum)也积极参与其中。这次会议和后续的活动引人关注,为各方提供了新的接触机会。中国卫生部部长陈敏章担任官方发起人。

组织这次大会的原因之一是全国范围内开展了详细记录在案的癌症流行病学研究。1979年,中华人民共和国出版了第一本设计精美的癌症地图集:《中华人民共和国恶性肿瘤地图集》(*Atlas of cancer mortality in the People's Republic of*

156

China），由上海中华地图学社出版。癌症大会反响热烈，因此我们决定在 1990 年 5 月再次举办；第二届同样成功，这次日本国家癌症研究中心（Japanese Cancer Research Center）主任市川平三郎（Heizaburo Ichikawa）也参加了会议。

208　1988 年，国务委员宋健、卫生部部长陈敏章与海因茨·格策在北京的仿膳饭庄。

　　在我参与的中华人民共和国的所有活动中，得到了中国科学院院长方毅以及后来接替他的宋健的理解和支持，这是很有价值的。不可忘记的是，在此期间，德国驻北京大使馆的负责人埃尔温·维克特（Erwin Wickert）、金特·舍德尔和佩尔·菲舍尔（Per Fischer）为我们提供的协助。

在北京设立分支机构？

　　1982 年至 1985 年期间，我们与中国图书进出口总公司的管理层丁波、陈维江（Chen Weijang，音译）多次讨论在北京设立施普林格出版社分支机构的可能性，他们对我们的态度很好。可以想象的是，在为中国图书进出口总公司规划的新办公楼的附属建筑中,给施普林格留一个办公场所是可行的。然而,这样的计划迟迟未能实现,最后不得不放弃,因为这样一间办公室的成本高昂,要么就得设在酒店套房里,这与我们这样一家企业的预期结果完全不相称。相反,我们决定在香港设立办事处,因为香港不仅紧靠中国内地,而且能让我们接触到中国台湾地区,兼顾新加坡以及南海周边正在崛起的国家——马来西亚和印度尼西亚。鉴于中国经济日益增长的重要性,在北京设立常设办事处仍然是值得考虑的。

翻译

多年来,我们与中国科学出版商之间的合作取得了良好进展。自 1978 年以来,施普林格出版社已将中国作者的 49 部作品译成英文并出版,而且译本是对中文原稿的改进和扩充。目前,我们已经签订了 118 个项目的合同,还有 110 个项目正在认真考虑中。书目包括了各个学科的作品,首先是数学、生物学、地质学和医学,其中有华罗庚、陈省身、许宝騄、宋健、陈中伟、黄国航(Huang Guohang,音译)、张涤生(Chang Di-sheng)、汤钊猷、马兴泉(Ma Xing-quan,音译)、胡含、黄克(Huang Ke,音译)、于仲嘉(Yu Zhong-jia)等优秀作者的作品。

前面已经提到的中文期刊《德国医学》自 1984 年以来每年出版四期。它的目的是把西方(主要是德国)期刊上的部分文章译成中文,以便让中国医生了解西方医学的进展。

作为对中文著作外译的回馈,120 本施普林格的图书已被译成中文,并在中国合法出版。在严格遵守现行版权规则的情况下,我们尽可能以较低的成本,使学生能够便利地获得这些图书。另外还有 75 种这样的书正在走合约流程,有些已经付样。

由于显而易见的原因,对于未经施普林格出版社作者许可而在中国重印的图书,我们无法给出确切的数字,但估计有几

百本。

中国·香港

从经济和传播的角度来看,香港凭借其独特的地理位置,显然是东亚的商业和协作中心。据推测,香港在 1997 年回归中国之后,将继续保持这种状态。

香港有许多大学和学院。鉴于这种学术氛围,香港是一个很值得设立出版分支机构的地方。国际科学大会也常在香港举行,这使香港成为亚洲的会议中心之一。

中国南海周边的地区,也就是中国、日本和澳大利亚角力的交界地带,各方正在快速崛起,其影响已经不容忽视。中国台湾地区不仅是经济中心,同时越来越致力于科技的发展。新加坡也一样。尽管在 20 世纪 80 年代,中国台湾不得不应对政治危机,但自那以后,其教育、科学和技术领域都取得了令人瞩目的进展。20 世纪 80 年代末,中国台湾订下计划:从 1990 年开始,在 5 年内新建 14 所大学和技术学院。其中一些已经在 1992 年竣工。施普林格出版社在中国台湾大获成功。

韩国政府和日本政府一样,正热衷于推动各个领域的研究和开发。人们已经在猜测,韩国是否会成为第二个日本。

被称为亚洲"四小龙"的中国香港、中国台湾、韩国和新加坡,已经取得了类似经济奇迹的成就。这个地区还有很多值得期待的地方。"第五虎"的泰国,也异常成功。从 1988 年开始,泰国连续 4 年呈现两位数的增长率。可以预期,研究与开发也将成为其经济成功的一部分。总而言之,这些国家构成了一个与世界其他国家不同的群体,它们年复一年地实现了贸易顺差。

在香港建设仓库有可能确保货物迅速送达这些地区(包括中国内地),很大程度上我们是为此而选择在中国香港设立分支机构的。约兰达·冯·哈根迈出了在香港建立我们分支机构的第一步,这是实际的和合法的。

159

在香港,如果一个人想很快地建立一家新公司,首先是从配套建筑入手。有人收购了一家"空壳公司",即已注册但并未处于运转状态的公司。在我们的案例中,这个需求由我们 1985 年 12 月 27 日收购的旺根有限公司("Noble Gold Company Limited")来填补。1986 年 3 月 3 日,我们在香港世界贸易中心(World Trade Centre Club)举行了香港办事处的开业庆典。1986 年 4 月 26 日,公司名称由旺根有限公司变更为施普林格出版社(Springer-Verlag),并于 5 月 2 日经香港公司注册处(Hong Kong Company Registrar)正式确认。第一任经理是詹姆斯·杨,他为我们在香港铜锣湾的万国宝通中心(Citicorp

209　1985 年德国施普林格出版社(香港)有限公司的新公司章程(左)。

No. 155607

CERTIFICATE OF INCORPORATION

ON CHANGE OF NAME

WHEREAS NOBLE GOLD COMPANY LIMITED (旺根有限公司) was incorporated as a limited company under the Companies Ordinance on the Ninth day of August, 1985;

AND WHEREAS by special resolution of the Company and with the approval of the Registrar of Companies, it changed its name to SPRINGER-VERLAG HONG KONG LIMITED on the Twenty-seventh day of December, 1985;

AND WHEREAS by a further special resolution of the Company and with the approval of the Registrar of Companies, it has changed its name to SPRINGER-VERLAG HONG KONG LIMITED (德国施普林格出版社 (香港) 有限公司);

NOW THEREFORE I hereby certify that the Company is a limited company incorporated under the name of SPRINGER-VERLAG HONG KONG LIMITED (德国施普林格出版社 (香港) 有限公司).

GIVEN under my hand this Second day of May One Thousand Nine Hundred and Eighty-six.

(Sd.) J. Almeida
....
p. Registrar General
(Registrar of Companies)
Hong Kong

210 1986 年 5 月 2 日的公司名称变更证书(右)。

Centre)新办事处的开业做好了一切准备工作。杨先生在中国香港和中国台湾建立了第一批业务关系,并继续走访中国内地/大陆的大学和书店。他得到了一小群员工的协助,于 1989 年 3 月 1 日聘请了莫里斯·邝。杨先生回到伦敦后,莫里斯·邝出任该分公司的经理。

160

经过大家共同的商议,我们决定将香港分公司迁往九龙半岛的中心,这样做是为了离大学和学院更近。1990 年 12 月 1 日,我们搬迁至位于九龙半岛尖沙咀商业区的冠华中心(Mirror Tower)。新办事处的开业适逢施普林格出版社(香港)有限公司成立五周年;1991 年 3 月 23 日,我们和一大群大学、商界的朋友们一起庆祝,这一天来得有些迟。新的办公地点很快被证明是成功的。我们在香港备受尊敬的作者中,有来自玛丽医院(Queen Mary Hospital)和香港大学的澳洲皇家外科医学院荣誉院士(FRACS)、美国外科医师学会会员(FACS)的约翰·王(John Wong)博士。他是我们《世界外科学杂志》的共同编辑,也是该杂志委员会的成员。

211 莫里斯·邝(生于 1960 年)自 1989 年起开始管理香港的施普林格(香港)有限公司。

212 施普林格(香港)有限公司的办公室位于九龙半岛尖沙咀商业区的冠华中心。

施普林格出版社(香港)有限公司推出了一系列低价教科书,以适应学生有限的经济能力。目前为止,已出版的书目如下,代表了广泛的主题。

戴维斯(P. Davies):《循序渐进》(*Steps to Follow*),1984 年。

赛尔日·兰(S. Lang):《多元微积分》(*Calculus of Several Variables*)(数学专业本科生教材),1987 年。

赛尔日·兰:《线性代数》(*Linear Algebra*)(数学专业本科生教材),1987 年。

陈惠发、韩大建:《结构工程师的可塑性》(*Plasticity for*

Structural Engineers），1988 年。

尼尤温荷斯（R. Nieuwenhuys）等人：《人类中枢神经系统》
（*The Human Central Nervous System*），1988 年。

瓦尔特·格雷纳（W. Greiner）：《理论物理第 1 卷：量子力学导论》（*Theoretical Physics. Vol.1: Quantum Mechanics. An Introduction*），1989 年。

瓦尔特·格雷纳：《理论物理第 2 卷：量子力学对称性》
（*Theoretical Physics. Vol. 2: Quantum Mechanics. Symmetries*），1989 年。

普雷奇（E. Pretsch）：《有机化合物的结构解析》（*Tables of Spectral Data for Structure*），1989 年。

赛尔日·兰：《大学代数》（*Undergraduate Algebra*）（数学专业本科生教材），1990 年。

查尔斯·斯莱希特（C.P. Slichter）：《磁共振原理》（*Principles of Magnetic Resonance*）（施普林格固态科学系列，第 1 卷），1990 年。

卡里尔、德瑟（F.M. Callier, C.A. Desoer）：《线性系统理论》
（*Linear System Theory*），1991 年。

罗伯特·G·亨斯珀格（R.G. Hunsperger）：《集成光学》
（*Integrated Optics*）（施普林格光学系列，第 33 卷），1991 年。

伊巴赫（H. Ibach）、吕特（H. Lüth）：《固态物理学导论：理论与实验》（*Solid-State Physics. An Introduction to Theory and Experiment*），1991 年。

梅斯瑞（P. Meystre）、萨金特（M. Sargent）：《量子光学基础》（*Elements of Quantum Optics*），1991 年。

普劳特（M.H. Protter）、莫里（C. B. Morrey）：《实分析初阶》（*A First Course in Real Analysis*）（数学专业本科生教材），1991 年。

蒂策（U. Tietze）、申克（C. Schenk）：《电子电路》

(*Electronic Circuit*),1991 年。

大崎俊二(S. Osaki):《应用随机系统建模》(*Applied Stochastic System Modelling*),1992 年。

布朗(M. Braun):《微分方程及其应用》(*Differential Equations and Their Applications*),1993 年。

这些低价的版本先在新德里发行,是为了让发展中国家的学生能够负担施普林格的优质教科书;这也是一种对施普林格教科书的宣传。我们接受了一种显而易见的风险:这些低价的图书也会流向其他国家。不过,通过精心的控制,我们迄今已将这种风险控制在最低限度。

目前,香港的工作人员有 5 人,由莫里斯·邝和他的副手科尔内利娅·申德沃尔夫管理。

印度·新德里

说起国际图书贸易中"传统的英国市场",它包括英联邦的地理区域,即澳大利亚和加拿大,以及埃及、小亚细亚部分地区和印度。要在这些国家立足并不容易,因为这些国家的"发展"由伦敦控制,并以英语作为通用语言来推动和支持。我们试图打开这个市场是没有意义的,也没有成功的机会,直到我们有一个用英语出版科学出版物的项目。我们早期确实收到了一些来自印度的订单,因为这些订单很少,而且与该地区进行贸易有风险,所以一般只以预付款方式完成。新德里的今天和明天图书代理公司(Today and Tomorrow's Book Agency,R. K. Jain)可能是 20 世纪 60 年代中期第一家进口施普林格图书的公司。我们图书的第一个批发商是环球书局(Universal Bookstall,UBS)的昌德·穆汉·乔拉(Chander Mohan Chawla),该公司在德里、坎普尔和班加罗尔都设有分公司。1968 年,乔拉到海德堡拜访我

213 南迪·梅赫拉(1934年出生)和他的妻子罗斯玛丽是我们在新德里的合作伙伴纳罗萨和施普林格图书(印度)私人有限公司的经理。

们,我们给了他印度的独家发行权。1969年,我和霍尔茨飞往印度,正式签订了协议。1970年,我们与印度的第二家批发商——联合书局(Allied Publishers)达成协议,由其总经理拉马南德·萨赫德夫(Ramanand Sachdev)作为代表,在德里、孟买、加尔各答和马德拉斯(Madras)设立分公司。

最后,1973年,我们任命南迪·梅赫拉(Nandi K. Mehra)[MEHRA]为施普林格出版社在印度、巴基斯坦、斯里兰卡、孟加拉国和尼泊尔的官方代表。自19世纪下半叶以来,施普林格的图书几乎一直是英国出版商和书商的专属领域,这是我们第一次为这些国家编制邮寄名单,并由此开始了一系列密集宣传施普林格图书的活动。

1977年,我们与印度德里的图书分销商纳罗萨公司(Narosa Book Distributors Delhi)签订图书发行合同。它成为

162

施普林格图书的第三家进口商;纳罗萨分销商的代表是罗斯玛丽·梅赫拉(Rosemarie Mehra),而施普林格出版社—纳罗萨发行公司的代表是南迪·梅赫拉。当时印度的商法不允许外国公司拥有印度公司的多数股权。尽管如此,梅赫拉夫妇的信任和合作,使我们有可能在印度共同实现我们的发行和出版目标。

1980 年 9 月 29 日,随着施普林格图书(印度)私人有限公司(Springer Books [India] Private Ltd.)的正式注册,这一合作才得以正式实现。我们收到了公司注册处颁发的公司许可证。至此,施普林格印度公司(Springer India)全面负责施普林格图书在印度、巴基斯坦、斯里兰卡、孟加拉国和尼泊尔的市场和销售。为进一步加强在印度的影响力,在我们整个出版企业扩张的同时,我们在马德拉斯(1984 年 9 月 13 日)、孟买(1986 年 9 月 1 日)和加尔各答(1989 年 11 月 6 日)设立了分支机构。

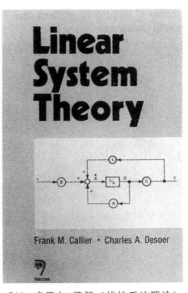

214　卡里尔、德瑟:《线性系统理论》(施普林格国际学生版,纳罗萨出版社,1992 年第一次重印)。

恰逢第六届国际医学图书馆大会(International Congress of Medical Librarianship)在新德里举行;施普林格图书(印度)公司于 1990 年 9 月 25 日庆祝了它的十周年纪念日。

印度培养了一些重要的科学家,并拥有一流的研究机构,例如孟买的塔塔基础科学研究所(Tata Institute of Fundamental Research)。我们与这些机构密切合作。杰出的数学家常德拉塞卡朗于 1949 年从普林斯顿回到塔塔基础科学研究所;1950

163

年,他与我们一起推出《塔塔基础科学研究所数学和物理学讲座》(*Tata Institute Lectures in Mathematics and Physics*),并撰写了第一卷,题为《关于黎曼 ζ 函数》(*Lectures on the Riemann Zeta Function*)。1966 年,他应召前往苏黎世联邦理工学院工作。

1984 年 9 月 13 日,塔塔基础科学研究所在印度马德拉斯开设办事处。值此之际,我们在印度泰米尔纳德邦(Tamil Nadu)政府教育部长阿兰加尼亚甘(C. Aranganayagam)先生和斯里尼瓦瑟·拉马努金(Srinivasa Ramanujan)的遗孀亚纳基·阿姆马勒(Smt. Janaki Ammal)面前展示了两卷斯里尼瓦瑟·拉马努金的笔记簿。随后在 1987 年 12 月 22 日,作为施普林格和纳罗萨的联合出版企业,我们在当时的印度总理拉吉夫·甘地先生(Shri Rajiv Gandhi)在场的情况下介绍了拉马努金的《遗失的笔记本和其他未刊论文》(*The Lost Notebook and other Unpublished Papers*)。

215 斯里尼瓦瑟·拉马努金(1887—1920)最初是一个数学自学成才者。在各大学学习的尝试都失败了。他的第一篇著作在 1912 年问世,1913 年,他终于获得了在马德拉斯大学学习的奖学金。数论家们极大受益于拉马努金的不对称公式(asynoptic formulas)和他在椭圆函数和链式断裂(chain fractures)理论上的成果。

1977 年,我们开始为印度和远东市场制作"施普林格国际学生版"(SISE)系列。截至 1977 年 12 月,已出版前五本:吉田耕作(K. Yosida)《泛函分析》,康威(J. B. Conway)《单复变函数》(*Functions of One Complex Variable*),巴施勒特(E.

Batschelet)《生命科学数学导论》(*Introduction to Mathematics for Life Scientists*),黑斯(D. Hess)《植物生理学》(*Plant Physiology*),温克勒尔(H.G.F. Winkler)《变质岩的成因》。到1992年12月,共出版50卷。

目前,我们与纳罗萨联合出版了13本个人专著、教科书和重要会议记录,另有6本正在制作中。除此以外,还有由纳罗萨发行的德国施普林格出版社柏林和海德堡公司的原版出版物。

1988年年初,在2月2日至3日夜间,正值国际书展开幕前不久,施普林格在新德里的办事处几乎被大火完全烧毁。然而,这并没有阻止我们在2月5日的书展上设立一个书摊,并受到广泛的关注。

164

国际出版商协会(International Publishers' Association)决定于1992年1月27日至31日在新德里举行大会;随后由印度国家图书信托基金(National Book Trust)和印度出版商与书商协会联合会(Federation of publishers and Booksellers Associations)及其他印度协会合作举办了一次国际书展(1992年2月1日至9日)。施普林格出版社与纳罗萨公司一起出色地参加了这次博览会,并获得最佳展台设计奖。我们与印度作者举行了多次会面。大会主要致力于促进图书贸易和出版方面的关系,特别是与发展中国家的关系。

216 1980年在新德里举行的第四届国际书展上,大象为施普林格出版社和纳罗萨做了成功的广告。同年9月29日,施普林格图书(印度)私人有限公司在印度完成商业注册。

165

第四章　欧洲分支机构

达姆施塔特—施泰因科普夫出版集团

1898 年，特奥多尔·施泰因科普夫
(Theodor Steinkopff, 1870—1955) 与合伙
人在德国德累斯顿成立了施泰因科普夫—施
普林格出版公司(Steinkopff & Springer)。
该公司与施普林格家族之间连远亲都谈不
上。随后，他于 1908 年 1 月 1 日成立了自
己的公司；他的目标与公司今天的目标一
样：培养自然科学和医学领域的文献人才。
第二次世界大战后，他的儿子迪特里希(Di-
etrich Steinkopff, 1901—1970)试图与西方

217　达姆施塔特的迪
特里希·施泰因科普
夫出版公司的标志

接触，并进一步拓展出版方面的联系。迪特里希起初在法兰克
福格里海姆（Frankfurt-Griesheim，1945 年）建立了分公司，
1950 年后又在达姆施塔特萨尔鲍大街(Saalbaustrasse)12 号建
立了分公司。在达姆施塔特，他得以继续与德国心血管研究会
(Deutsche Gesellschaft für Herz-und Kreislaufforschung, Ger-
man Society for Heart and Circulation Research)保持合作关
系，该协会的年会报告至今仍是该公司杰出的科学出版物之一；
此外，还有赫尔茨(M. Herz)于 1909 年创办的《心脏病学杂志》

（*Zeitschrift für Kardiologie*）。在施泰因科普夫公司重视物理学和化学的背景下，它们还与德国胶体协会（*Deutsche Kolloidgesellschaft*）保持着成功的合作关系；它们的官方刊物《胶体杂志》（*Kolloidzeitschrift*）自 1974 年起被称（命名）为《胶体与高分子科学》（*Colloid and Polymere Science*），并有自己的增刊系列《胶体与聚合物科学进展》（*Progress in Colloid and Polymere Science*），包括论文集。

这座位于德累斯顿的公司于 1978 年关闭。1980 年 7 月 1 日，施普林格出版社接管了迪特里希·施泰因科普夫的出版公司，并将其作为子公司，于 1980 年 1 月 1 日起生效。1993 年，伯恩哈德·莱韦里希（Bernard Lewerich）接管这家公司，他最初是公司的唯一董事，1981 年开始与克劳斯·米哈莱茨一起管理。1993 年，托马斯·蒂克特尔（Thomas Thiekötter）接任了经理一职。出版计划将继续进行，除了心理学部门，因为该部门的出版计划不那么成功。

管理、仓储、销售、配送均由施普林格出版社负责。1984 年，施泰因科普夫为科学协会和制药公司推出了一项会议服务；交付论文的快速打印大大缩短了会议记录发表的时间。1990 年，这项服务被并入海德堡施普林格的科学交流部（WIKOM：*Wissenschaftliche Kommunikation*）（参见本书第 260 页），它在更广泛的基础上提供相同的服务。

自 1980 年以来，15 名工作人员的规模基本保持不变。随着上述机构的并入，施普林格出版社为了更快地完成新项目，增加了编辑和制作人员。每年的图书出版量一直保持在 35 种左右，选题也越来越严格。在被收购时，施泰因科普夫出版了 9 种期刊，而现在有 10 种。1981 年，随着心理学项目的中止，《格式塔理论杂志》（*Zeitschrift für Gestalttheorie*）被出售后，我们又创办了两种新期刊：1987 年的《心、胸和血管外科学》（*Herz-, Thoraxund Gefäss-Chirgie*）和 1990 年的《心脏起搏器治疗和电疗学》(*Herzchrittmachertheathie und elektrophyologie*)。

伦敦

　　随着纽约施普林格出版社的成立，以及我们在海德堡和纽约英语出版项目的扩大，我们似乎越来越有必要在伦敦建立一个分支机构，因为伦敦曾经是并且仍然是英联邦的出版和图书贸易中心。今天，"传统的英国市场"不仅是一个概念，而是现实的图书贸易。它包括了英国曾经是或仍然是，世界上所有地理和政治领域的一个政治强国。这些国家包括印度、澳大利亚、加拿大、小亚细亚的部分地区、埃及和非洲的其他地区。当务之急是，我们必须在这些蕴含了丰富作者资源的英语文献市场站稳脚跟。这是我们进入英语市场并确保我们努力取得成功的唯一途径。事实证明，进入这个庞大而稳固的市场比我们预期的还要困难，尽管英国图书贸易的结构——特别是由于斯坦利·昂温爵士的努力——比美国的体制更接近中欧的体制，特别是接近德国的体制。对我们有利的是，英国的生产成本比欧洲大陆低，但这种情况很快就变了。

167

　　基于上述原因，我自 20 世纪 60 年代末以来一直试图与英国公司达成合作出版协议。在医学领域，我们与丘吉尔·利文斯通出版公司和朗文出版集团合作；在工程技术领域，我们和查普曼—霍尔公司合作，均取得了成功。保罗·迈尔（Paul B. Mayer）[SEMPER ATTENTUS：pp. 237 - 240]协助我们取得了这些联系，他在法律生涯之初就从德国移民到南非，并在南非创办了一家科学书店。几年后，他把生意交给了一个值得信赖的雇员，并把家人带回伦敦，以便他的孩子能在英国学习。1966年，我在法兰克福书展上由德国书业协会组织的一次晚宴中认识了他。他对我们的项目非常感兴趣，于是我们开始交谈。我

认为他是一位经验丰富的科
学书商，在伦敦经营着一家翻
译版权代理机构。他精通好
几种语言，并熟悉盎格鲁-撒
克逊的推销方法。他对我们
的英文宣传手册提出了很好
的建议，这需要一个不同于我
们此前针对主要市场所一直
遵循的理念。我们之间建立
了一种松散但富有成效的工
作关系；保罗·迈尔是我们与
上述英语出版商的链接者。他
还把我介绍给哈罗德·罗伯茨
（Harold F. Roberts，"罗比"
[Robbie]），他是一位经验丰
富的销售经理，并在 1970 年
成为我们的销售代表，随后在
1973 年成为伦敦施普林格出版
社（Springer-Verlag London）
的销售经理。他的儿子保罗
如今也以同样的身份为我们
工作。

218　保罗·迈尔（1910—1979），是一
位德国移民，在柏林学习法律。由于熟
悉英国市场，他能够协助伦敦尚且年轻
的施普林格策划推广方案，为伦敦分公
司的成立奠定了基础。

219　哈罗德·罗伯茨（生于 1923 年）
是伦敦施普林格的第一任销售经理。

　　这些年来，我们与保罗·
迈尔的合作越来越密切。
1972 年，他成为我们的编辑
代表，并在伦敦温布尔顿①（Wimbledon）教堂路 37A 处设立了

---

① 　温布尔顿是位于伦敦西南部的一个小镇，自 1877 年开始举办网球赛事，也就是
今天俗称的"温网"。该赛事于每年 6 月最后一周星期一至 7 月初定期举行，已
经形成传统。作者下文解释选址缘由，并非"出于对网球的热爱"。——译者注

伦敦施普林格出版社的第一个办事处,办事处于 1973 年 11 月
28 日正式开业。我们选择温布尔顿既不是营销策略,也不是出于
对网球的热爱;温布尔顿位于通往伦敦的交通要道上,地理位置
优越,对于作者来说交通便利,但价格却不像伦敦城那样高昂。

　　在关闭了自己的代理公司后,保罗·迈尔和罗伯茨一起成
功地管理着起初规模不大的分公司直到退休。保罗·迈尔于
1979 年 8 月 16 日逝世。迈克尔·杰克逊(Michael Jackson)于
1977 年加入伦敦办公室,担任医学编辑,罗杰·多宾(Roger
Dobbing)于 1979 年被聘为伦敦项目部的生产经理。伦敦施普
林格出版社出版的第一本书是由贝顿(Beighton)和克雷明
(Cremin)于 1980 年合著的《硬化性骨发育不良》(*Sclerosing
Bone Dysplasias*)。

220　世纪之交,温布尔顿的教堂路。

　　20 世纪 50 年代末,我碰巧遇到了一位在医学领域很有能
力的顾问:瓦尔特·利奥波德·冯·布鲁恩(Walter L. von
Brunn),图宾根的医学史教授。他是外科医生和医学史家瓦尔

特·冯·布鲁恩(Walter von Brunn)的儿子,曾写过一本关于外科手术历史的书,由施普林格出版社于 1928 年出版。瓦尔特·利奥波德·冯·布鲁恩为我们写了一部优秀的专论,名为《威廉·哈维作品中的循环功能》(*Kreislauffunktion in William Harveys Schriften*),发表于 1967 年。1960 年,在慕尼黑举行的外科医师大会上,他把我介绍给伦敦的杰拉尔德·格雷厄姆(Gerald Graham)。当时,格雷厄姆是《德国医学周刊》(*Deutsche Medizinische*

221 杰拉尔德·格雷厄姆(生于 1918 年),是英国大奥蒙德街儿童医院的临床生理学教授。他为我们建立伦敦分支机构提供了很大的帮助,并把我们介绍给作者和编辑。他从 1990 年至 1993 年一直担任伦敦施普林格的管理层。

Wochenschrift)(德国蒂墨出版社[Thieme-Verlag])英文版的编辑,并在英国大奥蒙德街儿童医院(Hospital for Sick Children, Great Ormond Street)担任临床生理学教授。我向格雷厄姆寻求帮助,请他协助出版我们的英文版期刊,同时也将我们的期刊欧洲化,并在需要的时候创办新的纯英文期刊。

通过格雷厄姆,我们认识了一些重要人物,比如阿伦·克里斯平(Alan Chrispin),他在 1973 年至 1990 年任《儿科放射学》的编辑,以及杰出的病理学家科林·贝里爵士(Sir Colin Berry)。多亏了海德堡的主编威廉·德尔的开明思想,我们才能够在 1984 年赢得科林爵士的支持,请他出任《菲尔绍文献》期刊的联合编辑。这是该杂志走向国际化的重要一步,也是该杂志所涉及的临床病理学的收获,英国读者对此很感兴趣。1993 年被授予爵位的贝里仍在《菲尔绍文献》期刊工作,并于 1981 年

169

与施普林格合作出版了非常成功的《儿科病理学》(*Paediatric Pathology*)一书(1989 年第二版)。

222,223　科林·贝里爵士(生于 1937 年)是伦敦医学学院(London Hospital Medical College)的病理学教授。1981 年我们出版了他的《儿科病理学》。自 1984 年以来,科林爵士一直是《菲尔绍文献》期刊的联合编辑。

1979 年,我们和杰拉尔德·格雷厄姆在纽约创办《儿科心脏病学》(*Pediatric Cardiology*)杂志;1990 年,他签约了芝加哥的伊恩·卡尔(Ian Carr)成为一名活跃的联合编辑。在格雷厄姆的建议下,我们的第一本伦敦杂志《肾内科透析移植》(*Nephrology Dialysis Transplantation*)于 1986 年创刊。格雷厄姆还是许多其他期刊的编辑和联合编辑:库普兰(R. E. Coupeland)的《外科与放射外科解剖学》(*Surgical and Radiologic Anatomy*)、戈德史密斯(R. Goldsmith)的《欧洲应用生理学期刊》(*European Journal of Applied Physiology*)、格兰特(D. Grant)和普里斯(M. Precce)《欧洲儿科学杂志》(*European Journal of Pediatrics*)、休斯(R. A. Hughes)的《神经病学杂志》(*Journal of Neurology*)、莱夫勒(F. E. Loeffler)的《妇产科文献》(*Archives of Gynaecology and Obstetrics*),以及托马斯(P. Thomas)的《欧洲精神病学与临床神经科学文献》(*Euro-*

pean Archives of Psychiatry and Clinical Neuroscience）。最后，在 1976 年，格雷厄姆还协助我们将德文杂志《肺病学》（*Pneumologie*）（1970 年以前称为《结核病和肺部疾病的临床和研究文集》[*Beiträge zur Klinik und Erforschung der Tuberkulose und Lungenkrankheiten*]）改为由威廉斯（M. H. Williams）在纽约负责的《肺科杂志》（*Lung*）。

1985 年 1 月，我们在温布尔顿教堂路 43 号买了一栋大楼。搬进来后，我们的员工人数增加了，杰拉尔德·格雷厄姆担任总经理。

这些年，我们在纽约所遭遇的情形，放在当年的伦敦更加真实：绝大多数英国作者留在了他们的英国出版商那里，这是可以理解的。

170

因此，我们必须提供更好的服务，保证出色的制作质量——特别是在插图方面，以赢得英国作者的青睐。在我的老朋友和手术骨折治疗联合创始人莫里斯·米勒的帮助下，我成功地签下了他的英国同事约翰·查恩雷爵士（Sir John Charnley）的主要作品，即《低摩擦髋关节置换术》（*Low Friction Arthroplasty of the Hip*）。

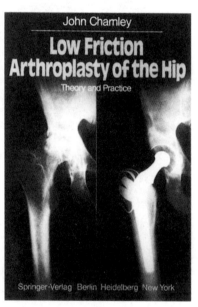

224　约翰·查恩雷爵士的《低摩擦髋关节置换术》，1979 年。

这本书出版于 1979 年，并在世界范围内取得了成功。渐渐地，我们吸引了自然科学和工程技术以及医学方面的其他作者，并在计算机科学领域取得了长足进步。在这方面，我们要感谢雷·厄恩肖（Rae A. Earnshaw）的合作。

1986 年,我们在英国贝德福德郡设立了一个销售和市场部门。之所以选择这个地方是因为,它同时也是我们在 1985 年 7 月接管的出版公司国际流体服务公司(International Fluidics Services,IFS,业务主攻工程技术,特别是机器人方面)的所在地。此后不久,我们决定扩大伦敦分部,并在计算机科学和工程技术领域更加活跃。为此,我们聘请了 J.卡梅隆(J. Cameron)为总经理,并同销售和市场部一起,在 1988 年年初搬进了英国温布尔顿火车站附近一座更大的建筑里。

近期,我们的组织结构又有了新的变化。卡梅隆在 1990 年年初离开了我们,我们在伦敦的办公室又由格雷厄姆管理,现在他可以全职工作,并得到了柏林海德堡施普林格出版社销售主管彼得·波尔汉斯尔(Peter Porhansl)的密切协助。

多年来,我们与英国作者和编辑的关系发展良好,特别是我们创办了一些新的期刊。以下期刊均在伦敦出版:

225 《临床肿瘤学》,1992 年,第 6 期,第 4 卷。这本英国皇家放射学会(RCR)的杂志由特里·詹姆斯·普里斯特曼(Terry James Priestman)和巴兹尔·阿诺德·斯托尔(Basil Arnold Stoll)编辑。

医学类

《临床肿瘤学》(*Clinical Oncology*)(1989 年)

《比较国际血液学》(*Comparative Haematology International*)(1991 年)

《国际泌尿妇科杂志》(*International Urogynaecology Journal*)(1990 年)

《国际骨质疏松杂志》(*Osteoporosis International*)

（1990 年）

《静脉学》（*Phlebology*）（1992 年）

生物学类

《上皮细胞生物学》（*Epithelial Cell Biology*）（1992 年）

计算机学类

《人工智能与社会》（*AI & Society*）（1987 年）

《计算的形式方面》（*Formal Aspects of Computing*）（1989 年）

《神经计算与应用》（*Neural Computing and Applications*）（1993 年）

《图灵研究所人工智能摘要》（*The Turing Institute Abstracts in Artificial Intelligence*）（1991 年）

《应用信号处理》（*Applied Signal Processing*）（1994 年）

科技/工程类

《高级制造技术国际学报》（*International Journal of Advanced Manufacturing Technology*）（1989 年）

《系统工程学报》（*Journal of Systems Engineering*）（1991 年）

《计算机视觉与应用》（*Machine Vision and Applications*）（1988 年）

会计学类

《国际会计杂志》（*International Journal of Accounting*）（1989 年）

巴黎

由于法国图书贸易的特殊性，法国对平装本图书的偏爱，以及最重要的是法国人几乎只使用本国语言，法国对所有外国出版商来说都是一个封闭的市场。然而,它对我们来说还是非常有吸引力的,因为它与杰出的科研机构、大学和杰出的学者所在的国家相邻。此外,巴黎是举办科学会议的热门地点。我们还认为,从长远来看,法国的科学家并不能脱离英语这一出版通用语言,即使制定标准的政府当局尽力保持法语作为会议和出版语言的地位。从1992年4月23日发表在《自然》(*Nature*)杂志的一篇文章中可以看出,直到今天,法国的语言问题仍存在争议:文章援引马赛大学一名教授的话说,他曾写信给密特朗总统(President Mitterand),因为科学研究中心(Center For Science Research)不再支持任何法国科学期刊。密特朗是"法语国家高级理事会"(High Council Of Francophony)的赞助人。

> 我们不能再接受这样一个事实,即尽管国家元首已经发表了声明,但研究机构的最高当局仍然无视法语作为科学出版物的国际语言。

172

几年前流传甚广的一件轶事更能说明这一情况:一位著名的法国自然科学家在一次国外大会上发表了一篇论文,他在头 5 分钟用法语发言。然后转而用英语,他解释说,由于他 90% 的研究工作都由洛克菲勒基金会资助,他觉得剩下的 90% 时间讲英语是合理的。

起初,我们试图发展与法国图书贸易的联系,并参加所有重要的会议。因此,我们希

226 帕特丽夏·奥汉隆-萨巴(生于1922 年)是施普林格公司在巴黎的第一位代表。

望同时与法国所有学科的优秀作者建立联系。但官方坚持使用法语,这一立场并不鼓励法国出版商使用英语出版。在这里,我们发现了自己的优势,并且可以从中获益。

　　然而,如果没有在巴黎的代表,我们就无法实现我们的目标。我们很幸运地认识了帕特丽夏·奥汉隆-萨巴(Patricia O'Hanlon-Sarbach),她在国际图书贸易和同作者打交道方面非常有经验。她精通英法双语,还精通德语和意大利语。她在法国为麦格劳-希尔设立了一个办公室,我是在 1972 年巴黎的国际出版商大会上认识她的,当时她陪同美国出版界的元老出席,即柯蒂斯·本杰明(Curtis Benjamin)——时任麦格劳-希尔公司的总裁。朋友和熟人都叫她"帕迪"("Paddy")。几年前,当康拉德·费迪南德·施普林格在麦格劳-希尔接受培训时,帕特丽夏顺便认识了他。帕特丽夏·奥汉隆-萨巴从 1958 年到1960 年一直担任佩尔盖蒙出版社的编辑,1960 年到 1966 年担任葛第维拉(Gauthier-Villars)出版社的编辑。我们在 1966 年聘用了她。因为她更了解法国本国的图书贸易市场,这对我们而言是有利的。她后来说:"当我看到施普林格出版社的英文出版物时,它给我的印象是最有进取心的科学出版社。"该协议是在柏林与保罗·赫费尔达成的;她暂时负责我们的图书和期刊在法国的销售工作。她的工作是:"……通过亲自拜访书商、图书管理员、教授等,并在代表大会、书展、大学图书馆、书店等组织展览,推广施普林格出

227　珍妮·托瓦尔(生于 1943 年)自1978 年以来一直与海德堡施普林格保持联系。1981 年,她接管我们在巴黎的办事处,1985 年接管我们在法国的施普林格出版社分公司。

版物。"她的职责不仅限于法国,还包括比利时、西班牙、葡萄牙,以及一开始的意大利。20世纪70年代,阿尔及利亚也加入了这一名单。我们从一开始就试图运用帕特丽夏·奥汉隆-萨巴的编辑经验,以及对法国作者的了解。我尤其感谢她让我与琼·伯纳德以及琼·伯纳德的学生马塞尔·贝塞斯和乔治·马特(Georges Mathé)有了更多的私人交往。我们与贝塞斯创办了《血细胞》杂志(现由纽约公司负责),并接手了最新的《新版法国血液学杂志》(*Nouvelle Revue Française d'Hématologie*)和一系列其他重要的图书项目。

在数学领域,我们已经与法兰西公学院(Le Collège de France)的马塞尔·贝格尔、昂利·嘉当、让·皮埃尔·塞尔和雅克·蒂茨建立了良好的关系;我们还与法国斯特拉斯堡的夏尔·埃雷斯曼(Charles Ehresmann)合作。因此,除营销方面的联系外,我们还制定了相当多的图书和期刊出版计划,这需要单独处理。1981年9月,我们和珍妮·托瓦尔(Jeanne F. Tovar)设立了一间不起眼的办公室,一开始她是在自己的公寓里办公。1978年,我们在巴黎见过她,当时我们正在与法国蒙彼利埃的阿波斯冲(P. Rabischong)讨论他对《临床解剖学》(*Anatomia Clinica*)杂志的看法,托瓦尔女士为阿波斯冲工作,她完美的双语能力和谈判能力给我们留下了深刻的印象。

让我们的法国作者感到高兴的是,他们不再需要向海德堡说明他们的出版计划和愿望,而是可以用法语与一个国际化的同胞交流。在此值得一提的是制作部的吉泽拉·德利斯(Gisela Delis),她致力于以最少的成本实现我们的目标;在此期间,她自发地与巴黎和伦敦保持着所有联系,而且往往是非常规的。

1985年11月14日,法国施普林格出版社(Springer-Verlag France)在巴黎商业登记处注册为"受外国法律管辖的公司"("société de droit étranger");1986年11月17日起,我们再次注册为"有限责任公司"("société à responsabilité limitée")。因

228,229　琼·伯纳德（生于 1907 年），法兰西学术院院士，与马塞尔·贝塞尔一起，在我们接管《新版法国血液学杂志》中发挥了重要作用。并参与创办了《血细胞》杂志。

230　自 1986 年起，法国施普林格出版社在巴黎的总部设在加尔默罗路 26 号。

此，我们成为最初极为保守的法国出版界的一部分，并得到了我们的数学作者以及马塞尔·贝塞斯和琼·伯纳德等人的精神支持。我们选择了巴黎拉丁区的郊区作为我们不起眼的分公司的地址，并于 1986 年搬到加尔默罗路(Carmes)26 号。目前有一个专门的团队在那里工作，由珍妮·托瓦尔领导，米特尔曼(M. J. E. Mittelmann)协助，于尔根·维乔雷克(Jürgen Wieczorek)从海德堡为我们提供支持。法国施普林格出版社出版的第一本书是 UICC(国际抗癌联盟，International Cancer Union)的《恶性肿瘤 TNM 分类》(*TNM Classification of Malignant Tumors*)。

　　法国科学出版商对英文出版物的热情的缺乏，为我们赢得了法国学者朋友。法国在许多科学领域，在数学和医学，尤其是在放射学方面，产生了许多杰出的科学家。从 1985 年法国施普林格出版社的成立到 1992 年年中，法国作者共出版了 56 本著作，其中 45 本为法文，11 本为英文。其中包括与法国外科学会(French Society of Surgery)合作的两部作品和两本教科书：谢弗雷尔(J.-P. Chevrel)(等人的《四肢》(*Les membres*)(*The Extremities*)，以及博西(J. Bossy)的《神经解剖学》(*Neuroanatomie*)。此外，一些图书还同时以法文和英文出版。

175

　　目前最成功的书有弗朗索瓦·博内尔(François Bonnel)的《膝关节》(*Le Genou*)，克劳斯·迪布勒(Claus Diebler)和奥利维埃·杜拉茨(Olivier Dulac)的《小儿神经学和神经放射学》(*Neurologie et neuroradiologie infantiles*)。每本书都来自我们的两个主要项目之一：骨科手术和神经科学(参见本书第 282 页、第 292 页)。

　　法国施普林格出版社主要负责 6 种期刊，其中 3 种是从海德堡施普林格出版社接手的(《新版法国血液学杂志》、《外科与放射科解剖学》、《放射学》(*Radiologie*))，另外 3 种是在巴黎创办的(《医学影像学评论》(*Revue d'lmagerie Médicale*)、《肿瘤学笔记》(*Cahiers d'Oncologie*)、《矫形外科—骨伤学》

(*Orthopédie-Traumatologie*)。

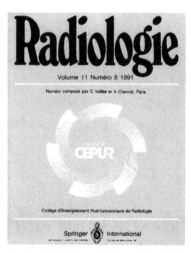 

231 《放射学》，放射学研究生院（CEPU）的刊物。

232 《医学影像评论》，法国放射学会的刊物。

　　值得一提的是日内瓦的让娜·埃尔施编辑的卡尔·雅斯贝尔斯的《哲学》的法文译本。该书于 1986 年 3 月出版时，在法国施普林格出版社举行了庆祝活动，并在瑞士驻巴黎大使馆举行了招待会。1989 年 10 月，我们又出版了该书的平装本。

　　下表总结了我们巴黎分公司 1988 年至 1992 年的经济发展情况：

1988—1992 年施普林格法国公司的营业额（以法郎计）

年	期刊	图书	总计
1988	83 459	2 911 325	2 991 784
1989	1 462 101	5 407 611	6 869 712
1990	1 451 136	7 189 368	8 640 504
1991	1 663 939	7 438 653	9 102 592
1992	1 799 523	6 008 174	7 807 697
总计	6 460 158	28 955 131	35 415 289

176

苏维埃社会主义共和国联盟/独立国家联合体·莫斯科

对苏联的出口

在 20 世纪 20 年代末和 20 世纪 30 年代初,施普林格的作品出口到苏联的比例达到了总出口量的 18.8%[HS: p. 324]。因此,苏联在我们的出口国名单上名列前茅。1933 年后,由于政治原因,这一情况发生了变化,第二次世界大战后,其他的一些因素开始发挥作用。如前所述,德国失去了其在自然科学和医学领域的领导地位,现在研究工作主要集中在盎格鲁-撒克逊世界。我们顺应了这一发展潮流;我们向英语世界敞开了大门,并促进了我们对英语国家的出口。

将英语作为国际科学通用语言,在当时是决定性的变化;同样,其他语言也很重要。逐步的专业化意味着所有科学领域不再可能在每个国家都有同样多的代表,合作工作目前在更大的地理范围内进行。科学文献的传统出版场所和市场已经发生了变化。

这一切的结果是,第二次世界大战后,我们与苏联的出口业务是在与 20 世纪 30 年代初不同的条件下进行的。此外,苏联没有加入任何国际版权协议。更早的沙皇俄国也没有签署《伯尔尼公约》,但有几家出版商(如圣彼得堡的里克[Ricker]和埃廷格[Ettinger])通常为翻译授权支付少量费用,因为这是获得电子版插图的先决条件。

版权

布尔什维克的俄国在原则上拒绝外国版权。因此,在 20 世纪 20 年代,无数的施普林格书籍在没有许可证的情况下被重印。其中最主要的是技术方面的书籍,但德国医学类的书籍也很受欢迎。《杜贝尔机械工程手册》有五种俄文版本,均来自不同的出版商，内容也不尽相同。从那时起，一切都没有改变。这意味着西方文献在苏联的继续重印没有任何障碍，反之亦然。实际上，苏联为许多（在某些情况下是杰出的）科学机构和图书馆购买了期刊和图书，购买的目的通常是重印。然而，在需求不大的地区，重印是不划算的。西方的情况正好相反，苏联著作的翻译版销售量一直处于低谷。当然还是有一些有趣的图书，但是没有一个西方出版商能承担得起这样的风险，即遇上

177

DIE GRUNDLAGEN DER THEORIE
DER MARKOFFSCHEN PROZESSE

VON

E. B. DYNKIN

PROFESSOR DER FAKULTÄT FÜR MATHEMATIK UND MECHANIK
DER UNIVERSITÄT MOSKAU

INS DEUTSCHE ÜBERTRAGEN VON

DR. JOSEF WLOKA

HEIDELBERG

SPRINGER-VERLAG
BERLIN · GÖTTINGEN · HEIDELBERG
1961

233　邓金的《马可夫过程（定理与问题）》《数学科学导论》，1961年，第108卷。

西方竞争对手正打算在同一时间出版同一本书。然而，在这种无法无天的情况下，来自苏联的作品在西方自然也会被翻印。很明显，一般来说，作者并没有获得版税。不过，施普林格依然给苏联数学家和物理学家支付了版税，例如为柯尔莫戈罗夫（Kolmogoroff）和弗仑克尔（Frenkel）支付了与德国同行相同的版税。

　　我觉得利用苏联和西方国家对西方作者缺乏法律保护这一点是不对的，反之亦然；我们也在试图改变和改善这种情况。不过，我在努力把苏联作者的手稿寄给苏联出版商的同时，也收到了它的复印本。这样，我们就赢得了翻译的时间，甚至可能在原稿出现在苏联并引起其他西方出版商注意之前，我们就把图书出版了。尤金·鲍里索维奇·邓金（E. B. Dynkin）的重要著作《马尔科夫过程（定理与问题）》（*Die Grundlagen der Theorie tier Markoffschen Prozesse*，《数学科学导论》，1961年，第108

卷)就是在这种情况下出版的。我还是在原则上向苏联作者提供了版税,让他们在访问西方、参加会议时使用。若款项转给苏联则会被其国家没收。

施普林格出版社和苏联著作权协会

苏联当局完全掌握这种做法。苏联于 1973 年 5 月成为《世界版权公约》的成员。1974 年 5 月 27 日,我们收到了苏联著作权协会(VAAP,Vsesoyuznoye Agentstvo Po Avtorskim Pravam)的邀请,要求协助拟定现在所需的合同。该机构成立于 1973 年 8 月 16 日,第一任主席是鲍里斯·潘金(Boris Pankin)。

为此,我和金特·霍尔茨于 1974 年 6 月 27 日至 29 日前往莫斯科。同年 10 月,双方在海德堡完成了讨论,当月 16 日,施普林格与苏联著作权协会签订了第一份框架合同。合同的苏联方签字人是副主席尤里·沙罗夫(Yuri P. Sharov)和该机构的行政主管鲍连卡·萨泽平(Boris A. Sazepin)。这成为科学信息交流的一个里程碑。苏联著作权协会对许可证贸易的技术规定,以及国际图书公司(Mezhdunarodnaya Kniga)可靠的财务结算,是双方翻译业务有利发展的先决条件。

在与苏联著作权协会进行这些谈判之前,还发生了另一件能说明苏联与西方图书贸易关系改革的事件。在 1973 年 10 月 11 日至 16 日举行的法兰克福书展期间,西方出版商和苏联职能部门之间就合法购买西方图书特别是期刊的问题发生了激烈争论,因为苏联已经成为《世界版权公约》的成员;也就是说,在此之前,这些出版物在苏联都只是重印本。苏联提到的所谓《斯德哥尔摩议定书》(Stockholm Protocol)[ULMER:pp. 93 - 95]规定了对欠发达国家的版权限制,并指出了苏联不稳定的经济状况。1967 年,议定书的第一稿遭到以国际科学、技术和医学出版社集团(International Group of Scientific, Technical, and Medical Publishers)为代表的西方出版商的强烈抵制;直到 1974 年 10 月 10 日,修改后的巴黎版本才开始生效。当时担任国际图书公司总裁的尤里·列昂诺夫（Yuri B. Leonov）率领的苏联代表团要求商定一个过渡期，但没有提及过渡期的具体期限。在此期间，在未经西方出版商许可的情况下，重印工作将像以前一样继续进行，其许可费最多为俄文订阅价格的 3% 至 10%（!），因为苏联的研究机构和感兴趣的科学家无力支付西方高昂的订阅价格。很明显，在这些讨论中，苏联人对科学期刊的出版及其经济基础有着根本不同的看法，因此不可能达成任何妥协。

234　1927 年在莫斯科印刷的未经授权的俄文译本，是 1925 施普林格出版的雨果·杜博维茨（Hugo Dubovitz）所著的《脂肪工业中的化学操作控制》（*Chemische Betriebskontrolle in der Fettindustrie*）。

为了让人们更好地了解这种重印的规模，我们可以这样说，在 1973 年之前，苏联重印了大约 1000 种主要期刊，每种期刊的印数约为 250 份。平均每个期刊一年出版 10 期，每年总计达 250 万份。据估计，其中的三分之一被再次出口到与苏联有联系的国家，其中大多数属于国际版权公约成员之一。因此考虑到这些数据，我们无法接受苏联的主张。

在 1973 年 10 月 10 日法兰克福书展前夕举行的一次会议上，国际科学、技术和医学出版社集团及其秘书长保罗·尼霍夫·阿瑟（Paul Nijhoff Asser）代表所有成员制定了以下要求："出版商反对苏联的许可证要求。"这在博览会期间遭到了苏联代表团的强烈反对（*Publishers Weekly*，1973 年 11 月 5 日，第 44 页）。在随后的几年里，事情逐渐平息下来，正常的图书交易

179

也得以建立。

莫斯科苏联科学院

苏联在 1973 年加入《世界版权公约》后,我们特意恢复了与苏联–俄罗斯科学院(Soviet-Russian Academy of Sciences)的联系,并取得了成功。俄罗斯科学院(Russian Academy)是在彼得大帝的倡议下,于 1724 年 2 月 8 日在圣彼得堡成立。自 1934 年迁至莫斯科后,它一直是苏联最重要的科学院,是圣彼得堡和新西伯利亚的重要科学中心。我们寻求与该科学院的联系是为了我们的图书销售活动,同时也为了与该科学院成员建立联系。

随着时间的推移,我们与莫斯科科学院的数学研究所、斯捷克洛夫研究所(Steklov Institute),以及圣彼得堡和新西伯利亚的科学院分部建立了特别友好的关系。斯特克洛夫研究所的成员之一是 R. V. 加姆克列利泽院士,我们与他一起出版了《数学科学百科全书》(*Encyclopaedia of Mathematical Sciences*)的英文版,苏联最重要的作者撰写了基础卷,其俄文版由莫斯科的全俄科学技术信息研究所(Viniti)出版。

235　卡姆克列利泽·列瓦兹·加姆克列利泽(生于 1927 年),自 1988 年以来,他一直是我们多年的顾问,《数学科学百科全书》系列的编辑。

施普林格出版社凭借这套丛书,从西方作者中赢得了杰出的数学家。《数学科学百科全书》自 1988 年百科全书第一卷出版以来,又出版了 32 卷,在世界范围内引起了共鸣和认可。目前我们正在筹划另外 45 卷的出版工作。

通过 R. V. 加姆克列利泽,我们与维诺格拉多夫(I. M. Vinogradov)取得了联系。维诺格拉多夫是著名的数论专家,多年来一直担任斯捷克洛夫研究所的负责人。他所选的论文作为我们 1985 年"蓝皮丛书"的一部分出版。

从 20 多年前的第一次会议开始,我们与莫斯科苏联科学院图书馆的关系在亚历山大·扎哈罗夫(Alexander G. Zakharov)的指导下就非常成功。自 1973 年以来,由于扎哈罗夫的远见卓识和实际帮助,我们得以在所有 15 个苏维埃共和国的学院分院举办了约 100 次施普林格书刊展览。

国际图书公司

从一开始,负责苏联所有图书和期刊进口,包括所有相关付款交易的中央机构就是国际图书公司(Mezhdunarodnaya Kniga / The International Book),简称 Mezhkniga。第二次世界大战后,我们与这家图书进口机构的第一次接触是在 1971 年的法兰克福书展上。我们当时与科洛索娃(V. F. Kolossova)进行了交谈,她一直是我们在苏联时期艰难的图书销售业务中的合作伙伴,多年来一直如此。

在那些日子里,我们对苏联的图书销售额每年只有大约 16 万马克。期刊的营业额约为 228 000 马克(包含 111 种期刊,905 份订阅量)。相比之下,我们同期向波兰出售了价值近 60 万马克的书籍!

在法兰克福与科洛索娃女士的交谈中,我们在增加营业额、安排图书展览和规范翻译权方面努力寻找其可能性。当时,国际图书公司还设法保护苏联作者的版权,并授予施普林格翻译和发行英文出版的俄文图书的权利,但反过来又宣称,这样的安排是不可能的。

书展

我们之所以增加图书和期刊的出口,主要是为了让我们出版的作品在苏联的所有共和国都为人所知。因此,似乎有理由用一个单独的篇幅来介绍这个领域。为实现我们的目标而进行的谈判是令人疲惫的,这很大程度上需要不屈不挠的精神。金特·霍尔茨和他后来的助手霍斯特·德雷舍尔都具备这一必要的毅力。所有参加这些谈判的人都出于这样的信念:德国与苏联,特别是俄国本身的关系,可以追溯到彼得大帝时期的悠久传统。

俄罗斯和其他苏联加盟共和国作为东方的邻国一直发挥着重要的作用,而德语仍在科学界继续发展。无论是在莫斯科、圣彼得堡,还是在新西伯利亚和俄罗斯科学院,德语在其中的作用是显而易见的。传统也将我们同波罗的海国家,以及白俄罗斯和乌克兰联系在一起。

我们试图在尽可能多的城市、大学和学术机构中呼吁人们关注我们的作品,我们的努力并非一无所获。早在1972年,我们就收到举办巡回展览的授权。我们努力使科学家们和科学图书馆尽可能全面地了解我们的出版计划。1973年3月20日至4月1日,施普林格出版社在莫斯科学者之家(House of Scholars in Moscow)举办了首次独立出版物展览,其中包括1000本书和80种期刊。4月11日至21日,在圣彼得堡(当时的列宁格勒)的科学院大楼再次展览。金特·霍尔茨参加了这两次非常重要的活动。这些都发生在苏联成

236　1973年在莫斯科和列宁格勒举办的书刊展览目录(苏联科学院/施普林格)。

为《世界版权公约》一员的时候,也是在许可证和翻译权从国际图书公司移交给苏联著作权协会之后。

1974 年 2 月 8 日,苏联科学院庆祝其成立 250 周年,同年 10 月 16 日,苏联著作权协会和施普林格出版社签订了框架合同。营业额开始缓慢增长。在 1975 年法兰克福书展上,苏联著作权协会第一次带着一个大型代表团一起亮相,同往的还有国际图书公司。签署了框架合同后,气氛变得更加轻松,我们开始和苏联著作权协会讨论销售问题的同时,也开始与苏联作者接触,特别是数学和物理学领域的作者。

1976 年 5 月的华沙国际书展上,第一届莫斯科国际书展被宣布将于 1977 年 9 月举行。宣布的时间和地点都选得很好:华沙国际书展自 1956 年开始举办,已发展成为东欧书商的主要活动场所。

1976 年 9 月 16 日至 21 日的法兰克福书展期间,苏联的三场施普林格展览最终被安排于次年在莫斯科、基辅(Kiev)和明斯克市(Minsk)举行。扎哈罗夫指导下的莫斯科自然科学图书馆(The Library of Natural Sciences)负责规划这些展览。这标志着双方开始了长期而成功的合作关系,当然不仅是在书展方面。

1977 年 9 月 6 日至 14 日,由斯图卡林(Stukalin)书记领导的国家出版、印刷和图书销售委员会(State Committee on Publishing, Polygraphy, and Bookselling)主办的第一届莫斯科国际书展,是苏联向西方谨慎开放的第一步。参展的 193 家德国出版商的展览由德国书业协会组织。H.德雷舍尔负责我们自己的大展台(11 平方米)。我们的权利和许可部门首次与苏联作者签订了合同(W.贝里斯泰特)。

由于我参与了之前的合同范本的制定,我作为贵宾受到了苏联著作权协会的接待,国际图书公司向我们颁发了荣誉证书,以表彰我们过去几年的良好合作。德国大使汉斯-格奥尔格·维克(Hans-Georg Wieck)的招待会不仅是博览会上最盛大的活动,这对德国与会者来说也是一场盛会。参加第一次国际书展的人很多。

在苏联大约 20 家书店里,现在可以用卢布买到西方文学作品——在莫斯科的大书店 Dom Knigi(House of Books),它的能干的经理韦什尼亚科娃(V. F. Weschnyakova)对我们很有好感。图书馆承诺每年都会举办图书展览,我们带着价值超过 28 万德国马克的订单回国。总而言之,这些迹象令人鼓舞,我们与苏联发展正常关系的前景是有希望的。

1978 年,我们实现了 130 万德国马克的营业额,并在国家科学—医学图书馆举办了第一次医学文献专场展览。该图书馆已搬到一个更宽敞的大楼,馆长是亚库宁(N. A. Yakunin)。多亏了 H.德雷舍尔坚定不移的努力,同时也要归功于他的直觉,更要归功于他所提供的富有同情心的帮助,最重要的是在 A. G.扎哈罗夫的领导和科学院图书馆的热情帮助下,展览得以顺利进行;除提供与作者见面的可能性外,这种展览是宣传我们作品的最佳工具。这些年来举办的展览清单(参见本书第 185 页)显示了我们极大的努力。它对我们在苏联的营业额产生了积极的影响;尽管在与政府控制经济的国家做生意时,我们必须时刻准备好应对与自然经济动态无关的不可预见的衰退。

尽管如此,两年一次的国际书展对当时的形势产生了决定性的影响。参加第二届国际书展(1979 年 9 月 4 日至 10 日)的苏联科学家特别多。克劳斯·米哈莱茨和我再次成为苏联著作权协会的贵宾。国际象棋大师米哈伊尔·鲍特维尼克(Mikhail Botvinnik)等知名人士与我们讨论了图书出版计划,后者晚些时候出版了《我对国际象棋编程的新想法》(*Meine neuen Ideen zur Schachprogrammierung*,1982)和《国际象棋中的计算机》(*Computers in Chess*,1984)。宇航员列昂诺夫(Leonov)和贝里戈沃伊(Berigovoy)对我们的展台表现出兴趣。我访问了由 E. I.恰佐夫(E. I.Chazov)领导的国家心脏中心(National Heart

183

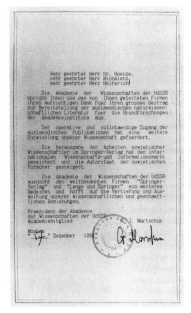

237 苏联科学院院长古里伊·马尔丘克（Gurii I. Marchuk）给施普林格出版社的感谢信，1991 年 12 月 17 日。

Research Center）。我们商定出版的《动脉粥样硬化和血栓形成中的血管壁》（*Vessel Wall in Athero and Thrombogenesis*）一书，由恰佐夫和他的助手斯米尔诺夫（Smirnov）主编。在莫斯科举行的第九届世界心脏病学大会（World Congress of Cardiology）上介绍了这本书的成品，大会主席就是恰佐夫。

184

　　繁忙的国际书展之后，施普林格出版社在一家格鲁吉亚餐厅（Aragwi）举办宴会，招待了苏联著作权协会和国际图书公司的合作伙伴以及一些作者。在后来的国际书展上，我们也举办了类似的招待会；但是，我们发现在更传统、装修得更好的莫斯科国家酒店（Hotel National），气氛更适合这一场合。

　　1982 年 11 月，施普林格出版社代表国际图书公司在柏林工业大学首次展出了苏联的科学书籍。在随后的几年里，我们还举办了类似的活动。

施普林格出版社在苏联举办的书展（1973—1990）

1.
Library of Natural Sciences
of the USSR Academy of Sciences
ul. Snamenka 11
Moscow 119890

Moscow: March 1973, May 1977, September 1978, April 1979, April 1980, March 1981, September 1982, February 1984, September 1986, September 1988[1], March 1990[2]
Leningrad: April 1973, October 1982
Kiev: June 1977, June 1979, May 1981, October 1986, December 1988
Minsk: June 1977, June 1981, November 1988, April 1990
Novosibirsk: September 1978, April 1981, January 1987
Tbilisi: October 1978, April 1984, November 1986, June 1990
Tashkent: April 1979, February 1989, July 1990
Yerevan: May 1979, November 1982, December 1986
Alma-Ata: April 1980
Ashkhabad: May 1980
Baku: June 1980, January 1989
Lvov: June/July 1980
Tallinn: June 1981, September 1982
Dushanbe: December 1982
Riga: March 1984, October 1988[3]
Vilnius: March 1984
Kazan: May 1984
Ufa: June 1984
Frunze: January 1987, March 1989
Kishinev: May 1990
Vladivostok: September 1990[4]
Sverdlovsk (now Yekaterinburg): October 1990

2.
USSR State Library of Science
and Technology
Kuznetsky most 12
Moscow 103032

Moscow: November 1979, September 1986 (journals)

[1] Simultaneous with an exhibition in Moscow at the USSR Academy of Sciences/Shemyakin Institute of Bio-organic Chemistry.
[2] Simultaneous with a symposium on semiconductors in Chernokolovka, near Moscow.
[3] Together with an exhibition in Riga at the Fundamental Library of the Latvian SSR Academy of Sciences October 17–22, 1988.
[4] Simultaneous exhibition on marine biology in Vladivostok, August 24–28.

3.
State Scientific Central Library
of Medicine
Krasikova 30
Moscow 117418

Moscow: November 1978, March 1980, March 1985
Kiev: November/December 1978
Minsk: December 1978
Tallinn: March/April 1980
Riga: April 1980
Alma-Ata: April 1985
Novosibirsk: May 1985

Permanent exhibition since May 1990

4.
Library of the USSR Academy
of Sciences
Birgevaya Liniya 1
Leningrad 199034

January 20–24, 1987
May 21–June 5, 1988
October 2–7, 1989

5.
Scientific-Technical State Library
of the Siberian Department
of the USSR Academy of Sciences
Voskhod 15
Novosibirsk 630200

Novosibirsk: May 11–16, 1987, September 12–17, 1988, August 21–25, 1989
Irkutsk: September 5–10, 1988
Novosibirsk/Yakutsk: September 4–9, 1989

International Conference on Algebra dedicated to the academician A. I. Mal'tsev on his 80th birthday

6.
Latvijas PSR Zinatnu Akademijas
Fundamentala Biblioteka
Komunala iela 4
Riga 226047

October 17–22, 1988

7.
State University of Moscow (Lomonosov), Gorki Scientific Library
Marx Prospect 20
Moscow 103009

Permanent exhibition since August 1989

8.
Saltykov-Shchedrin State Library
Sadovaya ul. 18
Leningrad 191069

April 2–6, 1990

9.
VAAP, Vsesoyuznoye Agentstvo po Avtorskim Pravam (USSR Copyright Agency)
Bolshaya Bronnaya 6a
Moscow 103670

September 1980: Congress of Cardiology
June 1982: 9th World Congress of Cardiology
June/July 1984: 10th European Rheumatology Congress
June 1985: International Conference on Preventive Cardiology

10.
Expocentr

Moscow: June/July 1984, FEBS (16th meeting)

11.
Expocentr/AuM

Moscow, August 1984: 27th International Congress of Geology
Tashkent, September 8–14, 1986: 1st World Congress of the Bernoulli Society (Steklov Mathematical Institute, Moscow)

12.
State University

Moscow, August 17–22, 1987: 8th International Congress of Logic, Methodology and Philosophy of Sciences
Vilnius, June 26–July 1, 1989: 5th International Conference on Probability Theory and Mathematical Statistics
Tallinn, August 13–17, 1990: 11th World Congress of International Federation of Automatic Control

Moscow International Book Fairs
(AuM and Mezhdunarodnaya
Kniga)

1. 1977: September 6–14
2. 1979: September 4–10
3. 1981: September 2–8
4. 1983: September 6–12
5. 1985: September 10–16
6. 1987: September 8–14
7. 1989: September 12–18

　　1980 年 4 月 2 日至 7 日，科学院图书馆第五次巡回展首先在莫斯科开幕，之后又到阿拉木图、阿什哈巴德、巴库和利沃夫等地展出。A. G.扎哈罗夫实现了他的绝妙想法，即以这些展览为大背景，在他的图书馆举办图书馆主题的研讨会。赖纳·卢肯巴赫在第五次巡回展览中主持了一场关于贝尔斯坦的研讨会。这些研讨会由施普林格出版社科学编辑部的演讲者继续在这些研讨会上发言。1980 年，我们还拜访了年近 90 岁的数学

238 海因茨·格策与韦什尼亚科娃和 A. G.扎哈罗夫。

家 I. M.维诺格拉多夫和 G. I.马尔丘克,后者当时是分管科学技术的书记,也是我们的作者之一。9 月 23 日,我与马尔丘克谈到了我们与作者之间良好的关系,并让他相信我们有意继续培养这些联系;因为一个竞争对手一直在散布与之相反的谣言。

186

在 1981 年 9 月 2 日至 8 日举行的第三届国际书展上,纽约施普林格出版社首次设立了自己的展台。我与书记 B. I.斯图卡林讨论了如何更方便地保持我们与作者和图书贸易的良好关系。1982 年年初,我们与国际图书公司的新任主管库普佐夫(Kuptsov)发生了一些摩擦,最后,我给总经理列昂诺夫写了一封关于施普林格出版社在苏联的承诺的详细信件。我们的营业额一直在下降,直到 1983 年,即第四届莫斯科国际书展的那一年,营业额才重新上升到 140 万马克。1983 年 2 月,我们在莫斯科与 R. V. 加姆克列利泽签署了关于出版《数学科学百科全书》的协议。

1983 年 4 月 11 日,国际图书公司庆祝其成立 60 周年;这使施普林格出版社有机会在位于西柏林莱普赛斯大街（Lep-siusstrasse）的苏联对外贸易联盟（Soviet Foreign Trade Union）办公室举办了"苏联书籍"（"Books from the USSR"）特别展。我们收到了一份证书，以表彰我们密切和富有成效的合作。1984年在莫斯科还举行了两次重要的国际会议：6月举行的欧洲生物化学学会联合会（Federation of European Biochemical Societies，FEBS）第16次会议和8月举行的第27次国际地质学家大会（International Geologists' Convention）。我们派代表参加了这两次会议，并设立了自己的大型展台。

　　1985年，第五届莫斯科国际书展上刊登了苏联共产党新任总书记戈尔巴乔夫（M. S. Gorbachev）倡导的公开化改革政策。很明显，参会者们都期待着更好的时代。在这个博览会上，我们第一次见到了新西伯利亚科学院图书馆主任列波夫（B. S. Ele-pov）。

　　期刊业务现在运行顺利，订阅者在10月份定期续订，以备来年使用。我们的期刊销售额从1983年的54.9万马克增加到1986年的91万马克。此外，国际图书公司购买了大量《贝尔斯坦》手册，总计120万马克。在扎哈罗夫的自然科学图书馆，埃肯哈德·弗拉克在新的巡回展览开幕的第二天就《盖墨林》手册的框架发表了演讲。在他的陪同下，我们参观了由科学院副院长奥夫钦尼科夫（Y. A. Ovchinikov）领导的谢米亚金生物有机化学研究所（Shemyakin Institute of Bio-organic Chemistry）。它与恰佐夫的心脏研究中心（Center for Cardiac Research）相邻，是目前俄罗斯最现代化的科研机构。

　　1986年9月，莫斯科斯捷克洛夫研究所在塔什干组织召开了第一次伯努利学会（Bernoulli Society）世界大会。伯努利兄弟之一的雅各布·赫尔曼（Jacob Hermann Bernoulli，1678—1733）曾受彼得大帝邀请加入科学院，并于1724年至1731年在圣彼得堡工作。伯努利家族的其他五位成员也属于该科学院。

187

施普林格出版社代表所有出版商组织了与伯努利大会有关的书展，并因此获得了奖项。1987年1月，俄罗斯科学院宣布成立三个独立的科学中心：莫斯科、列宁格勒和新西伯利亚。列宁格勒/圣彼得堡拥有俄罗斯科学院最古老的图书馆，它由彼得大帝于1724年建立。1987年1月20日至25日，第一次大型国际书展在那里举行。

在1987年9月第六届莫斯科国际书展上，我与作者弗拉基米尔·阿诺尔德(Vladimir I. Arnold)一起向大家介绍了他写的《数学科学百科全书：动力系统Ⅲ》(*Encyclopaedia of Mathematical Sciences：Dynamical Systems Ⅲ*)，并在1988年出版。

图书馆越来越明显地独立于中央政府，即独立于国际图书公司；这和建立政治独立的尝试并行不悖。

在 A. G.扎哈罗夫的指导下，我们与科学院图书馆的合作日益密切和谐，在此基础上，施普林格出版社和朗格—施普林格试图与莫斯科和新西伯利亚的科学院图书馆签订独家交付合同。这些计划得到了各图书馆的支持，但也必须得到国际图书公司的批准，因为国际图书公司是唯一可以安排外币转账的机构。我们的竞争者也试图达成类

239　《动力学系统Ⅲ》，由弗拉基米尔·阿诺尔德主编(《数学科学百科全书》，1988年，第3卷；1993年第二版)。

似的协议，但由于我们多年的准备工作以及我们在苏联的持续工作，我们的起点更高。

1988年2月，一场大火烧毁了列宁格勒科学院图书馆的重

要藏品。尽管如此,我们还是在当年的 5 月和 6 月举办了施普林格展览,并支持图书馆的修复工作。同年 8 月,我们邀请 A. G. 扎哈罗夫来海德堡,讨论在这种情况下继续合作的可能性。一年后,我们在海德堡接待了我们的一位作者,即新西伯利亚自然科学和技术图书馆(Natural Sciences and Technical Library)馆长列波夫。他当时在海德堡访问,也来讨论了与施普林格/朗格—施普林格更紧密合作的可能性。1989 年 9 月 12 日至 18 日,在第七届莫斯科国际书展上,朗格—施普林格首次以自己的展位参展,以便与各图书馆直接谈判。我们开始注意到由于政治发展而出现的动荡迹象。苏联作者开始向我们施压,要求我们直接出版他们的作品。

1990 年 2 月,我们向我们在莫斯科的所有商业伙伴介绍了温特斯坦(H. J. Winterstein);他将接替德雷舍尔成为苏联的销售经理。在这段时间里,我们开始与国际图书公司就向朗格—施普林格所领导的扎哈罗夫科学院图书馆交付期刊一事进行了艰难的谈判。这进一步推迟了我们与科学院签订合同的时间。

1990 年 8 月 18 日,A. G.扎哈罗夫再次来到海德堡,同我们讨论当时的局势。我决定立即采取措施,在莫斯科的科学院自然科学图书馆(Natural Sciences Library)设立施普林格的办事处,这样一是为了更快、更省事地完成所有书刊的订购,二是可以掌握当地科学动向的第一手信息。莫斯科的科学院中央图书馆也是连接苏联所有科学院图书馆的纽带,因此具有相当大的影响力。与此同时,我们希望加快与学院和国际图书公司合同的谈判。1990 年 11 月 8 日,A. G. 扎哈罗夫和克劳斯·米哈莱茨在柏林签署了一项合作协议,这是我们与苏联学术图书馆建立关系的重要一步。1990 年 11 月 16 日第 92 期的《德国图书贸易商报》,以"引领潮流的模式:施普林格开设莫斯科办事处"为题报道了这一合同的意图和目的。

同我们合作过的苏联各机构

Library of Natural Sciences of
the USSR Academy of Sciences
ul. Snamenka 11, Moscow 119890
Founded 1973
Zakharov, A.G.,
director since 1973
Krasikova, O.L.,
    head of the foreign
    literature department

Scientific-Technical State
Library of the Siberian
Department of the USSR
Academy of Sciences
Voskhod 15, Novosibirsk 630200
Elepov, B.S., director
Bosina, L.V., head of the
    foreign literature
    department

Library of the USSR Academy
of Sciences
Birgevaya Liniya 1,
Leningrad 199034
Founded 1724
Filov, V.A., director
Leonov, W.P., director

State Scientific Central Library
of Medicine
Krasikova 30, Moscow 117418
Founded 1919
Yakunin, N.A., director until
    August 1986
Loginov, B.R., director
Kiselev, A., "Soyusmedinform"

State University of Moscow
(Lomonosov), Gorki Scientific
Library
Marx Prospekt 20
Moscow 103009
Mosyagin, V.V., director
Shikhmurdova, L.,
    head of the foreign
    literature department

State Committee on Publishing,
Polygraphy and Bookselling
(Goskomizdat), Strastnoy
Boulevard 5, Moscow 104109

Mezhdunarodnaya Kniga
ul. Dimitrova 39,
Moscow 113095
Founded 1923

VAAP Vsesoyuznoye Agentstvo
po Avtorskim Pravam
(USSR Copyright Agency)
Bolshaya Bronnaya 6a,
Moscow 103670
Founded 1973

Sojuskniga
Bookselling Corporation
Leninsky Prospect 15,
Moscow 109202
(250 bookstores)
Founded 1930

Dom Knigi
Bookstore
Kalinin Prospect 26
Moscow G-19

　　同时，由于预算尚未得到政府的批准和确认，国际图书公司开始拖欠付款。他们累积的欠债额高达八位数德国马克。

　　1991年，形势变得更加危急，我们面临一个根本性的决定：是继续交付还是暂停交付，从而使我们到那时为止的所有努力付诸东流，并给我们长期以来的竞争对手腾出了自由行动的空间。我们不仅感到对我们的伙伴负有责任，而且我们还确信，现

240　1991年9月4日,位于莫斯科的苏联科学院自然科学图书馆的施普林格办公室开业庆典:图书馆馆长亚历山大·扎哈罗夫、克劳斯·米哈莱茨和海因茨·格策在入口处剪彩。

在的苏联负责人会偿还他们的债务。1991年3月6日,克劳斯·米哈莱茨和B. S.列波夫在柏林签署了施普林格出版社与新西伯利亚科学院图书馆的合作协议。施普林格出版社继续参加书展。随后,同年的8月18日至24日,国际图书馆协会联合会(IFLA)大会在莫斯科召开,这是世界各地图书馆员最重要的会议。也就是在这时,有人企图发动政变,并被叶利钦挫败;我们的员工没有受到伤害。然而,原计划定于9月3日至9日举行的第八届书展被取消了,所有的出版商都已经将他们的展品运到了莫斯科,书展却被推迟到1993年。尽管如此,施普林格出版社在莫斯科和新西伯利亚办事处的装修和开业还是按原计划继续进行。我和克劳斯·米哈莱茨出席了9月4日的莫斯科办事处开业典礼,H.德雷舍尔去了9月6日开业的新西伯利亚办事处。

我们竭尽所能,使处于困境的的财务状况得以控制。12

月，国际图书公司以书面形式，明确承认其拖欠施普林格出版社和朗格—施普林格的债务。

苏联的解体给我们带来了新的和更困难的工作。在此之前，我们一直与两个中央机构——国际图书公司和苏联著作权协会——分别就图书和期刊的进口和翻译权进行合作；现在我们必须与苏联 15 个加盟共和国中各自的相关部门分别打交道。这意味着我们要做更多的工作，尽管这也有可能为今后提供更多的机会。

为了更清楚地了解事态发展和加深个人的印象，我于1992 年 1 月 16 日前往莫斯科，打算访问新当选的俄罗斯科学院（Russian Academy of Sciences）院长尤里·奥西波夫（J. S. Osipow）。会议进行了广泛而友好的讨论，副院长贡佐查理（Gontschar）和弗罗洛（K. W. Frolow）也出席了会议。随后，我同优秀的图书馆员尼科莱·森特琴科（Nikolai Sentschenko）一起参观了位于基辅的科学院，在明斯克和阿拉木图的进一步接触，让我意识到为新订单筹集资金并非毫无希望。

如果我们总结一下从 1973 年——苏联加入《世界版权公约》的那一年——到 1992 年的工作成果，我们就会发现，我们在

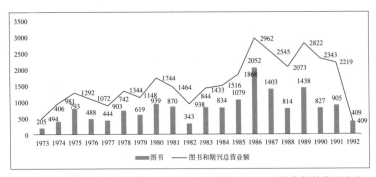

1973 年至 1992 年向苏维埃社会主义共和国联盟/独立国家联合体销售图书和期刊的发展情况
注：柱形图表示图书销售情况，线形图表示图书和期刊的总营业额（单位：千马克）。1992 年的突然下降反映了当时的政治形势。

15 个苏联加盟共和国的 24 个城市举办了 96 次展览，并在莫斯科和新西伯利亚举办了 4 次常设展览。此外，我们还参加了在莫斯科举行的所有 7 个国际书展。营业额的结果见如下表格。

1989 年对"社会主义"国家的销售情况

Country	Export trade enterprise	Sales (in thousand DM)	
GDR	Buchexport, Leipzig	Books	1627.7
		Journals	3080.4
		Total	4708.1
USSR	Mezhdunarodnaya Kniga, Moscow	Books	1436.6
		Journals	1384.9
		Total	2821.5
Poland	Ars Polona, Warsaw L&S direct sales:	Books	1274.2
		Journals	935.6
		Total	2209.8
Hungary	Kultura, Budapest	Books	501.8
		Journals	861.3
		Total	1363.1
Czecho-slovakia	Artia, Prague (Bohemia/Moravia) Slovart, Bratislava (Slovakia)	Books	663.7
		Jornals	261.7
		Total	925.4
Yugoslavia	No export trade enterprises but firms – usually publishers – with import licenses (Belgrade, Zagreb, Ljubljana)	Books	437.0
		Journals	440.2
		Total	877.2
Bulgaria	Hemus, Sofia (journal sales Kubon & Sagner)	Books	192.6
		Journals	–
		Total	192.6
Romania	Icecop-Ilexim, Bucharest	Books	14.5
		Journals	22.1
		Total	36.6

关于我们在 1975 年至 1992 年期间的出版活动,施普林格出版社翻译并印刷了 301 种苏联作者的书籍。在此期间,施普林格出版社作者的 485 部作品被翻译成俄语并由俄国公司出版。

1992 年 5 月 10 日,A. G.扎哈罗夫、B. S.列波夫、N. I.森特琴科被邀请为柏林施普林格出版社周年庆的贵宾。

在这里,我们花了大量的篇幅介绍与苏联的图书贸易业务的发展情况,是因为苏联的国土面积和人口使其成为"铁幕"另一边最大的贸易伙伴。东欧和苏联的亚洲国家,其政治和经济生活方式的调整将在之后一段时间内引起相当大的动荡。然而,在一段相当长的休整期后,这些国家将在与德国的贸易往来中扮演比以往更加重要的角色,这种预期也不是不现实。由于历史和地理的原因,俄罗斯和苏联加盟共和国是德国的天然贸易伙伴。德语在这些国家仍在被广泛使用,这些国家的人民对我们充满信任。

192

波兰·华沙

德国与波兰的图书贸易历来十分活跃,这与两国之间的古老文化联系有关,这方面的证据很多。波兰对各类文学作品的接受能力一直令人惊叹。因此,东欧第一个也是多年来最重要的书展于 1956 年在那里诞生——华沙国际书展,这并不意外。
193 1956 年和 1957 年,书展是波兹南国际工业博览会的一部分;此后它一直在华沙举行。施普林格出版社在波兹南的代表是 R.隆尼斯。多年来,一直到 1977 年第一届莫斯科国际书展之前,华沙国际书展一直是"铁幕"后所有国家的图书交易中心,即使莫斯科国际书展出现之后,它的重要性依然存在。在 1985 年,国际书展开幕 3 周年之际,克劳斯·米哈莱茨被授予了一枚荣誉奖章和一张证书,以表示对施普林格出版社从一开始就定期参加华沙国际书展的感谢。波兰的出版和图书贸易组织得非常出色，来自国外的每个人，都对公众对书展的浓厚兴趣，和书展吸引而来的大量参与者感到惊讶。

Le Comité d'Organisation
de la Foire Internationale du Livre à Varsovie,
La Société Polonaise des Editeurs de Livres
et l'Association des Libraires Polonais
ont l'honneur de décerner à

Komitet Organizacyjny
Międzynarodowych Targów Książki w Warszawie,
Polskie Towarzystwo Wydawców Książek
oraz Stowarzyszenie Księgarzy Polskich
mają zaszczyt przyznać

SPRINGER-VERLAG, *Berlin West*

LE DIPLOME HONORIFIQUE
pour sa longue et continuelle participation,
accordé à l'occasion du Jubilé du XXXème Anniversaire
de la Foire Internationale du Livre à Varsovie

DYPLOM HONOROWY
za wieloletnie, nieprzerwane uczestnictwo
nadany z okazji Jubileuszu XXX-lecia
Międzynarodowych Targów Książki w Warszawie

Prezes
Stowarzyszenia
Księgarzy Polskich
T. Hussak

Prezes
Polskiego Towarzystwa
Wydawców Książek
S. Bębenek

Przewodniczący
Komitetu
Organizacyjnego
J. Palaca

Varsovie, mai 1985   Warszawa w maju 1985

241 1985 年，克劳斯·米哈莱茨代表施普林格出版社接受荣誉奖章的证书。施普林格出版社定期参加华沙国际书展已有 3 年之久。

　　我们的商业伙伴是 Ars Polona-Ruch，这是一家负责期刊进出口的国营贸易企业。瓦茨拉夫·塞布拉（Waclaw Cebula）自 1971 年至 1978 年担任公司总经理，雅努什·帕拉茨（Janusz Palacz）自 1978 年至 1990 年担任总经理。自 1990 年起，莫妮卡·比亚莱卡（Monika Bialecka）担任总经理。兹比格涅夫·米科瓦伊恰克（Zbigniew Mikolajczak，人称米科［Miko］）是 Ars Polona 的长期员工，也是总经理的得力助手，他帮助解决了许多问题，平息了许多波折。除了官方的 Ars Polona，还有进出口书店 Skladnica Ksiegarska 和批发商奥尔潘（Orpan），后者负责

194

波兰科学院。最后，还有 Dom Ksiazki，它是全国约 2200 家书店的分销商，由总经理卡夏梅热·希尔马耶维（Kasimierz Majerowicz）领导。

施普林格图书的展览专门在比亚韦斯托克（Bialystok）、弗罗茨瓦夫（Wroclaw）、克拉科夫（Cracow）、格但斯克（Gdansk）、卡托维兹（Katowice）、罗兹（Lodz）、波兹南和华沙举办。1968 年至 1990 年，我们与波兰的业务得到了德国书业协会的政治和文化援助计划的有效支持，保罗·赫费尔成功地实现了这一计划。

1981 年年底波兰实行军事管治后，我们遭受了巨大的损失，特别是在期刊销售方面：订阅量从 1981 年的 1705 份下降到 1982 年的 907 份！随着 1990 年 1 月 1 日自由市场经济的引入，Ars Polona 失去了它的优越地位，但它仍然支持结清旧的付款义务。一大批新的公司开始崭露头角，我们与它们进行谈判，并以个人为单位进行结算。

巴塞尔和波士顿·比克霍伊泽

瑞士的大学、诊所和化学制药业的重要科研成果一直吸引着周边国家科学出版公司的兴趣。柏林海德堡施普林格出版社和维也纳施普林格出版社与瑞士的作者们都建立了紧密的联系。我们期刊的编辑委员会由许多瑞士编辑和联合编辑组成。如果没有这些科学家们的友好合作，我们的出版计划是无法想象的。

1985 年，越来越多的迹象表明，比克霍伊泽出版社及其在科学界享有盛誉的大型印刷公司正面临经济困难。这家公司是由埃米尔·比克霍伊泽（Emil Birkhäuser）于 1879 年在瑞士巴塞尔吕特盖斯莱恩（Luftgässlein）创办的一家小规模印刷企业发展起来的。起初,它几乎只处理印刷订单;然后在 1882 年,它的第一本小书出现了:《口袋本巴塞尔》(*Basel in der Westentasche /Vestpocket Basel*)。一年后,该公司出版了一部规模更大的作品——克里斯蒂安·乌尔斯蒂森(Christian Wurstisen)的《巴塞尔年鉴》(*Basler Chronik*)。从那时起,比克霍伊泽的图书产量不断增加,而这个有抱负的企业需要更多的工作场所。于是它先从吕特盖斯莱恩搬到自由大街,然后又搬到伊丽莎白大街。直到 20 世纪 30 年代,创始人的儿子阿尔贝特·比克霍伊泽(Albert Birkhäuser)做了一个高瞻远瞩的决定,不管怎么说,这使公司的影响力超出了其所在区域,并为科学出版项目奠定了基础。20 世纪 30 年代末,瑞士科学家发现在德国出版自己的作品越来越麻烦,而比克霍伊泽公司根据亚历山大·奥斯特洛夫斯基(Alexander Ostrowski)等科学家的建议,为他们提供了新的可能性。许多曾在施普林格出版社出版过作品的作者,其中包括安德烈亚斯·斯派泽(Andreas Speiser)和亚历山大·冯·穆拉尔特,都在这一时期转向了比克霍伊泽出版社。至此,比克霍伊泽就完成了向科学出版商的转变;这既是其发展史上的一个里程碑,也是其国际声誉的开始[WANNER]。

1985 年 8 月和 9 月,比克霍伊泽试图将印刷公司和出版公司一并出售。前者卖给了《巴塞尔新闻》(*Basler Nachrichten*);一家海外企业对后者表示了兴趣。现在我们表现出了自己的兴趣,并在 10 月 3 日进行了决定性的谈判。比克霍伊泽集团是瑞士巴塞尔的 Revi-Data AG 控股公司的一部分,该公司由瑞士巴塞尔的比克霍伊泽出版社、斯图加特的比克霍伊泽出版社有限公司和波士顿的比克霍伊泽出版社组成。

从竞争的角度来看,我们必须在短时间内采取行动。瑞士的信托公司及其代表的债权人倾向于优先考虑我们的提议,因为我们保证其现有的公司作为巴塞尔的瑞士科学出版商的地位,从而保留比克霍伊泽员工的工作。他们做了对我们有利的决定,1985 年 10 月,在法兰克福书展的传统出版商招待会上,我们宣布了这个好消息。

我们坚信,通过采取合理的组织管理措施,我们一定能够让这家声誉卓越的公司重新焕发昔日的光彩;其出版计划与我们的出版计划相辅相成,尤其是在数学领域。我们与斯图加特的分销公司分道扬镳,并在 1986 年 8 月的股东大会上决定将波士顿比克霍伊泽公司与纽约施普林格公司联合,这种法律关系至今

242 数学家埃德温·贝施勒(生于 1931 年)于 1961 年在纽约的美国学术出版社开始了他的科学出版生涯。1987 年,他把多年来与顶尖数学家和美国数学学会建立的良好关系带到波士顿比克霍伊泽,现在他是该出版社的执行副总裁。

仍然存在。波士顿公司在科学出版方面取得了成功,然而,自 1991 年以来这一重任又一次落在了巴塞尔公司肩上。

新的开始需要严格的领导,我们将这一重任交给了经验丰富、目标明确的卡尔·豪克(Karl Hauck)。作为一家纯粹的瑞士企业,比克霍伊泽出版社出于内心的信念,坚定地持守着我们的承诺,坚持将其作为一个纯粹的瑞士企业来运作,其唯一的职责是规划并完成其出版计划。因此,我们能够在很短的时间内消除许多作者的担忧,特别是在数学领域,他们担心施普林格出版社会干扰巴塞尔公司的运行,并将某些主题和系列作品纳入自己的出版计划。另外,这对我们而言非常重要——这也是我们努力收购比克霍伊泽的基本原因之一:让这样一个在瑞士乃至国际上享有盛誉的企业与我们的集团公司联系在一起是非常

196

重要的。事实证明自治原则是一种优势,而不是一种障碍。莱昂哈德·欧拉(Leonhard Euler)或伯努利等人的著作其实很适合我们,但是从经济学的观点来看是难以实现的,但在我们整个数学领域的出版物中却名列前茅。卡尔·豪克于 1990 年 9 月 1 日退休,他在 1986 年已经确保了正现金流。1990 年 7 月 1 日,比克霍伊泽出版社的管理权由公司内部的汉斯-彼得·蒂尔(Hans-Peter Thür)接管。

管理委员会于 1986 年 3 月成立,此后一直未变,管理委员会由总裁海因茨·格策、施普林格出版社的共同所有者康拉德·费迪南德·施普林格、克劳斯·米哈莱茨、施普林格出版社的成员迪特里希·格策组成。管理委员会的瑞士成员有:汉斯·尼德雷尔(Hans Niederer)律师,我们非常感谢他在我们在瑞士的所有活动中,提供的专家和经验丰富的建议——包括弗赖霍费尔(Freihofer)公司的

243　汉斯-彼得·蒂尔(生于 1951 年)自 1990 年起在巴塞尔管理比克霍伊泽出版社。

案例。艾尔弗雷德·普尔舍尔(Alfred Pletscher),是瑞士医科学会(Swiss Academy of Medical Sciences)会长,曾任瑞士国家科学促进基金(Swiss National Fund for the Promotion of the Sciences)主席,也曾出任企业(Hoffmann-La Roche AG)的研究总监。贝诺·埃克曼,曾任苏黎世联邦理工学院数学教授、数学研究所所长。汉斯彼得·克拉夫特(Hanspeter Kraft),是巴塞尔大学数学教授、数学研究所主任。乌尔·布尔克哈特(Urs Burckhardt),化学家,瑞士自然科学院欧拉委员会会长。

自 1984 年 10 月至 1990 年 6 月,比克霍伊泽出版社位于巴塞尔附近的泰尔维尔(Therwil)的环城大道(Ringstrasse)39 号。自 1993 年 6 月起,编辑部、销售部、市场部以及制作部位于克罗斯特堡(Klosterberg)23 号,而会计部、电子数据部(EDP)、发行部和仓库则在比尔/本肯(Biel/Benken)的萨利斯马滕路(Salismattenweg)68 号,也在巴塞尔附近。波士顿比克霍伊泽出版公司的总部位于美国马萨诸塞州剑桥市马萨诸塞大道 675 号。1991 年,比克霍伊泽共有员工 69 名。

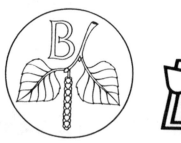

224,225　扬·奇肖尔德于 1943 年、马克斯·博尔瓦格于 1988 年设计的比克霍伊泽标志。

1988 年,作为我们联合的标志,施普林格出版社向比克霍伊泽出版社赠送了一枚新的公司徽章,这枚徽章是由斯图加特的马克斯·博尔瓦格根据扬·奇肖尔德(Jan Tschichold)1943 年的旧图章设计的。在施普林格出版社周年纪念之际,比克霍伊泽出版了尤利乌斯·施普林格写给他的瑞士作者戈特赫尔夫[HOLL]的书信,向我们表示敬意。

比克霍伊泽目前是瑞士最大的科学出版公司,以服务瑞士科学为明确目标。产品的内容和技术质量都达到了最高标准。出版项目包括以下领域的科学出版物——图书和期刊——数学(其中包括欧拉和伯努利的作品版本)、科学史、生命科学、物理学和工程科学。新的项目正在开发中,如药剂学、毒理学和化学。在非科学领域,出版商为建筑设计和自然科学领域提供非小说类贸易项目。

226　位于巴塞尔老城区克罗斯特堡 23 号的比克霍伊泽办公室目前有 46 名
员工。

　　最后,我们将简要概述被施普林格出版社收购之后,巴塞尔
和波士顿的比克霍伊泽出版物的数量:

	1986	1987	1988	1989	1990	1991	1992
图书	110	125	132	148	160	175	183
期刊	21	22	22	26	26	28	32

苏黎世·弗赖霍费尔

　　施普林格出版社及其所有者与瑞士的渊源由来已久。创始
人尤利乌斯·施普林格曾在苏黎世学习[HS:p. 2f.];他的儿子

费迪南德曾在伯尔尼学习[HS：p. 79]。老尤利乌斯·施普林格是瑞士作者耶雷米亚斯·戈特赫尔夫的出版商。小费迪南德·施普林格在伯尔尼的施密特—弗兰克（Schmid & Francke）书店度过了他的部分学徒生涯[HS：p. 156]。他的儿子康拉德与瑞士也有个人联系；1946年至1948年他住在洛桑，1956年至1963年他在苏黎世学习并获得博士学位[MICHALETZ]。

在此之前，我们的图书和期刊都是按照正常的、熟悉的图书贸易渠道销售的，其中包括出版商在瑞士境内的分销。直到1974年，后者一直由位于巴塞尔的科学、技术和工业出版社股份公司（Verlag für Wissenschaft，Technik und Industrie AG）负责，该公司的所有者是利纳·格洛尔-福内施（Lina Gloor-Vonesch），在那之前，该公司只为施普林格出版社工作。我们与瑞士的大学和诊所保持着良好的关系，而且他们对我们产品有浓厚兴趣，这让我们想到在瑞士建立自己的图书贸易企业可能是有利的。1955年4月1日，汉斯和薇罗尼卡·弗赖霍费尔（Veronika Freihofer）夫妇从店主劳纳（S. Launer）手中买下了位于苏黎世大学路11号的奥伯施特拉斯（Oberstrass）书店，也就是现在的弗赖霍费尔医学和自然科学书店所在地。随着时间的流逝，弗赖霍费尔夫妇在雷米街（Rämistrasse）37号又开了一家书店，里面有医学类和心理学类（冠以"Humana"之名）图书，这反映出他们的个人兴趣，尤其是对心理学的兴趣。为了减轻一些负担，弗赖霍费尔夫妇在1967年将位于大学路11号的书店卖给了马克斯·赫尔茨勒（Max Hölzle）。他被允许保留这个书店的名字，但后来他将公司变更为专注于自然科学和技术的弗赖霍费尔股份有限公司。我们在1975年1月1日买下了这家书店，整整一年后，我们又从H.弗赖霍费尔手中直接接管了位于雷米街37号的书店。这两家公司合并成为我们在柏林的图书贸易公司朗格—施普林格的分公司。1975年1月1日，赖纳·格斯肯（Rainer Gösken）成为业务经理。弗赖霍费尔股份有限公司负责几家德国出版商的分销业务,因此我们也有理由接手施普林格在瑞士的分销业务。

我们在收购雷米街 37 号的书店后,整个行政部门,包括配送、仓储和财务,都搬到了格拉尼特街(Granitweg)2 号新租的办公室。1981 年 1 月 1 日,在尤文图斯学院(Institut Juventus)附近又增加了一个小书店,这几乎完全满足了学生和教职员工的需要。

弗赖霍费尔公司现在以一种切行可实的方式联合起来,似乎为成功完成未来的任务做好了准备。然而,恰恰在这个时候,学生书店成立了,它们得到了瑞士书业协会(Swiss Booksellers' Association)的认可,并以合作的形式组织起来。例如,在理工学院的书店,称为"理工书店"("Poly-Buchhandlung")。这些书店最早出现在苏黎世,后来也出现在伯尔尼和瑞士其他大学城,它们由大学免费提供场所,一开始几乎没有库存,但其优势主要在教科书的快速周转上,由没有受过图书贸易培训的学生管理。因为较低的管理费用,它们能够以相当大的折扣出售这些图书。同时,这些公司已经成为瑞士书业协会的普通成员,并按照图书贸易规则进行专业管理。

除此之外,由于瑞士法郎与美元之间的汇率差异,图书馆在期刊业务方面也出现了问题。结果,图书馆直接从美国出版商那里购买的图书越来越多。出于类似的担忧,我们于 1977 年在纽约开设了朗格—施普林格采购办公室,苏黎世的弗赖霍费尔公司和维也纳的密涅瓦公司(Minerva)偶尔也会使用它。这使我们能够将直接采购的优势,与更快地向客户交货相结合。这些活动的成本高昂,成功的概率有限。上述的种种困难,比如激烈的价格竞争,以及管理上的某些薄弱环节,都迫切要求我们在组织和人员方面加以改进。1982 年 1 月 1 日,我们终于成功地签下戈特弗里德·比尔京(Gottfried Bürgin),请他接替格斯肯,出任弗赖霍费尔股份有限公司的新任经理。与此同时,行政

200

人员也搬到了温伯格大街（Weinbergstrasse）109 号。业务运营得到了改善，我们还引进了电子数据处理系统。我们就这样开始了一个向上发展的阶段，经过 5 年多的延迟，我们终于接近了当初设定的目标。人事变动方面是，1984 年任命了一名新的分销经理，他就是费迪南德·科勒尔（Ferdinand Koller）。

247　戈特弗里德·比尔京（1929—1995）自 1982 年起开始管理弗赖霍费尔股份有限公司。

由于店面的实际状况，1982 年需要对大学路的店面进行翻修，1985 年和 1987 年我们对雷米街 37 号店面进行了全面重修。1990 年，我们又对位于大学路的书店进行了扩建和新的装修。行政办公室也需要更多的空间，因此我们在 1990 年进行了更新和扩建。在戈特弗里德·比尔京的专业管理下，在费迪南德·科勒尔和博斯（T. R. Boos）的协助下，自 1989 年以来，弗赖霍费尔股份有限公司已经成为瑞士一家发展健康、有吸引力的图书销售企业；它可能是瑞士最大的纯科学书店。在为施普林格出版社之外的其他出版商开展发行活动时，它还负责文献科学研究所（Bibliographisches Institut Wissenschaft）、帕瑞出版社（Perimed）、古斯塔夫·菲舍尔（Gustav Fischer）、托伊布纳出版社、奥登伯格出版社（Oldenbourg）、BLV 出版社（BLV Verlag）、沃尔弗拉姆专业出版社（Wolfram's Fachverlag）和维尔纳出版社的利益。

1991 年年底，弗赖霍费尔股份有限公司的员工人有 50 人。管理委员会由以下人员组成：总裁海因茨·格策，总公司代表康拉德·费迪南德·施普林格，副总裁汉斯·尼德雷尔，管委会成员克劳斯·米哈莱茨、彼得·申德勒(Peter Schindler)、贝诺·埃克曼和罗尔夫·内蒂格(Rolf Nöthiger)。

西班牙·巴塞罗那

与西班牙的授权经营业务

施普林格出版社与西班牙出版商之间的合作可以追溯至19 世纪。它主要涉及出售施普林格图书西班牙文版本的翻译权;直到第一次世界大战之前,这些图书主要涉及医学和技术类图书。我们现有的最古老的合同是 1885 年与西班牙巴塞罗那的塞伊斯·巴拉尔出版社(Seix,自 1911 年起为 Seix Barral)签订的,关于阿道夫·施特林佩尔(Adolf Strümpell)撰写的关于特殊病理学和内科疾病治疗的著名教科书,当时由莱比锡的 F.C.W.福格尔公司出版,该公司于 1931 年并入施普林格。1934年,该书在施普林格出版社的第一版出版。1908 年,塞伊斯·巴拉尔出版社买下了由迈因哈德·冯·普福德勒(Meinhard von Pfaundler)和阿瑟·施洛斯曼(Arthur Schlossmann)主编的四卷本《儿科手册》(*Handbuch der Kinderheilkunde*,1906—1930 年由 F.C.W.福格尔出版社出版,1931—1940 年由施普林格出版社出版)的翻译权,简称"普福德勒-施洛斯曼"。当时德国的医学著作在全世界享有良好的声誉,这也是西班牙出版公司感兴趣的原因;该公司在中美洲和南美洲的西班牙语国家的销售额也相当可观。这些出口在一定程度上是通过以物易物的方式进行的,不涉及现金交换——但这种商业行为在德国是很难实现的。

20 世纪 20 年代,巴塞罗那的拉博尔出版公司(Editorial Labor)首次进入西班牙市场。它在很长一段时间内是我们在西班牙的主要合作伙伴。它由来自出版城市莱比锡的格奥尔格·

威廉·普夫勒格尔(Georg Wilhelm Pfleger)领导。1915 年 4 月
16 日,他与约瑟夫·福内西·维拉(Josep Fornési Vila)共同创
建了拉博尔出版公司,并一直管理着该公司,直到 1961 年 8 月
20 日去世。此后,尽管医学仍占主导地位,但科学技术类书刊
的授权数量显著增加。在两次世界大战之间签订的所有翻译合
同中,几乎有一半是与拉博尔出版公司签订的,其中 50% 以上
是医学书目。

除了拉博尔出版公司,卡尔佩(Espasa Calpe)公司也变得
更加活跃,1925 年,医学科学出版公司(Editorial Científico
Médica,ECM)首次出现。第二次世界大战后,许可业务恢复缓
慢;直到 1952 年才有了定期合作,直到 1960 年才由柏林的保
罗·赫费尔进一步推动这一合作。此后,海德堡的 W. 贝里斯
泰特接管了海德堡的权利和许可部门,该部门在对所有附属权
利进行必要的经济开发的框架中发挥了重要作用。20 世纪 50
年代,西班牙出版公司中签订翻译合同的比例非常高,达到
37%;这可能主要是由于他们能够重拾战时活跃的联系。这些
合同中几乎有三分之二是与拉博尔出版公司签订的。普夫勒格
尔退休后,这家公司对翻译的依赖性降低了,这反映了(同其他
地方一样)德国科学在国际上声誉的变化。1950 年至 1968 年
期间,在我们所有出版物的西班牙语译本中,医学类约占 40%,
技术类约占 33%。

20 世纪 60 年代末,我们与巴塞罗那的医学科学出版公司
建立了良好的工作关系,这主要归功于经理恩里克·谢拉(En-
rique Sierra)的专业素养。医学科学出版公司的所有者是弗洛
尔斯(J. Flors)。1969 年至 1977 年,79 种医学书籍的版权归该
公司所有。这使得施普林格出版社颁发的西班牙语翻译许可证
中,医学书籍的比例增加到近 70%。

20 世纪 70 年代中期,医学科学出版公司与同样归属于弗
洛尔斯的多萨出版公司(Editorial Dossat)公司合并。新公司命

名为 ECM-Dossat(Editorial Cientifico Médica-Dossat S.A.),在马德里运营,由弗洛尔斯负责财务,他在很大程度上依赖于新任经理欧亨尼奥·巴雷拉(Eugeniano Barrera)。巴塞罗那的恩里克·谢拉继续担任顾问。我们的合作关系现在建立在不同的计算基础上,因为新的出版公司并不想独自承担风险。1977 年至 1978 年,我们签订了 15 项合作出版协议。

1978 年,W. 贝里斯泰特将权利和许可部门移交给 B. 格罗斯曼。20 世纪 80 年代,我们与 ECM-Dossat 公司的关系因销售不理想和未结清账款而终止。

1978 年至 1992 年,我们共签订了 124 份西班牙文许可证版本的翻译协议,这种趋势有所减少。与此同时,我们授予的非西班牙文许可证的数量有所增加。在此期间,医学类图书约占 50%。如果我们总结 1950 年至 1992 年与西班牙签订的许可合同的发展情况,共有 387 项翻译协议——平均每年 9 项;这些书目中有 52% 是医学领域的,20% 是技术领域的,12% 是自然科学领域的,8% 是数学领域的。这些数字包括了拉丁美洲的少数西班牙语出版商。

203

南美洲的前景

从 1970 年开始,我们就尝试通过代理销售来提高我们图书在南美的销售量,但长期以来,版权许可证的发放对于覆盖我们的总成本贡献不大。在此之前,我们一直依靠与布宜诺斯艾利斯的卡洛斯·赫希(Carlos Hirsch)等书店直接联系。如圣保罗的卡努托/沃尔芬(Canuto/Wolffin),特里古洛夫/埃内斯托·赖克曼(Triangulo / Ernesto Reichmann),里约的欧·利夫罗·泰尼科/雷纳尔多·布卢姆书店(Aō Livro Tecnico / Reynaldo Bluhm),科莫斯/盖尔汉(Kosmos / Geyerhahn)。20 世纪 70 年代初,我们由克劳迪奥·罗特米勒(Claudio Rothmüller)代理,两年后由德国人卡萨·鲁兹(Casas Ruiz)在委内瑞拉首都加拉加斯代理,但这一安排,也只是给我们对这一具有高通货膨胀率和高利率特征的大陆的出口,带来了微不足道的改善。20 世纪 80 年代初,我们又回到柏林经营这个市场。1985 年至 1992 年,我们在一定程度上得到了里约热内卢图书营销处(Inter Book Marketing Services)迈克尔·贝茨(Michael Bates)的帮助。南美大陆对我们来说仍然是一个相对有限的市场。

巴塞罗那

1986 年,欧洲共同体决定自 1993 年 1 月 1 日起取消欧洲共同体内部的海关边界,欧共体成员市场国内化的趋势在 20 世纪 70 年代末逐渐显现出来。这有效地证实了施普林格出版社自 20 世纪 60 年代以来一直遵循的创办泛欧科学期刊的战略。这越来越符合科学界对欧洲内部更密切的思想交流的愿望。它还使人们看到了欧洲对世界科学进步的贡献——与北美的伟大成就并驾齐驱。与此同时,施普林格出版社的国际销售和编辑网络进一步扩大,这使得我们能够处理泛欧期刊在全球范围内的发行。

按照欧洲的理念,在伦敦和巴黎设立分支机构之后,在西班牙和意大利也顺理成章地设立分支机构。在这些讨论的基础上,1990 年在巴塞罗那成立了由安东尼奥·滕德罗(Antonio Tendero)领导的施普林格伊比利亚出版社(Springer-Verlag Ibérica)。我们希望在这片历史悠久的土地上看到积极的发展,也期待西班牙与其"拉丁姐妹"法国和意大利之间的合作共进。此外,该分支机构的成立为我们开辟了一条通向拉丁美洲西班牙语国家的道路。

米兰

我们决定在巴塞罗那成立自己的公司后,在 1992 年周年纪念时,我们寻求与米兰建立联系,因为米兰是意大利——一个典型的在科学、工业、文化上活跃的欧洲国家——的经济中心。马德琳·霍夫曼-文策尔（Madeleine Hofmann-Wenzel）负责管理米兰办事处，海德堡的托马斯·蒂克特尔和格奥尔格·拉勒（Georg Ralle）为我们提供了支持。

248 自 1992 年 1 月施普林格在米兰的办事处成立以来，药理学家马德琳·霍夫曼-文策尔（生于 1951 年）一直担任该办事处的负责人；在海德堡由（249.）托马斯·蒂克特尔和格奥尔格·拉勒负责米兰的事务。

米兰办事处的成立，完成了我们开拓欧洲市场的工作。根据意大利法律，它被指定为一家独立的出版企业。

这其中有重要的原因：意大利是西方世界五大工业国之一，拥有重要的化学和制药工业。这个国家的科学潜力也很大。罗马的大学和比萨高等师范学校（Scuola Normale Superiore）在这方面可以发挥特殊作用。意大利目前有 58 所大学，共有 110 万名学生，19 所医学院。基于这些情况，施普林格出版社在意大利已经有大约 800 名作者，其中 250 人活跃在医学领域。这些统计是以这个国家古老的科学和文化传统为基础的，这个国家和希腊一样，是西方文明的摇篮。值得一提的是，意大利是欧洲图书馆预算比例最高的国家，这使得意大利成为出版商的重要市场。

205

布达佩斯

施普林格出版社与旧多瑙河帝国中心的关系可以追溯至很久以前。从 1945 年到 1990 年国家控制的贸易体系结束，图书贸易商文化公司（Kultura）一直是我们的商业伙伴。此后，国营企业转变为私营企业。我们的作者和编辑给扎·乔莫斯（Géza Csomós）是德国科隆马博士大药厂（Madaus）公司的医学研究负责人，他帮助我们与布达佩斯的医药出版社（Medicina）取得了联系。和其他几个领域一样，这家公司主要推广医学作品，并与亚诺什·费埃尔（János Féher）编辑的匈牙利期刊《医学周刊》（*Orvosi Hetilap*）合作。我们收购这家出版社失败了，因为政府不允许任何德国合伙人在匈牙利企业中拥有多数股权或接管该企业。于是，我们计划在布达佩斯建立自己的分公司。1990 年 8 月 31 日，我们签署了基金会章程，1990 年 10 月 30 日，注册了施普林格（Springer Kiado Kft.）名称；同年 12 月，更名为施普林格匈牙利出版社有限责任公司（Springer Hungarica Kiado Kft.），即匈牙利施普林格出版社有限责任公司（Springer-Verlag Hungarica GmbH）。总经理是伊斯特万·阿基（István Arky）。

250　伊斯特万·阿基（生于 1932 年），自 1990 年起担任匈牙利施普林格出版社的经理。

幸运的是，我们接管了医药出版社医疗出版计划的大部分内容,包括其编辑提供给我们的期刊《医学周刊》。经过修改后,它已成为出版公司的代表作。

从 1991 年 1 月开始工作,到 1991 年 4 月租到新的办公室之前,我们一直在临时的办公场所工作,地址是布达佩斯 7 区 1075 号威斯勒尼街 28 号(Wesselényi utca 28)。1991 年 5 月 22 日,公司正式开业,同时举行了第一次股东大会。

第一本书是由伯恩斯(P. Burns)、佐尔坦·豪尔卡尼(Zoltán Harkányi)等人撰写的《双面超声检查》(*Duplex Ultrahang*),于 1991 年 5 月出版;截至 1992 年年底,共出版了 52 种图书。两种期刊的出版完成了既定计划,预计还会有更多。除了专注于医学领域,该公司还出版自然科学和数学领域的书刊。匈牙利在这些领域一直拥有创作潜力巨大的作者。

206

251　这座建筑于 1991 年 5 月成为施普林格匈牙利出版社有限责任公司的办公地点,共有 25 名员工。

除了推广和销售部门,组织会议和研讨会也是一个额外的活动领域。常设展览有助于匈牙利医生和科学家了解施普林格出版社的国际出版物。与维也纳施普林格出版社和维也纳密涅瓦公司的合作,有助于同图书馆建立密切的联系。施普林格出版社在布达佩斯的分社目前有 36 名员工,其中包括期刊编辑部。

207

第五章　施普林格出版社（1965—1992）

工作场所

在这一时期，柏林和海德堡出版活动的发展特点是，员工的迅速增加和对更多办公场所的相应需求。随后的几年里，这种情况并未得到缓解；反而有愈演愈烈的趋势。

柏林

我们对位于海德堡广场的办公大楼进行了快速的内部装修，这能够满足我们截至1967年的所有办公场所的需求。然而，随着生产能力的稳步提高和新的销售渠道的开辟（1964年在纽约开张），以及出版社扩张压力持续不断地增加，我们需要寻找额外的工作场地。1967年10月，版税部门搬到了柏林达勒姆区的绍儿莱梅拉大道28号，并在海德堡广场3号为整个推广和销售部建造了一座低矮的建筑。1970年，我们在选侯大街（Kurfürstendamm）237号租用了广告采购和特别服务区的场地，它离威廉皇帝纪念教堂不远。1968年年底，我们在柏林已有332名员工（参见人员增长表，载本书第209页）。到1970年年底，施普林格出版社的员工人数达367人，朗格—施普林格的员工人数是100人。第二年，朗格—施普林格的珍本部门搬到了奥托·苏尔大道（Otto-Suhr-Allee）24—26号；为了提高工作的灵活性，该部门最终于1980年1月1日被分离出来，成为一家

1946 年至 1992 年，德国工作地点的人员发展情况

年	柏林 SV	柏林 SEG	柏林 SPG	海德堡 SV	比勒费尔德	海德堡 SAG	哥廷根 SV	慕尼黑贝 Bergm./SV	柏林 L&S	珍本书 L&S	总计
1946	42	—	—	8		—	1	3	14	—	68
1947	69	—	—	21		—	1	3	42	—	136
1948	101	—	—	43		—	1	3	58	—	206
1949	151	—	—	56		—	1	3	41	—	252
1950	186	—	—	60		—	2	3	38	—	289
1951	195	—	—	60		—	2	5	42	—	304
1952	211	—	—	72		—	2	7	41	—	333
1953	223	—	—	78		—	2	10	42	—	355
1954	232	—	—	84		—	3	11	49	—	379
1955	251	—	—	91		—	4	11	53	—	410
1956	260	—	—	99	13	—	2	12	47	—	433
1957	272	—	—	99	14	—	—	12	55	—	452
1958	290	—	—	105	23	—	—	14	65	—	497

年	柏林 SV	柏林 SEG	柏林 SPG	海德堡 SV	比勒费尔德	海德堡 SAG	哥廷根 SV	慕尼黑贝 Bergm./SV	柏林 L&S	珍本书 L&S	总计
1959	295	—	—	109	29	—	—	15	65	—	513
1960	295	—	—	118	33	—	—	15	66	—	527
1961	290	—	—	117	32	—	—	15	66	—	520
1962	298	—	—	120	33	—	—	15	69	—	535
1963	302	—	—	124	37	—	—	16	73	—	552
1964	283	—	—	133	44	—	—	16	78	—	554
1965	281	—	—	143	42	—	—	17	79	—	562
1966	279	—	—	177	46	—	—	17	93	—	612
1967	298	—	—	179	50	—	—	18	95	—	640
1968	332	—	—	187	48	—	—	19	97	—	683
1969	350	—	—	202	48	—	—	20	99	—	719
1970	367	—	—	215	48	—	—	22	97	—	749
1971	377	—	—	234	50	—	—	19	100	—	780

年	柏林 SV	柏林 SEG	柏林 SPG	海德堡 SV	比勒费尔德	海德堡 SAG	哥廷根 SV	慕尼黑贝 Bergm./SV	柏林 L&S	珍本书 L&S	总计
1972	382	—	—	232	49	—	—	21	101	—	785
1973	398	—	—	246	41	—	—	22	102	—	809
1974	398	—	—	241	49	—	—	20	108	—	816
1975	371	—	—	257	49	—	—	20	107	—	804
1976	350	—	—	272	42	—	—	19	106	—	798
1977	340	—	—	295	—	9	—	25	105	—	805
1978	342	—	—	339	—	40	—	25	103	—	853
1979	363	—	—	327	—	44	—	25	95	—	861
1980	364	—	—	332	—	51	—	24	85	17	876
1981	358	—	—	332	—	54	—	27	81	18	869
1982	348	—	—	314	—	53	—	27	85	19	854
1983	334	—	—	321	—	61	—	7	76	18	816
1984	242	42	44	344	—	60	—	8	79	18	841

年	柏林 SV	柏林 SEG	柏林 SPG	海德堡 SV	比勒费尔德	海德堡 SAG	哥廷根 SV	慕尼黑贝尼 Bergm./SV	柏林 L&S	珍本书 L&S	总计
1985	233	42	45	356	—	64	—	8	77	18	843
1986	249	42	44	386	—	64	—	7	64	18	880
1987	237	40	45	424	—	70	—	7	144	18	973
1988	233	38	50	453	—	58	—	7	144	18	1009
1989	239	39	51	480	—	66	—	12	168	18	1072
1990	245	40	53	520	—	65	—	8	166	17	1117
1991	252	37	52	527	—	68	—	8	166	17	1127
1992	248	38	50	475	—	63	—	—	125	16	1015

缩略语：SV＝施普林格出版社，SEG＝施普林格电子数据服务公司，SPG＝施普林格生产公司，SAG＝施普林格分销公司（＝分销中心，1976—1983年），Bergm.＝贝格曼出版社，L&S＝朗格—施普林格。

独立的公司。1973 年起,《数学总报》编辑部和排版室在奥托·苏尔大道拥有了自己的办公场所,直到后来搬迁至哈登贝格广场 2 号。出于组织技术方面的考虑,施普林格电子数据服务公司(Springer-EDV-Dienstleistungsgesellschaft)(SEG,EDP 服务公司)、施普林格生产公司(Springer-Produktionsge-sellschaft)(SPG,生产公司)和施普林格分销公司(Springer-Auslieferungsgesellschaft)(SAG,分销公司)于 1984 年 1 月 1 日成立。

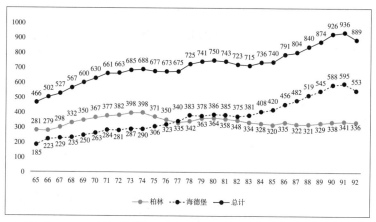

1965 年至 1992 年柏林和海德堡施普林格出版社(包括比勒费尔德)员工人数变化和总体发展情况

　　1983 年 3 月 1 日,柏林的公司首次在战后购买了自己的房产。在此之前,所有的流动资金都被用来实现我们雄心勃勃的出版计划和我们的国际分支机构的建设。我们从注册地在科隆的联邦法定医疗保险牙医协会手中买下了位于海德堡广场 3 号和约翰尼斯贝格大街(Johannisberger)的房产。除了翻修以增加可用空间,我们还修建了一个宽敞的附属建筑。在新的安排下,我们成立了一个现代化的数据处理中心,广告部也从位于柏林市中心的选侯大街 237 号的临时办公地点搬了回来。为改造其内部结构,1984 年 1 月 1 日,施普林格生产公司(SPG)从海德

堡广场搬到了奥托·苏尔大道。同时,我们的书店朗格—施普
林格也在那里安家;新的办公场所使得我们在海德堡广场的公
司设立自助餐厅成为可能。所有的重建工作最终于 1987 年
完成。

自 1985 年以来,柏林公司的各部门和职能部门根据其工作
顺序分配了新的办公空间。截至 1988 年 12 月 31 日,柏林施普
林格出版社的员工数量达 233 人,施普林格生产公司 50 人,施
普林格电子数据服务公司 38 人,海德堡 519 人。员工总数 840
人,比 1987 年的 746 人有所增加。

252　位于柏林海德堡广场 3 号的公司新大楼模型,大楼于 1993 年完工。施普
林格电子数据服务公司(EDP)于 1992 年 10 月搬了进去,随后在 1993 年初,计算
机中心、财务和会计部门以及订单执行部门一起搬了进去。

1990 年 5 月,施普林格生产公司和广告部搬到了飞利浦大
厦,同年 9 月底,收发室搬到了索菲·夏洛特大街(Sophie-
Charlotte-Strasse)。1991 年 1 月初,为取代 1967 年建成的低矮
建筑,附属建筑开始破土动工。1992 年 11 月 25 日,新的建筑
正式投入使用。出版公司使用了总面积的 70%,其余的 30% 用

于出租。新楼内主要是我们的数据处理中心和与之密切相关的服务部门，如订单执行和财务部门。所有其他部门仍留在位于奥托·苏尔大道的朗格—施普林格公司旧楼内。

朗格—施普林格

旧希尔瓦尔德书店的历史在《施普林格出版史》第一部中有详细介绍[HS：pp. 245 - 249]。第二次世界大战后，滕耶斯·朗格与1926年4月1日加入公司的埃贝哈德·弗勒梅尔和负责珍本部门的马克斯·尼德莱希纳一起竭尽全力，让这家在1941年改名为朗格—施普林格的图书销售公司重新运转起来[HS：p. 372]。朗格—施普林格在德国国内和国外（主要是美国）拥有大量客户。许多移居国外的人仍忠诚于该公司，如运动医学的先驱恩斯特·约克尔（Ernst Jokl）和精神病学家埃尔温·施特劳斯，他们两人现在都在美国肯塔基州的莱克星顿定居。柏林方面随时向他们通报情况，并精心为他们提供服务。弗勒梅尔在科学出版方面有着极其丰富的知识，并与国内外许多客户保持着私人友谊。尼德莱希纳则是一位举世闻名的古本专家；纽约约翰逊书店的瓦尔特·约翰逊本人也是一位杰出的古本专家，战争结束后不久我们又和他取得了联系[WENDT]。尼德莱希纳是爱书之人，并受过高等教育，为人真诚可靠，擅长写信。他热爱自己出生的城市柏林，1979年3月18日，他在柏林去世，但他觉得德国的巴伐利亚州是他祖先的故乡。滕耶斯·朗格、马克斯·尼德莱希纳和埃贝哈德·弗勒梅尔规定了战后朗格—施普林格的风格。

弗勒梅尔代表整个图书销售公司；他的工作重点是经营图书业务。弗里德里希·施勒埃尔在管理施普林格出版社期刊部的同时，还负责朗格—施普林格出版社的期刊工作。这说明朗格—施普林格在那些年为施普林格出版社的生产而努力的事实。1975年，弗勒梅尔退休；1980年4月1日，弗里德里希·施勒埃尔的儿子曼弗雷德·施勒埃尔（Manfred Schröer）接任图

253 埃贝哈德·弗勒梅尔（1908—1987）。

254 马克斯·尼德莱希纳（1889—1970）。

255 弗里德里希·施勒埃尔（1902—1978）。

256 1970 年，弗里德里希退休后，他的儿子曼弗雷德·施勒埃尔（生于1928 年）接管了他在朗格—施普林格期刊部的工作，并于 1980 受命担任科学书商的负责人。

书销售公司总经理一职。

　　为逐步提升其他出版社的销售额，并为图书馆服务，1986 年彼得·赫尔弗里奇（Peter Helferich）加入公司，施勒埃尔和他一起推动了公司向国际邮购书商和图书馆分销商的扩张。根据这一政策，1986 年我们收购了位于哥廷根的亨切尔（Häntzschel）公司，该公司目前仍在继续独立运转。

257　彼得·赫尔弗里奇（生于 1948 年）自 1992 年起担任驻独联体和波罗的海国家特别代表。

　　1987 年 1 月，我们与亚琛的迈尔书店（Mayer Bookstore）一起成立了 M(Mayer)L & S 公司，公司成立的目的是在德国建立图书馆服务机构。该公司于 1989 年被朗格—施普林格收购。1986 年 12 月 15 日，我们从科隆的萨尔巴赫公司购买了国际专业期刊部，该公司在东欧和苏联非常活跃。该公司最初独立经营一段时间之后，于 1991 年与朗格—施普林格合并，是亨切尔公司的前身。到了 1988 年，我们接管了位于魏因海姆的德国化学出版社（Verlag Chemie），这样做主要是为了吸引更多读者。

　　1991 年，所有这些以前独立的公司全部被合并到了朗格—施普林格，意图集中成为一个国际邮购书商，特别是为世界各地的图书馆服务。

　　1989 年 4 月，曼弗雷德·施勒埃尔退休，并将朗格—施普林格移交给了彼得·赫尔弗里奇。过去几年，赫尔弗里奇一直积极参与同苏联的贸易。苏联在 1991 年底解体为 15 个共和国后，我们面临着巨大的新任务，这和国际图书公司无力支付所造成的负担无关（参见本书第 190 页及以下）。

　　早在几十年前，朗格—施普林格公司的珍本部门主要负责

212

向德国和国外的图书馆和研究所出售公司的旧期刊。1972 年，我们从图宾根的皮茨克(Pietzker)手中收购了大量的珍本书籍，这进一步推动了古典珍本书籍业务的发展。1973 年 3 月 1 日，我们又在柏林夏洛滕堡的奥托·苏尔大道 26/28 号开设一家书店，朗格—施普林格从 1976 年开始参加斯图加特古籍博览会，并参加了 1986 年科隆的第一届大型珍本图书博览会。1977 年哈里·克罗伊斯施纳

258 自 1977 年以来，哈里·克罗伊斯施纳(生于 1928 年)一直负责柏林奥托·苏尔大道的朗格—施普林格公司的珍本部门。

(Harri Kreuschner)接任经理一职。1980 年，珍本部门独立了出来。电子数据处理为目录的制作提供了便利，自 1977 年以来，我们已经出版了 140 种目录，平均印数 2000 册。

213

259 海德堡的诺伊恩海默大街。施普林格出版社在此办公的建筑(1946—1982)；从左到右(1—5)街道编号为 38 号、36 号、28—30 号、24 号和 20 号。

海德堡

1956 年,海德堡公司搬到了隔壁更宽敞的诺伊恩海默公路
26—28 号大楼。这栋楼属于工厂主弗朗茨·米勒(Franz Müller),
他愿意根据我们的要求修改最初的公寓计划,以适应我们的要
求。最初是三层,后来随着时间的推移,其他所有可用的房间都
被陆续占用了——1974 年占用了四层,最后在 1975 年占用了
五层。日益增长的需求迫使我们扩建了位于诺伊恩海默公路
20 号、36 号和 38 号的其他建筑里,以容纳数学和化学编辑部
门,并于 1970 年扩建了插图部门。1972 年 5 月,整个期刊的制
作部门搬到了隔壁的大楼。当时,海德堡的员工人数为 237 人。

由于海德堡与柏林在空间上的距离,编辑部与宣传部之间
本应密切合作的关系受到越来越大的影响。因此,我们在 1976
年采取了补救措施,将海德堡的两个部门联合起来,命名为科学
信息部(*Wissenschaftliche Information*,WI;Scientific Informa-
tion),这个部门当时有 49 名员工。这是一个影响深远的决定,
事实证明这个决定是明智的。因此,海德堡宣传部现有的"联络
处"显得多余了。隶属于它的"信息和文件"处(J.图斯)被并入
新成立的"文献"组(1976 年)。

260　位于蒂尔加滕街 17 号的海德堡出版社办公室,建于 1980 年和 1982 年:
左,主楼;右,附楼(1991 年)。

可以预见,在现有的可能性下,我们将无法满足未来越来越多办公场所的需求。我们一直在寻找更加持久的解决方案,后来我们成功地在内卡河沿岸的蒂尔加滕街(Tiergartenstrasse)购置了房产。在市政府安排的一次交换的帮助下,场馆总面积增加到16 960平方米。1979年,我们开始计划建造一座专门满足出版社需求和功能的大楼。我们给自己留出了必要的时间来规划和设计该大楼,以便找到永久性的解决方案。长方形大型办公楼那狭长且通常令人感到压抑的走廊总是给我一种官僚主义的印象。由于我们的新建筑不需要考虑现有的结构,我们可以自由地设计。我们选择了六边形模式,这样就可以实现房间的交互式构造和分配,同时也证明这样是节省空间的。

261 在东京施普林格出版社的配合下,东京乐团于1992年4月6日在蒂尔加滕街大楼的前厅举行了一场客座演出,这是复活节、五旬节和圣诞节前的午后音乐节目的亮点之一。午后音乐节目的一流品质和国际化旨在与公司的目标和努力并行不悖,并以此传达公司的文化图景。艺术家(左起):长笛演奏家金昌(Chang-Kook Kim),小提琴演奏家小林美江(Mie Kobayashi),中提琴演奏家中尾美津子(Mitsuko Nakau),大提琴演奏家小野文昭(Fumiaki Kohno)。

兰巴尔迪·冯·施泰因
比歇尔-莱茵瓦尔（Rambald
von Steinbüchel-Rheinwall）
和他的儿子克里桑塔（Chry-
santh）是我们富有同情心和
想象力的建筑师。我们的和
谐合作带来了美观而经济的
成果——最终成本比最初的
预算低了 10%。

奠基仪式于 1980 年 9 月
2 日举行，我们于 1982 年 2
月搬了进来。自海德堡成立
分公司以来，所有部门第一次
在同一栋楼里办公。建筑面
积的规划考虑了未来员工人

262　兰巴尔迪·冯·施泰因比歇尔-
莱茵瓦尔（1902—1990）和他的儿子克
里桑塔一起为公司位于蒂尔加滕街 17
号的大楼制定设计规划。

数的增长；最初的几年里，大楼的部分面积租了出去。直到
1987 年 1 月，我们才将所有可用的办公场所收归己用。

主楼的中央前庭具有完美的音响效果。在复活节、五旬节
和圣诞节假期之前，我们会为员工举办年轻艺术家音乐会。这
个项目不仅限于欧洲音乐，也包括中国和日本的艺术家以及他
们的本土乐器。

发行　在战后的整体背景框架下，埃里希·福格尔（Erich
Vogel）于 1947 年 4 月 1 日在比勒费尔德的里特街（Ritterstrasse）
1-11 号开始批发图书；在这里存放着分散在不同地方的施普
林格库存。值得一提的是，早些时候，图书和期刊的首次发行由
装订工人直接负责的，随着时间的推移，我们才逐步接管了这一
职能。

沉重的债务导致福格尔在 1956 年春天破产，但我们能够确
保施普林格的资产。自 1956 年 6 月 25 日起，比勒费尔德公司

开始在埃里希·洛布斯的管理下独家处理施普林格的分销业务。

然而,随着时间的推移,分销商与母公司之间的地理上的遥远距离被证明是一个不利因素。因此,我们决定在海德堡—罗尔巴赫建立一个配备最先进技术的配送中心;1977 年,该中心接管了整个出版公司的仓储和配送工作。后来,该中心也为相关企业提供了这些服务。1984 年 1 月 1 日,罗尔巴赫建立了一个独立的分销商,即施普林格分销公司(Springer-Auslieferungsgesellschaft,SAG)。负责人是诺伯特·冯·内特尔布拉德(Norbert von Nettelblatt)。

263,264 海德堡—罗尔巴赫的施普林格分销公司(SAG)大楼外景,以及内部带有高架的仓库。

1986 年年底,施普林格分销公司有 62 名员工。1986 年 8 月 22 日,我们开始扩建仓库并于 1987 年 6 月完工,仓库和办公的面积增加了一倍多。

配送中心总占地面积为 17 411 m^2,其中建筑面积为 9 145.5 m^2。高达 12 米的货架占地面积达 5 719.6 m^2。共有 6 986 个整块、2 222 个半块、3 296 个四分之一块的地皮可用。此外,还有一个拥有 24 644 个位置的人工仓库,和一个拥有约 21 000 个位置的专业期刊存储区。在本书所涉及期间结束时(1992 年),这里存放了约 17 000 种书籍和 3 408 种期刊。这一年的进货量为 375 吨,出货量为 3 052 吨。到 1992 年底,图书发行量达到 2 429 914 册,期刊发行量达到 2 874 742 册。只有在包装、封装和地址程序都实现自动化的情况下,才有可能实现这一产出。

265 兰巴尔迪·冯·施泰因比歇尔-莱茵瓦尔(生于 1940 年)和他的父亲兰巴尔迪提交了公司建筑的设计规划。克里桑塔的设计被选中。

1988 年年底之前一直设在柏林的评论部于 1989 年 1 月 1 日开始在海德堡—罗尔巴赫开展工作,以促进与其他部门的合作。负责组织和展览的小组已于 1988 年 3 月搬到了那里。由于员工人数的增加,1990 年 3 月又有更多的部门不得不临时迁往罗尔巴赫,即技术编辑部和医学编辑部的《哈格尔制药实验手册》(*Hagers Handbuch*)/第八编辑小组。

在我们搬到蒂尔加滕街十年后,那里的办公场所也开始变得稀缺起来。比我们的预期快得多的是,从一开始就计划的两个新增项目中的一个必须建立,尽管是以一种修改过的形式。该蓝图包括大幅扩建停车设施,并对主楼现有的公司自助餐厅进行大幅度的扩大和改善。兰巴尔迪·冯·施泰因比歇尔-莱茵瓦尔就像对待主建筑一样,一丝不苟地规划这座建筑。1990 年 6 月 11 日我们举行了封顶仪式,1991 年 3 月和 4 月间,我们搬了进去。原来安置在罗尔巴赫的部门又搬回了蒂尔加滕街。

柏林和海德堡的办公空间需求从一开始就随着人员的增加而不断增长(参见本书第 209 页表格),这本身就反映了企业自身的发展。

维也纳

国际科学计划的不断扩大也使得维也纳迫切需要更多的办公场地。1989 年,公司决定在第二城区的萨克森广场 4 - 6 号的仓库场地上建造一座新建筑,在这里,公司和成功的密涅瓦书店一起,可以找到一个符合其所有要求的新家。因为当时施工期相对较短,搬迁于 1991 年 4 月进行。

266　1991 年,维也纳施普林格出版社搬迁至位于萨克森广场 4 - 6 号的公司新大楼。

机构

公司类型

直到 1965 年,施普林格出版社还是一家一般合伙公司(OHG,Offene Handelsgesellschaft);费迪南德·施普林格去世后,格奥尔格·费迪南德·施普林格和勒西·约斯(Rösi Joos)成为该公司的合伙人,该公司现在注册为有限合伙公司(KG,Kommanditgesellschaft)。

在随后的几年里,我们进一步讨论了公司的哪种形式最适合完成预期增加的任务。基于这些考虑,最终我们成立了两合公司(GmbH & Co. KG,即有限责任公司与有限合伙企业)①。因此,我们选择了这样一种结构,即行使日常经营管理的有限责任公司(GmbH)不仅是两合公司的管理合伙人,也是合伙企业(KG)的有限合伙人。常务董事则根据有限责任公司的管理需要而任命。新任命于1974年2月20日生效,康拉德·费迪南德·施普林格和海因茨·格策任总经理,克劳

267 勒西·约斯(生于1911年)是伊丽莎白·施普林格(Elisabet Springer)第一次婚姻的女儿。作为费迪南德·施普林格的共同继承人,她自1965年以来一直是施普林格出版有限责任公司和有限合伙公司(Springer-Verlag GmbH & Co.KG)以及维也纳施普林格出版社的合伙人。

斯·米哈莱茨任副总经理;后者在1976年被任命为总裁。1983年,这个圈子扩大到包括迪特里希·格策和约兰达·冯·哈根也包含在内;1986年,伯恩哈德·莱韦里希也加入该公司管理层。

1974年11月1日,格奥尔格·费迪南德·施普林格辞职,

---

① 两合公司是由无限责任股东和有限责任股东所组成的公司。其中无限责任股东对公司债务负连带无限的清偿责任,而有限责任股东则以其出资额为限对公司债务负有限清偿责任。前者类似于无限公司股东,对公司负有很大责任,因而享有对公司的直接经营管理权,对外可代表公司;后者则无权管理公司业务,对外不能代表公司。两合公司是无限公司的发展,兼有无限公司信用高和有限公司集资速度快的优点。这样一来,两种法律形式的最大优势——普通合伙人和资本提供者之间的典型分离,以及有限公司的责任限制——交织在一起,为初创企业带来了一种创新的、新的组织形式。——编者注

并于 1975 年 3 月 17 日正式离开公司。1962 年至 1975 年期间，滕耶斯·朗格、尤利乌斯·施普林格和格奥尔格·费迪南德·施普林格所持有的公司股份的清算给公司带来了相当大的财务负担，但公司还是能够承受的。

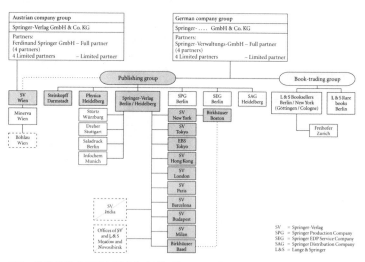

268　施普林格公司集团的组织结构（截至 1993 年 5 月）。

架构

一个稳步发展的企业需要一个新的架构，以适应其不断变化的功能及其发展的可能性。因此，在 1969 年和 1970 年，我们向德意志信托公司管理咨询部的潘科克（Pankoke）夫人征求意见。我们与她就公司的组织架构问题进行了热烈的讨论，并提出了与我们的规模变化相对应的结构设想。其讨论结果在今天仍然有效，我们的公司分为五个领域，每个领域都有自己的经理：1.编辑，2.制作，3.促销，4.市场和销售，5.财务和管理（人事、组织、电子数据服务和一般服务），最后一个领域与其他所有领域有关，是服务部门。当曼弗雷德·加斯特（Manfred Gast）于 1978 年 1 月 1 日加入人事部时，它变成了一个独立的部门；1972 年埃德加·塞德勒（Edgar Seidler）领导的促销部也是如此。

第三个领域（即促销）的
职责范围有所扩大，自 1977
年以来，其名称为"科学信
息"，主要负责编辑部门和市
场/销售部门之间的沟通。第
五个领域由日益重要的电子
数据服务（EDP）补充，生产领
域由重要的、不断扩大的计算
机生产领域补充。

220

1968 年 7 月 15 日，我在
柏林设立了一个新闻办公室，
由特劳特·希尔德布兰特
（Traute Hildebrandt）领导。
她的任务是与新闻界、电台
和电视台建立联系，这些对

269 （上图）1972 年创刊的《总报》周
年纪念刊的扉页，1992 年第 4/5 期。

公司的公众形象至关重要。科学出版社的新闻办公室在当时
是相当新颖的东西。1972 年开始，希尔德布兰特还负责公司
内部的《总报》（Zentralblatt），1992 年是该报纸创立 20 周年。
扎比内·绍布（Sabine Schaub）自 1993 年 1 月 1 日起接任特劳
特·希尔德布兰特的职务，他自 1983 年 4 月以来一直在该公
司工作。

董事会

特定领域的负责人被任命为出版董事（publishing directors），
并组成董事会的核心，负责公司的概念、架构和公司规划以及业
务的实现。随着公司的发展，这个机构必须扩大，以满足不断扩
大的功能领域的需求。1972 年，广告部代表埃德加·塞德勒加
入了董事会，科学书商朗格—施普林格也加入了董事会，自
1980 年起，出版部（publishing office）也加入了董事会。

在设立海外办事处的过程中,事实证明我们有必要让董事会的个别成员负责确保同各分支机构保持良好的联系。他们的特殊职责是保持信息畅通,并在董事会中代表特定子公司的关切和利益。这种功能对于远离总公司的分公司尤为重要。在这里,我在其他地方定义为"远程管理"("long-distance management")的东西必须发挥作用。因此,约阿希姆·海因策负责东京办事处,彼得·波尔汉斯尔负责伦敦办事处,于尔根·维乔雷克负责巴黎办事处,托马斯·蒂克特尔负责米兰的新办事处。

270,271,272 自 1993 年 1 月 1 日以来,施普林格的三位总经理。克劳斯·米哈莱茨(生于 1933 年),施普林格出版社的共同所有者和管理发言人迪特里西·格策(生于 1941 年),伯恩哈德·莱韦里希(生于 1944 年)。

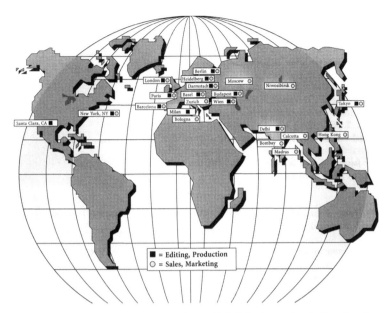

273 公司的"全球"业务和结构已经实现。施普林格的国际分支机构及其职能（1992 年年底）。

董事会由地区负责人和公司重要职能部门的其他代表组成，是公司管理层与各个地区和部门之间的桥梁；它随着公司业务活动的多样化而发展，并且作为一个现代的"横向"（"horizontally"）组织结构经受住了考验，其优点是可以自上而下迅速地采取行动，反之亦然。董事会每月召开一次会议，由成员轮流担任主席、计划组织以及会议记录。管理层出席董事会会议这一做法受到了欢迎。出版企业的目标是在新的结构调整过程中首次制定的，此后根据不断变化的情况进行相应的调整，但是基本目标并没有改变。

222

随着海因茨·格策和康拉德·费迪南德·施普林格于1993 年从管理层退休，公司又有了一个新的经营构想，在与瑞士圣加仑管理学中心（Management Zentrum St. Gallen, MZSG)的密切交流中，详细制定了与未来相适应的计划。

职能部门

编辑

施普林格出版社的编辑部负责执行整个出版计划。它是出版流程的第一阶段。施普林格出版社的编辑比其他出版公司（尤其是一般出版公司）的编辑拥有更广泛的职责范围：他们不仅负责出版项目的"初审"，而且通常还能独立决定一个项目是否能被纳入出版计划。这种决定是根据内容质量和经济上的可行性制定的。

与其他制造业企业和工业企业相比，编辑策划这一环节在出版业有着特别的地位。因为出版产品不是从原料加工开始，而是从单个人或群体的独特科学成就开始。这种情况给编辑们带来了一项不寻常的任务：那就是与他们生产力的来源——出版公司所特有的各个领域的学者和科学家——建立个人的人际关系。这种个人与人性的结合对公司的成功起着决定性的作用，这基于编辑对人性的了解、直觉能力和独立判断。科学出版公司的编辑还需要全面熟悉各个科学领域的问题；这必须以他们自己能够胜任的专业领域的知识或他们向专家咨询的专业知识作为补充。选择好的顾问是编辑们必须掌握的一项技能，这样他们的出版计划才不会偏于一隅。与可靠顾问的长期接触，往往会发展成更密切的个人信任关系，这对"出版商—编辑"来说是非常重要的。编辑的决定有时会对某一课题或某一研究方向的发展具有重大意义，因此编辑需要强烈的责任感。

在较小的公司中，编辑—出版商的职能由出版社承担，根据出版社的经营范围，编辑需要知识渊博的助手为其工作。第二次世界大战后，我们的出版活动恢复之初，赫尔曼·迈尔-考普和亨里克·扎勒的工作即可作为例子。到1999年，我们的编辑团队已发展到44人。

223

面对如此众多的"独特出版商",管理部门的主要任务之一是确保所有出版活动符合公司确定的目标。为了不失去与作者圈子的直接联系,管理部门本身必须保持编辑工作的积极性。出版公司应统一对待作者和编辑,并为他们做出可重新构建的决定。

如果没有与其他所有部门持续的信息交流,没有他们的支持,即使最优秀的出版计划也不可能成功实现。因此,除科学内容外,最重要的是必须仔细研究出版计划项目的市场潜力。这就要求从一开始到最终决策,生产、促销、销售和分销等各个环节的经验都紧密地交织在一起。只有通过这种精心协调的对科学内容和经济规划之间的协调,并由管理部门调控,公司才能确保其作者、编辑和读者保持"施普林格为科学服务"("Springer for Science")这一目标的活力。

出版商与作者之间的法律关系   与作者和编辑合作的正式基础主要由版权法和出版法以及与作者协会(就我们而言是大学教师协会[Hochschullehrerverband])签订的协议来规范。此外,我们还必须考虑与书业协会合作的规则和做法。法律文书是作者和编辑签订的合同;在实行盎格鲁-撒克逊法律制度的国家,这些合同通常是非常详细的,而在欧洲大陆,鉴于现有的有普遍约束力的版权和出版法规定,一份简明扼要的声明就足够了。

合同的一个重要组成部分是关于版税的规定,施普林格出版社使用以下普遍接受的模式:

——版税分享(participation royalty)通常为出版物标价的10%,每售出一本书,则减去一本书的增值税,每年结算一次。这是迄今为止最常见的版税结算方式。经验表明,支付出版商净利润的15%(这在业界也很常见)对作者是不太有利的,因为书商的折扣和特别折扣通常占出版费用的三分之一以上。

——同样,固定按印张收费(sheet fee)也是经常采用的一种方式。在这种情况下，双方就一千印张（每印张 16 页）商定一个固定费用。这种付费方式特别适用于由多位作者参与的作品。如果根据个人贡献内容的多少而重新分配版税，将会产生大量的行政费用。根据给定的合同，稿费要么在作品出版时支付，要么根据售出的数量（对于印刷量较大的作品）按年支付。

——施普林格出版社不再使用过去有时采用的形式，即扣除成本后相当于销售净利润 50％的成果费（results fee）。和高额的行政费用一样，在此处起决定作用的是，人们意识到，向作者解释什么是印刷成本（cost-covering print run）是非常困难的，因为除了人员以外的成本，还必须算上间接成本（overhead costs）。

人们希望尽可能以低廉的价格将一部新作品推向市场，这是成果费的由来，如今，这种愿望得到了满足，而不是通过放弃部分印数（print run）的收费权利来满足。一旦图书出版成功，且先前约定的份数（number of copies）已售出，则全额版税（full royalty）有效。

对于期刊的工作人员和编辑来说，通常会根据特定期刊的类型和订阅数量签订单独的协议。

施普林格出版社的版税政策不同于许多盎格鲁-撒克逊出版社，尤其是美国的出版社，美国的版税是独立于购买国的。在美国，作者通常只能获得其图书在国外市场销售额一半的版税。造成这种习惯的原因在于，国外出售一本书的成本要比国内高很多。由于我们的出版目标是在编辑和发行领域开展全球业务，而且我们希望赢得不分国籍的作者和读者，因此这种版税政策与我们的目标背道而驰。

出版合同的一个特点是，偶尔（幸运是非常罕见的）作者会找理由为自己的既得权利提起诉讼，而任何出版社都不会想对作者采取法律行动，例如一种情况是，作者延期交稿。因为这样做只会损害出版社的声誉——除此之外，不按期交稿虽然对出版计划,进而对出版社的经济成果造成灾难性的影响,但这绝不是作者的本意。

出版部

由于我们编辑活动分工越来越细,而且需要与各分公司的专业部门和编辑部门进行协调,因此我们需要在编辑规划领域建立一个整合中心。中心于 1978 年成立,命名为"出版部"("publishing office"),由 1978 年 5 月 1 日加入公司的卡尔·豪克负责管理。在收购巴塞尔的比克霍伊泽出版社之后,豪克于 1985 年 10 月 14 日接任其管理工作,直到 1990 年 9 月 1 日退休(参见本书第 197 页)。豪克的继任者是 1985 年 7 月 1 日从赫德尔出版社(弗莱堡)来到我们这里的安东尼奥·滕德罗,起初他担任副职,1988 年 6 月 1 日起担任实际负责人。

274 出版商卡尔·豪克(生于 1923 年)与弗莱堡的赫德尔出版社的关系可追溯到 1939 年。1978 年,他加入海德堡施普林格出版社,担任出版部主任。1985 年至 1990 年,豪克担任巴塞尔比克霍伊泽出版社的总经理,该出版社已被施普林格出版社收购。

275 1985 年,安东尼奥·滕德罗(生于 1943 年)加入施普林格出版社,接替豪克担任出版办公室主任。1990 年,这位土生土长的加泰罗尼亚人也成为巴塞罗那伊比利亚施普林格出版社的负责人。书籍制作由戈特瑟夫·舒尔茨和他的继任者埃娃·卡尔多克斯(Eva Cardocus)负责(1971—1977)。

出版部的负责人直接对公司的最高管理层负责。出版部作为一个管理机关,他的职责是根据编辑和编辑部主管的意见,安排公司的工作和编辑领域的日常事务。同时,向负责结果的编辑提供经济方面的建议,并亲自负责计算贡献率和毛利润(gross profit)的所有方面。此外,他还监测和解释编辑部的工作在年度产量方面的盈利情况,并提供必要的预算数据。此外,出版部还负责出版合同的形式和内容,包括版权使用税的安排。最后,出版部是版权和许可,以及所有与版权和出版有关的法律问题的中心机构。

制作部门

制作部门通过展示作品在技术上的无懈可击、美学上的吸引力来塑造公司的形象。作品的内容和形式应该协调一致。在排版技术的帮助下,制作编辑(production editor)可以通过平衡、美观的字体和设置,使出版产品达到最佳的可读性。现代排版技术增加了可变性,但并不是每次这样做都能提高审美质量。

演变史　在柏林,随着柏林墙的修建(1961 年),生产制作变得更加困难,但它以易货贸易(barter trade)的形式延续了下来。一些图书被海德堡接手(例如,《外科医师》和数学书)。尤利乌斯·施普林格对图书制作一直表现出极大的兴趣,并亲自参与制作。1962 年他退休后,亨里克·扎勒接管了这个部门和技术项目。弗朗茨·佐施卡在期刊制作中帮助了他;佐施卡去世后,他又得到了霍斯特·沙伊贝尔(Horst Scheibel)的协助。扎勒从这一领域退休后(1976/1977 年度),柏林的生产部门交由海德堡的 H. 萨尔科夫斯基管理,沙伊贝尔成为柏林生产部门的负责人;1990 年 9 月 1 日,他的职务由吉泽拉·德利斯接任。

鉴于扩大柏林援助法(Berlin-assistance law)对柏林产品的税收支持,柏林生产部门于 1984 年转变为一家独立公司——施普林格生产公司。从那时起,柏林从海德堡接手了越来越多的出版项目，这主要是因为，随着贝格曼出版社作为一个独立的生产基地的关闭（1983年），海德堡不得不接手迄今为止一直由柏林负责的出版项目〔SARKOWSKI（4），GÖTZE（2）〕。

保罗·戈塞在公司工作了65年〔HS：note 64〕，1967年路德维希·魏斯（Ludwig Weiß）接管了海德堡的制作部门；1972年2月1日，于尔根·特施（Jürgen Tesch）继任。他在重新设计我们的制作排版，以及进一步发展和加强员工的排版审美，在设计基础方面为公司做出巨大贡献。

276 吉泽拉·德利斯（生于1944年）自1966年开始在海德堡的期刊部工作。1970年，她到纽约施普林格出版社工作了6个月。1990年，她担任施普林格生产公司的负责人。此外，她还负责贝立兹（Berlitz）的 PRODUserv 有限责任公司的制作服务，该公司自1992年以来取得了成功，其客户中已有著名的出版公司和学会。

基于各种各样的原因，在科学的制作程序中实现这样的设计是不容易的〔KLINGSPOR〕。他在这方面得到了特蕾西娅·戴格莫尔（Theresia Deigmöer）、吉泽拉·德利斯、瓦尔特·多尔（Walter Doll）和海诺·马蒂斯的帮助。另外值得一提的是埃里希·基希纳（Erich Kirchner）和卡尔-弗里德里希·科赫（Karl-Friedrich Koch），我们要感谢他们对1977年首次印刷的"指导方针"（"Richtlinien"）的详细阐述。在公司进一步的发展中，拉夫-彼得·菲舍尔（Ralph-Peter Fischer）、赖因霍尔德·米歇尔斯（Reinhold Michels）、莫尼卡·魏斯勒德（Monika Weisleder）和乌特·比雅尔等人都积极担当起重要职务；比雅尔女士在纽约工作了15年后，于1991年回到海德堡担任制作部门副经理。

1967年10月31日的制作编辑指导会议期间，我们在战后

277 于尔根·特施(生于 1941 年)在接受排版培训后,于 1963 年加入公司,担任制作编辑,并于 1972 年成为制作领域的负责人。如今,他是慕尼黑普雷斯特尔出版社(Prestel-Verlag)的所有者和负责人。

278 海因茨·萨尔科夫斯基(生于 1925 年)于 1976 年接替于尔根·特施担任制作部门负责人。在接受了图书零售业的培训后,他从 1954 年开始担任制作编辑,后来在德国多家出版公司担任制作主管,其中包括岛屿出版社(Insel-Verlag)。作为一名热心的图书行业史学家,他从 1988 年至 1992 年受施普林格出版社委托,完成了公司档案的整理工作,并撰写了公司年谱的第一部分(1842—1945)。海因茨·萨尔科夫斯基一直是德国书业协会历史委员会的成员。

为我们的整个出版项目首次制定了排版设计总方针。这个时候,我们选择了公司各个特殊领域一直沿用的代码颜色。

自世纪之交以来,我们的图书和期刊排版几乎没有什么变化,目前已全部实现现代化,同时也适应了排版人员工作条件的变化。在这方面,我们合作过的技术工厂,特别是施蒂尔茨大学印刷公司给了我们很多帮助和建议。这一过程随着向照相排版(phototypesetting)的过渡而加快。他对我们的图书和期刊重新进行了排版设计,这也是我特别关心的问题。海德堡生产部门当时的负责人于尔根·特施以及他的继任者海因茨·萨尔科夫斯基(1976 年)和英戈·朔尔茨(Ingo Scholz,1988 年),都是我们志同道合的战友。这些努力得到了"年度最佳设计书籍"评

228

委会的赞赏，这让我们感到自豪和满意。1969 年至 1992 年，有 29 本施普林格图书获得了该奖项。

然而，如果我们的图书和期刊想在新的竞争条件下站稳脚跟，那么我们图书的印刷排版不仅需要革新，外观也需要革新。当然，科学出版商的图书不会与书店的橱窗或柜台上的大众出版社的图书竞争，但它们必须在竞争对手出版商日益繁多的图书中保持自己的地位。

图书外观的新设计还需要一些技术上的先决条件和次要条件：自 1950 年起，平装书中常用的完美装帧，已在科学文献中得到推广，施普林格的小册子（pamphlets）也接受了这种装订方式，软胶装满足了用户的需求。非纺织装订材料（nontextile binding materials）经常被用来取代亚麻布，这使得用胶印或丝网印刷方式直接在装订上复制图片或图形成为可能，而且不需要昂贵的防尘套。

229

产品外观　维尔纳·艾森申克（Werner Eisenschink，1932—1991）自 20 世纪 70 年代中期以来，一直定期为施普林格出版社工作，之前他偶尔会被邀请做一些装帧设计。他将排版能力与对色彩的敏锐感觉相结合。他的强项是在科学图书所要求的简约框架内创造出个人的风格特色，从而确保众多的图书可以被辨识出来，"是本公司的产品"，即它们具有某些"家族相似性"。

形成这种典型特征的原因是，公司为每个专门学科领域指定了特定的颜色。鉴于施普林格图书数量的不断增加，这也为书商和图书馆员提供了指导性的帮助。

	1967 年	1976 年	1987 年
医学、心理学	蓝色	蓝色	蓝色
物理	棕色	棕色	棕色
生物	绿色	绿色	绿色

	1967 年	1976 年	1987 年
数学	黄色	黄色	黄色
计算机科学	—	黄色	银色
化学	灰色	橙色	橙色
地球科学	橙色	赭色	赭色
技术	黑色	红色	红色
经济学、哲学	—	灰色	灰色
药学	—	蓝色	土耳其蓝色(自 1990 年起)
法学	灰色	灰色	青色(自 1990 年起)

博尔瓦格的理念 与此同时,我们还努力为公司的宣传和印刷工作创造一个美观和谐的形象,即企业形象。1974 年年底,我请马克斯·博尔瓦格设计了这样一种概念[BOLLWAGE]。他提出了一个长期解决这个问题的办法,并将他的草图汇编入 1976 年出版的样本卷中;这里引用了引言的第一句话:

出版计划及其宣传材料的印刷设计原则是,图书的整体远远大于各部分的总和。一本书、一份期刊或一个广告的单独设计可能是相当成功的,但是,只有当单个印刷作品的排版美学设计遵循一种上位概念时,出版商作品的统一集体外观才会显现出来。只有这样,才能使整个作品具有吸引力并给人留下印象……

在这方面,1967 年正式引入的特殊领域的颜色被重新分配,印刷颜色也被精确定义(参见本书第 230 页表格)。与此同时,博尔瓦格重新设计了我们出版商的标志,我们不仅考虑了它在印刷和印刷技术上的适用性,也考虑到它在图形上与相应项目的排版概念相协调。

随着时间的推移,我们的作品变得日益丰富,我们的书刊在图书贸易、会议展览等方面的"可见度"的要求也在不断变化，这就需要我们对单个书名、期刊和图书系列进行更有力的图形特征描述。既要满足这些要求，又要保持施普林格图书的"家族相似性"，是一项艰巨的任务。自1991年起，我们的制作部门采取了一系列手段来展现出版公司的生动性和活力，其目的是在不放弃久经考验的模式甚或仅仅追随时尚潮流的情况下，赋予整体以新的形象。

技术流程的改变　虽然在我们不断扩大的企业中，技术、组织和经济需求日益重要，但我们仍然把较大的注意力集中在我们的公众形象上。

一个简短的题外话可以说明我们出版事业的重要方面：在以显著的科学和技术突破为特征的20世纪60年代，排版和印刷技术的决定性变化即将到来。除了19世纪头25年发明的平板印刷机，自古登堡以来，印刷工业上几乎没有什么其他创新。机械排字（mechanical typesetting）技术自20世纪初就开始被科学出版物接受，但是使用铸铅合金字母（凸版）（letters of cast lead alloy［letterpress］）印刷的原理几乎没有改变。20世纪60年代，广泛应用于科学生产之外的胶印也成为科学出版最受欢迎的技术，特别是同平面印刷相结合的技术。我们的亲密伙伴阿明·维费尔是施蒂尔茨大学印刷股份公司的成员，他强烈建议我们从凸版印刷转向胶版印刷，这是他在莱比锡布兰德施泰特公司时就已经提倡过的。人们曾对新工艺持怀疑态度，并且怀疑文本和插图的复制质量是否能达到科学图书和期刊要求的标准。这种怀疑已经被证明是毫无根据的。自20世纪70年代以来，施蒂尔茨只采用胶印技术进行印刷，因为这种技术具有相当大的优势：1. 新版本昂贵的"存版"（"standing type"）胶片可以被更便宜、更节省空间的胶片取代；2. 由于不必使用笨重的铅，可以在任何特定地点使用胶印机，这既能保证图书的价格优势，又能提高质量；3. 耗时又昂贵的字体和版块准备工作可能

231

会被遗忘;4. 使用胶片可以更好、更快、更便宜地制作和印刷插图;5. 使用凸版印刷制作插图所必需的高质量铜版纸(coated paper),可以被虽然较轻但质量并不差的纸张代替;6. 使用照相排版印刷术(phototypography)可以选择更多的符号和字符,这对数学课本来说尤为重要。直到1980年左右,印刷业在出版公司对质量要求的推动下克服了过渡时期的困难。

不幸的是,这样节省下来的开支只有在一定程度上有助于消化不断上涨的成本时,才会使图书和期刊的价格受益。在排版成本普遍上涨的情况下,一种临时性的解决办法是采用稿本印刷技术,后来则又增加了排字技术。稿本印刷技术在1964年首次被用于《数学讲义》(Lecture Notes in Mathematics),后来又被用于《讲义》系列。以尽可能低的价格快速出版是其先决条件。为降低图书价格,作者还同意以可复制的打字文本形式提交稿件。

20世纪70年代和80年代,主要是在海因茨·萨尔科夫斯基(1976—1988年在岗)的管理下,仅德国地区的图书制作数量就从1976年的每年470部增加了近三倍。期刊的数量则翻了一番。制作部门员工人数增加的幅度要小得多(员工占25%,而制作部门占175%)。不过,制作图书的时间还是明显缩短了。在这方面有四个重要因素:(1)向更快捷的排版技术过渡;(2)插入作者的修正在技术上更简单;(3)通过整页拼版(makeup)加速图书制作流程,取消了校正样张(galley proofs)的工作;(4)标准化表格和其他行政措施,简化并缩短作者、出版商、印刷商之间沟通的流程和时间,使其与印刷公司共同制定各自的标准。

国际化制作 对于一家60%的营业额都在国外的出版公司来说,在国外找寻图书制作机会也是很有意义的。因此,20世纪70年代初,我们与英国的印刷厂签订了合同。一段时间后,这种价格优势越来越小,而相应的管理费用却没有任何变化。印度的情况要好很多，我拜访了新德里的汤姆森印刷厂（Thomson Press），他们在 1975 年接到了我们的第一份排版订单。

这家印刷公司配备了莫诺铸排机（Monotype），制作出优秀的科学字体。样张和页面校样（page proofs）定期由航班运输；当天晚上收到的货物第二天早上就能在伦敦送达。在这里，时差对我们很有利。从新德里到法兰克福我们也安排了同样的程序，这弥补了距离较远带来的劣势。不过，这种安排比维尔茨堡和海德堡之间的安排需要更多的时间。

我深深地回想起一次经历：在我第一次拜访前不久，汤姆森公司从布雷默（Brehmer）那里收了一台现代化的折页机（folding machine），机器已经安装好，正等着投入使用。然而，在宽敞的大厅对面，坐着大约十几个印度人，他们跷着二郎腿，忙着用手折叠那些和折页机的骨架（folding-bone）一起送来的印刷品。

由于我们与班加罗尔的麦克米伦公司（Macmillan）的联系，自 1986 年和 1987 年以来，亚洲的订单量一直有所增加：1988 年，大约有 12 000 页的书稿在那里生产制作。同样在香港，我们自 1980 年起就开始在那里制作图书，现在我们与排版公司建立了可靠的关系。

自 1988 年 10 月 1 日以来，英戈·朔尔茨一直负责制作。他从国际出版公司的需求和目标出发，利用其优势与

279　英戈·朔尔茨（生于 1947 年）是一位制版工程师，曾在一家新闻报刊社担任过重要职务，1988 年在施普林格出版社担任制作部主管。

协同效应,继续开展工作。每年在法兰克福书展期间,施普林格所有公司的生产编辑都会召开一次会议。此外,还要讨论国际供应商的采购条件。海德堡的制作部门与他们签订主交货合同(master delivery contracts),并协调全球范围内合同的履行。这已然形成的全球采购网络,使得所有分支机构都能以大型出版公司提供的最佳条件下订单。1992 年,施普林格公司向亚洲公司下达的所有排版订单量超过 140 000 页。

1992 年,我们与印度的麦克米伦一起在班加罗尔创办了一家合资企业:科学出版服务公司(Scientific Publishing Services, SPS),公司由玛尔塔·格兰德勒(Martha Gründler)在当地管理。我们的任务是在印度"复制"我们的生产技术和我们一贯的质量标准。如前所述,在出版业务的第一年,班加罗尔制作了大约 12 000 页书稿。通过这一政策,我们利用经济优势,正在长期加强我们在国际竞争中的地位。

与此同时,制作部门根据我对出版集团的总体构想,制定了组织形式和工作程序。不同的制作部门将合适的订单("组","gangs")组合在一起,作为一个单元进行制作。实现这一目标的前提是所有出版地的开本、版式(format)和纸张都要实现标准化[SARKOWSKI(5)]。

1992 年,海德堡和柏林共同制作了 630 本标准格式的图书。我们能够将伦敦公司的作品与海德堡的作品一起印刷,物理出版社(Physica-Verlag)和施泰因科普夫也被列入计划范围之内。

1987 年秋,我带着第一批 6 种书刊到纽约制作发行;1992 年,超过 120 多种书刊与纽约制作的书刊合并为 6—20 种作品的"组",在商定的固定日期每月印刷一次。组织这些批量订单为公司节省了大量成本;这也意味着,根据任何时候的经济形势,我们都可以与其他欧洲国家、美国或亚洲的公司签订印刷合同。如今,施普林格还为其他出版公司提供制作服务。

技术的进一步发展：计算机制作　在海德堡举行的上述国际制作会议上，与会者就最新的电子化发展及其应用的可能性进行了全面的交流。为此，"新技术/产品开发"部于1989年被合并到生产制作领域。

Camera Ready Copy

Instructions for Authors
Using plain TEX and
the Springer Macro Package
CPMono01 or CPMult01

Mathematics · Physics · Computer Science
Economics · Engineering

With a Reference Card

Springer-Verlag
Berlin Heidelberg New York
London Paris Tokyo
Hong Kong Barcelona
Budapest

280,281　为施普林格作者提供的 TEX 宏包：这里显示的是为《天文学和天体物理学》(*Astronomy and Astrophysics*)杂志作者提供的 TEX 版本和为图书提供的《作者使用纯 TEX 的说明》(*Instructions for Authors Using plain TEX …*)。

数学、物理、计算机科学等领域难度较高的大量传统排版工作，越来越多地被 TEX 程序的文本排版系统取代。TEX 设置和格式化系统是由唐纳德·高德纳(Donald Knuth)开发的数学文本，并被美国数学协会引入。1983 年，施普林格出版社出版了第一本用 TEX 编写的书(*Proceedings of the CIFMO School and Workshop held at Oaxtepec*，K. B.沃尔夫主编)。稿件的获取，包括出版商的排版说明，都是在为上述领域专门创建的 TEX 宏包("TEX Macro Package")的帮助下完成的。该软件通过国际电子邮件或以光盘的形式提供给作者。出版商则会通过光盘或电子邮件收到完整的文本。我们的制作编辑会对作品进行检查，印刷商使用转换系统将文本直接转换为所需字体的印刷胶片，或者交付可用于摄像的页面。TEX 格式手稿的处理成本与亚洲传统排版的成本相当，但 TEX 还具有相当大的时间优势。1992 年，以这种方式生产的印刷页数超过 25 000 页。TEX 适用于数学、物理文本，但事实证明它并不适用于其他科学领域的文本。

经过编辑部门和作者的协调，出版公司也可以借助其他程序，用电子方式排版（包括插图）。所有这些方法都可以将图书制作的时间缩短 30%～40%。

1990 年成立的"设计与制作"部门，配备了最先进的桌面出版（desktop publishing）软硬件，"设计与制作"部门利用我们营销数据库中的文本，制作宣传材料和插页。

由于文本的电子化，作者/出版商和技术公司之间在字体制作方面的界限开始变得模糊。在制作科学书籍和期刊的传统任务外，我们还准备增加电子版（参见下文"新媒体"部分）。电子制作方法在期刊领域变得越来越重要。

标准通用标记语言　20 世纪 80 年代初，IBM 的专家们根据欧洲共同体和联邦研究与技术部门的目标制定了一个概念：标准通用标记语言（Standard Generalized Markup Language，SGML）。施普林格出版社早在 1982 年和 1983 年制定了类似的格式化原则，

282　布赖恩·特拉维斯（Brian E. Travis）和戴尔·瓦尔特（Dale C. Waldt）：《SGML 实施指南：SGML 迁移蓝图》（*The SGML Implementation Guide：A Blueprint for SGML Migration*，1995），这是施普林格出版社出版史上最早出现的关于 SGML 的出版物之一。

用于处理《天文学和天体物理学》（AA 系统）杂志中的论文，以及获取《数学总报》中的报告。

SGML 概念的出发点是，如果文本可以被描述为文件类型，而文件类型的结构又规定了处理的可能性，那么文本的电子处理就会相对简单。因此，原始科学论文的文本通常按照相同的大纲进行排列。1.（标题）：期刊、年份、卷次、页码（从……到……）、标题、作者、机构、摘要、关键词。2.（正文）：导言、材料和方法、结果、讨论、致谢。3.（结尾）：参考文献。

1989 年，一个由出版公司、排版专家和数据库制作者组成的工作组在施普林格出版社的领导下召开会议，为这类科学文件类型制定编码和格式规则。第一个成果是 1991 年推出的"标题"手册（MAJOUR＝模块化期刊应用，EWS）。这一发展使得文本的进一步电子化处理成为可能，即文献的书目数据（期刊、年份、卷、页数、题名、作者、机构、摘要、关键词）可以通过电子方式被重新记录，以便二次使用。例如，为《物理学简报》（*Physics Briefs*）、Medlars、Embase 等数据库提供摘要服务或一般的专利与商标新知预告服务（Current Awareness Services）。另外，ADONIS 系统今后也可以利用这种可能性。

目前，我们有六种期刊已经转为标准通用标记语言（SGML）：即《欧洲核医学杂志》（*European Journal of Nuclear Medicine*）、《朗根贝克外科文献》、《放射科医师》、《德国物理学杂志 A》（*Zeitschrift für Physik A*）、《德国物理学杂志 B》（*Zeitschrift für Physik B*）和《德国物理学杂志 D》（*Zeitschrift für Physik D*）。

环境问题　环境意识的提高对生产政策产生了一定影响，尤其是在纸张和包装方面。20 世纪 80 年代末，公司开始使用耐酸、耐氯的纸张，以保证纸张的耐久性和色牢度。此外，公司已不再使用含聚氯乙烯（PVC）的合成材料来制作防尘套，也不再使用塑料布覆盖书籍。每一个印刷产品都注明了以环保为导向的生产工艺,并使用了合适的材料。

制作编辑　制作领域的工作既要注重商业艺术,又要与要求苛刻的科学手稿及其作者打交道,因此这一领域更需要兴趣广泛的人。难怪个别员工在出版之外又会被公认为是艺术家和排版师。在公司内部,我们也组织了员工的个人作品展。

制作部门一直特别重视员工的培训和进修。内部和外部研讨会——其中一些在印刷公司举行——以及各个层面的定期讨论,这对于一个必须迅速吸收新的技术发展成果和现场实用信息的领域来说是必不可少的。

多年来,有两家公司在解决我们的生产任务方面提供了特别大的帮助:维尔茨堡的施蒂尔茨大学印刷股份公司和斯图加特的古斯塔夫·德雷埃尔图像艺术社。

维尔茨堡的施蒂尔茨大学印刷股份公司　施普林格出版社拥有这家大型印刷公司的控股权,并与之紧密合作了几十年。自 1910 年以来,施普林格出版社在这家企业的发展过程中发挥了积极作用,它在监事会中的突出参与体现了这一点。对于施普林格出版社在自然科学、数学和医学领域雄心勃勃的科学成果来说,施蒂尔茨公司是实现最高质量和最受欢迎的贡献。

1830 年 6 月 17 日,弗里德里希·恩斯特·泰恩(Friedrich Ernst Thein)在维尔茨堡的奥古斯丁路(Augustinerstrasse)3 号开了一家印刷公司,公司共有三名助手和两台手动印刷机。1869 年,创始人去世,享年 66 岁,随即一家平版印刷处(lithographic printing office)的老板路德维希·施蒂尔茨(Ludwig Stürtz)买下了这家印刷公司,并合并到自己的企业。1874 年首次印刷了科学书籍,如费迪南德·里丁格尔(Ferdinand Riedinger)所著的《股骨颈骨折的原因和影响研究》(*Studien über Grund und Einkeilung der Schenkelhalsbrüche*);这是施蒂尔茨重要发展的开始。1875 年,路德维希的弟弟海因里希·施蒂尔茨(Heinrich Stürtz)加入公司,并于 1877 年成为公司合伙人。1878年9月1日,他接管了这家印刷公司。根据巴伐利亚皇家法令,该公司自当年3月16日起被允许使用施蒂尔茨皇家大学印刷公司("Königliche Universitätsdruckerei von H. Stürtz")这一名称。1894年,施蒂尔茨印刷了维尔茨堡大学(Julius Maximilian University)时任校长威廉·康拉德·伦琴(Wilhelm Konrad Röntgen)在建校312周年庆典上的致辞。

1898年,海因里希·施蒂尔茨搬进了贝多芬街(Beethoven-strasse,时名弗里德霍夫路[Friedhofstrasse])5号已经建成的一幢新大楼,这为公司进一步的成功发展奠定了基础。1909年,印刷公司改制为股份制公司,商业顾问海因里希·施蒂尔茨担任总裁。1910年,监事会成员包括位于威斯巴登的出版商弗里茨·贝格曼(贝格曼出版社)和柏林的弗里茨·施普林格。1911年,鲁道夫·莱昂哈特(Rudolf Leonhardt)成为董事会的正式成员。1915年6月29日,商业顾问海因里希·施蒂尔茨博士去世。

自1930年起,由于费迪南德·施普林格被任命为监事会成员,并在1933年被选为主席,施蒂尔茨股份公司和施普林格出版社之间的联系变得更加紧密。除1942年至1945年期间施普林格被迫从公司辞职外,施普林格一直担任监事会主席,直到1965年去世。

1945年3月16日,位于贝多芬街的印刷公司的大楼在空袭中被摧毁了近85%。1945年11月9日,汉斯·施潘海梅(Hans Spanheimer)被美国驻军当局任命为该公司的受托人和执照持有人;托管期于1948年6月19日结束。自1947年起,我们开始重新修建印刷公司大楼,到1948年年底,它再次实现了和平时期的印刷质量。

1953年1月初,监事会决定让威斯巴登印刷公司的共同创始人和共同所有者阿明·维费尔成为董事会的正式成员。维费尔来自莱比锡的布兰德施泰特公司,后来的几年里,他成功地利用自己的影响力将公司的凸版印刷转变为胶版印刷。

1960 年 10 月 1 日，董事会任命卡尔·赫尔曼·克林斯波尔（Karl-Hermann Klingspor）接任维费尔的职务。1971 年 1 月 1 日，沃尔夫拉姆·约斯（Wolfram F. Joos）和洛伦茨·罗特兰德（Lorenz Rottland）接任卡尔·赫尔曼·克林斯波尔的职务。前者为技术总监，后者为业务总监。康拉德·费迪南德·施普林格（1961 年）、海因茨·格策（1962 年）、金特·丹尼尔（Günter Daniel，1966 年）和克劳斯·米哈莱茨（1978 年）相继被选为监事会成员。

20 世纪 70 年代初，由于胶

283,284,285　卡尔·赫尔曼·克林斯波尔（1903—1986）自 1960 年至 1970 年担任施蒂尔茨大学印刷股份公司的总经理。随后，沃尔夫拉姆·约斯（生于 1933 年）担任技术总监，洛伦茨·罗特兰德（生于 1931 年）担任业务总监。

印厂和装订厂的扩张,我们需要更多的办公场地。为满足这一需求,我们在法伊茨赫希海姆大街(Veitshöchheimer Strasse)的工业区盖了一栋大楼。第一期工程的初步工作于 1972 年 3 月 1 日开始;5 月 3 日,在一场倾盆大雨中,我们举行了奠基仪式。

　　1969 年,化学结构式的机器排版(chemical structural formulas)的发明标志着一个新排版技术时期的开始。1973 年,施蒂尔茨安装了一个计算机控制照排机(photoytpe printing plant),1976 年,作为世界上第一家企业,它又安装了 Monophoto 400/8 排版系统,用于计算机控制的公式设置。随后在 1978 年,施蒂尔茨又安装了四色扫描仪,用于彩色印刷品的电子制作。

286　施蒂尔茨大学印刷股份公司,计划在维尔茨堡的阿尔弗雷德-诺贝尔大街 33 号开设第二家公司。

　　施蒂尔茨大学印刷股份公司已经成为我们不可缺少的合作伙伴——这不仅体现在重要出版作品的设置、印刷和装订方面,而且近年来还在计算机化制作领域进行合作。和施普林格出版社的制作部门一样,该公司是该领域的先驱。为适应最新技术的发展,施蒂尔茨开发了一个转换程序,可以将 TEX 格式化程序中的手稿文件直接转换为公司首选的 Monotype Times 字体。

　　施蒂尔茨公司的排版和装订工艺得到了不同寻常的认可。

德国图书艺术基金会(Stiftung Buchkunst)在1979年表彰了施蒂尔茨制作的五部作品:三本教科书、一本施普林格的解剖学著作和一本艺术书,它们入选了1978年五十本最佳图书之列。

1980年4月19日,施蒂尔茨公司成功举办了公司成立150周年庆典,并在马林堡的美因弗兰肯博物馆(Mainfränkische Musum)的房间里举办了非常成功的公司聚会和庆祝活动。

斯图加特的古斯塔夫·德雷埃尔符腾堡图像艺术社
(Württembergische Graphische Kunstanstalt Gustav Dreher)

插图是科学出版商的重要信息媒介。图解是文字信息的补充。美学因素起着从属的作用,但即使在严谨的科学领域,美学效果也不应被低估,特别是在那些具有强烈形态学导向的科学学科中:仅举几个典型的例子,如医学中的解剖学、病理学和放射学,或地质学和晶体学。

插图在科学出版中的重要性促使施普林格出版社的所有者很早就开始寻求有能力的制作厂商,并和他们建立联系,以确保长久高质量的成果。自1918年起,施普林格越来越多地求助于古斯塔夫·德雷埃尔公司 [参见第316页;注65(PDF:331页)]。1893年7月,古斯塔夫·德雷埃尔在斯图加特的伯布林格(Böblinger)大街创办了一家木刻版画厂,并在1900年左右改用格奥尔格·迈森巴赫(Georg Meisenbach)开发的新电铸版(electrotype)技术制作网目版印刷插图(halftone plates)。1904年,德雷埃尔搬到了今天仍在使用的伊门霍弗(Immenhofer)大街23号大楼。

1918年,古斯塔夫·德雷埃尔去世,公司转为私营企业,由多里斯·德雷埃尔(Doris Dreher)(占股75%)、鲁道夫·施塔克(Rudolf Stark)(占股12.5%)和卡尔·舒斯特尔(Karl Schuster)(占股12.5%)担任合伙人。1921年,施普林格出版社下了第一份试用订单,从此开始了长达数十年的顺利合作。1922年,施普林格作为第四个合作伙伴加入,占资本份额的

20％(15 000 马克)。随着合作关系的日益密切,德雷埃尔为施普林格的订单设立了一个绘图室(drafting office),用来安置柏林的绘图员。1936 年,欧根·耶内魏因(Eugen Jennewein)获得授权书;同一年,鲁道夫·施塔克退出合伙人行列。

287　斯图加特的古斯塔夫·德雷埃尔符腾堡图像艺术社,在伊门霍费大街23 号大楼。

288　欧根·耶内魏因(1892—1979)是古斯塔夫·德雷埃尔公司多年的员工,自 1936 年起担任授权签字人,1949 年起担任企业负责人,直到 1975 年退休。

　　战后的 1946 年,我们与海德堡施普林格出版社恢复了联系。随着业务量的增加和新复制技术的引进,出版社需要更多的办公场地。因此,我们在 1971 年至 1973 年盖了第二栋大楼。

241

　　舒斯特尔先生和施塔克先生分别于 1985 年 7 月和 1987 年3 月将其股份转让给我们。耶内魏因于 1975 年 12 月 31 日退休,他的股份暂时由他的家族持有,直到 1987 年 8 月被转让给施普林格出版社,这使得施普林格出版社成为唯一的所有者。

　　欧根·耶内魏因引进并实现了从传统的化学蚀刻技术向扫描仪和平板印刷胶片生产的过渡。最后一块凸版制作于 1976

年，耶内魏因在 1979 年购买了第一台彩色扫描仪。

　　与多拉·格罗斯汉斯的管理下的出版公司插图部门的合作，得到了专业知识的支持，并且大家能够相互理解。这使得我们有可能实现我们的目标，即为出版物提供高质量的插图，并通过持续的经验交流保持高水平的复制技术。

　　对施普林格出版社来说，最重要的是德雷埃尔公司还承担了艺术、图书设计和推广等领域的工作，以便为员工提供多样化的激励性工作。

289　库特·泽尔(1930—1995)，自 1973 年起担任技术经理，1975 年接任欧根·耶内魏因的职位，与(290)洛塔尔·施泰因格鲁贝(生于 1941 年)一起，代表古斯塔夫·德雷埃尔负责业务管理。

　　库特·泽尔(Kurt Söll)于 1973 年 7 月 1 日担任技术领域的经理，洛塔尔·施泰因格鲁贝(Lothar Steingrube)于 1975 年 10 月 1 日担任业务经理。

242

资料和文献

　　文献中心和文献机构　　世界范围内科学研究的发展，其国际联系，以及同时出版的书籍和期刊数量的增长变得越来越复杂,因此,即使是专家也无法及时了解信息。从 20 世纪 20 年代和 20 世纪 30 年代开始,上述科学活动在地理上的扩张使信息量以前所未有的速度增长;因此,这些信息必须按顺序排列,并将其作为概览呈现给用户。1942 年,德国文献学协会(Deutsche Gesellschaft für Dokumentation)在科隆成立(现位于美因河畔法兰克福)。战后,这一发展势头依然强劲,例如,美因河畔法兰克福成立了德国文献学研究所(Institut für Dokumentationswesen)。文献资料开始成为一门辅助科学,它不仅用于研究,而且用于依赖可靠信息的工业、商业和日常生活领域。

在德国,试图为特定领域的知识创建知识库是很自然的事:文献中心或摘要汇总服务,在德语中被称为 *Zentralblätter*。知识库有两种不同的类型。一类是对图书和期刊论文进行评论的报告,例如:施普林格出版社的医学、生物学和数学摘要,或《贝尔斯坦有机化学手册》。另一类是简单地登记和订购已发表的作品,不进行评价,如荷兰的《医学文摘》(*Excerpta Medica*)(爱思唯尔,自 1947 年起)或美国化学会的《化学文摘》(*Chemical Abstracts*)(自 1907 年起)。第二种类型在实践中被证明更有优势,因为它可以更快地更新信息,但代价是要对所报告的材料进行严格的预先评估。施普林格出版社很早就意识到了这种信息服务的必要性,并给予了大力支持:1911 年开始出版医学生物学摘要,1931 年出版了《数学前沿领域总报》

291 《数学前沿领域总报》,1992 年第 749 卷。

（*Zentralblätt für Mathematik und ihre Grenzgebiete*），1916
年《贝尔斯坦有机化学手册》(1881 年开始出版)被公司接手。

　　一种特殊形式的非批判性信息服务是以 1958 年开始的美
国费城 ISI 公司的《最新目录》(*Current Contents*)为代表,该刊
物重印了一些国际公认期刊的目录,并自 1961 年起,每年在"科
学引文索引"("Science Citation Index")中对期刊进行定性评
估。该评价体系是基于该期刊在国际期刊文献中的参考引文量
统计的。这一体系是不牢靠的,因为就其本质而言,它涉及较新
研究领域的期刊,即使它们很好,也无法被频繁引用。

　　1969 年,联邦研究和技术部为各个知识领域建立了专业信
息研究中心(FIZ, *Fachinformationszentren*):例如,科隆的医
学 FIZ(Medicine/DIMDI),卡尔斯鲁厄的自然科学 FIZ,法兰克
福的技术 FIZ 和柏林的化学 FIZ,萨尔布吕肯(Saarbrücken)的
国家司法行政 JURIS,以及其他服务于商业的机构。它们接管
了东道主所有的职责。

　　1968 年,我觉得是时候让有文献工作经验的人定期为我们
提供专业帮助,特别是在编辑规划和营销/发行方面。约阿希
姆·蒂斯(Joachim Thuss)现在是公司的科学顾问和信息经济
人,他通过各种方式,如规划分析和专家报告、结构研究,组织和
技术流程费用的确定、合理化研究、书目汇编等,为公司提供了
可靠的内部信息和文献资料。直到 20 世纪 80 年代中期,他的
工作还包括与 FIZ 合作,研究我们文摘系统的布局和评估。

　　在这一体系内,特别是在 1968 年至 1974 年期间,我们就医
学摘要系统与新成立的 FIZ(Medicine/DIMDI)合作的可能性
进行了一些热烈讨论,目的是将我们的文献组织变成一个非营
利机构。这些努力得到了医学摘要编辑和各科学协会的支持,
但最终还是失败了;尽管我们与联邦公共卫生部(Federal Min-
istry of Public Health)副部长路德维希·冯·曼格尔-柯尼希
(Ludwig von Manger-Koenig)的谈判很有希望。

292 医学生物学摘要部门的负责人是格奥尔格·库德（1894—1985，右）和克劳斯·沃尔夫（1934—1993）；后者自 1968 年起在施普林格出版社工作。

　　海德堡施普林格出版社的医学—生物学摘要系统自 1911 年起就已存在，1924 年到 1970 年由 G. 库德管理（1947 年在柏林）；自 1970 年至 1993 年克劳斯·沃尔夫（Klaus Wolff）去世，该系统一直在评估医学文献（不包括牙科和兽医）以及生物学和生物化学领域的文献。1973 年和 1974 年是该系统规模最大的时期，当时共有 18 个审稿机构、50 名兼职编辑和 30 多名员工；来自 40 个国家的 5600 名审稿人对 2600 份期刊进行了评估。每年共发表 120,000 篇评论。施普林格出版社的评论机构按照创办年份排列如下：

244

　　《全儿科学总报》（*Zentralblätt für die gesamte Kinderheilkunde*）（1911）

　　《全内科学及其前沿领域总报》（*Kongreßzentralblatt für die gesamte innere Medizin und ihre Grenzgebiete*）（1912）

《全外科学及其前沿领域机关刊》(*Zentralorgan für die gesamte Chirurgie und ihre Grenzgebiete*)(1913)

《全眼科学及其前沿领域总报》(*Zentralblätt für die gesamte Ophthalmologie und ihre Grenzgebiete*)(1914)

《生理学、生理化学和药理学报告》(*Berichte Physiologie, physiologische Chemie und Pharmakologie*)(1920)

《神经病学和精神病学总报》(*Zentralblätt für die gesamte Neurologie und Psychiatrie*)(1921)

《皮肤病和性病及其前沿领域总报》(*Zentralblätt für Haut-und Geschlechtskrankheiten sowie deren Grenzgebiete*)(1921)

《结核病研究总报》(*Zentralblätt für die gesamte Tuberkuloseforschung*)(1921)

《耳鼻喉医学及其前沿领域总报》(*Zentralblatt für Hals-, Nasen-und Ohrenheilkunde sowie deren Grenzgebiete*)(1922)

《妇产科全科报告》(*Berichte über die gesamte Gynäkologie und Geburtshilfe*)(1923)

《放射科全科总报》(*Zentralblatt für die gesamte Radiologie*)(1926)

《生物化学与生物学报告》(*Berichte Biochemie und Biologie*)(1926)

《普通和特殊病理学报告》(*Berichte über die allgemeine und spezielle Pathologie*)(1947)

《法医及其前沿领域总报》(*Zentralblatt für die gesamte Rechtsmedizin und ihre Grenzgebiete*)(1970)

新媒体 "新媒体"一词没有明确的定义。一般来说,它是指过去几十年中发展起来的电子信息获取系统,特别是自计算机技术出现后的信息传输系统,与"旧媒体"——传统的印刷书籍和期刊——并存。

245

新媒体的存储能力几乎是无限的,这就注定了它可以收集和组织大量的数据,它的容量远远超过了"旧媒体"(印刷手册、百科全书、数据汇编)。其中一个优势是它们在排序和搜索方面的灵活性。这些都需要获取技术(软件),而开发这些技术(软件)则需要特殊的专业知识。

在处理和提供大量数据方面,"新媒体"对科学出版公司来说具有相当重要的意义。通常,为预期的科学领域准备大量的、不断增加的数据库的费用超出了出版公司的经济能力,即使计算机设备的成本预计会随着时间的推移而降低。但仅仅是对数据库进行必要的更新和维护(这些数据部分取自"旧的"印刷媒体),就需要不断投入大量资金,而这仅靠用户付费是难以支撑资本投资的。

293,294　Gefahrgut CD‐ROM 和《兰多尔特—伯恩施泰因手册》目录盘。

对于公司来说,更方便的做法是集中精力处理不同的数据集，这些数据集来自已拥有一定印刷媒体潜力的工作领域，它可以通过这种方式快速获取。只读光盘（CD－ROM）或磁盘等存储系统就非常合适。

第一类的一个很好的例子是我们的"Gefahrgut CD-ROM"，它是由印刷品《危险品手册》（*Handbuch der gefährlichen Güter*）发展而来；第二类的例子是我们的《兰多尔特—伯恩施泰因手册》的"磁盘目录"。这两个项目都是施普林格出版社开发的。此外，还有一些联合项目，如"数学文献书评摘要"（"CompactMath"），这是我们与卡尔斯鲁厄专业信息研究中心（FIZ）合作开发的《数学及其前沿领域总报》（*Zentralblatt für Mathematik und ihrez Grenzegebiete*）的一个只读光盘数据库。此外还有由施普林格出版社发行其他团体的发展成果。

295 阿诺德·德·肯普（生于 1944 年）于 1986 年成为市场/科学信息部（WI）的负责人，自 1992 年起负责企业发展/客户服务部，同时负责"新媒体"。

上述内容是我们在"新媒体"领域所努力的概述，该领域由阿诺德·德·肯普（Arnoud de Kemp）专门负责，并取得了进一步发展。1990 年 10 月，肯普被选为德国信息学会（German Documentation Society）主席。在公司的总经理中，迪特里希·格策负责"新媒体"的工作。

遗憾的是，电子存储的可能性和多种检索方式的魅力无疑使我们时常忘记，我们所处理的媒体从本质上说属于加工和传播领域，因为它们以方便用户的方式组织和传播信息；然而，它们并不属于信息生产的编辑领域。诸如"信息时代的到来"这样的口号导致了这样一个事实，即信息的传播有时会与信息的生产相互混淆。信息库的用户主要是对信息本身感兴趣,而不是对其传播媒介感兴趣,因为媒介的目的只是在于简化用户获取信息的过程,纵然媒介本身是非常重要的。TELOS项目(参见本书第326页及以下)发起于我们的圣克拉拉办事处,是信息生产和使用新旧媒介处理信息的理想结合。

施普林格出版社很早就开始在加工阶段对文本进行电子化处理。我们的出发点是为不同的出版模式对作者的文本进行非实质性(immaterially)加工,从而实现重复加工;也就是说,文本的格式化应能使其(1)可由照相排版电子计算机处理,用于常规印刷;(2)可用作激光打印机复制的文件;(3)可从存储地址以电子方式传输,并在用户的显示器上复制,或由用户直接打印。

与此同时,文件的所有部分都应可供进一步利用。如上所述,1984年,当我们参与由欧盟委员会和联邦研究和技术部推动的"科技文献电子出版"(Electronic Publishing of Technical and Scientific Texts)项目时,为每一种可以想象到的文件类型开发一种"中性格式"的目标起初似乎定得太高。然而,从那时起,TEX和SGML(参见本书第235—237页)已经为实现这一目标采取了实质性步骤。

音像媒体　仔细回想起来,20世纪60年代末可以被视为战后时期的终结,其特点是恢复原状。此外,这个时间点也标志着新媒体正在进入出版领域。此前的一段时间,微缩胶片(microfiche)和微缩胶卷(microfilm)已经问世,有了它们,我们就可以将卷帙浩繁的书籍内容压缩到如此小的尺寸,因此这种媒介被视为解决图书馆空间问题的办法。即用几个方便的微缩胶卷柜,取代巨大的图书堆放区的前景似乎对许多图书馆员很有吸引力。出版商面临着图书和期刊印刷订单急剧减少的情况,而制作微缩胶卷所需的订单寥寥无几。显而易见的结论是,出版公司本身必须参与微缩胶卷的制作。事实上,许多人都要求我们这样做。我们深信,图书或期刊的读者不会允许自己被迫从

247

直接读取(direct reading)转向微缩胶片阅读(film reader),我们只在有限的程度上参与了微缩媒介(micromedia)的制作。我们有一系列由专门销售微缩胶卷的公司授权生产的期刊和书籍。一般来说,微缩媒介对阅读并没有太大的重要性。尽管如此,这种微缩技术在图书馆领域还是很重要的,它允许我们在任何时候都可以继续访问有价值、古老但很精致的图书。

在电子信息技术发展的同时,出现了将可移动的过程、动作和运行描述存储在带音轨的胶片上,并在显示器上以视觉和听觉方式回放的可能性。一种活生生的、会说话的教科书的想法是很诱人的;但是,这种制作成本是非常高的。最初的产品通常是 36 毫米的胶片,我们也可以用 16 毫米或超 8 毫米胶片的磁性声道再次录制。后来又变成了磁带。新技术似乎更适合于传达那些在视觉上能够理解的信息,例如,在医学领域,用来展示外科手术的过程,特别是当观众看到新的手术方法时。一个缺点似乎是,在新版书中纳入相对简单的改动,而在胶片上操作则需要花费相当大的费用。

This colophon announces the start of our new venture – a program of audiovisual teaching and training aids. Our long experience in publishing and distributing scientific books and journals for the furtherance of the teaching and practice of medicine has provided us with the necessary know-how for the

planning and realization of a series of introductory films on medical matters;

distribution of films and film cartridges for leading foreign producers of educational material in the field of medicine;

publication of explanatory texts to accompany audiovisual media;

production of films to supplement existing textbooks. An example of the last type is our film

Internal Fixation

to which we introduce you in this leaflet.

Springer-Verlag
Berlin · Heidelberg · New York

296 音像媒体"内固定"简介。

日本的索尼（SONY）公司一直致力于新技术的开发，我与医学书院株式会社的金原一夏交换了意见（参见本书第 119页）。1971 年法兰克福书展期间，我带他参观了位于威斯巴登的音像节目制作有限责任公司（Videothek-Programm GmbH），该公司在德国负责音像媒体的制作。

国际内固定研究学会（参见本书第 64 页及以下）感兴趣的是，如何准确地传达新手术的操作方法，这样外科医生在接受培训时，就不会冒着医疗事故的风险；这对新方法的广泛成功起着决定性作用。这似乎是应用新技术的一个理想案例，它能够一步一步地介绍新的操作程序，如此准确而令人印象深刻，从而消除了手术的误差。

因此，我们和威斯巴登的音像节目制作有限责任公司团队一起为国际内固定研究学会准备了一部胶片。玛丽安妮·卡洛（Marianne Kalow）代表施普林格出版社负责该项目。骨折手术治疗的两位先驱之一，来自伯尔尼的莫里斯·米勒全身心地投入影片制作，他对所有的细节都一丝不苟。1970 年 10 月 6 日，在科隆举行的 Photokina 展览会上，"内固定"彩色胶卷暗盒（color film cassette）样本的展示，被媒体形容为"悄无声息的轰动"。它是用美国哥伦比亚广播公司（CBS）开发的电子录像系统（Electronic Video Recording，EVR）制作的。EVR 设备由斯图加特的博施公司（Robert Bosch）在德国制造。

Photokina 展览会结束后没几天，我们就在芝加哥举行的美国外科医生学会（American Congress of Surgeons）上放映了我们的影片，这次会议的主题是高级医学培训。项目负责人给了我们 20 分钟的时间。这是医学大会领域的一次成功的世界首演！这部影片是对已经提到的由瑞士伯尔尼的作者莫里斯·米勒、巴塞尔的马丁·阿尔高维尔和利斯塔尔（巴塞尔附近）的汉斯·维伦格尔合著的《骨合成术手册》的补充，我们在前一年出版了该书，同时提供了英文版本［HOHMEYER］。

249

影视节目"骨折手术治疗"

骨合成（内固定）	加压接骨术治疗胫骨骨折
基本原理和现代应用	骨合成治疗踝部骨折
骨合成治疗前臂骨折	髓内钉
髌骨骨折的接骨术—治疗原则	假关节

我们与国际内固定研究学会一起制作了更多的影片，并在世界各地的相关大会上进行了放映。它们在各地都受到了热烈欢迎。此外，对于生产固定仪器的公司来说，这是展示其正确使用方法的一种合适手段。为此，我们出售了大量影片，只有通过这些销售，我们才能获得一定的投资回报。

这一有益的经验使我们无法在所谓的盒式录像（电视机）领域投资。顺便说一下，当时使用的这个表达具有某种误导性，因为它不是指发送者将图片无线传输到电视机上，而是指当今录像带的前身。当时，人们对这一新媒体的重要性、传播范围和明显无限的经济可能性产生了富有想象力的未来愿景（*Publishers Weekly*，1971 年 1 月 4 日，"Video Records"，第30～32 页）。在海德堡和纽约，我们详细地研究了这个问题，并建立了许多联系；然而，我们对此仍然持保留态度，事实证明我们这样做是正确的。

许多公司在制造应用设备方面展开竞争，德律风根公司（AEG-Telefunken）（TED）和飞利浦公司（LASERVISION）生产可播放的视频光盘，它们有许多系统［SCHÜTZ］。与此同时，出版公司制作了许多影片，例如用于高级医学培训的录像。大众市场曾被寄予厚望，但最终未能实现。原因之一可能是设备和胶卷或磁带的价格相对较高。另一个原因肯定是这些影片几乎没有传达任何新的信息，只是以图片的形式展现了人们已经知道的内容而已。然而，用户感兴趣的主要是新信息，而不是新媒体（另请参见本书第 247 页）。

Diaserien – Slide Series – Séries de Diapositives

M. Allgöwer, M. E. Müller, S. M. Perren, Th. Rüedi, B. G. Weber

**ASIF-Technique for Internal Fixation of Fractures
Die AO-Technik der operativen Frakturenbehandlung**

Assistant editors / Bearbeiter: H. R. Bollag, U. Saxer, P. Mehmann.

296 slides with legends in four languages (English, German, French, Spanish). 296 Dias mit viersprachigen Legenden (deutsch, englisch, französisch, spanisch). 1976. In ringbinders. Lieferung in Ringordner. DM 435,– ISBN 3-540-92105-2

W. O. Brinker et al

Manual of Internal Fixation in Small Animals

302 slides with English Legends. 1984. In ringbinders. DM 395,– ISBN 3-540-92118-4

W. Draf

Endoscopy of the Paranasal Sinuses
Technique – Typical Findings – Therapeutic Possibilities

Legends in English, translated from the German by W. E. Pohl
92 slides. V, 17 pp. 1983. In ringbinders together with the legends. DM 148,– ISBN 3-540-92115-X

A. Gächter, F. Freuler

**Arthroscopic Findings in the Knee Joint
Arthroskopische Befunde am Kniegelenk**

250 slides. Legends in English, German and French. 1988. DM 378,– ISBN 3-540-92593-7

U. Heim, K. M. Pfeiffer

Small Fragment Set Manual
*Technique Recommended by the ASIF Group
Periphere Osteosynthesen*

Unter Verwendung des Kleinfragment-Instrumentariums der AO

144 slides with legends in four languages (English, German, French, Spanish). 144 Dias mit viersprachigen Legenden (deutsch, englisch, französisch, spanisch); 1975. In ringbinders. Lieferung in Ringordnern. DM 270,– ISBN 3-540-92104-4

K. V. Hinrichsen

Slides on Human Embryology

141 slides with English legends. 1986. In ringbinders. DM 564,– ISBN 3-8070-0348-7

B. Tillmann

Slides in Human Arthrology

2107 slides with English legends. 1985. In ringbinders. DM 578,– ISBN 3-8070-0350-9

M. Halmágyi

Intensivmedizin
Praktische Unterweisung

Intensive Care Medicine – Bedside.

202 farb. Diapositive. Legenden und Merksätze. Training in deutscher und englischer Sprache. 202 color slides. Legends in German and English. 1987. Lieferung im Ringordner. DM 538,– ISBN 3-8070-0363-0

M. E. Müller, R. Ganz

Total Hip Prostheses
*Operation on Model and in vivo.
Complications and Special Cases.*

Hüft-Totalprothesen
*Operation am Modell und in vivo.
Komplikationen und Spezialfälle*

188 slides with legends in four languages (English, German, French, Spanish). 188 Dias mit viersprachigen Legenden (deutsch, englisch, französisch, spanisch). 1976. In ringbinders. Lieferung in Ringordnern. DM 330,– ISBN 3-540-92103-6

M. E. Müller, M. Allgöwer, R. Schneider, H. Willenegger

Manual of Internal Fixation

1979. 2nd ed. slide series of illustrations contained in the **Manual of Internal Fixation**. Legends in English and German DM 490,– ISBN 3-540-92113-3

Medizinische Schallplatten und Kassetten

Die für die Schallplatten angegebenen Preise sind unverbindliche Preisempfehlungen.

H. Binder

Gesundheit durch Entspannung
Autogenes Training.

Schallplatte 17 cm. Textheft mit 24 S. und 3 Abb. DM 16,80 ISBN 3-8070-0126-3

E. Haslreiter

Die Kunst des Atmens
Eine Viertelstunde Atemschule für Asthmatiker

Schallplatte 17 cm. Leitfaden mit 12 Seiten und 18 Zeichnungen. DM 18,– ISBN 3-8070-0123-9

J. Schmidt-Voigt

Herzauskultation audiovisuell

Langspielplatte 30 cm mit 76 akustischen Beispielen. Leitfaden mit 48 S. und 76 Abb. DM 30,– ISBN 3-8070-0121-2

E. von Stachr

Psychosomatische Geburtsvorbereitung und Rückbildung vertieft durch Musik

Tonkassette 1/2:
*Geburtsvorbereitung und -verlauf.
Rückbildungsübungen nach der Geburt*

Musik von B. A. Flood
Zwei Kassetten: C 60 und C 30. Mit Textheft 1; 45 Abb., 20 S. Textheft 2: 31 Abb., 40 S. DM 52,– ISBN 3-8070-0314-2

Tonkassette 2 einzeln:
Rückbildungsübungen nach der Geburt

C 30 Kassette: Textheft 2; 31 Abb. 40 S. DM 28,– ISBN 3-8070-0125-5

297　施普林格幻灯片系列、医疗录像和磁带。

　　从 1973 年开始,我们致力于另一种新媒介,作为讲座和教育会议的辅助工具:基于公司最新出版的书籍,按给定的主题制作幻灯片系列。幻灯片的制作成本要低得多,信息也更容易更新,并满足了公众的需求。雷娜特·克贝尔曼(Renate Kebel-

251

mann)在促进接受音像媒体方面为我们提供了特别好的服务。

影印本 科学信息传播的基础仍然是在原始期刊上发表原创科学作品。科学家在与其专业领域相关的期刊上,阅读那些对他重要的文章。他希望他的办公桌上或实验室里有与自己科研工作直接相关的文章。一般来说,这可以通过向作者索取抽印本来实现。自20世纪60年代初以来,也就是说,由于快速而又便宜的复印机开始被广泛使用,抽印本已经被简单的复制所取代。制作一份供个人使用的复制品并不构成版权侵犯;当制作和分发的复制品数量多于允许私人使用的数量时,就跨越了法律边界。我认为,公开订购和发送从图书馆订购的此类复制品的行为,属于非法行为。

298 放射学和超声学领域的施普林格幻灯片系列,其作者包括皮特龙(P. Peetrons)和让马尔(L. Jeanmart)、德迪瓦诺(L. Divano)、奥斯特奥克斯(M. Osteaux)、达拉斯(T. Darras),等等。

1968 年,这种非法行为迅速蔓延,所谓的《斯德哥尔摩议定书》具有特殊意义[ULMER:pp. 94 f.],它大大降低了不发达国家采购科学文献的费用,甚至有可能免费获得重印本或复印本。人们对版权和出版权——全世界所有出版活动的基础——的态度可以从《哈佛法律评论》(*Harvard Law Review*)[BREYER]上一篇牵强附会的文章中找到,这篇文章呼吁彻底废除版权。

位于日内瓦的国际出版商协会(IPA)将这一问题作为 1976 年在东京/京都举行的第 20 届大会的主题。当时,我是国际出版商协会版权委员会的成员,1976 年 5 月 29 日,我应邀在这次大会上作了题为"以复制技术再生产"（"Reprographic Reproduction"）的原则性报告；报告的英文版同时出版[GÖTZE(5)]。几乎与此同时，这篇演讲的英文原文或西班牙文和日文译文也出现在英文、西班牙文和日文出版的行业期刊上。

Schriftenreihe
des Börsenvereins des Deutschen
Buchhandels

Band 9

Repro-
graphic
Reproduction

The Threat of Unchecked Photocopying

252

299　海因茨·格策:《以复制技术再生产》,1976 年。

德国在批准《斯德哥尔摩议定书》之前，联邦议院（下议院）举行了听证会；与会者——特别是作者协会的代表——公开表示反对。欧根·乌尔默是 1951 年在施普林格出版《版权和出版法》(*Urheber-und Verlagsrecht*, 1980 年第 3 版)的作者，也是慕尼黑马克斯—普朗克外国和国际专利、版权和竞争法研究所（Max-Planck Institute of Foreign and International Patent，Copyright，and Competition Law）的所长。为了维护版权法，他将自己作为版权专家的声望发挥到了极致。因此，批准《斯德哥尔摩议定书》时并没有采用最初建议的版本，而是对其进行了修改，保留了版权法的基本内容。

但是，鉴于无节制的影印行为对法律的肆无忌惮的侵犯，我们认为很有必要对德国的版权法进行修订。当时德国书业协会的法律顾问是律师彼得（F.-W. Peter）。彼得在该协会前主席弗里德里希·格奥尔吉（Friedrich Georgi）的不懈努力和巧妙帮助下，提出了一个解决方案，该方案在 1985 年生效。对知识产权的保护不仅在理论上得到了承认；而且与对实物财产的保护一样得到了同等保障。

因此，对知识产权的使用，即科学著作的影印，规定了收费标准。它包括每复印一页收取的费用和每售出一台复印机收取的费用。在德国,这两项费用由复制权组织 WORT(即英文"WORD")收取,收益是根据商定的公式分配给出版社和作者。这些费用相对较小,绝不是对订阅量下降造成的损失的补偿。这对出版社来说,是一个至关重要的话题,并仍然是当前世界出版商协会讨论的话题,尤其是对于国际科技与医学出版商协会(stm)的版权委员会而言。

Eugen Ulmer

Urheber-
und Verlagsrecht

Dritte, neu bearbeitete Auflage

Springer-Verlag Berlin Heidelberg New York 1980

300 欧根·乌尔默:1980 年出版的《版权和出版法》(《法律和政治学百科全书》)。

1986 年 4 月 23 日至 25 日,我们在海德堡举办了一次国际版权研讨会,以庆祝《伯尔尼版权公约》100 周年。海德堡之所以被选中,是因为 1871 年 9 月 4 日至 6 日在海德堡召开的会议,是在当时的德国书业协会主席尤利乌斯·施普林格的建议下召开的,这代表着通往 1886 年《伯尔尼公约》的第一步[HS:p. 76 f.]。

1985 年 7 月,我国修订了《著作权法》,其他国家也采取了相应措施,影印本的问题基本上得到了解决。然而,正如我们已经指出的那样,影印对出版社造成的经济影响,与影印所造成的损失并不成正比。

因此,20 世纪 70 年代初,施普林格出版社基于对科技出版社和大英图书馆共同进行的复制数量分析,考虑建立自己的复制服务或文献提供服务。20 世纪 80 年代初,一些公司试图为出版商控制的电子文献传输系统制定概念。

1981 年春,ADONIS 工作小组开始研究实现这一计划的可能性。合作公司包括学术出版社、布莱克威尔、爱思唯尔、佩尔盖蒙出版社、约翰·威利出版公司和施普林格出版社，以及大英图书馆。然而，1984 年的结果表明，技术先决条件对于用户来说过于昂贵。直到 1987 年只读光盘（CD-ROM）上市，我们才得以考虑将该项目付诸实施。大英图书馆获得欧洲共同体对该项目的补贴，他们一起开发了一个 ADONIS 工作场所，其中包括一台与 IBM 兼容的个人计算机，配有高分辨率屏幕，一台 CD 播放器和一台激光打印机。在为期 2 年（1987 年/1988 年）的测试期内，我们在 10 个测试库中，收录了 10 家出版公司在生物医学专业领域的 219 种期刊的文章。每份文件都分配了一个 A-DONIS 编号，并在 CD-ROM 上复制。这两年中，将近 20 万页文本被储存在 84 张 CD-ROM 上。在此期间，参与的图书馆印刷了 5 万多篇文章。前景被认为是乐观的，ADONIS 联盟（布莱克威尔、爱思唯尔、佩尔盖蒙出版社、施普林格）决定创建并提供一个基于商业基础的文献传输系统。为此，我们又开发了新的存储和检索软件，经过仔细的市场研究，我们最终选择了药理学专业领域，包括其相关的密切学科。自 1991 年春以来，共提供了来自该领域最初的 360 种，到现在（截至 1992 年底）500 种期刊的文章。40 家出版公司已经提供了他们的期刊。这项服务引起了制药界以及欧洲、日本和北美大型图书馆的高度重视。在推出后不到一年的时间里，我们与众多订购客户的谈判不是已经结束，就是在推进中。

254

上述 10 个测试地点是：(1) 欧洲　约克郡的大英图书馆（Boston Spa.）、巴黎的法国科学技术文献中心（Centre de Documentation Scientifique et Technique，CDST）、马德里的国际科学技术委员会（科学和技术信息与文献研究所）（Instituto de Información y Documentación en Ciencia y Tecnología，ICYT）、斯德哥尔摩卡罗林斯卡研究所（Karolinska Institute）、阿姆斯特丹的荷兰皇家科学院（Koninklijke Nederlandse Akademie der Wetenschappen，KNAW)、科隆的医学中心图书馆(Zentral-bibliothek der Medizin)；(2) 美国　伯克利，信息随需应变(Information on Demand)；(3) 墨西哥　蒙特雷大学(University of Monterrey)；(4) 澳大利亚　堪培拉的澳大利亚国家图书馆；(5) 日本　东京的纪伊国屋书店。

参与的十家出版公司分别是：布莱克威尔科学出版社、巴特沃思科学出版公司、丘吉尔·利文斯通医学杂志(Churchill Livingstone Medical Journals)、爱思唯尔科学出版社(Elsevier Science Publishers)、莫斯比(C. V. Mosby)、蒙克斯加尔德国际出版商(Munksgaard International Publishers)、佩尔盖蒙期刊(Pergamon Journals)、施普林格出版社、德国蒂墨出版社、约翰·威利出版社。

促销和分销(公司发展和客户服务)

第二次世界大战之后的几十年里，推广和分销/销售领域的基本概念也发生了巨大变化。公司的旧名称是"推广部"("promotion department")或"宣传部"("propaganda department")[HS：p. 318 f.]。直到 20 世纪 50 年代结束，分销工作一直被称为"考察"("expedition")。1971 年，金特·霍尔茨从纽约回来成立了一个"销售"(sales)部门。这种从"考察"到分销再到销售的转变表明，越来越多的人倾向于采取更具进取性的行动。

我们在 1948 年发布了战后的第一份价格表。随着新出版物的日益丰富，消费者越来越难以找到他们感兴趣的东西，这就需要新的信息途径和新的市场研究技术。"营销"(marketing)一词起源于美国。

为了将产品带到有购买兴趣的地方，我们必须根据特殊兴趣小组和有目的的展览活动来划分和组织地址。我们需要更多的辅助销售手段，例如推销员、销售代表(在美国简称为"推销员"[sales reps])、电话广告等。特别重要的是我们要鼓励国际和国内的图书贸易，并加强同世界各地图书管理员的友好关系。

255

自 1920 年起,施普林格就有负责为新书制作说明书、撰写广告小册子和目录的推广或宣传部门[HS：p. 318]。宣传部门从制作部门获得了必要的信息。多年来,我们的"考察"负责人鲁道夫·隆尼斯对此并不满意,所以他创造了更多的信息工具。其中最成功的是他自 1949 年以来创作的主题领域列表(subject area lists)。参考书目(Bibliographical pieces)是从传单、小册子、广告等中剪下来粘贴在一起,用小型胶印机(轮转印刷机)印刷的。这些清单还包含对手册的贡献和成果报告的引用。它们的目的是让那些对某一特定领域感兴趣的人尽快了解他们特定工作领域的新出版物,并省去他们对浩如烟海的目录进行梳理的工作。因此,作为销售负责人的隆尼斯积极而成功地参与了这一促销活动。

1962 年 6 月 20 日,霍尔茨从恩斯特-阿尔弗雷德·冯·杜克尔(Ernst-Alfred von Dücker)手中接手了推广部门。他的前任管理者是维利·沃尔夫(Willi Wolff)(截至 1958 年)。霍尔茨还与埃尔温·施瓦茨(Erwin Schwartz)一起管理着朗格—施普林格的"直接促销"(direct promotion)小组。1964 年 9 月,他成为纽约施普林格公司的负责人后,公司管理层任命 H.德雷舍尔为推广部门的代理主管。

推广部门与编辑部(赫尔曼·迈尔-考普)密切合作,于 1965 年开始向重要学会的作者、编辑和成员以及朗格—施普林格的客户发送第一批主题领域清单和问卷,请他们标记自己感兴趣的领域。对收回的调查问卷进行评估后,我们有针对性地开展了直接邮寄推销宣传(direct mail promotion):收件人只收到关于他或她个人感兴趣领域的出版物的信息。令人惊讶的是,65％的问卷被退回。事实证明,处理被退回的列表是非常耗时的。自 1968 年起,这些地址不再从地址牌上("ADREMA")打印,而是用我们新安装的霍尼韦尔-公牛计算机(Honeywell-Bull computer)打印。邮件被装进信封,再由机器贴上标签。

20 世纪 70 年代初,我们曾考虑同爱思唯尔、北荷兰出版社

(North-Holland)建立一个共同的地址池。组织上的困难和高昂的成本没能让这一计划实现。与此同时,我们开始与荷兰邮递公司(Dutch mail-order firm)合作制作促销通告"AMSI";这种合作一直持续到现在。

自1966年10月起,德雷舍尔就独自管理着推广部门,1971年4月30日,隆尼斯退休。他的继任者金特·霍尔茨(1971年4月1日)将"分销部门"(distribution department)分为销售、订货单处理、推广和展览四大部分。

由于推广和销售工作地域广泛,我们需要加强销售力度。公司在纽约、东京和世界其他地方的分支机构的任务是系统地开发分配给他们的市场。为此,每家公司都要根据既定的可能性,建立一个适合其各自市场条件的分销和销售组织。某些地区,如伊朗、中东、中国和独联体国家(苏联,截至1991年底),过去和现在都是由母公司销售部门的成员定期对这些地方提供服务和访问。第一次是在1968年,当时海因茨·汉密尔顿(Heinz Hamilton)在英格兰各地走访书商。

1971年,根据德国书业协会的书目数据库,第一个数据平台VLB(VLB, *Verzeichnis lieferbarer Bücher*)问世。施普林格出版社是最早出版其作品的出版商之一。我们的第一份价格表是根据VLB数据库的名称编制的,于1973年出版,注明了截至1972年11月的情况。它由位于维尔茨堡的施蒂尔茨公司印刷和加工。

1976年1月22日,我们做了一项影响深远的决定:关闭柏林的"推广"部门,并在海德堡的编辑部所涉区域内设立一个"科学信息部",设立的目的是确保宣传信息的科学性和合法性。在这方面起决定性作用的是,只有在一本书或一本期刊的目标和科学内容就其特殊领域实现了简明而有说服力的描述时,科学出版公司的宣传活动才能取得成功,才能触及正确的利益群体。只有与相关作品的编辑密切合作,才有可能做到这一点。此外,营销方面的考虑也将直接纳入编辑领域。新部门于1977年1

月 1 日在海德堡开始正式运转。在柏林，一个"分销推广"（"distribution promotion"）小组仍然是 H. 德雷舍尔领导的"销售和促销"（"sales and sales promotion"）部门的一部分（参见 *Zentralblatt* no. 29，February 1976，Springer Archive）。1984 年 7 月，我们又进一步成立了一个名为"市场营销"（"marketing"）的部门，与科学信息部合并。

地址池 随着柏林推广部门的关闭，以及海德堡科学信息部的成立，在研究并否决了外部解决方案后，我们采用了直接促销的新概念。我们与编辑部一起修改了学科领域的分类，并在海德堡成立了一个邮件列表小组，由雷娜特·施帕费尔德（Renate Sparfeld）领导的四名员工组成。我们采取了一些针对性的措施，包括新的选择方案，以改善演讲材料的数量和质量。1980 年，我们改用新的霍尼韦尔-公牛系统 64（Honeywell-Bull system 64）选择地址；此外，我们还对在线处理进行了初步探讨，并于 1983 年开始使用在线处理。1987 年，大约 200 000 个地址被转移到我们的西门子系统；其中很大一部分因质量问题而被淘汰。1988 年，我们改进了学科领域的分类，并扩大了邮寄系统的程序。自 1992 年年底以来，我们已拥有约 270 000 个可用于直接推广的地址。

301　新版通函题为"施普林格消息"（Neu Be Springer/Springer News）。1992 年 7 月，宣布出版了 212 种图书，其中不包括期刊和新媒体产品。

自 1950 年起，我们再次发送名为"新书"（"New Books"）的通函；自 1987 年起，它也可以在磁盘上使用。它创建于第一次世界大战之前，旨在为图书贸易提供信息。自 1992 年起，用户可以通过互联网和因时网（Bitnet）直接从海德堡调用该通告的内容。

2581985 年至 1986 年，我们的施普林格电子服务（EDP）部门开发了一个产品库。自 1986 年 11 月起，海德堡和柏林的所有员工都可以访问该地址库。随后，我们又推出了全新的图书和期刊销售系统。由汉内洛雷·波尔（Hannelore Pohl）领导的订单处理部门创造了组织上的先决条件。

1987 年，我们开始建立营销数据库，作为进一步开展营销活动的基础，其中包括制作宣传材料。

302 彼得·波尔汉斯尔（生于 1943 年）有着多年的出版经验，于 1986 年加入施普林格出版社，并担任销售经理。

自 1986 年 10 月起，海德堡/市场营销部（阿诺德·德·肯普）、柏林销售（P.波尔汉斯尔）和柏林分销（H.德雷舍尔，直至 1990 年年中）三个部门开始分开管理。1989 年 1 月 1 日，评论部门从柏林调到海德堡，以便与编辑部和宣传材料的制作建立更紧密的联系。1992 年春，考虑到我们的多方面出版计划，并为了更好地以客户为导向，我们对以下主要部门进行了新的结构调整：客户服务（Customer Services）（P.波尔汉斯尔）与营销服务（Marketing Services）、销售（Sales）和分销（Distribution）；公司发展部（阿诺德·德·肯普），下设市场研究部（Marketing Research)和大型手册/新媒体部(Large Handbooks/New Media)。

我们对这些领域活动的重视是显而易见的,客户服务部门目前有 157 名员工,另外还有 65 名从事仓储和配送工作。公司发展部门有 19 名员工。

如果回顾公司发展的脉络,我们在全世界建立的几十年的科学联系,和逐渐消除了障碍之后,我们同时会发现东西方之间存在着力量的隔阂。科学出版公司有可能为世界范围内的科学合作做出微薄的贡献。我们对铁幕另一侧地区(当时的苏联)和中国的渗透都应从这个角度来看待。与此同时,这一长期规划的合理性得到了证实。另一个问题——不是新问题,但轮廓更加清晰——是为第三世界提供服务,第三世界不受政治动荡的影响,正在努力追赶世界教育和技术标准。新的任务接踵而至,我们正在为此做好准备,例如,扩大国际学生版丛书的范围(施普林格/纳罗萨,新德里和香港,参本书第 164 页、第 161—162 页)。

除了这些更具"政治性"的方面之外,大约从 20 世纪 80 年代初开始,我们经历了科普图书贸易的变革,这场变革可以定义为"买方市场"取代了"卖方市场"。这意味着,买方潜在的接受程度取代了从前卖方报价的主导地位,成为市场的决定性标准。这符合普遍的总体发展趋势,即客户(买方/用户)在市场活动中被授予优先权。这种以客户为导向的概念也因"市场进入"("Market In")而不是"产品导向"("Product Out")[IMAI]的口号而广为人知。

303 塞尔日·兰:《多元微积分》,第 3 版(1992 年再版)。

自20世纪70年代末以来,欧洲和美国的图书馆预算相对减少,这就需要新的营销理念。同时,东亚和东南亚地区以及一些发展中国家的需求有可能在未来抵销欧美馆配预算减少所带来的损失。因此,对所有市场及其需求进行系统、仔细的审查和了解仍然是最重要的任务之一。

科学交流部

长期以来,我们的扩张措施获得了巨大成功,但开拓更多市场的工作尚未完成。考虑到竞争日趋激烈,争夺第一名的斗争也越来越激烈。因此,营业额的增长必须通过使用附属权利和与行业更紧密的合作来得到额外的支持,并且要比目前更有力度。金特·霍尔茨和埃德加·塞德勒在这方面走在了前列。

在这些努力的基础上,科学交流部(WIKOM)于1991年成立,由格奥尔格·拉勒(也负责出版事务)领导,艾达·吕克尔曼(Edda Lückermann,广告)、尤多·林德纳(Udo Lindner。编辑

304 科学交流部成员(左起):格奥尔格·拉勒、艾达·吕肯曼、克劳迪娅·温克哈特、尤多·林德纳。在这个小组的协助下,赖因霍尔德·克雷斯(Reinhold Kress)和时任德国卫生博物馆雇员的英格里德·沙曼尔(Ingrid Schamal)于1990年6月17日举办了第一届德国医师大会(Congress of German Physicians)。

办公室：医学)和克劳迪娅·温克哈特(Claudia Winkhardt,议会
办公室)协助。促销广告,编辑和出版服务,以及大会组织和市
场调研的目的是为医生提供与他们的实践相关的信息,并为行
业服务。

　　1990 年我在家乡德累斯顿的卫生博物馆(Museum of Hy-
giene)召开了泛德国医生大会(congress of pan-German physi-
cians)。

305　德累斯顿的德国卫生博物馆,1930 年由克赖斯(W.Kreis)所建,他与包豪斯
学派有联系。

　　自那以后,我们又在同一个地方举行了三次年度大会,看来
它将成为一个常设机构。来自东西方众多医生的合作,使本届
大会成为全德医学论坛。萨克森医学协会的参与,以及与会的
德国内科医生专业协会、德国外科医生协会(Berufsverband der
praktischen Ärzte, BPA; Professional Association of General
Practitioners)和德国癌症研究中心(German Cancer Research
Center)(哈拉尔德·楚尔·豪森)代表了这次大会在医生和科

学家中享有盛誉。

所有这些活动只有在我们的科学出版工作的基础上才能开展：在科学知识的各个领域的科学图书和科学杂志等专门媒介上登载优秀的、质量上乘的信息。我们特别注意确保，我们的 15 种医学专业期刊以及技术领域的相应期刊都与实践相关。

高度发达的计算机辅助信息技术使得各种类型和各种目的的现场报道成为可能，无论是大会报告、大会公告、读者对话、案例探究、药品信息、访谈还是诸多其他用途。

306 此外，《全科医师杂志》(*Journal Praktische Arzt*)也在 1992 年德累斯顿德国医生大会上表示："这一理念正在深入人心。"

广告获取和特殊服务 广告部成立于 1882 年，是期刊部的一部分，45 年后（即 1927 年），该部门向工业界提供了 70 种期刊［HS：pp. 151，317］。只有在特殊情况下，该公司才会与代理机构合作，即使在第二次世界大战之后，公司在柏林的基础上也主要是依靠自己处理广告业务，其代表人员专门为施普林格出版社工作。战后重建以来的第一个部门负责人是汉斯·格奥尔格·哈尔夫特（Hans Georg Halfter），1952 年金特·霍尔茨接任了他的工作。要完成广告部的任务，需要大量的实践技能和健全的商业意识，偶尔还需要一些不拘一格的行动。1950 年至 1963 年，勒西·约斯成功实现了广告部的目标。

广告的主要载体是为一大群明确界定的庞大读者圈（目标群体）的刊物。这些期刊主要是德国工程师协会（Verband Deutscher Ingenieure）在技术领域的机构的专业期刊，以及医学方面的专业期刊。像该公司的其他所有期刊一样，读者通常只接受付费订阅;由于其科学水准高,可靠性强,因此与读者关系密切。

订阅量相对较大的科学学会刊物和机关刊物同样是具有强烈反响的广告刊物。包括国际协会的杂志在内,它们在跨国家领域很难获得广告,因为可能会购买广告版面的企业,一般都只为其国内的代理机构编列了促销预算,而这些机构对国际广告的兴趣有限;这些是可以被理解的。

262

科学文献期刊发行量较小,所以对广告业务的吸引力较低。然而有些书籍的印刷量很大,读者群体明确,适合作为广告载体。在这种情况下,广告的收入有助于期刊的适度定价。

期刊部门的最佳选择是医学专家期刊《内科医师》,目前发行量为 2.75 万份。然而,正是这本杂志在创办后的几年里遇到了一些困难:大量的广告是令人兴奋的,但因此有必要将这些广告放在主笔部分(editorial part),这引起了编辑们的不满。因此,我们不得不将广告安排在主笔部分之前或之后的相关联的额外页面上,使其作为一个整体出现。但是,这种安排彻底激怒了广告商,最终让德国主流制药公司(巴斯夫、拜耳、赫斯特)宣布对《内科医师》进行广告抵制。于是,我去见了时任德国拜耳董事会主席莱沃库森和联邦制药工业协会(Bundesverband der Pharmazeutischen Industrie/Federal Association of the Pharmaceutical Industry)执行委员会成员库特·汉森(Kurt Hansen),劝说他暂时取消抵制行动,但是没有成功。不过,经过一段时间后,压力确实有所缓解。

这一过程揭示了编辑和作者们普遍存在的一个误解:他们往往低估了广告对期刊生存的重要性。然而,在许多期刊中,广告的收入对期刊的合理定价起着决定性作用;对一些期刊来说,这是他们得以生存的根本基础。

顺便说一句,今天被认为是理所当然的关于药物的适应症和禁忌,以及药物包装尺寸的信息,早在 1972 年德国医师会议

(Conference of German Physicians)决定之前,就出现在《内科医师》杂志的广告中了。《内科医师》是德国内科医师专业协会的官方期刊,最近又成为德国内科学会(Deutsche Gesellschaft für Innere Medizin)的官方期刊。

其他目标人群明确的专业期刊也越来越多地被纳入行业和广告公司的媒体计划中。关于技术领域,例如车间技术(wt-Werkstattstechnik)和设计建造类的期刊也是如此。

金特·霍尔茨在1962年和1963年承担了新任务,他为纽约施普林格出版社的成立做准备,并于1964年9月成为该出版社的经理。在广告领域,他亲密的同事埃德加·塞德勒紧随其后,以丰富的想象力开展工作。此外,他还不遗余力地与各专业协会保持良好的关系,我们的专业期刊会在单独的专栏或专刊中报道这些协会所关注的问题和事务。

307,308 埃德加·塞德勒(1927—1980)自1957年以来一直在广告部门工作,并在1964年继金特·霍尔茨成为该部门的负责人。1972年,他负责广告和特殊服务领域。塞德勒在1980年去世后,由洛塔尔·西格尔(生于1928年)继任。

1972年根据公司新的组织架构,广告部门在服务领域承担了更多的任务。1980年12月14日,塞德勒突然去世,与他共事多年的同事洛塔尔·西格尔(Lothar Siegel)接替他担任该领域的负责人,直到 1990 年 12 月 31 日退休。在艾达·吕肯曼的大力协助下,他出色地管理着广告业务,1991 年,广告业务并入了新成立的科学传播部门(WIKOM)。

财务管理

即使公司在全球扩张之前,组织和财务/技术任务也需要一个结构严密的财务管理系统。滕耶斯·朗格为保罗·赫费尔的继续建设奠定了基础。考虑到多方面的财务问题——特别是国际货币交易方面,我们希望找到这样一个人,在公司管理职责全面增加的框架内,能够负责任地处理财务和行政事务。我们环顾四周,发现位于弗莱堡的赫德尔出版社的克劳斯·米哈莱茨·科姆(Claus Michaletz B.Com)一直专心解决出版业的管理问题,并接受过相应的培训。他于 1972 年 1 月 1 日上任,并移居柏林,公司的业务管理和组织行政单位,包括中央人事办公室和电子数据服务公司(EDP)都位于柏林。他还被任命为朗格—施普林格书店的负责人,并沿袭了滕耶斯·朗格和保罗·赫费尔的传统。鉴于他所承担任务的重要性,米哈莱茨于 1978 年成为该公司的第三位合伙人;自 1976 年以来,他一直是公司的业务经理,并拥有公司的唯一代表权。

莱因哈德·哈林(Reinhard Halling)是滕耶斯·朗格所谓的"保守派"中的一员,1943 年到 1969 年 12 月 31 日,他一直负责会计工作。哈林从 1928 年 1 月 26 日起就在这家公司工作。克劳斯·多尔莱恩斯基(Klaus Dolainski)接替了他的职位,自 1982 年 4 月 1 日起,马尔吉塔·施佩林(Margita Sperling)开始负责会计工作,与此同时,会计工作也变得更加复杂。1968 年,曼弗雷德·戈尔克(Manfred Gohlke)成立了运营分析部,该部门于 1966 年 9 月 1 日并入施普林格出版社。它的前身是统计部门,该部门在第一次世界大战前由弗里茨·施普林格创立。

为确保财务工作井然有序,有章可循,1969 年我要求德意

志信托公司审计我们的账目。
这家公司由莱比锡市长的儿
子乌尔里希·戈德勒（Ulrich
Goerdeler）管理，戈德勒曾于
1945 年因抵抗希特勒政权而
被处决。1967 年，汉斯-约阿
希姆·西林（Hans-Joachim
Siering）在信托公司内部接管
了施普林格出版社。从那时
起，他丰富的专业知识和经验
以及他的可靠性一直伴随着
我们。自 1966 年起，曼弗雷
德·戈尔克与马尔吉塔·施
佩林自 1982 年起一直是他在
公司的直接合作伙伴。

309,310,311　赖因霍尔德·哈林（生
于 1901 年）主管会计和财务部门长达
25 年之久。中心核算现在由马尔吉
塔·施佩林（生于 1945）负责。曼弗
雷德·戈尔克（生于 1939 年）担任运
营分析部主任，直至 1992 年。

电子数据服务（EDP）

　　20 世纪 60 年代初诞生的电子信息系统（electronic infor-
mation systems）对我们的生活产生了深远的影响。它们还影
响了商业和科学企业的日常工作规范。当时劳动力的短缺，以

及我们制作和分销能力的增长，都加速了这一进程的发展。

早在 1964 年，我们就安装了一台 Bull 60.10 制表机。我们将其连接到一个管驱动的（tube-driven）电子倍增器上，这个倍增器与海因茨·尼克斯多福（Heinz Nixdorf）亲自制造的衣橱的大小差不多。它协助我们开具图书和期刊以及其他财务和会计领域的发票。一年后，第一个符合最新技术标准的内存控制器问世：Bull 公司的 Gamma 10。它的用途与此相同，但具有根据我们的需求量身定做的额外功能。

1968 年，美国制造商霍尼韦尔公司收购了第一台"纯血统的"计算机，型号为 200 系列（200 type）。在此之前，所有与业务相关的数据都存储在打孔卡上。而此时，霍尼韦尔可以让数据存储在磁带上。从那时起，EDP 开始向个人和机构直接发布广告。进一步的发展阶段是：（1）1970 年，引入国际标准书号（International Standard Book Number，ISBN）；（2）1971 年，第一个磁盘站；引入图书系列清单（invoicing of book series）；（3）1973 年，引入了计算机辅助工资和工资表（wage and salary statements）。

直到 1976 年，随着公司的快速发展，应用范围不断扩大，EDP 为公司的顺利发展做出重要贡献。

我们在 1975 年对第一个对话应用程序进行了测试，对图书订单处理的数据可以由专门的部门直接输入。在某种程度上，它还可以直接从工作场所调用信息。1978 年，期刊的订单处理工作也转移到了电脑屏幕上。

1981 年，我们安装了新的霍尼韦尔—公牛系列系统 64 PM。到目前为止，除了直接促销外，计算机技术的支持一直仅限于传统的商业领域；出版过程也将得到电子数据处理的协助。我们详细讨论了适当系统的选择，并拜访了欧洲和美国的计算机制造商。1984 年西门子公司决定采用第四代编程语言的数据库系统：ADABAS／NATURAL。随后，针对自己的特殊需求开发了软件，并与海德堡的公司和海德堡／罗尔巴赫的配送中心建立了联系。此后,经过系统化的进一步开发,西门子的 700 台终端机得以从德国所有的公司所在地接入西门子计算机。此外,我们还为我们在纽约、东京、伦敦、巴黎等地的分公司提供在线或光盘形式的主要产品数据。财务和会计系统已改用沃尔多夫(Walldorf)的数据处理系统、应用程序、数据处理产品公司的 SAP 软件。

此外,办公室通信技术还可通过文字处理、计算程序和邮箱系统帮助开展各方面的工作。小型数据库与柏林的中央计算机直接连接。VLB 数据平台(Books in Print)的书目也包括在内。我们已经实现了在中央计算机系统中全方位提供所有信息的目标。我们的所有产品领域都有 EDP 的支持,从编辑计划到收款,它使我们能够调用大量的统计数据,以便在所有部门做出战略决策。

纽约也发生了类似的情况。霍尼韦尔系统 200 在 1971 年被选中取代通用自动计算机(UNIVAC),专门用于处理图书和期刊订单,并在此后,该项目在不断扩大。1983 年,期刊处理工作被转移到数字设备公司生产的 PDP - 11/70。1987 年,我们决定——一如既往地,经纽约和柏林双方同意——引进综合了所有功能(包括财务和统计功能)的 IBM 9375 计算机。

312 赫伯特·马斯(出生于 1948 年)自 1985 年以来一直担任施普林格电子数据处理公司(SEG)的负责人。

1982 年,我们的朗格—施普林格书店安装了数据点系统(datapoint system)来处理图书和期刊订单。随着对其他拥有独立系统的图书销售企业的收购,情况变得复杂起来,我们需要对整个系统进行新的规划。剩余的个别系统已于 1994 年被更换。1991 年 8 月已经安装了一个现代化的、以客户为导向的电子数据系统来处理日记账订单。

从 1962 年 12 月 1 日到 1972 年 3 月 31 日,我们电子数据服务(EDP)部门一直由霍斯特·克里斯蒂安·埃特默(Horst Christian Etmer)负责管理。1972 年 4 月 1 日,彼得·扎曼(Peter Sämann)接替了他的职位(至 1983 年 3 月 31 日)。1982 年 8 月 1 日,赫尔穆特·贝克尔(Helmut Becker)继任。自 1985 年 5 月 1 日以来,1984 年成立的的 EDP 服务公司一直由赫伯特·马斯(Herbert Maas)管理,我们感谢他多年来的经验,使我们的 EDP 系统更加完善,完全符合我们公司的需求。

电子数据服务(EDP)在未来几年的任务可以被称为“整合”。例如,对于朗格—施普林格来说,将所有剩余的数据点应用程序转移到西门子计算机,并创建一个中央地址池。另外,生产领域需要更多电子数据服务(EDP)的支持。

人事部门

1970 年,在公司重组计划的背景下,所有分公司的人事管理部门被合并成一个部门,并于 1970 年 1 月 15 日交由罗尔夫·舒特(Rolf Schudt)管理。他在以下几个方面为公司做了重大贡献:(1)为海德堡和柏林设立一个人事部门,集中管理薪资报表(Ilse Hardt 女士);(2)就第一个薪资级别协议开展合作,该协议于 1972 年 1 月 1 日在柏林、巴登-符腾堡州和巴伐利亚州生效;(3)为所有员工制定统一的工作合同,这是根据第 2 项协议的要求;(4)使公司习惯符合 1972 年的《劳动管理法》(Labor Management Act),为管理层与员工代表之间的交往奠定可行的基础。

随后的几年里,有关工资级别协议和《劳动管理法》的问题成为人们关注的焦点。

268

舒特于1977年12月31日退休，曼弗雷德·加斯特于1978年1月1日接替舒特的职位，设立了人事和社会服务领域的部门。柏林的总务部门和1985年底的海德堡总务部都由它管理。为了应对海德堡地区的快速发展，管理层将现有的人事组（Personnel Group）改为一个部门，由克里斯塔·福斯（Christa Voss）担任负责人。

313,314　在罗尔夫·舒特（生于1921年）之后，自1978年以来，曼弗雷德·加斯特（生于1942年）将人事和社会服务发展成为柏林和海德堡的中心区域。

自1977年以来，员工代表和公司之间的纠纷不断增加。左翼极端分子曾试图渗透到公司。当时人事问题的演变态势与联邦共和国的政治现实是分不开的。然而，长期坚定的人事政策对他们产生了有利的影响。

基于经济和组织方面的原因，我们从1980年1月1日起将珍本部和朗格—施普林格公司分开。1984年1月1日，施普林格分销公司（SAG）、施普林格电子数据服务公司（SEG）和施普林格生产公司（SPG）成立。

269

在此期间，作为本领域的首批公司之一，我们通过一系列就业协议，解决了与引进电子数据服务（EDP）支持的计算机工作场所有关的问题。

我们的就业条件与企业目标相适应。管理层一直希望营造一种与员工的高要求相适应的工作氛围。我们工作场所在空间和美学方面的安排体现了这些努力：其目的是让员工感受到他们属于一个团队，这个团队不仅欣赏他们的成就，而且关心他们作为人的个体本身的感受。这包括我们赞助了一个幼儿园，并且支持使用公共交通。

越来越多的员工希望获得足够的培训和进修机会，包括初级工作人员的职业规划和各级领导素质的提升。因此，在 1988 年，我们成立了自己的培训和进修部门，由扎比内·绍布领导（自 1992 年底以来，由乌特·卡梅雷尔[Ute Kammerer]领导）。

1993 年培训方案概览

专题讲座	财务 财务会计管理研讨会
管理学基础	
文本研讨会	培训
办公室组织（时间管理）	员工入门研讨会
	学员入门日
市场营销/分销	学员研讨会
团队发展，营销传播	
销售中的演讲计划和自我组织	公开活动
	参观贝尔茨印刷厂
生产	施普林格内部讲座系列
冲突管理研讨会	
斯图加特德雷舍尔培训课程	电子数据服务
施蒂尔茨印刷公司高级培训周	初阶文字处理
印刷工作坊	高阶文字处理
内部生产项目	地址数据库使用介绍
	特定标准软件产品说明
	特定部门的软件产品介绍

270

迄今为止，在我们共同取得的成就的基础上，我们将继续在员工领导力、评估原则和薪资级别以及个人发展可能性等方面做出努力。在职业规划，以及为我们所有员工提供进修机会方面也是如此。

最后，这里应该注意到一种公司风格特有的做法：直到 20 世纪 50 年代，公司负责人都会在节日前不久亲自向所有员工发放圣诞奖金。随着员工人数的不断增加，这一习俗也随之终结。第一次世界大战之前，(施普林格出版社的自愿圣诞奖金可以追溯到那个时候)，员工在这一天都会收到一枚 20 马克的金币。

国际出版计划

初步说明

将出版工作拓展到国际层面　只有在母公司提供的基础上，我们才有可能实现扩张。反过来，分公司对母公司产生了明显的影响。营业额的增加要求母公司和分支机构在促销和分销领域紧密合作。尽管我们在各个方面都奉行自由市场政策，但编辑的理念也必须加以协调。仅通过纽约公司来应对潜力不可估量的作者(例如美国的作者)是有害的，因为从一开始这会阻碍全球出版的想法。因此，即使纽约施普林格出版社成立后，海德堡的编辑们也曾前往美国，后来又前往日本和其他国家，我们在这些国家均设有办事处，以进一步促进出版社之间的重要联系，以实现公司的计划。一般来说我们很少发生冲突，即便有，而且冲突很快也就得到解决了。无论是过去还是现在，实现这一目标的前提是公平的行为和相互尊重，再加上有目的的安排。对我们所有的分支机构来说，这种行为是理所当然的。归根结底，企业的整体利益必须成为所有决策的衡量标准。

公司各地员工之间的交流促进了对其他事物的思维方式和实践的理解，同时增强了员工对团队的归属感，并对所有出版参与者产生了激励作用。在一个国际企业内部，必须具有一种国际理解的精神，并随时准备好国际间的思想交流，无论是通过通

271

信还是旅行。灵活性是最重要的要求。

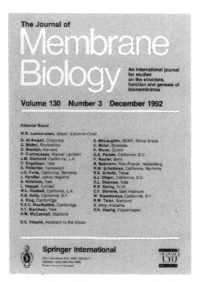

315 《膜生物学杂志》,1992 年,第 3 期,第 130 卷。

我们在世界各地的业务,使我们对于那些希望自己的科学工作得到国际响应的一流作者和编辑而言,更具有吸引力。这不是一蹴而就的,而需要持之以恒的努力。其中一个令人鼓舞的例子是,在维尔纳·勒文施泰因(W. R. Loewenstein)(当时在纽约哥伦比亚大学)的建议下,《膜生物学杂志》(*Journal of Membrane Biology*)创办于 1969 年——至今仍非常成功。该期刊不仅在收到的稿件数量方面,而且在订阅者范围上,均在世界范围内享有盛名。

我看到了一项重要的政治经济任务,那就是纠正欧洲科学成就的代表性不足的问题;这些成果分散在众多国家的出版物中,因而被低估了。1967 年,在激烈的英语竞争中,我们赢得了一份合同,出版了当时刚刚成立的欧洲生物化学学会联合会(FEBS)的刊物,即所谓 FEBS 期刊。条件是将一份已经存在的期刊并入其中。尽管它拥有大量的定期订阅者,但我们为此目的贡献了我们的《生物化学杂志》,因为我们深信建立一个泛欧科学机构是适宜的。

多年来,许多期刊的标题中都有"欧洲"一词:《欧洲生物化学杂志》(*European Journal of Biochemistry*)(1967 年);《普夫吕格尔文献:欧洲生理学杂志》(*Pflügers Archiv-European Journal of Physiology*)(1968 年);《欧洲临床研究杂志》(*European Journal of Clinical Investigation*)(1970 年至 1977

年);《欧洲临床药理学杂志》(*European Journal of Clinical Pharmacology*)(1971年);《欧洲应用生理学和职业心理学期刊》(*European Journal of Applied Physiology and Occupational Physiology*)(1974年);《欧洲核医学杂志》(*European Journal of Nuclear Medicine*)(1976年);《欧洲儿科学杂志》(*European Journal of Pediatrics*)(1976年);《欧洲生物物理杂志》(*European Biophysics Journal*)(1984年);《欧洲心胸外科杂志》(*European Journal of Cardio-Thoracic Surgery*)(1987年);《欧洲整形外科杂志》(*European Journal of Plastic Surgery*)(1987年);《欧洲耳鼻喉科学文献》(*European Archives of Oto-Rhino-Laryngology*)(1991年);《欧洲精神病学与临床神经科学文献》(*European Archives of Psychiatry and Clinical Neurosciences*)(1991年);《欧洲放射学杂志》(*European Radiology*)(1991年);《欧洲脊骨外科学杂志》(*European Spine Journal*)(1992年)。

272

逐渐树立起的国际出版公司的形象,不仅是我们创办许多国际期刊和丛书的先决条件,最重要的是,我们还创办了一些著名国际学会的期刊——如法国的国际外科学会(Société Internationale de Chirurgie, SIC)。为此,在马丁·阿尔高维尔和弗里茨·林德尔(Fritz Linder)的建议下,我们于1977年创办了《世界外科学杂志》。

316 作为我们期刊《朗根贝克外科文献》(1969—1989)和《全外科学及其前沿领域机关刊》(1948—1952和1970—1982)的编辑,外科医生弗里茨·林德尔(生于1912年)也是施普林格的称职顾问。

317—320　《欧洲生物化学杂志》,1992 年,第 3 期第 210 卷;《世界外科学杂志》,1992 年,第 5 期第 16 卷;《国际骨科学杂志》,1992 年,第 4 期第 16 卷;《分子遗传学和普通遗传学》,1992 年,第 1 期第 236 卷。

同年，在伯尔尼的米勒的推动下，法国国际矫形与创伤外科学会（Société Internationale de Chirurgie Orthopédie et de Traumatologie，SICOT）也创办了类似的期刊——《国际骨科学杂志》（*International Orthopedics*）。

此外，有些期刊没有明确地称为"国际"或"欧洲"的期刊，但它们的编辑人员和发行是国际性的。其中的两个例子是我们在数学领域知名的《数学发明》(1966)和在国际上享有同等声誉的《数学年鉴》。在生物学领域中，应该提到《植物学》杂志以及具有悠久传统的《诱导进化与遗传学杂志》，现在称为《分子遗传学和普通遗传学》。上述各项工作的成功离不开各位编辑的热情工作，我们在此向他们表示感谢。

创办国际期刊需要大量投资，我们能够在很大程度上通过分支机构营业额的增加在很大程度上弥补了这些投资。新期刊订阅量的增长（同样也是因为我们在全球的业务）也有助于平衡成本。因此，我们走出国门——自然只有与适当活跃的出版活动相结合——才会产生生产性循环，这就是我们在扩张过程中虽有经济负担却没有失控的原因，即使自然存在瓶颈，我们对公司的资金也有了更多的要求。

远程管理　我们出版分公司的成立和管理，极大地拓展了我们的国际视野。为了给遥远的分支机构指明方向，融入企业的总体目标，我创造了"远程管理"这个术语，让我们时刻牢记这项任务的特殊性。与此同时，令人印象深刻的证据表明，一个地域广泛的多元化公司集团的管理有赖于两大支柱，而这两大支柱必须足够强大，并能够承受重负：一是当地负责人对母公司的忠诚度，二是双向信息的畅通。没有这两个前提，公司就不会成功。必须高度重视并确保信息的充分流动性。做到这一点，最好的办法是任命母公司董事会的一名成员直接负责分公司。

经济和人事方面　整个出版公司的营业额在 1950 年为 798.5 万德国马克，1964 年为 4 413.6 万德国马克，1992 年为

40 621.8万德国马克。这些数字可以简略概括战后公司的发展历程。营业额是在没有外部资金援助的情况下实现的。同时，我们实现了第二次世界大战后提出的在全球范围内创办公司的愿景。

那么我们实现这一目标的途径是什么？首先是出版商对未来图书需求的直觉。其次是对实现我们既定目标的可能性进行分析和现实评估。

拥有3万美元或300万美元来设立分支机构，这两者之间的差别不仅仅是数量上的差别，也是质量上的差别。在第一种情况下，人们必须更加谨慎地决定在某一特定时段内可以承担哪些风险；如果发生损失，赔偿金额不应该超过自己的赔偿能力。这使得仅用少量资金就承担更大风险变得危险。然而，为了达到某些目标，公司不得不采取这些措施。风险评估需要想象力。通常情况下，最好采用小步快跑的方式。重要的是，这些小步骤相互支持，相互补充。

只有结合良好的人事管理才能做到这一点。即使最仔细地挑选员工，也必须对所选员工的优点和缺点有所准备。一个人不能把自己的员工"设计"成自己想要的样子。然而，正如普兰蒂斯·霍尔公司的创始人理查德·埃廷格（Richard P. Ettlinger）所说，一个人必须"从员工的优点出发"，尽管这种能力并不常有，但是对这些能力的认可是最重要的能力之一。公司需要愿意承担责任的员工。我们必须像允许自己犯错一样允许他们犯错，否则他们会害怕自己做决定，这就容易导致官僚主义，进而使得整个企业慢慢变得停滞不前。

在建立我们众多分支机构时，我们只投入了很少成本，甚至没有启动资金。相反，我们激励着热情的员工去取得让他们感到快乐和满意的结果。

管理者作为正面或反面的个人行为，对员工起着特殊的作用，并有着深远影响。尊重他人，也尊重下属，是企业和谐、成功合作的前提。

项目的亮点

下文概述了 1965 年至 1992 年期间各编辑领域的出版工作。只能是一种"印象式"的概述，表达我们在战略目标框架内努力实现的目标。正如前言中已经提到的那样，我们不能纯粹按时间顺序进行介绍，因为各项出版工作的背景和持续时间各不相同。

医学

20 世纪 50 年代和 60 年代，公司的医学项目逐渐发展成为最强大的出版部门，如今在出版的图书中占最大比例（参见本书第 368 页表格）。该医学项目旨在面向基础科学研究和临床实践取得的进展，以及学生的培训和研究生医学教育。

已经引用的许多期刊都是针对第一个目标群体的，首先是《临床周刊》，它在 1992 年被重新命名为《临床研究者》，从第 70 卷开始，它实现其作为服务于临床研究需要的国际机构的目标。此外，有大量的"文献期刊"（原始期刊或初级期刊）可用于导言（参见本书第 XII 页）中所列类别的各种医学学科。根据其定位和发行潜力，这些期刊主要是英文期刊。其中一些有着悠久的传统，如《菲尔绍文献》（A 和 B）、《普夫吕格尔文献》、《瑙恩—施米德贝格文献》（*Naunyn-SchmiedeBergs Archiv*）、《格雷费文献》（*Graefes Archiv*）。在图书领域，必须提到科学专著；尽管这些书对医学健康领域的整体进步具有重要意义，但出版这些图书要求公司越来越愿意承担风险，并更多地面向个人读者，我们必须在更大范围内满足他们的需求，以抵消图书馆预算的不断削减。

在研究文献领域，还有以下系列丛书：《内分泌学专论》，出版于 1967 年，由盐湖城的莱奥·塞缪尔斯、巴塞尔的弗朗茨·格罗斯（Franz Gross）、苏黎世的亚历克西斯·拉布哈特、剑桥

的撒迪厄斯·曼，以及海德堡/慕尼黑的约瑟夫·灿德尔共同编辑[Zander]。然而，重要的不仅仅是新创办的企业。早在1914年就已经存在的《免疫研究、实验治疗、细菌学和卫生学成果》（*Ergebnisse der Immunitätsforschung, ex- perimentellen Therapie, Bakteriologie und Hygiene*），（1914—1943年，第1—25卷），自1949年以来创办的《卫生学、细菌学、免疫研究和实验治疗成果》（1949—1966年，第26—39卷）在20世纪60年代中期则向现代国际研究界开放，且在费城的维尔纳·亨勒

321,322,323　在施普林格出版社的建议下，致力于内分泌腺化学研究的犹他大学（盐湖城）生物化学教授莱奥·塞缪尔斯（1899—1978）创办了《内分泌学专论》。他与亚历克西斯·拉布哈特（1916年出生）和约瑟夫·灿德尔（生于1918年）担任联合编辑。

(Werner Henle,1809—1885)的特别帮助下变更为《微生物学和免疫学前沿论题》。维尔纳·亨勒是海德堡解剖学家雅各布·亨勒(Jacob Henle,1809—1885)的孙子,雅各布以"细尿管袢"("Henle's loop")闻名。

324 《内分泌学专论》1990 年,第 31 卷。

325 《微生物学前沿论题》,1994 年,第 189 卷。

就整个医学领域而言,有一些重要的书目值得一提。这些书目代表了完整目录中所列的大量图书和期刊(参见本书第 278 页)。

内科

来自内科医学领域中最重要的著作之一是由路德维希·海尔迈尔和赫伯特·贝格曼(Herbert Begemann)1955 年合著的《临床血液学图集》(*Atlas der klinischen Hämatologie*)。1987 年由贝格曼和约翰·拉斯泰特(Johann Rastetter)推出了第四版,并进行了全面修订。另一本是贝格曼出版社的一本旧书,名为"米勒/塞费特",即《医学和临床诊断手册》(*Taschenbuch der*

Alexis Labhart: Klinik der Inneren Sekretion. 3rd edn. 1978 (Engl. edition: Clinical Endocrinology. 2nd edition 1986)

Friedrich W. Ahnefeld: Sekunden entscheiden. Notfallmedizinische Sofortmaßnahmen. 2nd edn. 1981 (Heidelberger Taschenbücher, vol. 32)

Helmut Roskamm and Herbert Reindell: Herzkrankheiten. 3rd edn. 1989

Ernst Habermann and Helmut Löffler: Spezielle Pharmakologie und Arzneitherapie. 4th edn. 1983 (Heidelberger Taschenbücher, vol. 166)

Robert B. Taylor (ed.): Fundamentals of Family Medicine. 2nd edn. 1983

Otto Braun-Falco, Gerd Plewig and Helmut H. Wolff: Dermatologie und Venerologie. 4th edn. 1992

Peter Otto and Klaus Ewe: Atlas der Rectoskopie und Coloskopie. 3rd edn. 1984

Kurt W. Brunner and Gerd A. Nagel: Internistische Krebstherapie. 3rd edn. 1985

Thomas Wuppermann: Varizen, Ulcus cruris und Thrombose. 5th edn. 1986

Gabriel Stux: Grundlagen der Akupunktur. 2nd edn. 1988

Heinrich Matthys: Pneumologie. 2nd edn. 1988

Albert A. Bühlmann and Ernst R. Froesch: Pathophysiologie. 5th edn. 1989

Bodo Gorgass and Friedrich W. Ahnefeld: Rettungsassistent und Rettungssanitäter. 3rd edn. 1993

Harald Lutz: Ultraschallfibel Innere Medizin. 2nd edn. 1989

John A. Nakhosteen, Norbert Niederle and Donald C. Zavala: Atlas und Lehrbuch der Bronchoskopie. 2nd edn. 1989

Wolfgang Leydhecker: Augenheilkunde (textbook) 24th edn. 1990

Michael Berger and Viktor Jörgens: Praxis der Insulintherapie. 4th edn. 1990

Franz Daschner: Antibiotika am Krankenbett. 5th edn. 1990

Gustav A. von Harnack and Gerhard Heimann (eds.): Kinderheilkunde (textbook). 8th edn. 1990

Bernd Spiessl, O. H. Beahrs, Paul Hermanek, R. V. Hutter, Otto Scheibe, Leslie H. Sobin and Gustav Wagner (eds.): Tumornomenklaturatlas. Illustrierter Leitfaden zur TNM/pTNM-Klassifikation maligner Tumoren. 2nd edn. 1990 (UICC)

J. Rüdiger Siewert, Felix Harder, Martin Allgöwer, André L. Blum, Werner Creutzfeldt, L. F. Hollender and Hans-Jürgen Peiper (eds.): Chirurgische Gastroenterologie. 2nd edn. 1990

Nepomuk Zöllner (ed.): Hyperurikämie, Gicht und andere Störungen des Purinhaushalts. 2nd edn. 1990

Hans Borst, Werner Klinner and H. Oelert: Kirschners Operationslehre, vol. 6, part 2: Die Eingriffe am Herzen und an den herznahen Gefäßen. 2nd edn. 1991

Georg Heberer, Friedrich-Wilhelm Schildberg, Ludger Sunder-Plassmann and Ingolf Vogt-Moykopf (eds.): Lunge und Mediastinum. 2nd edn. 1991

Gerhard Riecker (eds.): Klinische Kardiologie (textbook). 3rd edn. 1991

Gerhard Riecker (ed.): Therapie innerer Krankheiten. 7th edn. 1991

L'age-Stehr, Johann et al.: Aids und die Vorstadien. Loose-leaf collection. 14th installment 1992

J. Tinker and M. Rapin (eds.): Care of the Critically Ill Patient. 2nd edn. 1991

Elliot Chesler: Clinical Cardiology. 5th edn. 1992

Alfred Doenicke, Dietrich Kettler, Werner F. List, Jörg Tarnow and Dick Thomson: Lehrbuch der Anästhesiologie und Intensivmedizin. Vol. 1: Anästhesiologie, in cooperation with J. Radke. 6th edn. 1992; vol. 2: Intensivmedizin (eds. Herbert Benzer, Hilmar Burchardi, Reinhard Larsen, Peter Suter). 6th edn. 1993

Felix Anschütz: Anamneseerhebung und allgemeine Krankenuntersuchungen. 5th edn. 1992

过去十年的部分医学书目   278

medizinisch-klinischen Diagnostik），于 1989 年出版了第 72 版，修订版和扩充版。毕业于慕尼黑大学，来自柏林的汉斯·弗赖赫尔·冯·克雷斯，在 1945 年保证了这一版本的延续。后来，他的学生金特·诺伊豪斯（Günter A. Neuhaus）继续负责这本书。

此外，由莱奥·莫尔（Leo Mohr）和鲁道夫·施特林（Ruldof Staehelin）创立并在战后由赫伯特·施维克和埃伯哈德·布赫博恩续编的《内科医学手册》第五版以下单卷（1980—1992）如下：

326 1955 年，路德维希·海尔迈尔（1899—1969）和赫伯特·贝格曼（1917—1994）合著的（327.）《临床血液学图集》，第四版于 1987 年出版。

1980 年　弗里德里希·库伦科特（Friedrich Kuhlen-cordt）和海因里希·巴特尔海默（Heinrich Bartelheimer）：《临床骨科学》（*Klinische Osteologie*，第 1 部分，第 6 卷）

1981 年　海因里希·廷特根斯（Heinrich Jentgens）：《肺结核》（*Lungentuberkulose*，第 3 部分，第 4 卷）

1982 年　赫伯特·贝格曼：《非霍奇金淋巴瘤》（*Non-Hodgkin-Lymphome*，第 7 部分，第 2 卷）

库特·米勒-维兰德（Kurt Müller-Wieland）：《结肠》（*Dickdarm*，第 4 部分，第 3 卷）

1983 年　沃尔夫冈·卡斯帕里（Wolfgang Caspary）：《小肠》（*Dünndarm*，第 3A 和 3B 部分，第 3 卷）

贝恩特·吕德里茨（Berndt Lüderitz）：《心脏心律失常》（*Herzrhythmusstörungen*，第 1 部分，第 9 卷）

1983/1984 年　马蒂斯（A. Matthies）：《风湿病学》（*Rheumatologie*，第 2B 部分，第 6 卷）

279

1984 年　格哈德·里克尔:《休克》(*Schock*,第 2 部分,第 9 卷)

赫尔穆特·罗斯坎曼(Helmut Roskamm):《冠心病》(*Koronarerkrankungen*,第 9 卷,第 3 部分)

格哈德·里克尔:《心脏衰竭》(*Herzinsuffizienz*,第 4 部分,第 9 卷)

1985 年　弗里德里希·特伦德伦堡(Friedrich Trendelenburg):《呼吸器官和纵隔瘤》(*Turnoren der Atmungsorgane und des Mediastinum*,第 4A 和 B 部分,第 4 卷)

迪特尔-路德维希·黑内(Dieter-Ludwig Heene):《凝血和出血性疾病Ⅱ》(*Blutgerinnung und hämorrhagische Diathesen Ⅱ*,第 9 部分,第 2 卷)

1989 年　保罗·朔尔里夏(Paul Schölmerich)、汉斯耶尔格·尤斯特(Hansjörg Just)和托马斯·迈纳茨(Thomas Meinertz):《心肌疾病、心包疾病和心脏肿瘤》(*Myokarderkrankungen,Perikarderkrankungen,Herztumoren*,第 5 部分,第 9 卷)

1992 年　维尔纳·朔普(Werner Schoop)和霍斯特·里格尔(Horst Rieger):《血管疾病》(*Gefäßerkrankungen*,第 6 部分,第 9 卷)

Friedrich Müller / Otto Seifert

Taschenbuch der medizinisch-klinischen Diagnostik

72., überarbeitete und erweiterte Auflage
Herausgegeben von G. A. Neuhaus

Mit 160 Abbildungen, 9 Farbtafeln und 195 Tabellen

Springer-Verlag
Berlin Heidelberg New York
London Paris Tokyo Hong Kong

328　平装本《医疗和临床诊断手册》,1989 年,第 72 版。第 1 版至 71 版由慕尼黑的贝格曼出版社出版。

20 年前,自然科学中的各学科,如生物学、生物化学和基础医学研究,还可以按照工作内容和分支进行划分,这些分支在培

329 作为弗里德里希·冯·米勒的最后一批学生之一,汉斯·弗赖赫尔·冯·克雷斯(1902—1973)多年来一直负责编辑这本手册,他也是施普林格出版社的亲密伙伴。1967年,在施普林格出版社成立125周年庆典上,他发表了"科学出版公司对过去100年发展的重要性"主题演讲。

330 埃伯哈德·布赫博恩(生于1921年)是赫伯特·施维克的学生,也是慕尼黑内科主任的继任者,自1981年以来一直担任《内科医学手册》的编辑。

训和后期实践方面都是分开的,但是分子生物学领域的研究进展已经模糊了这些学科之间的界限。这体现在《自然》、《科学》、《自然科学》、《趋势》(*Trendserien*)等信息期刊中,以及已经提到的《成果》报告中的一系列重叠主题中。某些基础科学,如免疫学,不仅与医学有关,还与自然科学的许多其他学科门类有关。分子生物学是它们共同的基础。

280　生物技术或医疗诊断辅助设备等新的应用领域也由此发展起来。公司考虑到了这一趋势,将化学、生物化学、生物学、生理学和药理学等领域合并为一个出版计划,命名为"生命科学"。这样一个综合性的概念源于读者群体的过度专业化和营销战略的结果,这就要求我们能够最大限度地利用我们的国际影响力,它包括教科书、参考书、研究生教材以及科学专著。

现在让我们来看看医学培
训。我们为医学专家提供的信
息计划的特点是延续和新增了
专家期刊(自 1928 年以来,有
《神经科医师》《外科医师》)和
实践系列丛书。新的一流专业
期刊的标准是 1960 年创刊的
《内科医师》,也是后来八种类
似期刊的典范;之后,直至 1992
年创办的《眼科医师》。其中
《内科医师》的发行量最大,目
前,订阅用户达 27 500 名,占
所有内科医生的 76% 以上。如
果没有制药行业投放的广告,
这个出版项目的实现将会非常

331 格哈德·里克尔(生于 1926
年)自 1974 年以来一直担任《内科医
师》和《内科疾病治疗》(*Therapie In-
nerer Krankheiten*)的编辑(1973 年,
第 7 版)。除此之外,他还参编了《临
床心脏病学》(*Klinische Kardiologie*,
1975 年初版;1991 年第 3 版)。

困难;这些广告有助于缓解制作成本不可阻挡的上涨趋势。

医学专业期刊

《麻醉师》(1952 年)	《眼科医师》(1992 年)
《外科医师》(1928 年)	《矫形外科医师》(1972 年)
《妇科医师》(1968 年)	《病理学》(1979 年)
《皮肤科医师》(1950 年)	《放射科医师》(1961 年)
《耳鼻喉医学》(1947 年)	《超声波学》(1987 年)
《内科医师》(1960 年)	《创伤外科医师》(1985 年)
《儿科月刊》(1931 年)	《泌尿科医师 A》(1970 年)
《神经科医师》(1928 年)	《泌尿科医师 B》(1970 年)

图书计划包括两个面向医学专家的丛书:1973 年开始出版
的临床手册,该手册向医院医生介绍与其专业领域的核心问题
有关的最新诊断和治疗进展;这些手册旨在用于日常临床实践。
现在,这些临床手册的销售量已超过每版 100 000 册。自 1974

年以来,《普通医学手册》(*Taschenbücher Allgemeinmedizin*)已满足了日益增长的与实践相关的需求。

医学教科书计划的详细内容见本书第 355 页及后页。该计划创建于 20 世纪 70 年代初,我们针对所有医学专门领域进行了重新安排,并在 20 世纪 80 年代末扩展,项目由安妮·雷普诺(Anne Repnow)负责。为清晰描述这一基本概念,我们设计了一个新的醒目的布局,上面有一个易于识别的"勾号标记"("勾号概念"["check-mark concept"])。

虽然公司的计划基本上涵盖了医学的所有领域和部分,但是除了包罗万象的内科医学外,还有四个主要支柱领域在过去几十年中变得更加突出:外科手术和骨科手术领域;放射学,包括所有影像学领域;神经科学,从精神病学到神经生理学;最后是普通病理学和特殊病理学的广阔领域。在本历史简介的范围内,我们甚至无法涵盖这些主要领域的发展;只能举出一些有特色的例子。

外科/整形外科

外科和整形外科综合领域的主要代表是广泛发行的医学专家类期刊。在外科方面,德国外科学会(Deutsche Gesellschaft für Chirurgie)的期刊《外科医师》和德国外科医师协会都有自己的信息页面。克里斯蒂安·赫尔法特(Christian Herfarth)自 1982 年以来一直负责《外科医师》的工作。所有的专业期刊都与相关的专业协会有重要联系,因为这两个协会都将高级医学培训作为其主要的职责之一。

332 克里斯蒂安·赫尔法特(生于 1933 年)自 1981 年以来一直担任海德堡大学外科诊所主任。1982 年,他担任我们的专业期刊《外科医师》的主编。

333　日本外科医师学会会长东京都三岛义雄
（生于 1931 年）在 1993 年德国和日本外科学
会的联席会议上发言。自 1992 年以来，三岛
一直担任《当代外科学》杂志的主编。

334　《创伤医学手册》(*Hefte zur Un-
fallheilkunde*)，1992 年第 225 卷。

335　《矫形外科医师》创办于 1972 年，是
施普林格出版社的专业期刊之一。

336　海因茨·瓦格纳（Heinz Wagner，生于
1929 年）是《矫形外科医师》的首批编辑之一。
此外，自 1981 年以来，他一直负责《矫形外科与
创伤外科文献》（*Archives Of Orthopaedic And
Trauma Surguma*）的工作。这是一份有着丰富
传统的期刊，其前身是《骨科和外伤外科文献》
（*Archiv für Orthopädische und Unfall-chirurgie*）
（1903 年创刊于威斯巴登的贝格曼出版社）。

外科学的科学文献期刊是《朗根贝克外科文献》，由德国最伟大的外科医师之一创立于 1860 年[HS：p. 279]。该期刊用德文和英文发表原创科学论文，并与《英国外科杂志》《文献》的现任主编米夏埃尔·特雷德[Michael Trede]与该杂志保持着良好的关系）以及与日本外科学会的机关刊物《当代外科学》杂志的编辑们保持着联系。东京施普林格出版社的现任编辑三岛义雄是格奥尔格·黑贝雷尔的学生，他和德国外科学界有着密切的个人联系。

原创文章专刊有：整形外科专刊《欧洲整形外科杂志》（伊恩·杰克逊[Ian T. Jackson]），以及关于心脏和胸外科的《欧洲心胸外科杂志》（汉斯-格奥尔格·博尔斯特）。新领域以《外科内镜》杂志（*Surgical Endoscopy*）为代表，而这一专业期刊是通过《国际小儿外科学》杂志（*Pediatric Surgery International*）和《国际移植》杂志（*Transplant International*）来实现。

在矫形外科领域，相应的专业期刊是《矫形外科医师》（自1972 年以来），由鲁道夫·鲍尔（Rudolf Bauer）、格拉夫（R. Graf）、诺伯特·克施文德（Norbert Gschwend）、迪特里希·霍曼（Dietrich Hohmann）、亚姆（L. Jam）、埃尔温·莫尔施尔（Erwin Morscher）、莱昂哈德·施魏贝尔（Leonhard Schweiberer）、哈拉尔德·切恩（Harald Tscherne）、海因茨·瓦格纳和维尔特（C. Wirth）编辑。此外，期刊《矫形外科与创伤外科学文献》由海因茨·瓦格纳担任主编，希罗霍尔策（G. Hierholzer）和维勒特（H.-G. Willert）协助编辑。

1894 年，《创伤医学月刊》（*Monatszeitschrift für Unfall-Heilkunde*）由福格尔（F. C. W. Vogel）出版公司创办，现在由莱昂哈德·施魏贝尔和哈拉尔德·切恩编辑，现名为《创伤医学手册》，该系列也是由福格尔出版公司于 1929 年创办，1931 年由施普林格出版社接管。在与实践密切相关的创伤学领域，这两本书对我们的外科整形领域文献进行了补充。

11 volumes. Founded by M. Kirschner. Edited by R. Pichlmayr
and G. Heberer

Volume 1:
G. Hegemann: *Allgemeine Operationslehre*, 2 parts, 2nd edn., 1958

Volume 2:
J.-E. Hausamen, E. Machtens, J. Reuther (eds.): *Mund-, Kiefer- und Ge-sichtschirurgie*, 3rd edn., 1993

Volume 3:
R. Pichlmayr (ed.): *Transplantationschirurgie*, 1981

Volume 4:
G. Mackensen, H. Neubauer (eds.): *Augenärztliche Operationen*, 3rd edn., part 1, 1988; part 2, 1989

Volume 5:
Part 1: H. J. Denecke, W. Ey: *Die Operationen an der Nase und im Naso-pharynx*, 3rd edn., 1984
Part 2: H. J. Denecke, M.-U. Denecke, W. Draf, W. Ey: *Die Operationen an den Nasennebenhöhlen und der angrenzenden Schädelbasis*, 3rd edn., 1992
Part 3: H. J. Denecke: *Die oto-rhino-laryngologischen Operationen im Mund- und Halsbereich*, 3rd edn., 1980
Part 4: K. Schwemmle: *Die allgemein-chirurgischen Operationen am Halse*, 3rd edn., 1980

Volume 6:
Part 1: H. Pichlmaier, F. W. Schildberg (eds.): *Thoraxchirurgie. Die Ein-griffe an der Brust und in der Brusthöhle*, 3rd edn., 1987
Part 2: H. G. Borst, W. Klinner, H. Oelert (eds.): *Herzchirurgie. Die Ein-griffe am Herzen und an den herznahen Gefäßen*, 2nd edn., 1991

Volume 7:
Part 1: R. Zenker, R. Berchtold, H. Hamelmann (eds.): *Die Eingriffe in der Bauchhöhle*, 3rd edn., 1975
Part 2: M. Kirschner, revised by R. Zenker: *Die Eingriffe bei den Bauch-brüchen einschließlich der Zwerchfellbrüche*, 2nd edn., 1957

Volume 8:
W. Mauermayer: *Transurethrale Operationen*, 3rd edn., 1981

Volume 9:
J. Zander, H. Graeff (eds.): *Gynäkologische Operationen*, 3rd edn., 1991

Volume 10:
W. Wachsmuth, A. Wilhelm (eds.): *Die Operationen an der Hand*, 1972

Volume 11:
G. Heberer, R. J. A. M. van Dongen (eds.): *Gefäßchirurgie*, 1st edn., 1987; corrected reprint, 1993

284

337 格奥尔格·黑贝雷尔(生于 1920 年),在鲁道夫·岑克尔之后担任基施纳《普通和特殊外科学教程》的编辑。

338 格尔德·黑格曼(生于 1912 年),《普通外科手术》第一卷的作者。

自 1977 年以来,施普林格出版社代表国际外科学会(SIC)和国际矫形与创伤外科学会(SICOT)出版了《世界外科学杂志》及《国际骨科学杂志》。特刊是对这些世界性机关刊物的补充,它们大体上代表了这两个领域。他们是:《关节镜检法》(*Arthroskopie*,W. Glinz,H. R. Henche,H. Hofer,J. Krämer);《欧洲脊骨外科学杂志》(M. Aebi,S. Nazarian);《膝关节外科、运动风湿病学和关节镜检查》

339 鲁道夫·皮希迈尔(生于 1932 年)是《普通外科手术》的联合编辑。

(*Knee Surgery*，*Sportstraumatology*，*Arthroscopy*，E. Erikson，G. P. Hermann，W. Müller)。

《基施纳外科学教程》(*Kirschners Operationslehre*)是一本关于学校外科实践的理论。这本书由马丁·基施纳创刊，1950年由他的学生鲁道夫·岑克尔主编，后来与格奥尔格·黑贝雷尔联合编辑，1988年起由黑贝雷尔与鲁道夫·皮希迈尔联合编辑。

纽约分公司与波士顿的理查德·埃格达尔共同编写了一套涵盖临床教学和外科治疗专题的系列丛书：《外科专业综合手册》(CMSS)，其中一些卷册已被翻译成德文。

自1963年以来，施普林格出版社一直是国际内固定研究学会的出版商，该协会的科研机构设在达沃斯。这一点已经在本书第64页及后页详细介绍过。

为了在生物力学研究的基础上实现最佳治疗效果，我们出版了相关科研成果。弗里德里希·保韦尔斯(Friedrich F. Pauwels)的《肌肉骨骼系统功能障碍论文集》(*Gesammelte Abhandlungen zur Funktionellen Anatornie des Bewegungsapparates*，1965，英文版为 *Collected Essays on the Functional Anatomy of the Locomotor System*，1980)，《健康和病态髋关节生物机械学图谱》(*Atlas zur Biomechik der gesunden und kranken Hüfte*，1973，英文版为 *Atlas of the Biomechanics of the Healthy and the Diseased Hip*，1976)，以及雷纳托·博姆贝利(Renato Bombelli)的《髋关节骨骨关节炎》(*Osteoarthritis of the Hip*，1976)，还有约翰·查恩雷撰写的《低摩擦髋关节置换术》(1979年)。

285

自1935年起，根据之前在维尔茨堡执业的外科医生维尔纳·瓦克斯穆特的提议，人体各部位所有外科手术的解剖学基础成为一项标准著作的主题。这项工作由慕尼黑的蒂图斯·里特尔·冯·兰茨和维尔纳·瓦克斯穆特完成，他们著作的标题是《实用解剖学》。在一个面向外科医生需求，并与学院派平面

340 波士顿大学医学院院长理查德·埃格达尔(生于 1926 年)自 1979 年起编辑《外科专业综合手册》。

341 吕迪格·西维尔特(Rüdiger Siewert,生于 1940 年),与马丁·阿尔高维尔合著了教材《外科学》。

艺术家合作的现代教学演示中,他们展示了一件受到所有手术医师高度评价的作品。最近,由汉斯·勒文内克(Hans Loeweneck)和格诺特·法伊费尔(Gernot Feifel)合著的重要著作《腹部》(*Bauch*)和《胸部》(*Thorax*)使该书的规模扩大了。但是关于头部外科学解剖的第三部分仍然缺失。

286

在外科和整形外科领域大量重要单篇出版物中,有四篇尤为突出:

(1) 1975 年。俄亥俄州托莱多市的美国心脏外科医师华莱士·麦尔卡平〔SEMPER ATTENTUS:pp. 241 - 248〕在自家地下室巧妙地搭建了一个实验室,每天在手术室完成工作后,他就研究心脏的功能解剖。他在保存的心脏上,将心室置于自然活体心脏的自然压力下,检查心室、瓣膜和血管的功能。他运用完美的组织技术,将他所看到和发现的一切拍摄成彩色照片,并汇编成一部专著,图文并茂,细致入微,令人印象深刻:《心脏和冠状动脉》(*Heart and Coronary Arteries*),这甚至让海德堡

蒂图斯·里特尔·冯·兰茨、维尔纳·瓦克斯穆斯《实用解剖学》：一本关于医学行动的解剖学基础的课本和手册

A text- and handbook on the anatomical basis for medical action. Continued and edited by J. Lang and W. Wachsmuth

Volume 1

Part 1: Kopf. Section A: *Übergeordnete Systeme*, 1985
　　　　Section B: *Gehirn- und Augenschädel*, 1979
Part 2: *Hals*, 1955
Part 3: *Arm*, by W. Lierse. 3rd edn., 1994
Part 4: *Bein und Statik*, 2nd edn. by J. Jung und W. Wachsmuth, 1972

Volume 2

Part 5: *Thorax*, by M. von Ludinghausen und Eckart Stofft, 1993
Part 6: *Bauch*, by Hans Loeweneck and G. Feifel, 1992
Part 7: *Rücken*, von J. Rickenbacher, A.M. Landolt and
　　　　K. Theiler, 1982
Part 8: Section A: *Becken*, by W. Lierse, 1984
　　　　Section B: *Becken in der Schwangerschaft und das Neugeborene*, by W. Lierse. 1988

的威廉·德尔这样经验丰富的心脏病理学家感到惊讶。麦尔卡平（McAlpine）无法在美国找到出版商，因此他向韦茨拉尔·莱茨（Wetzlar Leitz）寻求建议，因为他在实验室中安装了完整的徕卡（Leica）装置。莱茨建议他去施普林格出版社；就这样，有一天他出现在了我的办公室。这些出色的照片给我留下了深刻的印象，当麦尔卡平还在我的办公室时，我向德尔寻求"快速诊断"；结果是积极的。我表明要出版他的作品，但要对大量而难解的图片资料进行仔细计算，并要求他分担插图的费用。对于麦尔卡平而言，这一迅速决定给他留下了深刻的印象，他承诺为这本书的制作成本做出可观的贡献。这使得我们有可能在正常的预算条件下出版这本插图丰富的书。这部作品目前已成为高度发达的制作和复制技术的典范，即便在今天，我们仍会自豪地将它展出。

（2）1977年。我们在达沃斯见到了旧金山的奥古斯托·萨米恩托。他和他的合著者拉特（L. L. Latta）基于多年的非手术保守治疗的经验，撰写了题为《骨折的闭合功能性治疗》的书稿。

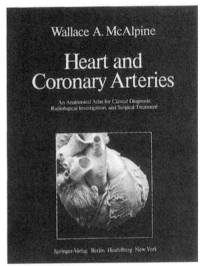

342,343　心脏外科医生华莱士·麦尔卡平（Wallace A.McAlpine,生于 1920 年）,其著作《心脏和冠状动脉》由施普林格出版社于 1975 年出版。

该书稿非常吸引我们,但鉴于我们与内固定研究学会的紧密联系,我们有些犹豫,因为后者着重于骨折的手术治疗。然而,内固定研究学会完全理解我们的意愿,甚至鼓励我们出版萨米恩托的书,该书于 1981 年在海德堡用英文出版。1984 年,又被译成德文。此后不久,日本整形外科学会的一名成员大岛秀夫（Hideo Ogishima）提议出版日文译本,这实际上是供他自己使用。我们立即将这本书的出版纳入了我们东京的新公司的计划。1984 年,这本书在东京出版,由于这本书的插图非常多（这不可避免）,所以尽管书的定价很高,但它的销售速度令人惊讶。

（3）1981 年。里约热内卢的艾沃·皮坦盖（Ivo Pitanguy）起初并不是一名整形外科医师。在一家孤儿院发生大火后,他夜以继日地为儿童做手术,并尽可能地保护或恢复受伤儿童的身体功能。他非常成功,在发现了一个与他的才华相对应的工作领域后,他拓展了这一医学领域。1978 年,在里约热内卢的内固定研究学会议程期间,玛丽安妮·卡洛与他建立了联系。1981 年,我们出版了他的名作《头部和身体美容整形外科》

Ivo Pitanguy

Aesthetic
Plastic Surgery of
Head and Body

With 749 Figures in 1494 Separate Illustrations, Some in Colour
Water-colours: Lothar H. Schnellbächer, Frankfurt/Main

Springer-Verlag
Berlin Heidelberg New York 1981

Gavriil A. Ilizarov

Transosseous
Osteosynthesis

Theoretical and Clinical Aspects
of the Regeneration and Growth of Tissue

Editorial Assistance by
Stuart A. Green

With 656 Figures in 3100 Separate Illustrations
Some in Color

Springer-Verlag
Berlin Heidelberg New York
London Paris Tokyo
Hong Kong Barcelona
Budapest

344　艾沃·皮坦盖:《头部和身体美容整形外科》。

345　伊里扎洛夫(Gavriil A. Ilizarov):《经骨骨合成术》,1992 年。

(*Aestical Plastic Surgery Of Head And Body*)。在里约热内卢工作了几个月的洛塔尔·施内尔巴赫(Lothar Schnellbaächer)通过绘制插图出色地诠释了这本书。

　　(4) 延长四肢的问题已经困扰整形外科医生很长一段时间了。在德国,特别是鲁梅尔伯格的海因茨·瓦格纳对这一问题进行了深入的研究,并取得了成功。我们计划与他合作出版一本关于这个主题的书。

288

　　然而,西伯利亚库尔干的一位整形外科医师——伊里扎洛夫也全神贯注于组织生长和再生这一广泛的课题。他多年的研究成果是一篇题为《经骨骨合成术:组织再生和生长的理论和临床方面》(*Transosseous Osteosynthesis*; *Theoretical and Clinical Aspects of the Regeneration and Growth of Tissue*)的手稿。伊里扎洛夫不朽的巨著(包含 656 幅图表和 3 100 张个人图片)于 1992 年出版。它反映了这位极具独创性和想象力的科学家 40 年来为恢复运动系统肢体的形式和功能所做的努力。这本书里有很多实用的治疗方法和建议。出版仅一年后,赫岑贝格(J. E. Herzenberg)在《新英格兰医学期刊》(*New England Journal of Medicine*,1993年7月29日,第329卷,第5期)中评价其"经典之作"。

最后,还应提及一项对外科医生的自我认知非常重要的工作:《今日外科医师》(*Der Chirurg Height. Eine persönliche Auseinandersetzung* [*The Surgeon Today. A Personal Exposition*, 1986])。1986年,米勒-奥斯滕(W. Müller-Osten)热忱地致力于外科医师协会的创立和发展。鉴于医学培训和研究生教育的共同目标,我们加强与专业期刊相关专业协会的联系。

放射学

海因茨·菲滕和弗朗茨·施特尔纳德以及奥勒·奥尔森和阿道夫·祖平格于1957年共同创建的《医学放射学手册》在后来得到了洛塔

346 沃尔夫冈·米勒-奥斯滕(1910—1995)是1960年德国外科医师协会的联合创始人。他于1961年担任协会主席,后担任会长。他是《外科医师专业》(*Der Beruf des Chirurgen*)(1970年)和《今日外科医师》(1986年)的作者。

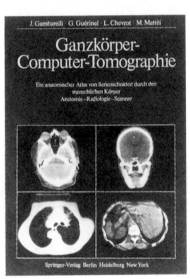

347 加姆巴赖利(J. Gambarelli)、居里内尔(G. Guérinel)、切弗罗特(L. Chevrot)和马特(M. Matèi):《Ganzkörper计算机断层扫描》,1977年。

尔·迪特黑尔姆和弗里德里希·霍伊克系统地延续和补充。截至 1989 年，共出版了 58 卷。

有了这本手册，施普林格出版社已经证明自己是放射学领域的领先出版商之一，并赢得了该领域的许多新作者。此后，我们一直继续大力发展这一主题，并及时出版了有关放射学、超声诊断、计算机断层扫描和核自旋断层扫描中的新技术的图书和图集。特别是在超声诊断方面，仅用了几年时间就建立了一个由著名学者参与的综合项目。

法国神经放射学家加姆巴赖利(1977 年)撰写的《Ganzkörper计算机断层扫描》图集不仅引起国际专家界的关注，而且引发了全球关注；并以其出色的设计获得了多个奖项。公司对插图的系统使用不仅仅是为了达到美学标准。正是在这一领域，必须根据图像进行诊断的医生才会欣赏技术上的一丝不苟。这套作品的质量在世界范围内赢得了良好的声誉，许多杰出的作者甚至从遥远的地方慕名而来。

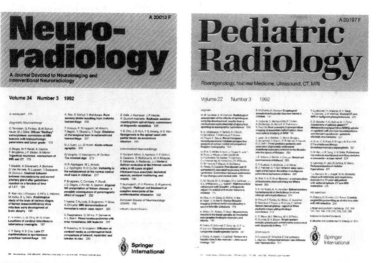

348 《神经放射学》，1992 年，第 3 期，第 34 卷。

349 《儿科放射学》，1992 年，第 3 期，第 22 卷。

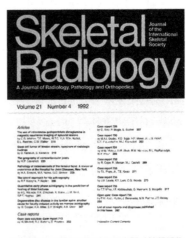

350　《胃肠放射学》，1992 年，第 3 期，第 17 卷。

351　《骨骼放射学》，1992 年，第 4 期，第 21 卷。

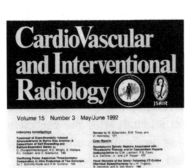

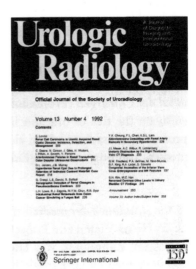

352　《心血管与介入放射学》（Cardiovascular and Interventional Radiology），1992 年，第 3 期，第 15 卷。

353　《泌尿外科放射学》，1992 年，第 4 期，第 13 卷。

除了我们的德语专业杂志《放射科医师》(1961 年)，我还创办了六种纯英语的放射学期刊，编辑主要是美国人，这些期刊很快在世界范围内发行。除了编辑的专业能力，能在美国创办这些期刊还有一个更重要的原因：在欧洲，特别是德国，专门放射学的期刊的创办被视为对放射学作为一个统一专业的威胁，而这在美国是受欢迎的。在那里，甚至还成立了针对个别专业领域的独立学会，但这并不影响北美放射学会（Radiological Society of North America，RSNA）这一大型组织的工作。

> 放射学各专业期刊：1970 年，《神经放射学》；1973 年，《儿科放射学》；1976 年，《胃肠放射学》；1976 年《骨骼放射学》；1977 年，《心血管放射学》（自 1980 年以来改名为《心血管和介入放射学》）；1979 年，《泌尿外科放射学》。

在创办这些期刊的过程中，我得到了科隆的 K.-J.齐尔希、美因茨的文德（S. Wende）和 L.迪特黑尔姆、阿姆斯特丹的齐泽塞·德·普兰特（B. G. Ziedses des Plantes）、斯特拉斯堡的瓦肯海姆（A. Wackenheim）、纽约的舍希特尔（M. Schechter）和伦敦的杜·不莱（G. Du Boulay）对《神经放射学》的帮助；汉堡的拉斯里奇（A. Lassrich）、伦敦的阿伦·克里斯平、海德堡的威尔利希（E. Willich）对《儿科放射学》

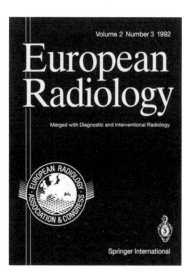

354 《欧洲放射学杂志》，1992 年，第 3 期，第 2 卷。

355 理查德·荣(1911—1986)，弗莱
堡大学诊所精神病学教授，神经生理
学专业。1950年至1956年，他与人合
编了期刊《神经科医师》。

356 动物学家汉斯约赫姆·奥特鲁
姆(生于1907年)在哥廷根(1948年
起)、维尔茨堡(1952—1958)和慕尼黑
任教，他是卡尔·冯·弗里希的继任
者。1961年至1972年，奥特鲁姆担
任《比较生理学杂志》的编辑，自1967
年以来一直担任杂志《自然科学》杂志
的编辑。1977年，他成为科学与艺术
荣誉勋章的成员。

的帮助；克劳斯·兰宁格和豪雷马尼(G. G. Ghahremani)对《胃
肠放射学》的支持；赫伯特·艾布拉姆斯(Herbert Abrams)和
埃贝哈德·蔡特勒对《心血管放射学》的支持。我向苏黎世的埃
尔温·尤林格寻求关于创办一本骨放射学杂志的建议，他向我
推荐了纽约的哈罗德·雅各布森。在他和伦敦的罗纳尔德·默
里、巴尔的摩的杰克·艾德肯的努力下，《骨骼放射学》得以实
现；而在乔书亚·贝克尔(Joshua A. Becker)和莫顿·博斯尼亚
克(Morton A. Bosniak)的努力下，《泌尿外科放射学》诞生了。

　　1981年，考虑到法国对放射学现代发展的重要性，我们创
办了法语杂志《放射学》(Radiologie)。很明显，如果不是我们
通过拓展出版政策和进军国际市场，满足了法语国家自身向世
界扩张的愿望，他们绝不会把这份期刊委托给我们。尤其是法

国放射学会(French Society of Radiology)的《医学影像杂志》(*Revue d'imagerie médicale*)的创办证实了这一点,该杂志于1988年在巴黎的国际放射科医师大会上推出。随后,泛欧洲期刊《欧洲放射学杂志》于1991年创刊。

神经科学

我们将注意力转向了一个令人着迷的重要发展领域:神经科学。长期以来,临床神经病学和精神病学这两个传统领域一直是公司的重点项目,例如,创办于1868年并于1921年被希尔瓦尔德接手的《精神病学和神经疾病文献》(*Archiv für Psychiatrie und Nervenkrankheiten*),以及由德国出版商 F·C·W·福格尔于1931年接手的《德国神经病学杂志》(*Deutsche Zeitschrift für Nervenheilkunde*),还有1928年的专业杂志《神经科医师》[ZÜLCH]。

20世纪50年代,精密的实验技术、高灵敏度的测量仪器和电子显微镜的使用为基础医学研究开辟了新的可能性。这影响了医学的所有领域,包括生理学、微视解剖学、病理学和药理学。

弗莱堡的理查德·荣(Richard Jung)和当时在维尔茨堡的汉斯约赫姆·奥特鲁姆(Hansjochem Autrum)是我们的首席顾问,伯尔尼的亚历山大·冯·穆拉尔特也是我们的首席顾问,并且是公司的老朋友[HS: P. 375ff.]。

1962年,通过汉斯·赫尔曼·韦伯(Hans Hermann Weber),我在海德堡认识了

357 约翰·卡鲁·埃克尔斯:《突触生理学》杂志,1964年。

当时来自堪培拉的约翰·卡鲁·埃克尔斯爵士（Sir John Ec-
cles）；韦伯请他为我们的《生理学成果》杂志撰稿。在与埃克尔
斯和韦伯的一次讨论中，我们同意以《突触生理学》（*The Physi-
ology of Synapses*）为题，将这篇论文的内容大幅扩充，作为专
著出版。当这本书还在出版制作时，埃克尔斯因其研究工作获
得了诺贝尔奖；我们尽一切可能，让这本书在 1964 年在斯德哥
尔摩举行的颁奖典礼时完成。尽管在出版日期前不久内容仍需
进行修改，但人们仍可以及时在斯德哥尔摩的书店里买到新印
刷的版本。

　　我们感谢约翰·卡鲁·埃
克尔斯爵士多年来出版的其他
一些重要著作：

　　1964 年，《突触生理学》。

　　1965 年，《生理学研究》
（*Studies in Physiology*），柯蒂
斯（D. R. Curtis）和麦金泰尔
（A. K. McIntire）合著，赠予约
翰·埃克尔斯爵士。

　　1966 年，《大脑和意识体
验》（*Brain and Conscious Ex-
perience*），宗座科学院（Pontificia
Academia Scientiarum）的研究
周（1964 年 9 月 28 日至 10 月
4 日）。

358　约翰·埃克尔斯爵士（生于
1903 年）因发现脊髓中刺激和抑制
突触传递的化学机制于 1963 年获得
诺贝尔奖。他毕生关注的是意识的
本质及其神经学基础。

　　1967 年，《作为神经元机器的小脑》（*The Cerebellum as a
Neuronal Machine*），与伊托（M. Ito）和圣阿戈陶伊（J.
Szentágothai）合著。

　　1970 年，《面对现实：脑科学家的哲学历险记》（*Facing Re-
ality. Philosophical Adventures by a Brain Scientist*）。

GRAND HÔTEL
STOCKHOLM

TELEFON 22 10 20   TELEGRAM GRAND
RIKS   22 17 20   TELEX   1500

Dear Dr Götge,

I am simply amazed at the marvellous speed of your efforts and those of the printer. The six copies of the book arrived yesterday (Dec 8ᵗʰ) and I have already given four to distinguished members of the Nobel Committee for Physiology or medicine. I am very delighted with the book, which is already on display at least one bookshop in Stockholm. Also all the Swedish physiologists had copies of your leaflet about the book today.

I will reply to your letter of Dec 3ʳᵈ when I have some more time. Meanwhile my greetings and thanks

John C Eccles

359 约翰·埃克尔斯爵士在收到《突触生理学》一书的第一本之后，于 1963 年 12 月 18 日写的一封信。

1972 年，《大脑与人类行为》(*Brain and Human Behavior*)，与亚历山大·卡奇玛(Alexander G. Karczmar)合著。

293

1975 年，《科学和公众，真理和现实，人与科学》(*Wissenschaft und Öffentlichkeit. Wahrheit und Wirklichkeit. Mensch und Wissenschaft*)。

1977 年，《自我及其大脑》(*The Self and its Brain*)，与卡尔·波普尔合著(第 3 版于 1985 年出版)。

1979 年,《人类之谜:吉福德讲座》(*The Human Mystery. The Gifford Lectures*),爱丁堡大学(1977—1978 年)。

1979 年,《谢灵顿:他的生平和思想》(*Sherrington. His Life and Thought*),与吉布森(W. C. Gibson)合著。

1980 年,《人的心智》(*The Human Psyche*)。

1990 年,《大脑设计和操作原则》(*The Principles of Design and Operation of the Brain*)。梵蒂冈会议记录与奥托·克罗伊茨费尔特(Otto Creutzfeldt)合著(Proceedings of a Study Week, Vatican City, *Experimental Brain Research Series*, 第 21 卷)。

360 德特勒夫·普鲁格(生于 1920 年)是施普林格出版社在医学心理学专业领域的作者和顾问,多年来担任《心理学研究》和《感官生理学手册》(*Handbuch der Sinnes physiologie*)的联合主编。

1991 年,《从神经元到行动:基础和临床研究的评估》(*From Neuron to Action. An Appraisal of Fundamental and Clinical Research*),与吕德尔·德克(Lüder Deecke)和弗农·蒙特卡斯尔(Vernon B. Montcastle)合著。

1994 年,《自我是怎样控制大脑的》(*How the Self Controls Its Brain*)。

此外,埃克尔斯成为创刊于 1965 年的《大脑实验研究》(*Experimental Brain Research*)期刊的主编,为此我们还找到了像亚诺什·圣阿戈陶伊(János Szentágothai)、戴尔(P. Dell)、麦凯(D. M. MacKay)、D.普鲁格和维尔希(H. Waelsch)这样的杰出研究人员。

约翰·埃克尔斯爵士委托我们,在全世界范围内发行他和宗座科学院于 1964 年共同组织的"大脑与意识体验"("Brain and Conscious Experience")研讨会的会议记录。由 22 名杰出的神经科学家组成的小组同意参与。通常情况下,此类会议的会议记录只印制少量的副本,并按照学院有限地进行分发和邮寄。约翰爵士对它们能够在全世界发行很感兴趣。然而,梵蒂冈当局让事情变得困难,这引发了一段值得讲述的情节;约翰爵士为我们的出版公司的历史撰写了一篇个人评论:

> 1962 年 10 月,宗座科学院院长、卓越的天文学家勒梅特(Msgr. Lemaitre)邀请我组织心理学和神经科学方面的学习周。学习周于 1964 年 9 月 28 日至 10 月 4 日举行,勒梅特担任开幕会议的主席。
>
> 我们有一群杰出的神经科学家提交了论文以供发表。当时所有的讨论都被记录了下来,但秘书处的英语很差,所以我很难获得可出版的文本。我有幸在堪培拉发现了一位优秀的秘书,他在我的部门工作了一年多,编写了一份可出版的讨论文本,并得到了与会者的认可。
>
> 之前的会议已经作为科学院的文集类出版。这本书最终于 1965 年作为第 30 卷出版了,印数极少,只有 250 册(本);除梵蒂冈的私人发行外,这本书在其他地方并不发行,每位与会者只能得到 2 册。
>
> 1965 年初,我决心出版一本国际刊物,并在驾车前往甘多尔福堡的途中向萨尔维乌奇(Pietro Salviucci)院长提出了这一建议。我很高兴他同意了,此外,被选中的出版商将免费获得文本。为了确保无误,我和萨尔维乌奇详细地讨论了这个项目,并建议让施普林格出版社出版;我接着讨论了宗座科学院慷慨捐赠的实际安排,并建议海

294

因茨·格策博士来宗座科学院签署出版协议。这对我来说是个大好机会，因为施普林格出版社刚刚出版了我的《突触生理学》一书，而我和海因茨多年来一直是亲密的伙伴。

车里有两人见证了整个讨论的过程：（1）丹尼尔·奥康奈尔神父（Daniel O'Connell），他接替了勒梅特校长，后者身患重病，于次年去世；（2）一位罗马大学的心理学教授。

于是，海因茨于 1965 年来到罗马，在宗座科学院正式签署出版协议的前一天晚上，我们在罗马哈斯勒酒店（Hassler）吃了一顿丰盛的晚餐。由于没有收到来自萨尔维乌奇的任何消息，我认为他在车里提出的条件就是协议的条款。

第二天，我们去位于梵蒂冈花园的宗座科学院的庇护四世别墅（Casina Pio Ⅳ）参加商定的会议，我本以为这次会面会是友好而正式的。然而，我们却被告知，我们必须等待一些财务方面的讨论。于是，我和海因茨在舒适的院子里等了 30 多分钟，才被叫进去。

我惊讶地看到几位官员坐在通往院长办公室的接待室的大圆桌旁。据介绍，其中两位是隶属于宗座科学院的梵蒂冈金融家。另外，至少还有两名官员和萨尔维乌奇院长。

随后，令人震惊的事情发生了。萨尔维乌奇宣布，梵蒂冈将同意由施普林格出版社出版，但是施普林格出版社要为出版 5000 册图书支付 1.7 万美元的费用。

当我提醒萨尔维乌奇，他已经同意将出版权无偿交给施普林格出版社时，我的震惊变成了愤怒。因为他完全否认了我的说法。然后我说我有两个证人，并报出了他们的名字；当我们讨论免费捐赠给施普林格出版社时，他们就在车里。我还提醒萨尔维乌奇，无论是在时间上还是在金钱上，我都为这份刊物付出了巨大努力，我在堪培拉的部门雇用了一年的全职秘书，专门负责组织编辑的讨论，并将这些讨论发送给每位与会者并征求他们的批评或批准。但都无济于事。海因茨和我一致认为协议取消了。我和他迅即离开宗座科学院。当我走在罗马街头，我对萨尔维乌奇羞辱我的谎言怒不可遏时，我甚至谢绝了同海因茨共进午餐的提议。虽然我没有从学院辞职，只是在萨尔维乌奇继续担任院长期间，我停止了与他们之间的一切联系。

我发现，没有任何学员代表宗座科学院签署版权协议。因此，所有人都无需征得宗座科学院同意的情况下，同意由施普林格出版社出版。萨尔维乌奇听说了这件事。奇怪的是，梵蒂冈按照墨索里尼的法西斯主义法律行事，根据该法律，梵蒂冈自动拥有他们组织的会议的所有出版物的版权。我收到了萨尔维乌奇的一封恐吓信，大意是说，如果我继续由施普林格出版社免费出版的话，我将会被指控为国际罪犯。在这个阶段，我认为海德堡大学的国际法教授给予了海因茨很大的帮助。因此，他与梵蒂冈金融家达成协议，施普林格出版社将向梵蒂冈支付 5000 美元，以换取 5000 册的出版权。这些书很快就卖了出去，后来我们又陆续出版了一些其他版本。于是就有了宗座科学院的第一份公开出版物。

回想起来，我发现在梵蒂冈的采访中，萨尔维乌奇有一个隐藏的录音笔，这是海因茨和我都不知道的。当萨尔维乌奇向学院理事会播放我愤怒的采访片段时，我才得知对方这一卑鄙的伎俩。理事会不应该听信萨尔乌维乌奇的一面之词。

在近 25 年后的 1988 年，埃克尔斯筹备的第二次研讨会的主题是"大脑的设计和运行原理"（"The Principles of Design and Operation of the Brain"），1964 年第一次研讨会的许多研究人员再次参加了这次研讨会：约翰·埃克尔斯（康特拉），佩尔·安德森（Per Andersen,奥斯陆），奥托·克罗伊茨费尔特（哥廷根），本杰明·利贝特（Benjamin Libet,旧金山）和弗农·芒卡斯尔（Vernon B. Mountcastle,巴尔的摩）。埃克尔斯还建议我们出版由他和卡尔·波普尔爵士合著的作品《自我及其大脑》（1977)），该作品一经出版就引起了极大关注。

361　埃克尔斯:《自我是怎样控制大脑的》,1994 年出版。

362　《细胞与组织研究》(Cell and Tissue Research），1992 年，第 3 期，第 270 卷。

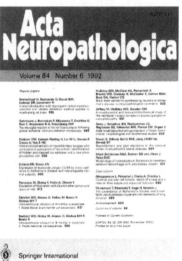

363　《神经病理学报》(Acta Neuro-pathologica），1992 年，第 6 期,第 84 卷。

就在《历史》这一卷的德文版印刷期间,《自我是怎样控制大脑的》一书问世了。约翰爵士将这部作品视为他在大脑与思想,或身体与灵魂问题上所做科学努力的总结。

1959 年,巴塞尔的恩斯特·罗斯林(Ernst Rothlin)发现了萝芙藤碱类(rauwolfia alkaloids)的功效,我和他一起创办了《精神药物学》(*Psychopharmacologia*)杂志,该杂志后来成为罗斯林创办的精神药理学学院(Collegium Psychopharmacologicum)的官方杂志。1961 年,《神经病理学报》与维也纳施普林格出版社合作,而施普林格出版社在 1950 年就已经创办了《神经器官学杂志》。1964 年,《组织化学》(*Histochemie*)杂志(自 1974 年起)作为《细胞学与组织学杂志》(*Zeitschrift für Zellen-und Gewebslehre*)的一个分支杂志问世,1924 年被更名为《细胞学与微视解剖学杂志》,并由特奥多尔·海因里希·席布勒(Theodor Heinrich Schiebler)担任编辑[SEMPER ATTEN-TUS:pp. 297 - 307]。他曾是沃尔夫冈·巴格曼的学生,他自1949 年(第 34 卷)起和塞勒(I. Seiler)一起工作,1960 年起(第53 卷)和沙雷尔(B. Scharrer)一起工作,1967 年起(第 83 卷)同奥克舍(A. Oksche)和多纳德·法内尔(Donald S. Farner)创办《细胞学与微视解剖学杂志》(自 1974 年以来第 148 卷更名为《细胞与组织研究》)一直是世界著名期刊。自 1978 年(第 193卷)起,奥克舍担任责任编辑。巴格曼在这本杂志上发表了他关于神经分泌的研究成果。

《德国神经病学杂志》创刊于 1970 年,名为《神经病学杂志》(*Zeitschrift für Neurologie*),1974 年更名为《神经病学杂志》(*Journal of Neurology*),1972 年出版的《神经传导》(*Neuro-transmission*)(维也纳施普林格出版社)是《神经外科学杂志》(*Acta Neurovegetativa*,1950—1967)和《神经—内脏关联杂志》(*Journal of Neuro-Visceral Relations*,1968—1972)的延续。1984 年,《精神病学和神经疾病文献》(创刊于 1868 年)更名为

《欧洲精神病学与临床神经科学文献》(*European Archives of Psychiatry and Clinical Neurosciences*)。

创办于 1921 年的《解剖学与与胚胎学杂志》1974 年更名为《解剖学与胚胎学》(*Anatomy and Embryology*)。1978 年,我们找到了当时在汉堡、现在在波恩的库特·弗莱施豪尔(Kurt Fleischhauer)担任杂志的编辑;他和哈佛大学的桑福德·帕雷(Sanford L. Palay)一起,为杂志指明了神经解剖学的方向。

364 特奥多尔·海因里希·席布勒(生于 1923 年),维尔茨堡解剖学家,1974 年至 1991 年担任组织化学编辑,著有《人体完整解剖学教程》(*Lehrbuch der gesamten Anatomie des Menschen*)。

Perception

By

S.M.Anstis J.Atkinson C.Blakemore O.Braddick T.Brandt
F.W.Campbell S.Coren J.Dichgans P.C.Dodwell P.D.Eimas J.M.Foley
R.Fox L.Ganz M.Garrett E.J.Gibson J.S.Girgus M.M.Haith
Y.Hatwell E.R.Hilgard D.Ingle G.Johansson B.Julesz M.Konishi J.R.Lackner
E.Levinson A.M.Liberman L.Maffei T.Oyama A.Pantle
E.Pöppel R.Sekuler C.F.Stromeyer M.Studdert-Kennedy H.-L.Teuber R.K.Yin

Edited by
Richard Held Herschel W. Leibowitz
Hans-Lukas Teuber

With 254 Figures and 7 Anaglyphs

Springer-Verlag Berlin Heidelberg NewYork 1978

365 汉斯约赫姆·奥特鲁姆等(编辑):《感官生理学手册》,1978 年 8 月 8 日,第 1 卷。

这些期刊的主题非常集中,并且在向英语作为出版语言的方向上过渡,这非常清楚地表明了当时那个时代的科学趋势,以及我们在出版政策方面对这些趋势的反应。类似的进展也反映在图书出版上。在神经科学领域,W.滕尼斯和 H.奥利弗罗纳(Oliverona)共同编辑了《神经外科学手册》;前文已经讨论过这本书。1971 年创办的《感官生理学手册》,首次将人类和动物之间的界限打破。该手册是在国际参与下出版的英文版,也是我们最成功的手册之一,它出色地总结了感官生理学各个领域的科学研究成果。该手册在 1971 年至 1981 年出版了 9 卷(共 23 个部分),由汉斯约赫姆·奥特鲁姆、理查德·荣、沃尔夫-迪特尔·凯德尔(Wolf-Dieter Keidel)、维尔纳·勒文施泰因、麦凯(D. M. MacKay)和汉斯-卢卡斯·托伊贝尔编辑。

随着专业化程度的提高(参见本书第 27 页及以下,第 45 页及以下),实现最初的手册构想[GÖTZE(7)]目标,即用详细的书目文献报告概括大量知识和研究领域变得越来越困难。有一段时间,要找到撰写大篇章的编辑和作者几乎是不可能的。读者本身不再对整部手册感兴趣,而只对个别专业主题感兴趣。此外,某些专业领域的发展速度比其他专业领域快,因此为了手册的完整性,我们必须将其他专业领域涵盖进去。

366 沃尔夫·迪特尔·凯德尔(1917 年出生),是埃尔朗根的生理学教授,主要兴趣是听觉系统。他是《感官生理学手册》的合编者。

367 《当代精神病学》,1986 年 1 月 1 日,第 1 卷。

这样做的合理结果是，保留手册作为主题的框架，但赋予各卷独立的地位，让它们发挥自己的活力。当然，这直接导致了独立卷的发行和销售。修订后的优点是手册的出版速度变得更快，例如，内容的话题性和可用性更高，定价更合适；因为读者兴趣越大，印数也就越多，这样计算起来就更有利。

1961 年至 1967 年，《当代精神病学》（*Psychiatrie der Gegenwart*；*Psychiatry Today*）分三个主题组和六个部分出版："基本原理和方法"、"临床精神病学"和"社会和应用精神病学"，编辑是汉斯·格鲁尔（Hans W. Gruhle）、理查德·荣、威利·迈尔-格罗斯（Willy Mayer-Gross）和马克斯·米勒。1986 年至 1989 年出版的新版九卷中的每一卷都涵盖了一个独立的主题：1. 神经症，心身疾病，心理治疗；2. 危机干预，自杀，心理咨询；3. 依赖和成瘾；4. 精神分裂症；5. 情感性精神病；6. 器质性精神病；7. 儿童和青少年精神病学；8. 老年精神病学；9. 精神病学的重点。

我们的《心理学研究》也属于神经科学的整体范畴[SCHEERER]。它是受 20 世纪 30 年代科学发展和被迫移民中，它是受影响最大的期刊之一。这本期刊创刊于 1921 年 5 月 15 日，第一卷发行于 1922 年，由库特·科夫卡（Kurt Koffka）、沃尔夫冈·克勒（Wolfgang Köhler）、马克斯·韦特默尔（Max Wertheimer）、库特·戈尔德施泰因（Kurt Goldstein）、汉斯·格鲁尔以及后来的阿德海马尔·格尔贝（Adhemar Gelb）共同编辑，它也是柏林格式塔心理学学派的主要机关刊物。凭借其开创性的新研究方法、结果和理论，格式塔心理学成为传统联想心理学最有影响力的对手。这在当时相互竞争的整体心理学理论中，它成为最突出的，并且是基于确凿的经验证据支持的、最有说服力的模式。在美国，它在各种类型的行为主义中扮演了最强有力的反对者的角色。

1938 年底，该期刊的第 23 卷停刊。战后，在编辑汉斯·

格鲁尔和约翰内斯·冯·阿勒施（Johannes von Allesch）以及迪克尔（H. Düker）、海斯（R. Heiss）、莱尔施（P. Lersch）、梅茨格（W. Metzger）和图尔恩瓦尔德（R. Thurnwald）的协助下，该期刊于1949年恢复出版。然而，每期的编辑和撰稿人几乎都有变化。这本期刊已经失去了往日的风采，我试图按照我们公司的自然科学定

368 汉斯-卢卡斯·托伊贝尔（1916—1977），是公司的顾问和《感官生理学手册》的联合编辑。

位，将其开放给医学心理学。为此，我向波士顿麻省理工学院的汉斯-卢卡斯·托伊贝尔和德国慕尼黑的马克斯-普朗克精神病研究所（Max-Planck-Institut für Psychiatrie）的德特勒夫·普鲁格请教。他们两位都坚信这一变革是正确的，并无私地为我们提供了帮助。这两人都属于施密德（R. Schmid）在波士顿创立的神经科学研究小组。托伊贝尔为我花费很多时间进行必要的讨论。从第37卷（1974年和1975年）开始，期刊更名为《心理学研究》（*Psychological Research*）。

病理学

病理学这门学科涵盖了几乎所有的医学学科，多年来一直是施普林格出版社的重点学科。这里我们着重探讨《特殊病理解剖学和组织学手册》，该手册最早于1912年由弗里德里希·亨克计划[参见本书第256页至257页]，1931年由奥托·卢巴尔施编辑，直到1955年由罗伯特·勒斯勒编辑。随后，埃尔温·尤林格接手了这一项工作，并建议出版库特·贝尼尔施克和雪利·德里斯科尔于1967年撰写的《胎盘》（*Placenta*）一书，

该书最近（1990 年）出版了由彼得·考夫曼（Peter Kaufmann）合著的新版本。

1955 年，费迪南德·施普林格与主编方 F.比希纳、E.莱特雷尔和 F.鲁莱开始一起编辑《普通病理学手册》，最后一卷于 1977 年出版。它秉承了 R.菲尔绍的"自然科学"传统。

1975 年，马克斯·埃德尔（Max Eder）在慕尼黑与彼得·格迪克（Peter Gedigk）一起，接手了里伯特/汉佩尔（Ribbert/Hamperl）于 1975 年开始出版的《普通病理学与病理解剖学教程》（*Lehrbuch der allgemeinen Pathologie und der pathologischen Anatomie*）一书的编辑工作（第 29 版），他作为该书的优秀主要作者确保了该书的持久成功。

病理学和病理解剖学的起源可以追溯到安德烈·维萨里（Vesalius）的《人体构造》（*De corporis humani fabrica*，1543）一书，其代表人物有威廉姆·哈维（William Harvey，1628）、乔凡尼·巴

369 鲁道夫·菲尔绍（1821—1902），由瓦尔格斯（H. Varges）绘制；由科林·贝里爵士赠送。

370 《海德堡年鉴》（*Heidelberger Jahrbücher*），1957 年，第 1 卷。这些年鉴由海德堡大学协会编辑，除海德堡大学作者的出版物概述之外，还包括有关该大学主题的文章。它们最初由海德堡大学图书馆馆长保管。施普林格出版社在经济上给予支持，作为它与大学联系的纽带，并担任其出版商［GALL；SARKOWSKI(3)］。

蒂斯塔·莫尔加尼（Giovanni Battista Morgagni，1761）、卡尔·冯·罗基坦斯基（Karl von Rokitansky）和鲁道夫·菲尔绍，这些甚至影响了今天病理学的复杂图景，其中，菲尔绍的细胞病理学（cellular pathology）概念产生了最持久和决定性的影响。直到他1902年去世，始于1847年的以他的名字命名的文献就出版了70卷［参见本书第252页］。菲尔绍的编辑工作后来由约翰尼斯·奥尔特（Johannes Orth）、O.卢巴尔施和罗伯特·勒斯勒接手；后者于1956年去世后，从第330卷开始有两位编辑接手了他的工作：波恩的赫维希·汉佩尔（Herwig Hamperl）和苏黎世的埃尔温·尤林格。1966年，威廉·德尔加入了他们，他在1968年之前一直担任文献的执行主编；直到1989年第415卷出版之前，他一直担任编辑工作。自1968年以来，文献已分两部分出版。A部分沿用了传统的思路，但增加了新的副标题:《病理解剖学和组织病理学》（*Pathological Anatomy and Histopathology*）。B部分沿用《法兰克福病理学杂志》（*Frankfurter Zeitschrift für Pathologie*）的思路继续出版，该研究主要致力于一般病理学；新的副标题是《细胞病理学包括分子病理学》（*Cell Pathology Including Molecular Pathology*）。编辑人员扩充到包括对特定主题领域有专门知识的人员。从那时起，大多数文章都以英文发表。赫尔维希·汉佩尔是两位主要编辑之一，于1968年公司重组时辞职，而埃尔温·尤林格则一直与该杂志保持联系，直到1980年去世。这种重组体现了病理学本身的某种结构性变化［DOERR］。

1992年，《文献》（*Archiv*）出版到了第421卷，传统的A部分由伦敦的科林·贝里和汉堡的格哈德·塞费特担任主编。杰出的英国病理学家贝里的加入，表明了将这一久负盛名的期刊推向泛欧洲的意图。我们还要感谢贝里的专著《畸形学:趋势与应用》（*Teratology. Trends and Applications*，1975）和《儿科病理学》（1981年；1989年第2版），以及为《病理学前沿论题》（*Current Topics in Pathology*）所作的大量贡献。法兰克福病

300

理学学派的传统从 1985 年起在 B 部分由芝加哥的基尔斯滕代表，他于 1992 年去世。

1966 年，德尔和尤林格开始了一项雄心勃勃的计划：这既是教科书，也是执业病理学家的参考书——《特殊病理解剖学》；到 1991 年，共出版了 26 卷。尤林格去世后，G.塞费特担任该书的共同编辑。自 1991 年以来，共出版了六卷，其中一卷已经投入制作，还有更多卷正在准备中。该系列是长期开放。

我们与芝加哥病理研究所的鲍勃·威斯勒（Bob Wissler）建立了密切联系，他专心致力于动脉硬化的研究。通过海德堡的戈特哈德·舍特勒［Semper ATTENTUS：pp. 290 - 296］的帮助，国际动脉硬化大会的几次会议记录最终由施普林格出版社出版。

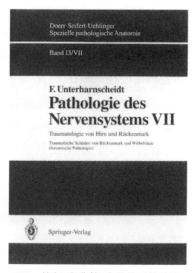

371　威廉·德尔（1914—1996）是 1968 年至 1986 年的《菲尔绍文献》的编辑。并与尤林格共同创办了教科书和参考书《特殊病理解剖学》(*Spezielle Pathologische Anatomie*)。1986 年，海德堡大学建校 600 周年之际，他担任六卷本的《永远的朋友》(*Semper Apertus*)的主编。多年来德尔一直担任公司的顾问。

372　德尔、塞费特、尤林格：《特殊病理解剖学》，第 13 卷/Ⅶ，1992 年。

特别值得一提的是我们与巴黎的马塞尔·贝塞斯的融洽合作。贝塞斯是琼·伯纳德的学生，他作为病理学家一直致力于血液学的研究。1975 年，我们共同创办了《血细胞》杂志，基于我们的国际联系，贝塞斯将其委托给了我们。最终，琼·伯纳德和马塞尔·贝塞斯于 1978 年将法国血液学方面最好的期刊之一《新版法国血液学杂志》交给了我们，该杂志的发行几乎仅限于法语地区。但是我们能够促进其在国际上的传播。

373　内科医生戈特哈德·舍特勒（1917—1996）从 1963 年至 1986 年在海德堡大学任教授,同时也是海德堡卢多尔夫 - 克雷尔医院（Ludolf-Krehl-Klinik)的董事。

301

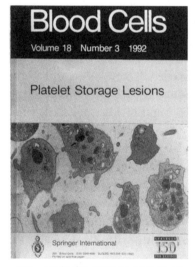

374　《血细胞》,1992 年,第 3 期,第 18 卷。

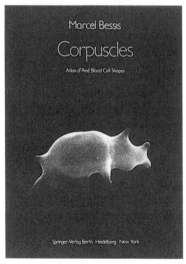

375　马塞尔·贝塞斯:《细胞》,1974 年。

病理学是一个必须识别形态结构的领域。不过，贝塞斯并不仅仅重视这一方面；他还饶有兴趣地指出，在红血细胞自然丰富的形态中存在着美学元素。我们同意出版他的图集类著作《细胞》(*Corpuscles*, 1974)；以下内容摘自导言：

> 对于不是显微镜专家的人来说，红细胞是一种奇特的物体。然而，当人们第一次瞥见它们的轮廓时，人们可能会体验到某种愉悦，某种情感，可能会发现它们身上具有某种美感。十七世纪的一位神学家指出，人们在评价美时，他评价的是秩序、比例和适当性。也许，当他们看到这些红细胞的照片时，会感觉到看似杂乱无章的背后蕴藏着一种潜在的规律，在纷繁的意外背后隐藏着一种节奏，在形式多样的图片中蕴藏着一种目的……

> ……艺术家创造的某些形状，与显微镜下发现的形状之间的相似性，难道纯粹是出于偶然？可能出现的形状并不是无限的。河流的流向、树干的枝桠、树叶的纹理、珊瑚礁的延伸、细胞的树突都建立在同一个模型上的。大自然使用相同的形式来达到不同的目的，规模也大不相同。因此，用形状表达自己感受的艺术家，必然也会回溯自然的模型：比如从未见过红细胞的米罗（Mirò）的某些雕塑作品，看上去与棘红细胞一模一样……

我之所以详细引用马塞尔·贝塞斯的这些论述，是因为尽管自然、艺术和我们的审美意识的联系一直存在，却很少被如此详尽地描述过。近年来，人们对这一问题的认识不断加深，尤其是数学打开了一扇新的大门，即"分形"理论［PEITGEN］。

过去的几十年中，病理学在上述分子领域的生物学研究中发挥了重要作用。除了典型的形态学方法外，病理学还使用分子生物学方法来阐明病理过程。

302

在这方面，一项伟大而大胆的项目是洛杉矶医学院病理学研究所（Pathological Institute of the Medical School）的朱利恩·范·朗克（Julien van Lancker）的作品：《疾病的分子学和细胞学机制》（*Molecular and Cellular Mechanisms in Disease*），该书于 1976 年分两部分出版。在此成果的基础上，同一作者于 1977 年出版了施普林格研究版，书名为《疾病生物学导论：分子、细胞和疾病》（*Molecules，Cells and Disease. An Introduction to the Biology of Disease*）。

JULIEN L. VAN LANCKER

MOLECULES, CELLS, AND DISEASE
An Introduction to the Biology of Disease

WITH 60 ILLUSTRATIONS

Springer-Verlag
New York Heidelberg Berlin

376　朱利恩·范·朗克：《分子、细胞和疾病》，1977 年。

1980 年又出版了一本供高级医学培训使用的著作。该书由科捷（H. Cottier）撰写和编辑，并得到许多同事的协助：《医学培训手册：发病机制》（*Pathogenese. Ein Handbuch für die ärztliche Fortbildung*）共两卷。

值得一提的是，保罗·科尔斯（Paul Cohrs）、鲁道夫·雅费（Rudolf Jaffé）和胡贝特·梅森（Hubert Meessen）撰写了一种针对实验室操作的不错的书：《实验动物病理学》（*Pathologie der Laboratoriumstiere*），该书于 1958 年出版，共两卷。1978 年，由库特·贝尼尔施克、加纳（F. M. Garner）和琼斯（T. C. Jones）共同担任编辑并协助完成修订的英文版两卷本的《实验动物病理学》（*Pathology of Laboratory Animals*）由纽约施普林格出版社出版。

最近这项工作在国际生命科学学会（International Life Sciences Institute)推广的《实验动物病理学专论》(*Monographs on Pathology of Laboratory Animals*)丛书中得到了进一步发展。这套丛书在 1983 年至 1991 年期间出版了 10 卷,并计划出版更多卷册。

药理学

在药理学领域,由阿图尔·黑夫特尔(Arthur Heffter)于 1919 年创办的《实验药理学手册》(*Handbuch der Experimentellen Pharmakologie*)享誉世界。1920 年至 1935 年共出版了三卷,包含七部分内容。1935 年开始的增补卷,由沃尔夫冈·霍伊布纳和约瑟夫·许勒尔(Josef Schüller)编辑的增刊开始用新的卷号,其中第四卷 1937 年收录了爱丁堡的阿尔弗雷德·约瑟夫·克拉克(Alfred Joseph Clark)的经典著作《一般药理学》(*General Pharmacology*)。这也是第一本英文印刷的书,并于 1970 年和 1973 年再版。

1950 年,这本手册的第 10 卷恢复出版,由奥斯卡·艾希勒(Oskar Eichler)编辑。1955 年,阿尔弗雷德·法拉(Alfred Farah)成为联合主编(第 11 卷),1963 年,柏林的 H.赫尔肯和新泽西州普林斯顿的阿诺尔德·韦尔希(Arnold D. Welch)加入了编辑队伍,并增设了一个顾问委员会。

在我们进军英语世界的同时,这本手册也被赋予了第二个英文书名,与德文书名并列:《实验药理学手册》(*Hand-*

Inflammation

Contributors

A. C. Allison · K. F. Austen · I. L. Bonta · P. Davies
D. T. Fearon · W. S. Feldberg · S. H. Ferreira · R. J. Flower
R. van Furth · J. Garcia Leme · L. E. Glynn · J. V. Hurley
K. Krakauer · L. M. Lichtenstein · A. S. Milton · S. Moncada
J. Morley · A. Nicholson · M. Plaut · M. Rocha e Silva
S. E. Smith · J. L. Turk · J. R. Vane · P. C. Wilkinson
A. L. Willis · D. A. Willoughby · L. J. F. Youlten · R. B. Zurier

Editors

J. R. Vane · S. H. Ferreira

Springer-Verlag Berlin Heidelberg New York 1978

377 《实验药理学手册》(*Handbook of Experimental Pharmacology*),1978 年,第 1 部分,第 50 卷。

book of Experimental Phar-
macology）。1975年，古斯塔
夫·博尔恩（Gustav V. R.
Born）担任编辑，1978年，艾
希勒辞职。

随着1978年第50卷的
出版，该书的英文标题放在了
首位，副标题为《实验药理学手
册 续 编》（*Continuing of*
Handbuch der Experimen-
tellen Pharmakologie）。这
反映了科学领域的国际合作
已成为理所当然，而公司在全
球范围内的扩张也与之同步。

378 汉斯·赫尔肯（生于1912年）于
1943年起在柏林的弗里德里希·威廉
大学（Friedrich Wilhelm University）任
教。1953年，成为德国柏林自由大学
药理学研究所的正式教授兼主任。

随着第82卷（1987年）的出版，法拉和韦尔希离开了，新的
编辑团队包括博尔恩（G. V. R. Born）和H.赫尔肯，新入选的佩
德罗·库瓦特拉卡萨斯（Pedro Cuatracasas，现在在密歇根州的
安娜堡），以及俄亥俄州辛辛那提的A.施瓦茨（一直到第94
卷）。与此同时，德语副标题也被删除了。

1957年，霍伊布纳去世后，汉斯·赫尔肯成为《瑙恩—施米
德贝格文献》的编辑。他从事这项工作的时间最长。他和他的
共同编辑成功地从世界各地联系到了每卷的编辑和作者，因此
在赫尔肯担任编辑期间出版的大量作品，传达了生动的现代药
理学研究的图景。

截至本书所述期间（1992年）结束时，该手册共出版了103
卷，并计划出版更多卷。虽然手册的概念被保留了下来，但自
1972年以来出现的各册只标有卷名和编辑的姓名，因为每一卷
的部分内容都是单独提供的，以便相关学科的成员，特别是临床
医生，更容易获得与他们感兴趣的领域相关的文章。

304

皮肤病学

《皮肤病学研究文献》(*Archives of Dermatological Research*)是施普林格出版社在该专业领域的杰出代表,该杂志是世界领先的科学杂志之一,也是历史最悠久的科学杂志之一(创刊于 1869 年,1921 年被施普林格接手,当时名为《皮肤病学和梅毒文献》(*Archiv für Dermatologie und Syphilis*)。1955 年至 1970 年,该杂志一直以《临床和外部皮肤病学》(*Klinische and Exantentelle Dermatology*)为名,直到 1975 年,它被称为《皮肤病学研究文献》(*Archiv für Dermatologische Forschung*)。自 1975 年以来该杂志由恩诺·克里斯托费尔斯(Enno Christophers)编辑。

在教科书领域,《皮肤病学与性病学》(*Dermatologie und Venerologie*)由埃贡·凯宁(Egon Keining)和奥托·布朗-法尔科(Otto Braun-Falco)于 1961 年在德国慕尼黑莱曼出版社出版,这本书被认为是德国皮肤病学的标准著作(1969 年第 2版)。1984 年,该书继续由奥托·布朗-法尔科、格尔德·普勒格(Gerd Plewig)和赫尔穆特·沃尔夫(Helmut H. Wolff)在施普林格出版社出版。英译本《皮肤病学》(*Dermatology*)(与理查德·温克尔曼为合著)出版于 1991 年。纳泽曼(T. Nasemann)和绍尔布赖(W. Sauerbrey)合著的《面向学生和医师的皮肤病和性病感染教程》(*Lehrbuch der Hautkrankheiten und venerischen Infektionen für Studierende und Ärzte*)已被证明是一本成功的教科书(1974 年第 1 版;1987 年第 5 版。)。纳泽曼很早就与韩国首尔大学建立了联系。

从 1950 年创刊到阿尔弗雷德·马尔基奥尼尼的去世,他一直管理着专业期刊《皮肤科医师》,并确保了该刊的良好声誉。1968 年,奥托·布朗-法尔科接任总编辑一职,自 1985 年以来,该刊一直由他的一名在海德堡的学生德特勒夫·佩措尔特(Detlef Petzoldt)负责。我们要感谢乌尔·施尼德(Urs Schnyder,

1966 年至 1991 年担任董事会
成员）和克劳斯·沃尔夫
（Klaus Wolf，1980 年以来担
任董事会成员）促成与奥地利
和瑞士的合作，当然也要感谢
席伦（H. G. Schirren，1968 年），
纳泽曼（1969 年）和金特·布格
（Günter Burg，自 1984 年起）。

1965 年至 1978 年施尼德
担任海德堡大学皮肤病诊所所
长。在此期间（1966 年），他出
版了雅达松（Jadassohn）的《皮
肤病和性病手册》（*Handbuch
der Haut-und Geschlechtsk-
rankheiten*，由阿尔弗雷德·马

379，380，381　皮肤科医师阿尔弗雷
德·马尔基奥尼尼（1899—1865），奥
托·布朗–法尔科（生于 1922 年）和
德特勒夫·佩措尔特（生于 1936 年）。

尔基奥尼尼主编）的第 7 部分增编（Ⅶ）：由施尼德与戈特龙（H.
A. Gottron）共同编辑的《皮肤病遗传学》（*Vererbung von*

382　1965 年，苏黎世的乌尔·施尼德被任命为皮肤病学和性病学教授，并担任海德堡大学皮肤科诊所主任。1978 年，他回到苏黎世，担任那里皮肤科诊所所长，直到 1991 年退休。

383　乌尔·施尼德和戈特龙（编辑）：《皮肤病遗传学》（《皮肤病和性病手册》第 7 卷，由阿尔弗雷德·马尔基奥尼尼主编），1966 年。

384　卡尔·考夫曼（1900—1980），当时领先的妇科医生之一，也是妇科内分泌学的推动者。

385　卡尔-京特·奥贝尔（生于 1915 年），1957 年至 1980 年负责《妇科文献》。他同样是《基施纳外科学教程》第 9 卷的妇科学部分的作者。

Hautkrankheiten）。此外，他
在 1973 年编辑了《特殊病理解
剖学》（德尔、塞费特、尤林格）
的第 7 卷：《皮肤和附件毒性》
（*Haut und Anhangsgebilde，
Skin and Appendages*；第 2 版
为 *Histopathologie der Haut*，
1978 年出版第 1 部分，1979 年
出版第 2 部）。最后，他在 1981
年与艾希曼（R. Eichmann）一
起编辑了《最常见的皮肤肿瘤：基
底细胞瘤》（*Das Basaliom. Der
häufigste Tumor der Haut*）。

386　《妇产科文献》，1992 年第 2
期，第 252 卷。

妇科学

《妇科文献》（*Archiv für
Gynäkologie*）（于 1870 年由奥
古斯特·希尔瓦尔德创办）在
第二次世界大战后由卡尔·
考夫曼（1939—1978）、卡尔-
京特·奥伯和汉斯·阿洛伊
斯·希尔施（Hans Alois Hir-
sch）负责管理；它在 1978 年改
名为《妇科文献》（*Archives of
Gynecology*），并在 1987 年改
名为《妇产科文献》，该文献一
直由卡尔·考夫曼（直到 1980
年）、奥伯（直到 1980 年）、希
尔施以及弗兰克·勒夫勒
（Frank E. Löffler，自 1978 年

387　汉斯·约阿希姆·德内克
（Hans Joachim Denecke，1911—
1990），海德堡耳鼻咽喉科教授，主攻
头部和颈部的整形外科。他除了在
施普林格出版社出版了许多关于耳
鼻喉外科的著作外，他还于 1948 年至
1981 年期间担任我们的《耳鼻喉医学
总报》的联合编辑。

起)、汉斯·路德维希(Hans Ludwig,自 1978 年起)和卡尔-海因里希·武尔夫(Karl-Heinrich Wulf,自 1980 年起)编辑。自 1968 年起,《妇科医师》成功列入我们的专业期刊系列。编辑福尔克尔·弗里德贝格(Volker Friedberg)和奥托·克泽尔(Otto Käser,自 1968 年起),吕文·贝克(Lutwen Beck)和沃尔夫冈·金策尔(Wolfgang Künzel,自 1983 年起),以及汉斯·格奥尔格·本德尔(Hans Georg Bender,自 1991 年起),尤其是从美国回来的恩斯特·普勒茨(Ernst J. Plotz,1968—1990),他们以极大的热情投入本刊的编纂工作。

约瑟夫·灿德尔和格雷夫(H. Graeff)共同编辑了《基施纳外科学教程:妇科手术》(*Kirschners Operationslehre*:*Gynäkologische Operationen*,1991 年第 3 版)第 9 卷。

耳鼻喉科(ENT)

对于这一领域,哥廷根的赫尔曼·弗伦策尔多年来一直是费迪南德·施普林格的重要顾问,还担任《临床和实验耳鼻喉医学文献》(*Archiv für klinische und experimentelle Ohren-,Nasen-und Kehlkopfheilkunde*)的编辑。来自海德堡的汉斯-约阿希姆·德内克长期负责《耳鼻喉医学》(*HNO*)文摘的撰写的,他的两部成功的外科著作丰富了他的研究领域:与艾(W. Ey)合著,并在玛丽亚-乌尔苏拉·德内克(Maria-Ursula Denecke)的协助撰写下完成的《鼻部和鼻咽部手术》(*Die Operationen an der Nase und irn Nasopharynx*,1984 年第 3 版);以及《口腔和咽喉部位的耳鼻喉科手术》(*Die oto-rhino-laryngologischen Operationen irn Mund-und Halsbereich*,1980 年第 3 版),作为《基施纳外科学教程》的第 5 卷的第 1 部分和第 3 部分。

在教科书方面,汉斯-格奥尔格·伯宁豪斯(Hans-Georg Boenninghaus)于 1970 年由首次出版的《耳鼻喉科学》(*Hals-Nasen-Ohrenheil-Kunde*)(1993 年第 9 版)已成为教科书中的佼佼者。

388 弗里德里希·福格尔（生于 1925 年），1962 年至 1993 年担任海德堡人类学和人类遗传学研究所教授。

389 汉斯-格奥尔格·伯宁豪斯（生于 1920 年），1965 年至 1987 年担任耳鼻喉科学教授，大学耳鼻喉科诊所主任。

人类遗传学

在国家社会主义时期，人类遗传学领域受到的影响尤为严重，二战结束后，这一专业领域需要一段时间的复兴。汉斯·纳赫茨海姆（Hans Nachtsheim）始终不受政治的影响，在此期间一直在柏林任教。他的学生弗里德里希·福格尔（Friedrich Vogel）于 1962 年在海德堡成为人类遗传学的正式教授，并于 1961 年为我们撰写了《普通人类遗传学教程》（*Lehrbuch der allgemeinen Humangenetik*）一书。接下来的几年里，他和华盛顿州西雅图的阿尔诺·莫图尔斯基（Arno G. Motulsky）一

390 汉斯-格奥尔格·伯宁豪斯：《耳鼻喉医学》（施普林格教科书），1993 年，第 9 版。

起，完成了《人类遗传学：问题与方法》(*Human Genetics. Problems and Approaches*，1979 年第 1 版；1986 年第 2 版)一书。这本书在国际上被视为这一迅速发展领域的标准著作。弗里德里希·福格尔和莫图尔斯基也是《人类遗传学》(*Humangenetik*)期刊——自 1976 年以来，更名为《人类遗传学》(*Human Genetics*)——的主编。该期刊在 1964 年取代了《人类遗传学与体质学期刊》(*Zeitschrift für menschliche Vererbungs-and Konstitutionslehre*)。

眼科学

历史悠久的《格雷费临床和实验眼科学文献》(*Albrecht von Graefes Archiv für Klinische and Experatelle Ophthalmologie*)自 1982 年起被改为英文名《格雷夫临床和实验眼科学文献》(*Albrecht von Graefe's Archive for Clinical and Experimental Ophthalmology*)。第二次世界大战结束后不久，这本书凭借其国际声誉恢复了昔日的威望。自从变更为英文名以来，编辑团队成员有阿伦·伯德(Alan C. Bird，1982—1988)，罗伯特·马赫默尔(Robert Machemer，自 1982 年起)，格哈德·迈尔-施维克拉特(Gerhard Meyer-Schwickerath，1982—1987)，曼弗雷德·施皮茨纳斯(Manfred Spitznas，1982—1991)，布雷德利·施特切玛(Bradley R. Straatsma，1982—1987)，史蒂芬·德兰斯(Stephen M. Drance，1988—1991)，威廉·李(William R. Lee，自 1988 年起)，赖纳·宗德马赫尔(Rainer Sundmacher，1988—1992)，克劳斯·海尔曼(Klaus Heimann，自 1991 年起)和金特·克里格施泰因(Günter K. Krieglstein，自 1991 年起)。

恩格尔金(E. Engelking)编写的《眼科学》(*Augenheilkunde*)是一本历史悠久的教科书，1968 年由沃尔夫冈·莱德赫克尔(Wolfgang Leydhecker)对其进行了全面修订，1993 年出版了第 25 版，与弗朗茨·格雷恩(Franz Grehn)合著。莱德赫克尔的著作还有《青光眼》(*Glaukom*,1960 年第 1 版,1973 年第 2 版)和《青光眼手术指南》(*Die Glaukome in der Praxis. Ein Leitfaden*,1962 年第 1 版,1991 年第 5 版)。

金特·马肯森和赫尔穆特·诺伊鲍尔共同完成了《基施纳外科学教程:眼科手术》(*Kirschners Operationslehre：Augenärztliche Operationen*)的第 4 卷(第 3 版,完全修订版,1988 年第 1 部分,1989 年第 2 部分)。1991 年,《眼科医师》(德国眼科学会期刊)出版,这是当时最后一份专业期刊,由汉斯·埃贝哈德·弗尔克尔(Hans Eberhard Völcker)担任其编辑。

从第 63 卷(1960 年召开的大会)开始,沃尔夫冈·耶格尔(Wolfgang Jaeger)对《德国眼科学会会议报告》(*Berichteüber die Zusammenkünfte der Deutschen Ophthalmologischen Gesellschaft*)进行了编辑,一直编辑到 1980 年的第 78 卷(包含第 78 卷)。从 1981 年大会第 79 卷开始,这些报告作为《眼科学专业进展》(*Fortschritte der Ophthalmologie*)期刊继续发表。耶格尔编辑的最后一卷是 1986 年出版的第 84 卷。随后

391　沃尔夫冈·耶格尔(1917—1995),1958 年至 1986 年担任海德堡大学眼科教授兼大学眼科诊所主任。

的内容由格雷韦(R. Grewe)和弗尔克尔(H. E. Völcker)编辑。

以上提到的文献/原始期刊不仅反映了多年来期刊出版的主题重点的转变,而且最重要的是,反映了它们开始向英语通用语言的过渡。

生物学

我们已经介绍了战后生物学的发展及其主要期刊。凭借德

国马克斯-普朗克研究所和大学相关研究所的助力,图宾根成为生物学研究领域的中心,并一直和施普林格出版社保持着密切联系。

　　遗传学被证明是一个非常富有成果的领域,偶尔也会渗透到植物学以及动物学和生物化学中;过去的领域称谓已失去其有效力。除了图宾根,科隆还建立了另一个遗传学中心,即马克斯-普朗克育种研究所(Max-Planck-Institut für Züchtungsforschung),其中包括卡斯滕·布雷施(Carsten Bresch),以及作为特邀嘉宾的马克斯·德尔布吕克。我们还与位于伽特斯莱本(Gatersleben,当时属于民主德国)的栽培作物研究所(Gulturpflanzenforschung/Cultivated Plants Research Institute)开展了良好的合作。

392　卡斯滕·布雷施和鲁道夫·豪斯曼(Rudolf Hausmann):《经典遗传学和分子遗传学》,1972 年,第 3 版。

393　《生态学》杂志,1992 年,第 4 期,第 92 卷。

　　我希望从布雷施那里得到一份通俗易懂但又有科学依据的现代遗传学介绍,供我们的"海德堡平装本"使用。然而,我很难与布雷施取得联系。因此，我决定采取一个我通常认为未必讨喜的行动，在没有事先通知他的情况下，晚上到他的公寓去看看他。他当时在家，显然有一个聚会正在进行，但布雷施并没有把我赶出去。我试图找到他，给他留下了深刻的印象，在他公寓的前厅，我们就那部成功的著作《经典遗传学和分子遗传学》（*Klassische Und Rnolekulare Genetik*）达成了口头协议；该书于 1964 年出版。

研究遗传机制的植物学的领域包括：普通植物遗传学、真菌遗传学和酵母遗传学。对酵母遗传学的研究在 20 世纪 70 年代末出现了上升趋势，其结果是《分子遗传学和普通遗传学》期刊的编辑们收到稿件的数量迅速增加（截至 1957 年的《诱导进化与遗传学杂志》，然后是《遗传学杂志》）。这本期刊的主编格奥尔格·梅尔歇斯试图控制这股潮流，于是期刊的责任编辑、酵母遗传学家弗里茨·考德维茨（Fritz Kaudewitz）与公司共同创办了新期刊：《当代遗传学》（*Current Genetics*）。1979 年出版了第一期，梅尔歇斯给叛徒起了个昵称："裂变真菌"（"Spalt-pilz"）。

在动物学专业领域，《动物形态学与生态学》期刊在 1967 年分为英文期刊《生态学》和《动物形态学》期刊（*Zeitschrift für Morphologie der Tiere*）（自 1975 年起，被称为《动物形态学》[*Zoomorphologie*]；自 1980 年起，使用相应的英文刊名）。生态学受到越来越多的关注，而与定量方法相比，形态学（morphology）和分类学（taxonomy）则被置于次要地位。对科学遗传学的深入研究使《驯养者》等以实践为导向的期刊受益匪浅。

在动物学和人类生理学专业领域，神经生理学和感官生理学占据了重要地位，在测量技术的改进和电子显微镜的使用的帮助下，他们取得了杰出的成果。汉斯约赫姆·奥特鲁姆是这一领域的主要代表。他从 1948 年开始在哥廷根工作，1958 年在维尔茨堡，最后在慕尼黑工作。作为我们的《感官生理学手册》的共同编辑,《比较生理学杂志》的多年编辑(自 1961 年起),以及《自然科学》期刊特别活跃和值得信赖的编辑,无论是过去还是现在,他都与公司保持着密切联系〔SEMPER ATTETUS:pp. 22-25〕。

310

埃尔温·比宁(Erwin Bünning)曾为享誉全球的《植物》期刊工作,1956 年至 1978 年,他一直担任该杂志的主编。他的富有原创性和重要的著作《生理学》(*Die physiologische*)于 1958 年出版;1963 年,我们出版了该书的英文版的《生物钟》(*The Physiological Clock*),并于 1967 年成功开始了跨学科的系列丛书"海德堡科学书系"的再版。

1960 年,我联系到了刚刚从加利福尼亚州帕萨迪纳市的加州理工学院回来的维尔纳·赖夏特,我向他建议创办《控制论》期刊(自 1975 年起),该杂志旨在研究有关生物调控过程的新研究领域。赖夏特立即表示同意,并从 1961 年开始负责该期刊,直

394　植物学家埃尔温·比宁(1906—1992),《植物》期刊多年的编辑。

395　格哈德·契哈克、赫尔穆特·朗格尔和胡贝特·齐格勒合著的教科书《生物学》第 2 版。该书在 1981 年的"德国最美装布面装订书"大赛中获得金奖。

到 1992 年 9 月 18 日意外去世，该期刊取得了巨大的成功。

《莫斯巴赫研讨会》——生物化学学会年度会议的报告——已经被涉及。第 43 卷于 1992 年出版。

《生态学研究》（*Ecological Studies*）系列第一卷于 1970 年出版，该系列是 20 世纪 60 年代末与维尔茨堡的朗格（O. L. Lange）策划的。到 1992 年，已经出版了 100 卷。

《分子生物学、生物化学和生物物理学》（*The Molecular Biology, Biochemistry and Biophysics*）系列由 A.克莱因策勒、格奥尔格·费迪南德·施普林格和维特曼（H.G. Wittmann）于 1967 年创办，这是一份科学水平很高的期刊，并活跃了 20 多年。在第 37 卷出版后，于 1987 年停刊。

由格哈德·契哈克（Gerhard Czihak）、赫尔穆特·朗格尔（Helmut Langer）和胡贝特·齐格勒（Hubert Ziegler）于 1976 年编著的（*Biologie*）《生物学》是一本非常成功的优秀教科书，1992 年已经出版了第 5 版。无论是过去和现在，齐格勒都以各种方式与施普林格出版社联系在一起，他首先是《树木》（*Trees*）杂志的创办人和编辑（自 1987 年起），然后是《植物》杂志（1965—1976）和《自然科学》（自 1987 年起）期刊的联合编辑，最后是《植物生理学手册/植物生理学百科全书》的联合编辑。

从学生时代起，我就和意大利那不勒斯的动物园、当时的动物园负责人莱茵哈德·多恩（Reinhard Dohrn）以及他的儿子彼得保持着密切联系。我们为德国研究学会（German Research Society）赞助的《那不勒斯动物研究所出版物》（*Pubblicazioni della Stazione Zoologica di Napoli*），并提供了一些建议和实际援助。例如，我们出版了格奥尔格·冯克（Georg Funk）撰写的关于那不勒斯海藻的第 25 卷增刊（1955 年），并在莱茵哈德·多恩 75 岁生日之际将其献给了他。1964 年，莱茵哈德·多恩去世后，我们出版了一本纪念册，里面有演讲、信件和讣告。1983 年，克里斯蒂安妮·格勒本（Christiane Groeben）与彼得，

311

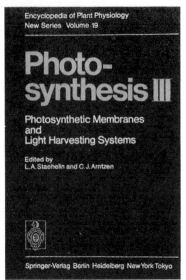

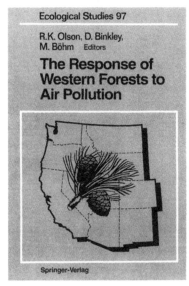

396 施特赫林(L. A. Staehelin)和阿恩岑(C. I. Arntzen)(编辑):《光合作用Ⅲ》(《植物生理学百科全书》,新系列,1986年,第19卷)。

397 奥尔森(R. K. Olson),宾克利(D. Binkley)和伯姆(M. Böhm)(编辑):《西部森林对空气污染的反应》(《生态学研究》,1992年,第97卷)。

还有安东尼特·多恩(Antonietta Dohrn)一起出版了另一卷以纪念莱因哈德·多恩。1982年,施普林格出版社出版了巨著《地中海无脊椎动物》(*Opisthobranchia des Mittelmeeres*)。这项工作是由巴塞尔的动物学家阿道夫·波尔特曼(Adolf Portmann)建议的,书中收录了匈牙利平面艺术家伊洛娜·里希特(Ilona Richter)创作的独特精美的图片。

398 施梅克尔(L. Schmekel)和波尔特曼:《地中海无脊椎动物》,1982年。

312 最近(1990年),我们和哈

佛大学出版社联合出版了一本引人入胜的著作:《蚂蚁》(*The Ants*),作者是维尔茨堡的贝特·赫尔多布勒(Bert Hölldobler) (1978年至1989年在哈佛大学任教)和哈佛大学的爱德华·威尔逊(Edward O. Wilson)。由于这本书,作者在1991年获得了美国出版商协会专业和学术出版部的 R. R. 霍金斯奖(R. R. Hawkins prize)。此后不久,他们获得了普利策非虚构类奖,正如贝特·赫尔多布勒所说,这是"写作行业的奥斯卡奖"。

 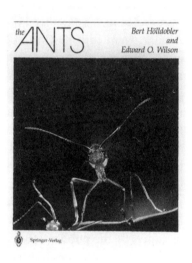

399 贝特·赫尔多布勒(生于1936年)和爱德华·威尔逊(生于1929年)凭借《蚂蚁》一书获得1991年普利策奖科学非虚构类奖。

在整个生物学专业领域,目前有38种丛书,每年大约会出版50～60本专著。期刊总数为41种。英语是早期的出版语言,如今90％的著作都是用英语出版的。

事实证明,手册是一种特别适合处理生物学领域资料的出版形式。通过尽早与英国的编辑和作者签约,我们得以用英语出版这些作品中的大部分。自1963年加入公司以来,费迪南德·施普林格在迪特尔·切施利克(Dieter Czeschlik)的支持下,一直在努力实现这一目标。多亏了编辑玛丽·卢·莫特尔和马克·利克尔的承诺[Cze-schlik]，纽约施普林格出版社在这些努力中发挥了重要作用。

1955 年与威廉·鲁兰共同创立的《植物生理学手册/植物生理学百科全书》的最后一卷出版于 1967 年。"新系列"（"New Series"）计划仅用英文出版，由皮尔逊（A. Pirson）和齐默尔曼（M. H. Zimmermann）编辑（直到 1984 年去世）。第一本书出版于 1975 年，1986 年出版了第 25 本（19 卷，共 25 本书）。最后，1993 年完成了 20 卷的总索引。

由汉斯·林肯斯（Hans F. Linskens）和约翰·杰克逊（John F. Jackson）编辑的《现代植物分析方法》（Modern Methods of Plant Analysis）的"新系列"也出版了。这些作品的第一卷以英文撰写，于 1985 年出版，目前已出版了 13 卷。

德里的巴雅（Y. P. S. Bajaj）编辑了另一本完全用英文撰写的手册：《生物技

Biotechnology in
Agriculture and Forestry 26

Medicinal and Aromatic Plants VI

Edited by Y.P.S. Bajaj

With 182 Figures

Springer-Verlag
Berlin Heidelberg New York
London Paris Tokyo
Hong Kong Barcelona
Budapest

401　巴雅（编辑）：《药用植物和芳香植物Ⅵ》（《生物技术在农业和林业中的应用》，1994 年，第 26 卷）。

T. E. Timell

Compression Wood
in Gymnosperms

Volume 1

Bibliography, Historical Background,
Determination, Structure, Chemistry,
Topochemistry, Physical Properties, Origin,
and Formation of Compression Wood

With 341 Figures

Springer-Verlag
Berlin Heidelberg New York Tokyo

402　托尔·蒂梅尔：《裸子植物中的应压木》，1986 年，第 1 卷。

在农业和林业中的应用》(*Bi-otechnology in Agriculture and Forestry*),自 1986 年以来已出版 20 卷。由潘策尔(L. Pancel)担任唯一编辑的《热带林业手册》(*The Tropical Forestry Handbook*)也以英文撰写,自 1993 年以来已出版三卷。

《裸子植物中的应压木》(*Compression Wood in Gymnosperms*)是一本三卷本的手册,由作者托尔·蒂梅尔(Tore E. Timell)撰写;该书

403　巴洛斯、特吕佩尔、德沃金、哈德尔、施莱夫尔(编辑):《原核生物》,1992 年,第 2 版,第 1 卷。

于 1986 年出版,共印刷了 2183 页。同时,蒂梅尔是我们《施普林格木材科学系列丛书》(*Springer Series in Wood Science*)的唯一编辑,丛书迄今为止已出版 14 卷。

313

404　汉斯·施勒格尔,迪特尔·切施利克,汉斯·特吕佩尔和妻子,以及康拉德·费迪南德·施普林格(左起),在赠送《原核生物》手册的第一册时的讲话。

405　海因茨·施托尔普(Heinz Stolp)
(左,生于 1921 年)和汉斯·特吕佩尔
(右,生于 1936 年)在《原核生物》的第
一册印刷本上签名。

406　阿尔贝特·巴洛斯(生于 1921
年)在有关第二版的会议上。

　　一本非常成功的手册——
《原核生物》(*The Prokaryotes*)
于 1981 年出版了两卷,1991
年出版了修订后的四卷本。

　　1988 年,施普林格出版了
两卷本的《传染性疾病实验室
诊断》(*Laboratory Diagnosis
of Infectious Diseases*),由巴
洛斯(A. Balows)、霍伊斯勒
(W. J. Häusler)和莱纳特(E.
H. Lennette)编辑。

　　除了上述几乎全是植物
学手册系列丛书,还有一些相

Dietrich Starck

Vergleichende Anatomie
der Wirbeltiere
auf evolutionsbiologischer Grundlage

Band 3: Organe des aktiven
Bewegungsapparates, der Koordination,
der Umweltbeziehung, des Stoffwechsels
und der Fortpflanzung

Mit 668 Abbildungen

Springer-Verlag
Berlin Heidelberg New York 1982

407　施塔克:《脊椎动物比较解剖
学》,1982 年第 3 部。

对较少的动物学主题,例如《动物生理学》(*Zoophysiology*)系列
丛书(原《动物生理学和生态学》[*Zoophysiology and*

Ecology]），该书的第一卷于 1971 年出版；目前有 31 卷已经印刷。1974 年至 1988 年的编辑是多纳德·法内尔，他是我们《细胞与组织研究》期刊的联合编辑，与我们关系非常密切。

最后，值得一提的是法兰克福解剖学家施塔克（D. Starck）于 1978 年至 1982 年出版的《基于进化生物学的脊椎动物比较解剖学》（*Vergleichende Anatomie der Wirbeltiere auf evolutionsbiologischer Grundlage*）。这三卷本是作者科学研究生涯的代表作，很可能在很长一段时间内仍将是该研究领域的标准著作。该卷内容如下：1. 关于低级脊索动物的理论基础、动植物种类史和分类学（1978 年）；2. 骨骼系统（1979 年）；3. 主动运动系统的器官（1982 年）。

数学

施普林格出版社对数学的关注可以追溯到第一次世界大战前不久，并且与费迪南德·施普林格的个人兴趣密切相关。1918 年，他创办了《数学期刊》，柏林的利希滕斯坦（Leon Lichtenstein）担任主编。1920 年，在这样一个艰难的时期，他从莱比锡的 B. G. 托伊布纳手中收购了由阿尔弗雷德·克勒布施和卡尔·诺伊曼于 1868 年创立的《数学年鉴》（参见本书第 261—262 页）。海因里希·本克于 1973 年出版第 200 卷时，生动地描述了该期刊的历史。本克自 1938 年至 1969 年负责《数学年鉴》，他是一位自信而出色的主编。1970 年至 1984 年，汉斯·格

408　汉斯·格劳尔特（生于 1930 年）是哥廷根的数学教授，1963 年至 1984 年担任《数学年鉴》的主编。

劳尔特接替了他的职位，确保了《数学年鉴》继续保持他所代表的高标准质量。1985 年 1 月 1 日至 1992 年 12 月 31 日，埃尔朗根的海因茨·鲍尔(Heinz Bauer)担任统筹编辑，1993 年 1 月 1 日起，这一职务由赫伯特·阿曼(Herbert Amman)接任。

409 《数学年鉴》，1992 年，第 31 期，第 292 卷。

410 《数学杂志》，1992 年，第 3 期，第 209 期。

1921 年，里夏德·库朗发起的《数学科学导论》的创立，加强了我们与哥廷根的密切关系，哥廷根成为自高斯和黎曼、菲利克斯·克莱因、大卫·希尔伯特和库朗本人以来的数学中心。这些企业构成了所有后续工作的核心，在弗里德里希·卡尔·施密特担任可靠顾问的情况下，这些工作在第二次世界大战后得以继续。施密特曾在 20 世纪 30 年代担任施普林格出版社的《数学科学导论》合集的共同编辑，而库朗直到 1939 年则一直负责北美数学家的著作。

纽约施普林格出版社成立后，库朗建议并协助我与美国数学家取得联系。1972 年 1 月 27 日，在他去世后，为了表示感谢，我们在纽约库朗数学科学研究所设立了"理查德·库朗主席"。它于 1977 年 4 月 18 日正式颁发,当时彼得·拉克斯是该研究所的所长。第一任主席是里夏德·库朗的学生弗里茨·约翰。

411 莱因霍尔德·雷默特(生于 1930 年)在埃尔朗根和哥廷根担任教授之后,自 1967 年起在明斯特大学担任数学主席。自 1964 年以来,他一直担任公司在数学领域的主要顾问。他创办了《数学发明》期刊。

Inventiones mathematicae

Vol. 110 Fasc. 3 1992

T. Terasoma	On the determinant of Gauss–Manin connections and hypergeometric functions of hypersurfaces	441
H. Gillet, C. Soulé	An arithmetic Riemann–Roch theorem	473
M. Talagrand	Cotype and (q, 1)-summing norm in a Banach space	545
N. Mok	Factorization of semisimple discrete representations of Kähler groups	557
Z. Qin	Moduli spaces of stable rank-2 bundles on ruled surfaces	615
R. Schwartz	A projectively natural flow for circle diffeomorphisms	627
R. Richardson, G. Röhrle, R. Steinberg	Parabolic subgroups with Abelian unipotent radical	649

Covered by Zentralblatt für Mathematik and Current Mathematical Publications
INVMBH 110(3) 441–672 (1992)
Printed on acid-free paper December 1992

 Springer International

412 《数学发明》,1992 年,分 3 册,第 110 卷。

1931 年,哥廷根的奥托·诺伊格鲍尔(Otto Neugebauer)担任编辑,创办了《数学及其前沿领域总报》。1940 年移居国外后,他创办了《数学评论》(*Mathematical Reviews*)期刊。

1947 年,赫尔曼·路德维希·施密特(Hermann Ludwig Schmid)再次唤醒了《数学总报》的活力,施密特一直担任该报的主编,直到他 1956 年去世。随后是埃里卡·潘维茨(Erika Pannwitz,1956—1969)、瓦尔特·罗姆伯格(Walter Romberg,1966—1977)和乌尔里希·京策(Ulrich Güntzer,1969—1974)。1961 年柏林墙建成后,《数学总报》开始陷入困境,因为其编辑

316

部设在东柏林科学院。起初，这些问题得到了暂时解决，但最终导致由海德堡科学院为首的西德科学院接管了其编辑权。海德堡大学数学研究所的迪特尔·普佩（Dieter Puppe）被选为科学院的代表。《数学总报》《数学文摘》自 1978 年以来开始出版，由海德堡科学院和在德国卡尔斯鲁厄的专业信息咨询中心（Fachinformationszentrum 4）共同负责编辑。柏林的贝恩德·韦格纳（Bernd Wegner）自 1975 年以来一直担任总编辑。除传统的

413 让-皮埃尔·塞尔（生于 1926 年），是施普林格众多著作的作者，也是《数学成果》和《数学发明》的共同编辑。

印刷版外，数据收集也可通过位于卡尔斯鲁厄的专业信息资讯中心（Fachinformationszentrum 4，FIZ 4）主机在线获得。自 1985 年起出版的书籍——近 200 本书，印刷页数超过 10 万页——也可以在只读光盘（CD-ROM）上找到。

1963 年，莱因霍尔德·雷默特成为我们的外聘顾问，这对我们的数学系注入了强大的动力。1964 年，纽约施普林格出版社的成立给了我们一个可喜的机会，在里夏德·库朗、保尔·哈尔莫斯、彼得·希尔顿、弗里茨·约翰、彼得·拉克斯和桑德斯·麦克莱恩等称职和可靠顾问的有效协助下，我们也与纽约编辑部一起，大力拓展我们在美国的数学项目计划。海德堡的编辑克劳斯·彼得斯（1964—1979），特别是约阿希姆·海因策（自 1980 年起），在卡特里奥娜·伯恩（Catriona Byrne，自 1981 年起）的协助下，与瓦尔特·考夫曼-比勒（1973—1986），以及吕迪格·格鲍尔（自 1987 年起）在纽约共同开发了一个现代项目，

并通过海德堡与俄罗斯、日本、印度和中国数学家和计算机科学家建立了密切的联系，从而在世界范围内对这一成果进行了补充。最近，我们在圣克拉拉和东京的分支机构之间建立了联系，这也是我们迈向全球数学和计算机科学计划的必经之路。

414 约阿希姆·海因策（生于 1948 年）于 1977 年在明斯特大学获得数学博士学位。自 1980 年起，他一直负责施普林格出版社的数学编辑部。

在国际数学家大会（ICM，成立于 1893 年）近 100 年的历史上，我们第一次被委托出版 1990 年京都国际大会的论文集（《国际数学家大会论文集》，1990 年 8 月 21—29 日，日本京都）。1991 年 12 月，我们已经能够分两卷提交完整的文件。我们认为，国际数学家大会的信任标志着我们的数学计划作为一个整体——数值数学和计算机科学的补充和扩展——已经获得了全世界的认可。

317

在利奥波德·施梅特雷尔（Leopold Schmetterer）和汉斯·里希特（Hans Richter）的倡议下，《概率论及相关领域杂志》（*Zeitschrift für Wahrscheinlichkeitstheorie und verwandte Gebiete*）（从第 51/1980 卷开始，命名为《概率论及相关领域》杂志［*Probability Theory and Related Fields*］）于 1962 年首次出版。作为多年的主编，施梅特雷尔将其打造成了一份国际声誉很高的期刊。

上面提到的"经典"期刊之后，1966 年，由雷默特提议创办了《数学发明》，这是一份具有国际最高科学水准的国际期刊，1969 年又出版了《数学论集》（*manuscripta mathematica*），由

415 普林斯顿高等研究院是一所非大学研究机构。杰出的科学家在这里进行数学和理论物理学领域,以及历史和社会学领域的研究。

于手稿的可直接复制性,该期刊的出版速度特别快。

自 1964 年费迪南德·施普林格采纳贝诺·埃克曼的建议以来,有关文本得以迅速出版。阿尔布雷希特·多尔德、埃克曼和塔肯斯(F. Takens)目前正在编辑《讲义》(*Lecture Notes*)。同时,公司的其他科学学科也借鉴了《讲义》的出版形式。

Proceedings of the
**International Congress
of Mathematicians**

August 21-29, 1990
Kyoto, Japan

Volume I

我们已经提到了 1959 年创刊的《数值数学》(*Numer-ische Mathematik*)期刊作为我们计算机科学项目发展的"基础期刊"的重要性。

The Mathematical Society of Japan

Springer-Verlag
Tokyo Berlin Heidelberg New York
London Paris Hong Kong Barcelona
Budapest

416 《1990 年国际数学家大会论文集》,京都,1991 年,第 1 卷。

318

1978 年,《数学信使》(*Mathematical Intelligencer*)首次作为期刊出版;此前,单期刊物曾以同样的标题免费分发给了

manuscripta
mathematica

Vol. 77 Fasc. 4 1992

C. de Fabritiis
  On continuous dynamics of automorphisms of C² 337
R. Warlimont
  Arithmetical semigroups V: multiplicative functions 361
S. Louboutin
  Détermination des corps quartiques cycliques totalement imagi-
  naires à groupe des classes d'idéaux d'exposant ≤ 2 385
T. Shimada
  Some remarks on Leopoldt's conjecture 405
S. Chanillo, Y. Y. Li
  Continuity of solutions of uniformly elliptic equations in R² 415
J. Qing
  Multiple solutions of the Dirichlet problem for harmonic maps
  from discs to 2-spheres 435

Contents of Volume 77
Covered by Zentralblatt für Mathematik and Current Mathematical Publications
MSMHB2 77 (4) 337-446 December 1992   Printed on acid free paper

Springer International

NUMERISCHE MATHEMATIK

UNTER MITWIRKUNG VON

F. L. BAUER, MAINZ · L. BIERMANN, MÜNCHEN · L. COLLATZ, HAMBURG
G. DARMOIS, PARIS · G. E. FORSYTHE, PALO ALTO · A. GHIZZETTI, ROM
W. GIVENS, DETROIT · R. INZINGER, WIEN · N. J. LEHMANN, DRESDEN
E. J. NYSTRÖM, HELSINKI · H. PILOTY, MÜNCHEN · R. D. RICHTMYER, NEW YORK
H. RUTISHAUSER, ZÜRICH · A. VAN WIJNGAARDEN, AMSTERDAM
J. H. WILKINSON, TEDDINGTON

HERAUSGEGEBEN VON

A. HOUSEHOLDER · R. SAUER · E. STIEFEL
OAK RIDGE   MÜNCHEN   ZÜRICH

J. TODD · A. WALTHER
PASADENA   DARMSTADT

1. BAND

SPRINGER-VERLAG
BERLIN · GÖTTINGEN · HEIDELBERG
1959

417　《数学论集》,1994 年,分 4 册,第 77 卷。

418　《数值数学》,1959 年,第 1 期。

我们的数学家朋友和其他感兴趣的团体。这个想法源于 K.彼得斯和瓦尔特·考夫曼-比勒。该期刊每年出版四次,它在第一期的一篇社论中解释了它的目标:"其目的……是为分散在世界各地的数以万计对高等数学抱有浓厚兴趣的人提供一种交流手段。"在这段文字的末尾还提到了卡尔·弗里德里希·高斯的座右铭"少,但成熟"("pauca sed matura"),"不成熟但足够多"("immatura sed multa")的

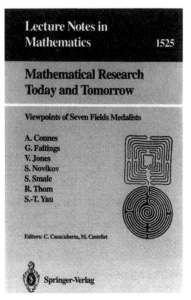

419　《数学讲义》,1992 年,第 1525 期。

420 阿尔布雷希特·多尔德（生于 1928 年）和贝诺·埃克曼（生于 1917 年），
《数学讲义》和《数学科学导论》（埃克曼）的联合编辑。

原则。布鲁斯·钱德勒（Bruce Chandler）、哈罗德·爱德华兹
（Harold M. Edwards）和伊雷妮·黑勒（Irene Heller）是第一任
总编辑。第 15 卷于 1993 年出版，主编是钱德勒·戴维斯
（Chandler Davis，主编）、罗伯特·布尔克尔（Robert Burckel）、
伊恩·斯图尔特（Ian Stewart）、杰特·温普（Jet Wimp）、戴卫·
盖尔（David Gale）、杰里米·格雷（Jeremy J. Gray）和罗宾·威
尔逊（Robin Wilson）。

　　1989 年，我们与美国统计学会在纽约创办了《或然性：统计
和计算的新趋向》（*Chance-New Directions for Statistics and
Computing*）杂志。

　　作为对"应用"领域和科学计算数学项目的补充，最近我们
创办了以下期刊：《图形和组合学》（东京，自 1985 年起），《离散
与计算几何学》（*Discrete and Computational Geometry*）（纽
约，自 1986 年起），《组合》（*Combinatorica*）（海德堡，自 1988 年
起与布达佩斯 Akadémiai Kiadó 出版社共同出版），《非线性科
学杂志》（*Journal of Nonlinear Science*）（纽约，自 1991 年起），

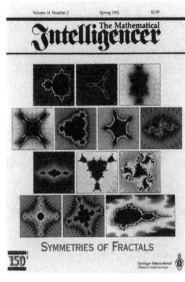

421 《数学信使》，1992 年，第 2 期，第 14 卷。

422 《离散与计算几何学》，1992 年，第 4 期，第 8 卷。

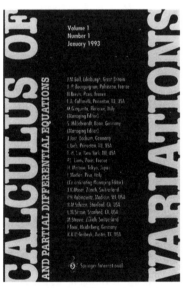

423 《变分法与偏微分方程》，1993 年，第 1 期，第 1 卷。

424 《工业数学概观》，1992 年，第 1 期，第 2 卷。

《工业数学概观》(*Surveys on Mathematics for Industry*)(维也纳,自 1991 年起),《变分法与偏微分方程》(*Calculus Of Variations And Partial Differential Equations*)(海德堡,自 1993 年起)。

在这些丛书中,有以下几本值得一提:《施普林格计算数学丛书》(*Springer Series in Computational Mathematics*)(海德堡,自 1983 年起),《算法和组合学》(*Algorithms and Combinatorics*)(海德堡,自 1987 年起),《应用数学教程》(*Texts in Applied Mathematics*)(纽约,自 1989 年起),《跨学科应用数学》(*Interdisciplinary Applied Mathematics*)(纽约,自 1991 年起),《施普林格统计学系列》(*Springer Series in Statistics*)和《施普林格统计学教程》(*Springer Texts in Statistics*)(纽约,自 1985 年起),以及《应用数学》(*Applications of Mathematics*)(海德堡/纽约,自 1985 年起)。由尤因(J. H. Ewing)、格林(F. W. Gehring)和哈尔莫斯编辑的《研究生数学教材》和《本科生数学教材》(均为纽约出版)完善了该项目。

425 杰罗尔德·马斯登(Jerrold E. Marsden,生于 1942 年)自 1982 年起一直是《应用数学丛书》(*Applied Mathematical Sciences*)系列的联合编辑,并且是《非线性科学杂志》的创刊成员(1991 年)和共同编辑。1990 年,马斯登获得美国数学学会诺伯特·维纳奖。

在莫斯科俄罗斯科学院斯捷克洛夫数学研究所的数学家列瓦兹·加姆克列利泽的帮助下(我们与该研究所有着长期的联系),并由于我们与苏联各加盟共和国的杰出数学家的密切合作的历史(特别是莫斯科和圣彼得堡的数学家),我们得以创建了《数学科学百科全书》,该书于 1988 年出版。列瓦兹·加姆克列利泽获得的俄文文本被翻译

320

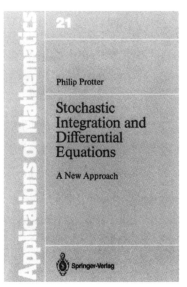

426 《应用数学》,1990 年,第 21 卷。

427 《研究生数学教材》,1992 年,第 133 期。

成英文,施普林格出版社获得的英文版由莫斯科的 Viniti 出版公司出版俄文版。俄罗斯作者撰写的首卷的高水准鼓励了西方最杰出的数学家参与其中。迄今为止,已出版 42 卷英文版,并且发行量可观。

　　施普林格出版社一直认为有义务通过教科书向学生提供最新的研究成果。自 20 世纪 80 年代初以来,尤其是通过《数学基础知识》(*Grund-wissen Mathematik*)丛书,这一目标得以实现。由黑默林

428 克歇尔:《线性代数》(施普林格教科书),1992 年,第 3 版。

（G. Hämmerlin）、F.希策布鲁赫、克歇尔（M. Koecher）、H.克拉夫特、K.拉莫特克（Lamotke）、R.雷默特和 W.瓦尔特组成的编辑小组实现了这一目标。教科书项目在数学领域占有特殊地位。它正在被有目的地扩展，并已纳入公司的整体教科书项目。

属于教育领域的是由施普林格出版社于 1991 年出版的英文版《量子》（*Quantum*）期刊，以及自 1992 年以来与德国数学家协会（Deutsche Mathematiker-Vereinigung）合作出版的《数学321季刊》（*Mathematische Semesterberichte*）。在美国，我们与美国数学教师协会（NCTM，National Council of Teachers of Mathematics）一起出版了由海因茨-奥托·佩特根等人合著的《分形学教程》（*Fractals for the Classroom*）。我们和克莱特出版集团（Klett-Cotta）一起出版了德文版的《混沌模块》（*Bausteine des Chaos*）。

海因茨-奥托·佩特根和彼得·里希特（Peter H. Richter）合著的《分形之美》（*The Beauty Of Fractals*）、弗拉基米尔·阿诺尔德的《突变论》（*Catastrophe Theory*）等书籍面向对数学感兴趣的更大范围的读者。同时，这些作者都与公司有着密切的联系。

值得注意的是，一些著名数学家的作品集或选集的版本，在国际数学界享有极高的声誉。这个版本是被每个数学家所熟知的"蓝色系列"，因

429 海因茨-奥托·佩特根（生于 1945 年）自 1977 年起担任不来梅大学数学系教授，在那里他建立了动力系统研究所。1982 年，他在研究所内部建立了一个计算机图形实验室，用于数学实验；该实验室因分形可视化而闻名世界。自 1991 年起，佩特根在博卡拉顿的佛罗里达大西洋大学任教。

其装订的颜色而命名。作者包括博雷尔(A. Borel)、昂利·嘉
当、陈省身、盖尔芬德(I. M. Gelfand)、弗里德里希·希策布鲁
赫、华罗庚、伊托(K. Ito)、内特尔(E. Noether)、奥卡(K. Oka)、
伯恩哈德·黎曼、泽尔贝格(A. Selberg)、让·皮埃尔·塞尔、卡
尔·路德维希·西格尔、安德烈·韦伊等人。整体而言,我们的
数学出版计划作为一个整体,是与客户成功合作的典范——即
使是在纯粹的学术领域——当所有分支都以提供最高质量的信
息为目标时。

430 海因茨-奥托·佩特根和里希
特:《分形之美》,1986 年。

431 弗拉基米尔·阿诺尔德:《突变
论》,1992 年,第 3 版。

很明显,在数学和计算机科学、物理学和技术领域,人们显
然必须关注和发展以电子方式获取文本的现代可能性。

322

我们正与一个单独的部门合作,利用 TEX 宏(TEX
macros)进行版面设计。这种既方便又省时的辅助工具也将很
快推广到其他学科。

最后,有一部小作品值得一提,因为它不仅主题鲜明,而
且取得了成功。每年在萨尔茨堡举行的复活节期间,赫伯

特·冯·卡拉扬（Herbert von Karajan）都会在奥地利广播电台的萨尔斯堡演播室举办了"萨尔茨堡音乐座谈会"（Salzburger Musikgespräche），主题与广义上的音乐有关。他得到了萨尔茨堡教授西蒙（W. Simon）的帮助。1984年，我建议把"音乐和数学"作为出版主题，它是在达姆施塔特工业大学执教的数学家鲁道夫·维勒（Rudolf Wille）的编辑、监督下进行了筹备和实施。不仅听众对这本小册子

432 海因茨·格策和鲁道夫·维勒（编）：《音乐与数学》，1985 年。

产生了浓厚的兴趣，而且令作者和施普林格出版社欣慰的是，这本附有演讲稿的小册子很快就被抢购一空，我们不得不再版两次。此外，我们还出版了中文版，1994 年又出版了俄文版。

计算机科学/信息学

20 世纪 70 年代初，数学出现了一个新的分支，它的重要性在当时几乎是不可想象的，但是今天，它已经渗透到人类活动的各个领域。它的起源可以追溯到很早期的历史。戈特弗里德·威廉·莱布尼兹（Gottfried Wilhelm Leibniz）是欧洲第一个对数字计算系统［LEIBNIZ］感兴趣的人，它呼吁人们关注中国早期的一些想法。

关于数值数学和自动化理论领域的首批著作出现在 20 世纪上半叶。1959 年，阿尔斯通·豪斯霍德（Alston S. House-holder，橡树岭）、罗伯特·绍尔（Robert Sauer，慕尼黑）、爱德华·施蒂费尔（Eduard Stiefel，苏黎世）、约翰·托德（John Todd，帕萨迪纳）、阿尔温·瓦尔特（Alwin Walther，达姆施塔

433 《信息学报》，1992 年，分 8 册，第 29 卷。

434 罗伯特·绍尔（1898—1970），1948 年至 1966 年担任慕尼黑工业大学数学教授；与 F.K.施密特共同创办了《数值数学》期刊。

施普林格出版社的信息科学期刊（根据创办或被接手的年份顺序排序）

Computing. 1966 (Wien)
Mathematical Systems Theory. 1966 (New York)
Acta Informatica. 1971
Informatik-Spektrum. 1978
Annals of the History of Computing. 1979 (taken over 1988. New York)
Abacus. 1983 (New York; till 1988)
New Generation Computing. 1983 (with Ohmsha)
Structured Language World. 1985 (New York; since 1989: Structured Programming; 1993 Heidelberg; since 1994: Software – Concepts and Tools)
The Visual Computer. 1985
Algorithmica. 1986 (New York)
APL News. 1986 (New York; until 1991)

Distributed Computing. 1986
Informatik – Forschung und Entwicklung. 1986
AI & Society. 1987 (London)
The Turing Institute Abstracts in Artificial Intelligence. 1987 (taken over 1991, London)
Journal of Cryptology. 1988 (New York)
Machine Vision & Applications. 1988 (New York)
Formal Aspects of Computing. 1989 (London)
AAECC – Applicable Algebra in Engineering, Communication and Computing. 1990
Kognitionswissenschaft. 1990
Offene Systeme. 1992
Multimedia Systems. 1993
Neural Computing & Applications. 1993 (London)

特)以及一群杰出的联合编辑
创办了我们的期刊《数值数学》，
这标志着理论和实用计算机科
学的开端。1971 年，随着慕尼黑
的弗里德里希·鲍尔（Friedrich
L. Bauer）、宾夕法尼亚州匹兹
堡 的 艾 伦 · 佩 利 （Alan J.
Perlis）和一个高级国际编辑
委员会共同创办了《信息学
报》（Acta Informatica）期刊，
这一新科学新领域的独立性
得到了确认。

435　弗里德里希·鲍尔（生于 1924
年）是慕尼黑工业大学弗里茨·博普
(Fritz Bopp)和罗伯特·绍尔的助手；
1962 年起，担任美因兹大学应用数学
教授。自 1963 年起，在慕尼黑工业大
学担任数学教授，而且自 1972 年起担任
计算机科学教授。在那里，他与朋友克
劳斯·扎梅尔松（Klaus Samelson）一
起从数值数学的主要领域出发，建立
了计算机科学的新学科。他同时是标
准著作《数值数学》和"海德堡平装本"
系列的《信息科学》(Informatik)的作
者，以及《信息学报》与《信息科学谱
系》(Informatik-Spektrum)的创始编
辑。他毕生的科学爱好是密码学。

　　计算机及其编程技术的
发展与正规数学的起步同步：
它们共同成为科学研究和教
学的主题。然而，各国的发展
323　进程却大相径庭。在德国和
欧洲，被称为"信息学"（"in-
formatics"）的学科基本上是
由数学基础定义的，但在美国
和日本，被称为"计算机科学"
的学科分支与工程科学的联系更为紧密。从今天的角度来看，
在科学研究的经济应用方面，美国人和日本人采用的更为实用
的方法尤其成功。

324　　　凭借与数学和工程科学的悠久而紧密的联系，施普林格出
版社很早就与致力于同该专业领域的德国和国际科学家建立和
扩展联系，并且自 20 世纪 70 年代以来，施普林格出版社开发了
一个庞大的出版项目，是目前最成功的出版项目之一，出版了
1000 多种图书和 15 种专业期刊。

在这项事业中,我们得到了一些杰出科学家的参与,他们不仅影响了整个计算机科学的发展,也影响了施普林格出版社的整体计划。在德国,他们是罗伯特·绍尔,尤其是弗里德里希·鲍尔、格哈德·戈斯(Gerhard Goos)、维尔弗里德·布劳尔(Wilfried Brauer)和乔斯·恩卡纳考(José L. Encarnação);在美国,他们是阿尔斯顿·豪斯霍尔德、尤里斯·哈特马尼斯(Juris Hartmanis)和戴维·格里斯(David Gries),在日本有国井利泰,他们作为编辑和公司的顾问在我们项目的发展过程中发挥了决定性的作用。

436　维尔弗里德·布劳尔(生于1937年)于1971年成为汉堡大学的第一位计算机科学教授;1985年,他转到慕尼黑工业大学。他是《信息科学谱系》和《信息科学技术报告》(Informatik-Fachbericht)的联合创办人和主编,以及《信息科学研究丛书》(Studienreihe Informatik)和《EATCS理论计算机科学专论》(EATCS Monographs on Theoretical Computer Science)的联合创办人和联合编辑。

尽管计算机科学/信息科学原本与数学密切相关,但其出版物已经迅速独立出来,这部分内容主要与应用领域相关。例如,卡特勒恩·延森(Kathleen Jensen)和尼古拉斯·沃斯(Niklaus Wirth)的《Pascal用户手册和报告》(*Pascal User Manual and Report*,自1974年起);尼古拉斯·沃斯的《Modula 2程序设计》(*Programming in Modula 2*,1982年及其后);威廉·克洛克辛(William F. Clocksin)和克里斯托弗·梅利什(Christopher S. Mellish)的《Prolog语言》(*Programming in Prolog*,自1981年起);于尔根·居尔宾斯(Jürgen Gulbins)的《Unix操作系统》(自1984年起)。这些书籍已成为世界市场或德语市场的标准出版物。

437 格哈德·戈斯(生于 1937 年)自 1970 年起一直担任卡尔斯鲁厄理工学院的计算机科学教授。他是施普林格出版社教科书的作者,《计算机科学笔记》(*Notes in Computer Science*)的主编,《信息科学研究丛书》几种科学期刊的联合编辑。

438 尤里斯·哈特马尼斯(生于 1928 年)自 1965 年起担任纽约州伊萨卡市康奈尔大学计算机科学系的教授。1993 年,他获得了被誉为"计算机科学诺贝尔奖"的美国计算机协会 A.M.图灵奖。他是《计算机科学讲义》(*Lecture Notes in Computer Science*)的主编。

325 整个项目最初是在海德堡构思的,但它在纽约、东京和伦敦得到了迅速和积极的采纳和扩展。1985 年,我决心在加利福尼亚州的"硅谷"应用计算机科学中心建立一个联络处。起初,我们选择了加利福尼亚州的圣芭芭拉,由格哈德·罗斯巴赫担任经理一职。1990 年 10 月,他回到海德堡,在信息科学编辑部工作,该编辑部由弗里德里希·鲍尔的学生汉斯·韦斯纳(Hans Wössner)继续发扬光大。

439 戴维·格里斯:《编程科学》,1981 年(《计算机科学文献和专著》系列)。

440 戴维·格里斯（生于 1939 年）自
1969 年起一直是纽约州伊萨卡市康
奈尔大学计算机科学系的教授。他是
系列丛书《计算机科学文献和专著》的
主编（自 1993 年起与弗雷德·施奈德
一起），也是《信息学报》的编辑，并在
施普林格出版社撰写了多部著作。

441　弗雷德·施奈德（Fred B.
Schneider,生于 1953 年）是纽约州伊
萨卡市康奈尔大学计算机科学系的教
授。他是《分布式计算》（*Distributed
Computing*）期刊的主编，也是（与戴
维·格里斯一起）《计算机科学文献和
专著》丛书的主编。同时是施普林格
出版社的书籍作者。

1991 年 10 月,我们在圣克拉拉成立了办事处,并继续从纽
约与硅谷保持联系。该办事处由阿兰·维德管理,他本人描述
了他的任务和计划,即所谓的电子科学图书馆 TELOS。在此
引用以下重要声明:

TELOS 的愿景是将传统纸质媒介图书和期刊出版,
与新的电子媒介提供的互动功能相结合,为科学界提供高
质量的信息。因此,这是一个"转折点"。

然而,与此同时,TELOS 计划完全秉承了施普林格长
期以来追求卓越的出版理念。信息的价值是最重要的,而
传递信息的载体固然重要,但却是次要的。

TELOS 处于 21 世纪科技信息传递的前沿。

该计划有两个基本优势:1. 它包含一些重要应用领域的最新和最有价值的信息;2. 这些信息通过符合当今计算机科学标准的现代媒体传递。

重要的是优先顺序:买方主要对信息内容的质量感兴趣。传递信息的技术——就其本身而言很重要——但在这里处于从属地位。TELOS计划特别适合通过我们现在的全球销售系统进行分发。

442　格哈德·罗斯巴赫(生于1950年)于1983年在施普林格开始了他的职业生涯,担任计算机科学的内部编辑。1986年,他去了圣芭芭拉,1990年他回到海德堡,担任"信息科学Ⅱ"部门的主管。

443　汉斯·韦斯纳(生于1941年)于1970年在慕尼黑技术大学获得计算机科学博士学位,师从F.L.鲍尔,并与他一起编写教科书《算法语言和程序开发》(Algorithmische Sprache und Programmentwicklung)(德语版和英语版,施普林格)。自1985年起,他一直担任"信息科学Ⅰ"编辑部门的负责人。

我们在海德堡有幸得到了信息学项目专家顾问的帮助,他们一直活跃在科学的最前沿。除上面已经提到的人,还有克利夫·琼斯(Cliff B. Jones)(曼彻斯特),古斯塔夫·波默贝格尔(Gustav Pomberger,林茨),克谢戈·罗岑贝格(Grzegorz Rozenberg,莱顿),阿托·扎洛马(Arto Salomaa,图尔库),弗雷德·施奈德(伊萨卡),尼古拉斯·沃斯(苏黎世),曼弗雷德·布

444　自 1991 年 11 月起,施普林格出版社在美国西海岸的基地:位于计算机技术中心"硅谷"的加利福尼亚州圣克拉拉的办公室。

罗伊(Manfred Broy,慕尼黑),雅克·卡尔梅特(Jacques Calmet,卡尔斯鲁厄),阿尔贝特·恩德雷斯(Albert Endres,伯布林根/慕尼黑),彼得·洛克曼(Peter C. Lockemann,卡尔斯鲁厄),曼弗雷德·纳格尔(Manfred Nagl,亚琛),彼得·施努普(Peter Schnupp,慕尼黑),耶尔格·西克曼(Jörg Siekmann,萨尔布吕肯)和霍斯特·施特龙茨(Horst Strunz,科隆)。

445　圣克拉拉办公室负责人阿兰·维德(生于 1936 年)负责 TELOS 计划和电子科学图书馆等工作。

327

　　该计划的重点是《计算机科学讲义》丛书,自 1973 年以来已经出版了 750 多卷专著,主要是会议报告。几乎每一个活跃的科学家都曾是施普林格的作者或编辑,由此可见该丛书的重要性和受欢迎程度。

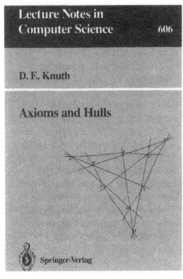

446 《计算机科学讲义》,1992 年,第 606 卷。

447 《算法》,1992 年,第 5/6 期,第 15 卷。

448 《信息科学谱系》,1992 年,第 5 期,第 1 卷。

449 弗里德里希·鲍尔和格哈德·戈斯:《信息科学 1:介绍性概述》(施普林格教科书),1991 年,第 4 版。由弗里德里希·鲍尔和德舍(W. Dosch)编写。

在德语领域,施普林格通过与德国信息科学学会(Gesell-schaft für Informatik,GI)在图书和期刊方面达成了卓有成效的合作,成功地和信息学领域建立了密切的联系。

在"勾号教科书计划"近期出版的书目中,有一些是信息科学领域的代表之作:赫尔穆特·贝尔林(Helmut Bähring)的《微型计算机系统》(*Mikrorechner-Systeme*),1991年。贝恩德·帕格(Bernd Page)的《离散仿真》(*Diskrete Simulation*),1991年。罗尔夫·亨茨勒(Rolf G. Henzler)的《信息与文献》(*Information und Dokumentation*),1992年。马克斯·米尔豪斯(Max Mühlhäuser)和亚历山大·席尔(Alexander Schill)合著的《分布式应用程序软件工程》(*Software Engineering für verteilte Anwendungen*),1992年。彼得·施米特(Peter H. Schmitt)的《逻辑编程理论》(*Theorie der logischen Programmierung*),1992年。莱茵哈德·威廉(Reinhard Wilhelm)和迪特尔·毛雷尔(Dieter Maurer)合著的《编译构造》(*Übersetzerbau*),1992年。弗里德里希·鲍尔和格哈德·戈斯合著的《信息科学1和2》(*Informatik 1 und 2*),1992年,第4版。弗里德里希·鲍尔的《密码学》(*Kryptologie*),1993年。曼弗雷德·布罗伊(Manfred Broy)的《信息科学:1992年第1部分,1993年第2部分》(*Informatik. Part I 1992, Part II 1993*)。瓦尔特·费尔舍尔(Walter Felscher)的《可计算性》(*Berechenbarkeit*),1993年。沃尔夫冈·吉洛伊(Wolfgang K. Giloi)的《计算体系结构》(*Rechenarchitektur*),1993年,第2版。保罗·罗哈斯(Paul Rojas)的《神经网络理论》(*Theorie der neuronalen Netze*),1993年。

物理学

在与数学密切相关的精密自然科学领域的出版工作已经提及,例如,格特森和波尔编著的教科书《物理学手册》。以及最重要的,自20世纪20年代以来一直受到推崇的《德国物理学杂志》(*Zeitschrift für Physik*),它是 20 世纪以来最成功的物理学期刊之一。20 世纪 30 年代和第二次世界大战的灾难性时期使德国的研究工作遭受挫折,从而影响了相关的期刊和文献。只有逐渐赶上国际研究水平才有可能。战后最初几十年,在赫尔曼·迈尔-考普的领导下,公司取得了令人瞩目的成就,特别是我们与美国的克利福德·特鲁斯德尔建立了重要的联系,这些成就是成功而持久的。

450　海因茨·迈尔-莱布尼茨(Heinz Maier-Leibnitz,生于 1911 年),是我们的期刊《核子学》和《自然科学》的创办人和联合主编;1974 年至 1979 年,担任德国科学基金会会长。

　　1955 年 5 月 5 日,《巴黎协定》(Paris Agreement)解除了波茨坦会议对科学研究的限制。德国再次成为一个主权国家。这对于核物理专业领域来说具有特殊的意义。同年,联邦核问题事务部(*Bundesministerium für Atomfragen/ Federal Ministry of Nuclear Issues*)成立(1955 年 12 月 1 日)。我们从 1958 年开始出版《核子学》(*Nukleonik*)期刊。它在 1969 年的第 12 卷停刊,因为它所涉及的主题在《德国物理学杂志》中得到了充分的体现。

　　迈尔—考普的功劳中有一项是在出版界独有的:在德国天文学家,尤其是在汉斯·埃尔泽塞尔(Hans Elsässer)的支持下,他在 1969 年创办了《天文学和天体物理学》期刊。在这七个国家和出版商中,施普林格出版社凭借阿尔布雷希特·翁瑟尔德(Albrecht Unsöld)编辑的《天体物理学杂志》(*Zeitschrift für Astrophysik*,1930 年创刊)大获成功,使得这些国家和出版

329

451 《核子学》,1969 年,第 6 期,第 12 卷。

452 《德国物理学杂志》,1970 年,第 1 期,第 230 卷。

商开始停止出版自己的期刊,转而委托给施普林格出版社出版这一泛欧洲期刊。然而,《天体物理学杂志》并不属于我们,而是隶属于欧洲南方天文台(European Southern Observatory,ESO)的董事会。将这本期刊交给施普林格出版,既是出于经济方面的考虑,也是以我们同时系统开发的国际化的、欧洲的期刊群为例。

也是在 1969 年,天文学领域最成功的项目开始了:瓦尔特·弗里克(Walter Fricke)编辑的《天文学和天体物理学

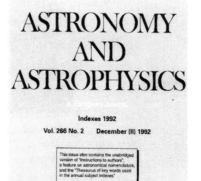

453 《天文学家》(The astronomists),《天文学和天体物理学文摘》,1992 年,第 2 期,第 266 卷。

文摘》(*Astronomy and Astrophysics Abstracts*),后来由海德堡天文计算研究所(Institute of Astronomische Recheninstitute)的罗兰德·维勒恩(Roland Wielen)编辑。

西格弗里德·弗吕格和格哈德·赫勒尔(Gerhard Höhler)于 1964 年创办的《施普林格现代物理学丛书》(*Springer Tracts in Modern Physics*),得到了法尔克-瓦兰特(P. Falk-Vairant)和奥托·哈克塞尔(Otto Haxel)的支持,我们的物理学项目开始宣布向国际物理学研究开放。

454,455 汉斯·埃尔泽塞尔和阿尔布雷希特·翁瑟尔德(生于 1905 年)在该杂志的创立中起到了决定性作用。

1966 年 6 月 17 日,沃尔夫冈·拜格尔伯克(Wolfgang Beiglböck)开始以自由撰稿人的身份为我们工作,1972 年 1 月 1 日,赫尔穆特·洛奇(Helmut K. V. Lotsch)加入我们,成为我们的内部物理编辑。他们两位都能够为那时已经取得的成就添砖加瓦。他们的工作,正如公司经理们所希望的那样,他们致力于建立一个具有最高标准的国际性的英语物理学项目——与此同时,德国的研究也在重新赶上国际标准。众多年轻一代的

330

456,457　汉斯·延森（J. Hans D. Jensen, 1907—1973）和奥托·哈克塞尔（生于1909 年）是 1963 年诺贝尔物理学奖的获得者，他们在核物理方面的工作集中在原子的转化上，这促进了《施普林格现代物理学丛书》的发展，使之享有如今的声誉。

德国物理学家使之成为可能，例如，于尔根·埃勒斯（Jürgen Ehlers）、克劳斯·黑普（Klaus Hepp）、吉斯贝特·普特利茨和汉斯·魏登米勒（Hans A. Weidenmüller），以及斯图加特的马克斯-普朗克固态物理研究所（Max-Planck-Institut für Festkörperphysik）的所长们：曼努埃尔·卡多纳（Manuel Cardona）、彼得·富尔德（Peter Fulde）、克劳斯·冯·克里津（Klaus von Klitzing, 1985 年获得诺贝尔奖）和汉斯-约阿希姆·奎塞尔（Hans-Joachim Queisser）。

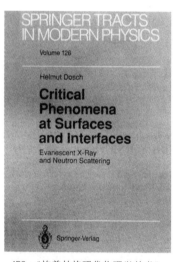

458　《施普林格现代物理学丛书》，1992 年，第 126 期。

　　对我们物理学项目的发展具有决定性意义的是《德国物理学杂志》的持续扩大。

459 沃尔夫冈·拜格尔伯克（生于 1939 年），海德堡应用数学研究所数学物理学教授，自 1973 年起一直担任施普林格出版社的顾问。

460 赫尔穆特·洛奇（生于 1933 年）在美国生活了 10 年后，于 1972 年加入施普林格出版社；1961 年至 1963 年在加州理工学院和斯坦福大学（1963/1964 年）分别担任北约研究员。

461 汉斯·魏登米勒（生于 1933 年），理论物理教授，海德堡马克斯·普朗克原子核物理研究所所长。在他的推动下，有着悠久传统的《德国物理学杂志》被重塑为一份国际性的专业期刊；该刊目前分为四个部分。

462 汉斯—约阿希姆·奎塞尔（生于 1931 年），自 1971 年以来一直担任德国斯图加特马克斯·普朗克固态物理研究所所长，该研究所是德国固态物理领域的科学中心。

在拜格尔伯克的帮助下，魏登米勒在 1975 年将《德国物理学杂志》分为两部分出版发行：A 部分是《原子与核物理学》（*Atom-und Kernpysik*），和原杂志涵盖的内容相当；B 部分是《固态物理学》，吸收了我们创办于 1963 年的期刊《凝聚态物理学》（*Physik der kondensierten Materie*）所涵盖的领域，我们同时停办了该期刊。因此，该期刊获得了新的动力，并受到了更多的关注，并在当时图书馆预算的大幅削减的情况下幸存下来，其中一个受到波及的期刊是备受尊敬的意大利期刊《新实验》（*Nuovo Cimento*），它与日内瓦的欧洲核子研究组织（CERN）有关。1979 年，我们开始出版 C 部分：《粒子物理学》（*Teilchenphysik*），从而填补了之前留下的空白。1986 年，《分子物理学》（*Molekularphysik*）被收录在《德国物理学杂志》的 D 部分，这代表着物理学的所有分支都到了补充；其余的则由两部分组成的期刊《应用物理学》（*Applied Physics*）充实。以上所描述的过程是一个很好的例子，说明了在困难时期我们所必须尝试的事情：通过提供最高质量的作品，成为最好的产品，并在危机中生存下来。1986 年，格奥尔格·贝德诺尔斯（Georg Bednorz）和卡尔·亚历山大·米勒（Karl Alexander Müller）撰写的《钡镧铜氧化物中可能存在的高 Tc 超导性》（*Possible High Tc Superconductivity in the Ba-La-Cu-O System*）一文发表在《德国物理学杂志》B 部分，第 64 卷，第 189 页。作者们在该领域的研究成果于 1987 年获得了诺贝尔奖。

与此同时，物理学期刊的计划作为一个整体构想继续扩展，如今我们在该领域出版了 11 种成功的期刊，包括《数学物理学通讯》（*Communications in Mathematical Physics*，1965 年）。与此同时，赫尔穆特·洛奇的编辑部与斯图加特的马克斯·普朗克固态物理研究所密切合作，开发了一流的图书和丛书项目。历史悠久的《施普林格固态科学系列》（*Springer Series in Solid-State Sciences*）——自 1978 年以来已出版 100 多卷——

332

Zeitschrift
für Physik A

Hadrons
and Nuclei

Volume 344　Number 1　1992

Condensed
Matter

Zeitschrift
für Physik B

Volume 69　Number 3　1992

 Springer International

Springer International

463　A 部分，1992 年，第 1 期，第 344 卷。

464　B 部分，1992 年，第 3 期，第 89 卷。

Zeitschrift
für Physik C

Particles
and Fields

Volume 54　Number 3　1992

Atoms, Molecules
and Clusters

Zeitschrift
für Physik D

Volume 24　Number 4　1992

 Springer International

Springer International

465　C 部分，1992 年，第 3 期，第 54 卷。

466　D 部分，1992 年，第 4 期，第 24 卷。

463—466　自 1921 年以来由施普林格出版社出版的《德国物理学杂志》由于逐渐专业化，从 1975 年开始分为四个专题部分（A—D）。

333

在该领域处于国际领先地位。值得一提的还有《施普林格光学丛书》(*Springer Series in Optical Sciences*)，其中由瓦尔特·克希纳(Walter Koechner)所著的第一卷《固体激光工程》(*Solid-State Laser Engineering*)已成为经典之作。在这套丛书中，两位杰出的俄罗斯作家莱托霍夫(V.S. Letokhov)和契勃塔耶夫(V.P. Chebotayev)所著的《非线性激光光谱学》(*Nonlinear Laser Spectroscopy*)受到了特别关注。托伊沃·科霍宁(Teuvo Kohonen)所著的《自组织和联想记忆》(*Self-Organisation and Associative Memory*)被证明是神经元网络领域的圣经；第三版于 1989 年出版，收录在《施普林格信息科学系列》(*Springer Series In Information Science*)中。

还必须提及《应用物理学专题》(*Topics in Applied Physics*)和《施普林格化学物理丛书》(*Springer Series in Chemical Physics*)。后者的第 42 卷介绍了诺贝尔奖获得者戴森霍费尔(J. Deisenhofer)、胡贝尔(R. Huber)和米歇尔(H. Michel)的研究论文集：《光合细菌的触角和反应中心》(*Antennas and Reaction Centers of Photosynthetic Bacteria*)。

这一图书计划得到了一系列现代教科书的补充，如赫尔曼·哈肯(Hermann Haken)和汉斯·沃尔夫(Hans C. Wolf)合著的《原子和量子物理学》(*Atomic and Quantum Physics*，1993 年第 5 版)以及哈拉尔德·伊巴赫(Harald Ibach)和汉斯·吕特(Hans Lüth)合著的《固态物理学》(1990 年第 3 版)。阿尔布雷希特·翁瑟尔德的经典教科书《新宇宙》(*Der neue Kosmos*)在他的学生博多·巴施克(Bodo Baschek)的修订版(1991 年第 5 版)和第四次全面修订的英文版(1991 年)中继续取得成功。

化学

德国的化学科学有着悠久而有趣的历史，并伴随着强大的化学工业的发展。《贝尔斯坦有机化学手册》和《盖墨林无

467 《施普林格固态科学系列》，1990 年第 3 版，第 1 卷。

468 《施普林格信息科学系列》，1989 年，第 3 版，第 8 卷。

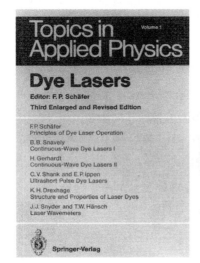

469 《应用物理学专题》，1990 年，第 3 版，第 1 卷。

470 阿尔布雷希特·翁瑟尔德：《新宇宙》，1991 年，第 4 版。

施普林格出版史

机化学手册》(自 1973 年起列入施普林格出版社计划)证明了这一点[Becke-Goehring](参见本书第 52—53 页)。

471 《盖墨林无机化学手册》,第 8 版,《铜——有机铜化合物》,1985 年, 第 1 部分。

472 路德维希·阿克尔等(编辑): 《食品化学手册》,1970 年,第 1 卷。

最早的专业杂志——费森尤斯《分析化学杂志》——创刊于 1862 年,前面已经讨论过[FRESENIUS；GÖTZE（3）； SARKOWSKI(2)]。

334

有两本化学手册被认为是该领域的标准著作,直到今天仍然经常被经常查阅:路德维希·弗雷泽纽斯(Ludwig Fresenius,1936 年去世)编写的《分析化学手册》(*Handbuch Der Analytischen Chemie*),自 1940 年起由他的堂兄雷米朱斯·弗雷泽纽斯 (Remigius Fresenius)和格哈德·扬德尔(Gerhard Jander)共同编辑(直到 1949 年)。直到 1967 年与扬德一起,在他去世后,威廉·弗雷泽纽斯(Wilhelm Fresenius)独自一人延续了这一传统。出版计划分为三个部分:《第一部:一般方法和专门操作》(*Allge-meine Methodik und Spezielle Verfahren*),《第二部:定性检测方法》(*Qualitative Nachweisverfahren*)和《第三部：定量测定与分离方法》(*Quantitative Bestimmungs-und Trennungsmethoden*)。第二部分在 1944 年至 1963 年期间共出版了 9 卷，在 1940 年至 1978 年期间共出版了 8 卷。这些部分是按照元素周期表排列的。其中的第一部，即《一般方法和专门操作》，并未出版。

化学的第二部标准著作，《食品化学手册》(*Handbuch der Lebensmittel-Chemie*)，于 1933 年至 1942 年间首次出版，分为 9 卷，共 12 部分。编辑是约瑟夫·蒂尔曼斯(Joseph Tillmans，直到 1935 年)，阿洛伊斯·博默尔(Aloys Bömer，直到 1936 年)，阿道夫·尤克纳克(Adolf Juckenack，直到 1938 年)，以及恩斯特·巴尔纳斯(Ernst Barnes)、本诺·布莱尔(Benno Bleyer)和约翰娜·格罗布费尔德(Johann Großfeld)(这三位是在 1938 年至 1942 年期间)。1965 年至 1970 年，第二版再次出版，共分为 9 卷 12 个部分。编辑负责人是约瑟夫·朔尔莫伊勒(Josef Schormoiler)，编辑有路德维希·阿克尔(Ludwig Acker)、卡尔·贝格纳(Karl-G. Bergner)、迪迈尔(W. Diemair)、海曼(W. Heimann)、基尔迈尔(F. Kiermeier)、朔尔米勒(J. Schormüller)和祖希(S.W. Souci)。

创刊于 1949 年的《化学研究进展》于 1965 年改为丛书，1973 年更名为《当代化学专题》(*Topics in Current Chemistry*)。从那以后，我们用英语出版了这个系列；通过在纽约和后来在东京建立的分支机构，我们在英语市场上赢得了一席之地。弗里德里希·博施克(Friedrich L. Boschke)在 1964 年至 1984 年为公司的化学项目做了巨大贡献。

在我们转向科学通用语言之后，有了许多新的英语项目接踵而至。其中包括 1958 年作为高聚物研究进展丛书出版的《聚合物科学进展》(*Advances in Polymer Science*)；1966 年出版的《结构与黏结》(*Structure and Bonding*)，该研究从 1970 年以来仅以英文发表；《NMR：基本原则和进展》(*NMR-Basic*

473 《当代化学专题》,1992 年,第 162 卷。

474 《聚合物科学进展》,1992 年,第 104 卷。

475 《NMR:基本原则和进展》,1992 年,第 26 卷。

476 弗里德里希·博施克(生于 1920 年),直到 1984 年担任化学内部编辑,同时负责《自然科学》杂志。

Principles and Progress）创办于 1969 年。

《生物化学工程/生物技术进展》（*Advances in Biochemical Engineering / Biotechnology*）系列丛书创办于 1971 年，内容涵盖了生物化学过程工业应用的发展状况。这套丛书也获得了很好的声誉。

已经开始出版的丛书有《环境化学手册》（*The Handbook of Environmental Chemistry*，1980 年）和《晶体：生长、性质和应用》（*Crystals. Growth，Properties and Applications*，1978 年），这本期刊主要以材料科学为导向。通过这些英文出版物，特别是"进展"系列，我们为施普林格出版社赢得了来自美国和日本的作者；从那以后，这些出版物就成为化学领域世界范围内科学出版工作的特色。

20 世纪 70 年代，由于英语高级教科书（*Advanced Textbook*）概念的出现，德语教科书计划一度退居次要地位。然而，汉斯·拉沙尔（Hans P. Latscha）、赫尔穆特·克莱因（Helmut A. Klein）和克劳斯·居尔宾斯（Klaus Gulbins）的三卷本教科书《实验室技术人员和化学技术人员化学教科书》（*Chemie für Laboranten und Chemotechniker*）（1980 年、1982 年、1984 年），以及汉斯·贝尔茨（Hans D. Belitz）和维尔纳·格罗施（Werner Grosch）合著的《食品化学教科书》（*Lehrbuch der Lebensmittelchemie*）（1987 年，第 3 版）已经出版，后者是约瑟夫·朔尔米勒教科书的延续，该教材在当时很有名。瓦尔特·巴尔特斯（Walter Baltes）1983 年出版的教科书《食品化学》（*Lebensmittelchemie*）的内容重点是食品技术。

随着金特·霍梅尔（Günter Hommel）的《危险品手册》一书的出版（1974 年），证明了施普林格出版社是化学品安全处理方面的及时倡导者。目前这本书已经成为一部不可或缺的标准著作，远远超出了德国的边界；如今，该书已增至四卷，还在不断地补充更新，这些数据现在还制成了只读光盘（CD‐ROM）。

336

Water Pollution

With contributions by
B. Allard, G. F. Craun, N. T. de Oude, M. Falkenmark,
H. L. Golterman, T. Lindstrom, W. T. Piver

With 25 Figures and 29 Tables

Springer-Verlag
Berlin Heidelberg New York London
Paris Tokyo Hong Kong Barcelona

477 金特·霍梅尔（编辑）:《危险品手册》,第 4 卷:《说明表 1206—1396》（第 1 部分）,1992 年。

478 奥托·胡青格尔（Otto Hutzinger）（编辑）:《环境化学手册》,1992 年,A 部分,第 5 卷。

479 汉斯·拉沙尔、H.A.克莱因、克劳斯·居尔宾斯:《实验室技术人员和化学技术人员化学教科书》,1992 年,第 2 版。

480 赖纳·施通佩(生于 1947 年)于 1984 年继弗里德里希·博施克之后担任化学项目的编辑。

除了有机和无机化学这一核心专业领域外,该公司的期刊、丛书和教科书涵盖了其他主要专业主题:例如,理论化学,1962年创办的《理论化学》(*Theoretica Chimica Acta*)是该领域的第一份期刊;以及食品化学,由施普林格于1886年创办的最古老的期刊《食品调查与研究》(*Zeitschrift für Lebensmittel-Untersuchung und-Forschung*)也经过了时间的考验[HS:pp. 117ff.]。之前提到过的《聚合物科学进展》,是作为1978年创办的《高分子通报》(*Polymer Bulletin*)的补充而创办的。赖纳·施通佩(Rainer Stumpe)自1984年以来一直负责化学专业项目,当时他是化学编辑部的内部负责人。

337

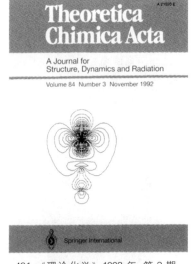

481 《理论化学》,1992年,第3期,第84卷。

482 《食品调查与研究》,1992年,第6期,第195卷。

地质学和矿物学

战后不久的一段时间内,海德堡(奥托·埃德曼斯多夫)和哥廷根(卡尔·科伦斯)支持了这一领域的工作计划。直到20世纪80年代初,我们的出版计划主要有两个重点:沉积学和岩石学/地球化学。《地球化学手册》(1969/1978年)和赫尔穆特·温克勒的《变质岩的成因》(1967年第1版,1994年第6版)到目前为止都是成功的,上文也已提到。

自20世纪60年代中期以来,我们已经出版了一批沉积学领域的经典之作,如佩蒂庄/波特(Pettijohn/ Potter)所著的《原生沉积结构图集和词汇表》(*Atlas and Glossary of of Primary Sedimentary Structures*,1964年);佩蒂庄/波特/西韦(Pettijohn / Potter / Siever)的《沙和砂岩》(*Sand and Sandstones*,1973年);赖内克/辛格(Reineck / Singh)的《沉积物环境》(*Depositional Sedimentary Environments*,1973年;1986年第2版);威尔逊的《地质历史上的碳酸盐岩相》(*Carbonate Facies in Geologic History*,1975年)。最后是波特/梅纳德/普赖尔(Potter/Maynard/Pryor)的《页岩沉积学》(*Sedimentology of Shale*,1980年)。20世纪80年代,安德鲁·米亚尔(Andrew D. Miall)的《沉积盆地分析原理》(*Principles of Sedimentary Basin Analysis*,1984年;1990年第2版),加洛韦/霍布德(Galloway/Hobday)的《陆源碎屑沉积系统》(*Terrigenous Clastic Depositional Systems*,1983年)也成功出版。康拉德·费迪南德·施普林格在这些出版项目的开发过程中发挥了主导作用。

我们编辑策划的成功在一定程度上取决于不断扩大的石油工业,尽管这场危机始于20世纪80年代中期并延续至今,但它对市场产生了有利影响。最近出版的著作证实了这一点,如艾因泽勒/里肯/塞拉赫(Einsele/Ricken/Seilacher)的《地层学中的周期和活动》(*Cycles and Events in Stratigraphy*,1991年)和格哈德·艾因泽勒(Gerhard Einsele)的《沉积岩盆地》(*Sedimentary Basins*,1992年)。

338

在岩石学/地球化学领域,施普林格拥有多年来在国际上备受推崇的《矿物学和岩类学论文集》;它由埃德曼施道夫于1957年创办,它之前叫《矿物学和岩类学论文集》(*Beiträge zur Mineralogie und Petrologie*),自第12卷(1966年)出版以来它

483 卡尔·科伦斯(Carl W. Correns，1893—1980)，沉积岩学的先驱。

484 赫尔穆特·温克勒（1915—1980）在哥廷根大学矿物学和岩石学研究所教授岩石学，直到去世，他也是该研究所的所长。最后，他在纳米比亚的达梅拉褶皱带（Damera fold）进行了实地考察。

485 弗朗西斯·佩蒂庄（Francis J. Pettijohn，生于 1902 年），沉积地质学和盆地分析领域的杰出研究者。

486 沃尔夫冈·恩格尔（生于 1940年）于 1984 年接手地质学的编辑领域。

一直使用英文标题。这本期刊在期刊引文索引（Journals Citation Index, ISI)"矿物学"栏目下名列前茅。《矿物物理化学杂志》(*Physics and Chemistry of Minerals*, 创办于 1977 年)自 1990 年以来一直位居第三。

自 20 世纪 80 年代初开始,地球物理/大地测量学专业领域开始扩大,1991 年我们从欧洲地球物理学会接手了《地球物理学年鉴》(*Annales Geophysicae*)。与国际大地测量学协会(International Association of Geodesy)的机关刊物《大地测量学公报》(*Bulletin géodésique*) 和《地理学》(*Manuscripta geodaetica*)之外,大地测量学领域的期刊几乎全部掌握在施普林格出版社手中。最成功的一本书是约瑟夫·佩德洛斯基(Joseph Pedlosky) 的《地球物理流体力学》(*Geophysical Fluid Dynamics*, 1979 年; 1986 年第 2 版)。在沃尔夫冈·恩格尔(Wolfgang Engel, 1984 年以来)的编辑管理下,我们目前正在扩大环境地质学和应用地质学的主题领域,例如,在纽约出版的《环境地质学和水科学》(*Environmental Geology and Water Sciences*)期刊。全世界对这一领域的兴趣与日俱增。

339

地球科学领域的教科书一览:哈特穆特·海因里希斯(Hartmut Heinrichs)和阿尔贝特·赫尔曼(Albert G. Herrmann)的《分析地球化学实践课程》(*Praktikum der Analytischen Geochemie*, 1990 年)。西格弗里德·马蒂斯(Siegfried Matthes)的《矿物学》(*Mineralogie*, 1983 年; 1990 年第 3 版)。汉斯·福格特(Hans J. Voigt)的《水文地球化学》(*Hydrogeochemie*, 1990 年)。瓦尔特·博尔夏特-奥特(Walter Borchardt-Ott)的《晶体学导论》(*Kristallographie*, 1976 年; 1990 年第 3 版)。沃尔夫冈·达赫罗特(Wolfgang R. Dachroth)的《建筑地质学实务》(*Baugeologie in der Praxis*, 1990 年; 1992 年第 2 版)。迪克·亨宁森(Dierk Henningsen)的《土木工程地质学》(*Geologie für Bauingenieure*, 1982 年; 1992 年第 2 版)。

技术编辑部在我们公司一直扮演着重要的角色[HS：pp. 95，196]。多年来，随着所有技术领域的科学成分的增加，工程师的文献越来越多地调整到大学或专业学校的水平。我们通过加强寻找有工业背景的作者，从而保持了与"实践"的联系。

德国的大学和专业学院的工程科学系是大学培训的最大群体，约有 250,000 名学生。因此，施普林格出版社的技术教科书在整个出版项目中占有重要地位。诸如卡尔·屈普夫米勒（Karl Küpfmüller）的《理论电气工程概论》（*Einführung in die theoretische Elektrotechnik*，1993 年，第 14 版），恩斯特·施密特的《热力学》（*Thermodynamik*，1992 年，第 13 版）等经典著作，后者由迈因格（Mayinger）、斯蒂芬（Stephan）和汉斯·贝尔（Hans D. Baehr）继续撰写的《热力学》（1992 年，第 8 版）得以延续。伊斯特凡·萨博（István Szabó）的《工程力学概论》（*Einführung in die Technische Mechanik*，1975 年，第 8 版）销售极佳，还有一些更新的标准著作，如迪特马尔·格罗斯（Dietmar Gross）、维尔纳·豪格尔（Werner Hauger）和瓦尔特·施内尔（Walter Schnell）合著的《工程力学》（*Technische Mechanik*），格哈德·帕尔（Gerhard Pahl）和沃尔夫冈·贝兹（Wolfgang Beitz）合著的《设计教程》（*Konstruktionslehre*）（1993 年，第 3 版）取得了迅速的成功。

第二次世界大战后，尤利乌斯·施普林格以深思熟虑和全面的专业知识重建了技术部门。亨里克·扎勒和约翰内斯·格贝勒对他的帮助很大，直到 1962 年我们放弃了在哥廷根的分支机构后，扎勒的帮助才起到作用。1968 年 7 月 1 日，曼弗雷德·霍夫曼开始在柏林为施普林格出版社工作，1969 年 4 月，他接手了慕尼黑的一家科技编辑部。这是因为施普林格出版社在德国南部的联系人越来越多。慕尼黑、埃尔朗根、斯图加特和卡尔斯鲁厄的优秀大学从慕尼黑得到的服务比从柏林得到的服

340

Karl Küpfmüller

**Einführung in die
theoretische Elektrotechnik**

11., verbesserte Auflage
Bearbeitet von G. Bosse

Mit 623 Abbildungen

Springer-Verlag
Berlin Heidelberg New York Tokyo 1984

Einführung in die
Technische Mechanik

Nach Vorlesungen

István Szabó

Achte neubearbeitete Auflage

Springer-Verlag Berlin · Heidelberg · New York 1975

487　卡 尔 · 屈 普 夫 米 勒（Karl Küpfmtiller）:《理论电气工程概论》，1984 年，第 11 版。

488　伊斯特凡 · 萨博:《工程力学概论》，1975 年，第 8 版。

G. Pahl · W. Beitz

Konstruktionslehre
Handbuch für Studium und Praxis

Springer-Verlag
Berlin Heidelberg New York

489,490　沃尔夫冈 · 贝兹和格哈德 · 帕尔在 1977 年合著的《设计教程》一书。

务要多得多。此外，我们从慕尼黑和苏黎世的瑞士联邦理工学院保持联系也更容易，德国工业企业集中在德国南部——西门子就是其中之一，这也是我们开设该分支机构的另一个原因。

491　康拉德·扎特勒（Konrad Sattler，1905 年出生）于 1944 年至 1946 年在格拉茨技术大学工作，1951 年至 1961 年在柏林理工大学任教。他跟随费迪南德·施莱歇的脚步，担任《土木工程师》期刊的编辑，并撰写了《静力学教程》（Lehrbuch Der Statik）一书；直到 1975 年，他一直担任格拉茨理工大学的建筑静力学教授。他编辑了维也纳施普林格出版的丛书《工程结构：理论与实践》（Ingenieurbauten, Theorie und Praxis）。

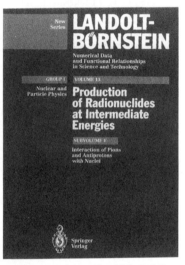

492　《兰多尔特—伯恩施泰因手册：全新系列》（Landolt-Börnstein, New Series），奥特弗里德·马德隆（主编），第 Ⅰ 组，第 23 卷。e 分卷由赫维希·朔佩尔于 1994 年编辑。

西门子、柏林和施普林格出版社之间的联系源远流长［HS：p. 103 ff.］，并且在第二次世界大战后（西门子，慕尼黑/埃尔朗根）仍在保持着活跃的联系。我们与董事会及其主席建立了良好的信任关系，西门子的许多科研人员都是我们的作者和编辑。西门子股份公司的总经理们在一定程度上推动了其研究人员的出版活动。1971 年至 1988 年，我们出版了《西门子研究与发展报

341

告》(*Siemens Forschungs-und Entwicklungs-Berichte*)一书,该书在国际上享有盛誉,发行量很大。我们很幸运能和西门子研究实验室的负责人埃尔温·赫尔茨勒(Erwin Hölzler)进行多年卓有成效的合作。

扎勒再次全身心地投入柏林的技术和工程科学的编辑策划工作,并积极致力于《兰多尔特—伯恩施泰因手册》的延续。1946年,奥伊肯在卡尔-海因茨·黑尔韦格的协助下,再次开始了这部著作的第6版的编辑工作[EUCKEN]。1950年,黑尔韦格同奥伊肯签订了编辑合同。1952年,黑尔韦格获得了达姆施塔特的教授职位,在妻子安妮·玛丽的高效配合下,他在那里继续不懈地为这份出版物而努力。

大约在1959年,人们开始讨论《兰多尔特—伯恩施泰因手册》在第6版编辑工作结束后应该采取什么样的形式出版。我们决定不从第7版开始,而是根据科学的需要、现有的数据收集以及赢得合适作者的可能性,以灵活的方式对该著作进行补充。我建议将其命名为"全新系列"(*Neue Serie*)。为了清楚起见,卡尔-海因茨·黑尔韦格计划将其分为六组:Ⅰ:核物理(Nuclear Physics);Ⅱ:原子和分子物理(Atomic and Molecular Physics);Ⅲ:晶体和固态物理(Crystal and Solid-State Physics);Ⅳ:物质的宏观和技术性质(Macroscopic and Technical Properties of Matter);Ⅴ:地球物理学和空间研究(Geophysics and Space Research);Ⅵ:天体物理学,天文学(Astrophysics,Astronomy)。后来我们又补充了第Ⅶ部分,生物物理学,以及涵盖物理学和化学中的单位和基本常数的各卷(无组别名称)。为规划和编辑上述各组中的各卷,我们聘请了杰出的科学专家,他们又邀请了知名专家作为各章节的作者。"全新系列"首次出版于1961年9月,第一部是《原子核的能级》(*Energy Levels of Nuclei*)——属于Ⅰ类——主要作者是韦(K. Way)。

赫维希·朔佩尔（Herwig Schopper）也为这个主要项目争取到了俄罗斯作者，与日本卷的编辑和日本数据库的合作也取得了丰硕的成果。事实上，对数据库内容所做的批判性编写及其出版应被视为《兰多尔特—伯恩施泰因手册》的一项重要职能。

因为工作领域日益专业化，为了能够快速出版，我们鼓励将"全新系列"分成较小的分册。我们从现已出版的近 200 卷中收集了丰富的数据资料，这些资料可以在"综合索引"中找到：自 1991 年以来，这些资料一直免费提供光盘。现在，"综合索引"可以通过电子邮件提供了一种越来越好，更快捷地获取信息的可能性。另外，从 1992 年秋天开始，我们也提供了带有搜索界面的"目录磁盘"。为了回答有关材料的属性及其所含物质的问题，迄今为止已出版的所有《兰多尔特—伯恩施泰因手册》的物质索引都以书本和光盘的形式出版。根据德国物理学会的一项调查显示，《兰多尔特—伯恩施泰因手册》是最常使用的物理数据参考资料。因此，我们正在考虑让物理信息系统能够访问这些卷册。

1985 年，黑尔韦格退出编辑工作，由奥特弗里德·马德隆接任。1991 年，赖纳·珀尔施克（Rainer Poerschke）接任了内部编辑管理工作，1992 年，马德隆也接任了编辑职位；不过，马德隆继续从事一般编辑工作。与此同时，扎勒也结束了他数十年来为这部标准作品所做的可靠而重要的批评活动。

纯粹出于组织方面的原因，自 1962 年扎勒搬到柏林以来，《兰多尔特—伯恩施泰因手册》部门一直被分配到整个技术编辑部，1979 年 4 月到 1990 年 10 月由瓦尔特·路德维希（Walther Ludwig）管理，此后一直由埃森巴赫的胡贝图斯·里德泽尔·弗尔（Hubertus Riedesel Frhr）领导。

几年前，马德隆建议我们出版篇幅更短、主题更局限的版本，同时我们继续定期出版主要作品"全新系列"。这些作品的标题为"科学技术数据"（*Data in Science and Technology*，

DST），涵盖了《兰多尔特—伯恩施泰因手册》中尚未涉及的数据领域。具体规划始于 1989 年。迄今为止，部分基于主要著作中的数据编写的，已出版了以下几卷：O.马德隆的《半导体》(*Semiconductors*)（1991 年）；维恩（H. P. Wijn）的《金属的磁性》(*Magnetic Properties of Metals*)（1991 年）。玛德隆的另一本关于半导体的书在 1992 年出版。这一出版计划还包括菲舍尔（H. Fischer）的《自由基的磁性》(*Magnetic Properties of Free Radicals*)和福格特（H. H. Voigt）的《天文学和天体物理学》。这些作品将与《兰多尔特—伯恩施泰因手册》的补充卷一起出版。其他各卷正在讨论计划中。"科学技术数据"（DST）系列旨在为用户提供快速参考，其目标之一是成为图书馆大型参考书的桥梁。

343

493　作为内部编辑，瓦尔特·路德维希（生于 1943 年）为我们德语技术项目的蓬勃发展做出关键贡献。

494　物理学家胡贝图斯·里德泽尔·弗尔（生于 1953 年）自 1990 年以来一直担任技术编辑部主管。

　　技术编辑部最著名的作品是几乎具有传奇色彩的《杜贝尔机械工程手册》(*Dubbel-Taschenbuch für den Maschinenbau*)，施普林格出版社历史的第一部分[HS：p. 210 ff]详细介绍了该书的发展历程。战后,《杜贝尔》迅速恢复了其在德语机械工程师手册中的领先地位,这主要归功于弗里德里希·萨斯出色的编辑领导能力(参见本书第 37、71 和 350 页)。

截至目前,《杜贝尔》已售出 17 个版本,共计 965 000 册。这使得《杜贝尔》成为施普林格出版社发行量最大的图书。自 1981 年以来,由柏林工业大学的前沿建筑科学家、教授沃尔夫冈·贝兹和卡尔-海因茨·库特纳(Karl-Heinz Küttner)共同编辑(参见图 489)。

《杜贝尔》的意大利文、西班牙文、葡萄牙文、希腊文、塞尔维亚文、克罗地亚文和捷克文的译本已经获得许可,中文版的第一部分于 1992 年出版,由张维负责翻译。此外,还有一些非法的俄文版本。

多年来,《杜贝尔》一直有一个算不上多么成功,甚至历史更悠久的伙伴,即开始于 1857 年的《工程师手册》(*Hütte-des Ingenieurs Taschenbuch*;*Hütte-The Engineer's Handbook*),但这不是由施普林格创办的。德国冶金工程师学会(Akademische Verein Hütte/Academic Association of Metallurgical Engineers)是其创办人和出版商,是柏林皇家职业学院(Royal Trade Institute)的学生和教授结成的联盟,是柏林皇家职业学院是夏洛腾堡工学院(Technical University of Charlottenburg,现为柏林工业大学)的前身。它

495　奥特弗里德·马德隆(编辑):《第IV组元素和III-V组化合物以外的半导体》(*Semiconductors Other than Group IV Elements and IIIV Compounds*)(1992 年),收于赖纳·珀尔施克(主编)"科学与技术数据"。

344

的成员负责创立了德意志工程师联盟（Verein Deutscher Inge-
nieure，VDI）。

496 《杜贝尔机械工程手册》，由 W.
贝兹和 K.-H.库特纳编辑。1990 年，第
17 版。

497 霍斯特·齐乔斯编辑的《工程基
础知识》，1989 年，第 29 版。

从一开始，德国冶金工程师学会就把推动和出版科学文献作
为自己的职责。因此，这部对所有工程师都有所帮助的著作几十
年来取得了巨大成功，并像《杜贝尔》一样被翻译成法文、意大利
文、西班牙文和俄文。观念的改变导致其在 20 世纪 60 年代的成
功发生了急剧逆转时，该协会在施普林格出版社找到了一个新
的合作伙伴来出版其著作。《基础知识》（*Grundlagen-Hütte*）
在 1989 年以新的面貌出现，尽管在市场上销声匿迹了近 20 年，
但是它很快在许多工程师和工程专业学生的心目中重新占据了一
席之地。新任科学主编是柏林德国联邦材料研究与测试处
（Bundesanstalt für Materialforschung und-Prüfung，BAM；
Federal Agency of Material Research and Testing）的主席霍斯
特·齐乔斯（Horst Czichos）。

345

498 乌利希·蒂策、克里斯托夫·申克:《半导体电路技术》,1993 年,第 10 版,以及(499.)英文版本:《电子电路:设计原理与应用》。

　　公司的另一项成功的工程技术作品是乌利希·蒂策(Ulrich Tietze)和克里斯托夫·申克(Christoph Schenk)的《半导体电路技术》(*Halbleiter-Schaltungstechnik*)。图宾根大学的这两位年轻工程师最初将他们的电路与半导体元件组装在一起,仅供研究所内部使用。生物控制论研究所的维尔纳·赖夏特让我注意到了这两位作者。出版公司认识到这一材料的价值,在当时这是一种新生事物,但我们并没有意识到它的市场潜力。1969 年出版的第一版印数为 2700 册,但数量太少。20 年后,第九版开始发行 15 000 册,如今,经过几次更新再版,数量已增至 24 000 册。目前,我们正在准备再版,几年后我们要出版下一版,将超过 20 万册。1978 年,施普林格出版社出版了英文版的删节本,1991 年又出版了完整版。此外,1973—1990 年还出版了四个匈牙利语版本,1976—1987 年出版了两个波兰语版本,1982 年和 1983 年我们出版了两个俄文版本,1987 年出版了一个西班牙语版本,1985 年出版了一个中文版本。不幸的是,这本书也有盗版。几年前,有人在达姆施塔特工业大学的一栋大楼前出售非法的翻印本。但是刑事诉讼通常是非常困难的,尤其是盗窃知识产权仍然被法院视为一种轻微的犯罪。

在过去二十年里,工业生产以引进新技术为标志。固态和半导体物理学领域的基础研究的转变导致了微电子学和激光技术的发展,并部分地改变了其生产方式。效率越来越高的计算机的广泛使用,通过计算机辅助技术促进了工业生产。"C 技术"(计算机辅助设计,CAD;计算机整合制造,CIM;计算机辅助工程,CAE)正在推动这一进程。施普林格出版社为此出版了大量丛书和单行本,并计划在这一领域继续拓展。

Bernd Bilitewski · Georg Härdtle
Klaus Marek

Abfallwirtschaft

Eine Einführung

Zweite Auflage mit 358 Abbildungen

Springer-Verlag
Berlin Heidelberg New York
London Paris Tokyo
Hong Kong Barcelona Budapest

Anton Heuberger (Hrsg.)

Mikromechanik

Mikrofertigung mit Methoden
der Halbleitertechnologie

Mit 285 Abbildungen

Springer-Verlag Berlin Heidelberg NewYork
London Paris Tokyo 1989

500 比利特夫斯基(B. Bilitewski),哈特勒(G. Härdtle),和马雷克(K. Marek):《废弃物经济》(Abfall-wirtschaft),1993 年,第 2 版。

501 安东·霍伊伯格(编辑):《细观力学》(Mikromechanik),1989 年。

在发电领域,再生系统在过去的若干年里得到了发展:太阳能技术、光伏技术、风能技术和地学技术(geotechnology)。解决环境问题的需要给工程科学提出了新的任务。卡尔斯鲁厄和于利希(Jülich)的大型研究机构对职责范围的调整也是朝着这个方向进行的。

另一个工作领域是为高性能的机器和设备开发新材料。一些西方国家、苏联的几个加盟共和国和日本，都在这方面取得了突出的成就。最后，随着现代计算机技术和航天(通信卫星)经验的积累，信息供应不断增长，催生了全球电信技术的兴起。

施普林格出版社在一个多方面的项目中支持所有这些主题。下面是关于环境的主题的例子，这很早(1875

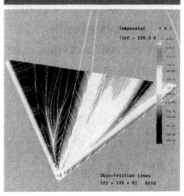

502 《飞行科学与宇宙研究杂志》(*Zeitschrift für Flugwissenschaften und Weltraumforschung*，ZFW)，1992 年，第 6 期，第 16 卷。

年!)就出现过在施普林格出版社［HS：pp. 117—120］：乌尔里希·弗斯特纳(Ulrich Förstner)的《环境保护技术》(*Umweltschutztechnik / Environmental Protection Technology*)(1992年，第 4 版)；贝恩德·布利特斯基(Bernd Bilitewski)的《废弃物经济》(*Abfallwirtschaft / Waste Economy*，和哈特勒、马雷克共同编辑，1993 年，第 2 版)；金特·鲍姆巴赫(Günter Baumbach)的《空气污染防治》(*Luftreinhaltung / Keeping the Air Clean*，1992 年，第 2 版)；以及两本杂志《灰尘：空气净化》(*Staub-Reinhaltung der Luft / Dust-Keeping Air Clean*)和《降噪》(*Zeitschrift für Lärmbekämpfung / Journal on Combatting Noise*)。此外还有 T. 耶格尔建议编写的三卷本的《辐射屏蔽工程概略》(*Engineering Compendium on Radiation Shielding*，1968 年第 I 部；1974 年第 II 部；1970 年第 III 部)，由

三位来自美国、一位来自捷克斯洛伐克、三位来自德国的研究人员联合编辑，并由维也纳的国际原子能机构（IAEA）赞助。

电子学领域在《半导体电子》（*Halbleiter-Elektronik*）和《微电子学》（*Mikroelektronik*）等丛书涉及电子领域。该领域的德国创始人安东·霍伊伯格（Anton Heuberger），是《微电子学》的编辑。

关于空间技术的相关论述在各种书籍和《飞行科学与宇宙研究杂志》中都有涉及，该杂志由德国宇航学会（Deutsche Gesellschaft für Luft-und Raumfahrt，DGLR）和德国宇航中心（German Research Institute for Aviation and Space Travel，DLR）编辑。

最近，德国最大的激光研究所（亚琛）所长格尔德·赫尔齐格尔（Gerd Herziger）编辑了一套专门针对激光技术的丛书。

我们很大一部分的项目都与材料技术有关，从扎尔曼/朔尔策的标准著作《陶瓷》（*Keramik*，1982/1983 年，第 6 版），到材料测试方面的书籍，再到《材料研究与技术》（*Werkstoff-Forschung und-Technik*，WFT）和《材料研究与工程》（*Materials Research and Engineering*，MRE）系列。

爱德华·欧德蒙（Eduard Houdremont）撰写的《特种钢手册》（*Handbuch der Sonderstahlkunde*，1935 年；1956 年第 2

503　罗尔夫·普吕默尔（Rolf Prümmer）：《粉末状物质的爆燃》（*Explosivverdichtung pulvriger Substanzen*），伊尔施内尔（B. Ilschner）（编辑）：《材料研究与技术》，1987 年，第 7 卷。

版)是同一作者于 1935 年出版的《特种钢介绍》(*Einführung in die Sonderstahlkunde*,1935 年)续篇。之后,在 1984 年和 1985 年,它与由德国钢铁协会(Verein Deutscher Eisenhüttenleute)编辑的两卷本的著作《钢铁材料科学》(*Werkstoffkunde Stahl*)一并在施塔莱森(Stahleisen)出版社出版。

施普林格出版社在木材技术领域做出了两项重要贡献。除了弗朗茨·科尔曼(Franz Kollmann)的大型作品,同时也是过时的作品之外,还有 1937 年由科尔曼创办,目前由慕尼黑的霍斯特·舒尔茨(Horst Schulz)编辑的期刊《木材和木质材料技术》(*Technologie Des Holzes Und Der Holzwerkstoffe*,1936 年第 1 版;1951 年和 1955 年,第 2 版,分两卷),《欧洲木材和木材产品杂志》(*Holz ALS Roh-und Werkstoff*),以及由科尔曼和托尔·蒂梅尔在 1967 年共同创办的国际期刊《木材科学与技术》(*Wood Science and Technology*),这是国际木材学会(International Academy Of Wood Science)的机关刊物。

一开始,施普林格出版社的技术项目就是由德语决定的,但在我们转向英语语言的过程中也获益匪浅。由于测量系统、规范以及当地建筑和生产习惯有关的历史传统原因,技术/工程学是一门趋向于具有国家或地区特色的相当封闭的特点。但是,全球测量系统的标准化,统一的物理/技术组件的重要性的日益提高,以及商品的国际交换也使技术的各个分支都具有国际性。

成功地将德语图书翻译成英语,对施普林格出版社在 1965 年后成为工程科学领域的出版商起到了"领头羊"的作用。很快,国际知名的工程科学家从我们派驻代表的国家来到我们这里,成为我们的作者。此外,尤其是在 20 世纪 80 年代初之后,我们还创办了一些成功的国际英文期刊,如《流体实验》(*Experiments in Fluids*,1983 年)或《计算数学》(*Computational Mathematics*,1986 年)。在数学和物理领域引入的"讲义"类型的书籍也进入了技术领域,例如《控制论与信息科学讲义》(*Lec-*

ture Notes in Control and Information Sciences，自 1977 年以来共出版了 170 卷）。目前，该期刊由来自德国汉诺威德高望众的曼弗雷德·托马（Manfred Thoma）编辑，他曾担任国际自动控制联合会（IFAC）主席多年。

目前，英语技术领域的项目包括 820 种现有刊物和 13 种期刊。自 1992 年以来，它们一直在伦敦集中管理。

共有 30 种期刊组成了这项技术项目的基础，其中包括

349

504 《流体实验》，1992 年，第 2 期，第 13 卷。

由 F.萨斯于 1949 年创办的系统建设理论的主要科学刊物《设计建造》，以及《ISO4 标准期刊：生产与管理》（*wt Produktion und Management*）。后者的前身是始于 1907 年的《车间技术》（*Werkstattstechnik*）为名发行[HS：p. 200ff.]，它的第一位战后编辑是奥托·金茨勒。

根据德意志工程师联盟出版社（VDI-Verlag）在 20 世纪 80 年代末进行的一项分析，他们得出结论说，施普林格出版社在技术文献领域的出版物无论在质量还是数量上都在德国名列前茅。

《哈格尔制药实验手册》 由于一些偶然的原因，这一领域的标准著作在上一次战争之前和之后的几十年里一直由技术编辑部负责。1967 年至 1980 年之间，非常成功的"完整（第四版）修订版"以八卷共 11 部分的形式出版。它由克恩（W. Kern）发起，由李斯特（P. H. List）和赫尔哈默（L. Hörhammer）以及 H. J.罗特和 W.施密德（Schmid）编辑。

505 奥托·金茨勒（1893—1969）于
1934 年接替格奥尔格·施莱辛格
（Georg Schlesinger）担任柏林工业大
学应用经济学和机床系主任。从那时
起，直到 1957 年，他一直担任《车间技
术》杂志的编辑。

506 汉斯·维克托（Hans R. Victor,
1923—1980）从 1969 年至 1980 年担
任《车间技术》的编辑。

507 《ISO4 标准期刊：生产与管理》，
1992 年，第 12 期，第 82 卷。

508 《哈格尔手册》，第 5 版，第 8 卷：
《物质 E—O》（Stoffe E-O）（1993 年）。

1988 年，这本手册被移交给了医学编辑部，彼得·海因里希（Peter Heinrich）为该手册赋予了新的概念。第五版的第四卷同时出版，由鲁道夫·亨泽尔（Rudolf Hänsel）、康斯坦丁·克勒尔（Konstantin Keller）、霍斯特·林普勒（Horst Rimpler）和格奥尔格·施奈德（Georg Schneider）编辑。第五卷正在筹备中。

法学

法律科学是我们出版计划的早期组成部分；例如，尤利乌斯·冯·基尔希曼（Julius von Kirchmann）在 1848 年出版的《作为科学的法学的无价值性》（*Von der Werthlosigkeit der Jurisprudenz als Wissenschaft*）。1922 年，由弗朗茨·冯·李斯特（Franz von Liszt）和瓦尔特·卡斯克尔（Walter Kaskel）编辑的《法律和政治学百科全书》开始出版［HS：p. 304 ff.］。第二次世界大战后，经过汉斯·彼得斯、沃尔夫冈·孔克尔和埃里希·普赖泽尔的编辑，公司推出了一系列杰出之作——例如在法律版块中，保罗·耶尔斯（Paul Jörs）、沃尔夫冈·孔克尔和利奥波德·温格尔（Leopold Wenger）撰写的《罗马法》（*Römisches Recht*，1927 年首次出版），卡尔·拉伦茨（Karl Larenz）的《方法论》（*Methodenlehre*，1960 年），维尔纳·弗卢梅（Werner Flume）的《法律行为论》（*Rehtsgeschäft*，1965 年）。作为 1991 年的最后一部作品是汉斯·约瑟夫·威灵（Hans J. Wieling）的《物权法 I》（*Sachenrecht* Ⅰ）和莱纳·施密特（Reiner Schmidt）的《公共经济法总论》（*Öffentliches Wirtschaftsrecht，Allgemeiner Teil*，1991 年）。自 1974 年起，马克斯-普朗克外国公法和国际法研究所（*Max-Planck-Institut für ausländisches öffentliches Recht und Völkerrecht*）在海德堡出版的作品一直在我们的法律科学计划范围内；特别值得注意的是《外国公法和国际法论文集》（*Beiträge zum ausländischen öffentlichen Recht und Völkerrecht*）。

1991 年，鉴于人们对法学信息需求的日益增长，我决定成立一个新的编辑小组负责法学领域的工作。它的目标是以谨慎的态度延续《百科全书》法律科学部分的概念,同时也要编写涵盖许多新建立的法律分支的高质量教科书和专著。

并非只有欧洲共同体的联合才使新法律成为必要。医学和生物学的新发展,例如基因工程或现代治疗方法,也要求制定新的法规。海因里希·洪塞尔(Heinrich Honsell)是《百科全书》的前任编辑,他在我们设计新概念

METHODENLEHRE
DER RECHTSWISSENSCHAFT

VON

Dr. KARL LARENZ
O. PROFESSOR AN DER UNIVERSITÄT MÜNCHEN

SPRINGER-VERLAG
BERLIN · GÖTTINGEN · HEIDELBERG
1960

509　卡尔·拉伦茨:1960 年《法学方法论》。第二版于 1992 年作为施普林格教科书出版。

时提供了决定性的帮助。我们得以在尤塔·贝克尔(Jutta Bec-ker)的编辑管理下,在 1992 年和 1993 年冬季学期推出了一系列共九个专题的教科书:汉斯·约瑟夫·威灵:《物权法》,1992 年。贝恩德·米勒-克里斯特曼(Bernd Müller-Christmann)和弗朗兹·施瑙德(Franz Schnauder):《证券法》(*Wertpapierrecht / Securities Law*),1992 年。海因里希·洪塞尔:《罗马法》,1992 年,第 2 版。卡尔·拉伦茨:《法学方法论》(*Methodenlehre der Rechtswissenschaft*),1992 年,第 2 版。托马斯·泽雷斯(Thomas Zerres):《民法学》(*Bürgerliches Recht / Civil Law*),1993 年。彼得·扎尔耶(Peter Salje):《民法工作手册》(*Arbeitsbuch Bürgerliches Recht*),1993 年。汉斯·约瑟夫·威灵:《收益法》(*Bereicherungsrecht*),1993 年。特奥·迈尔-马利(Theo W. J. Mayer-Maly):《法学概论》(*Einführung in die Rechtswissenschaft*),1993 年。玛丽安·帕施克(Marian Paschke):《媒体

法》(*Medienrecht*),1993 年。

经济学

　　经济学和政治学也是施普林格出版社出版计划内的早期内容。20 世纪 30 年代期间,这些作品的重要性有所下降,因为它们的主题往往带有意识形态的色彩[HS:P.358]。第二次世界大战后,部分经济学领域由《法律和政治科学百科全书》涵盖,部分由管理经济学和政治经济学的个别专著涵盖。前者包括瓦尔特·奥伊肯(Walter Eucken)的经典著作:《国民经济学基础》(*Die Grundlagen der Nationalökonomie*)(1940年第 1 版;第 6 版,同时也是第 1 版,载于 1950 年的《法律和政治学百科全书》;1989 年第 9 版),以及埃里希·古滕贝格(Erich Gutenberg)的三卷本《企业管理基础》(*Grundlagen der Betriebswirtschaftslehre*):其中第一卷为《生产》(*Die Produktion*),1951 年第 1 版,1983 年第 24 版;第二卷为《销售》(*Der Absatz*)),1954 年第 1 版;1984 年第 17 版;第三卷为《财务》(*Die Finanzen*),1968 年第 1 版;1980 年第 8 版。

510　瓦尔特·奥伊肯:《国民经济学基础》,1989 年,第 9 版。

511　埃里希·古腾贝格:《企业管理基础》,1983 年,第 24 版。

作为我们教科书计划的一部分，经济学教科书自 20 世纪 70 年代初以来就出现在"海德堡平装本"的计划内。德国曼海姆的阿尔弗雷德·施托贝（Alfred Stobbe）可以说是最早也是最成功的作者之一，他的著作《国民核算》（*Volkswirtschaftliches Rechnungswesen*）于 1969 年首次出版；自那以后该书总共印刷了 22 万册。当时其他成功的

512 埃里希·古腾贝格（1897—1984）。

作品有约亨·许曼（Jochen Schumann）的《微观经济学理论基础》（*Grundzüge der mikroökonomischen Theorie*），以及由博丘姆（Bochum）、瓦尔特·布塞·冯·科尔贝（Walther Busse von Colbe）、彼得·哈曼（Peter Hammann）和格特·拉布曼（Gert Laßmann）撰写的三卷本著作《企业管理理论》（*Betriebswirtschaftstheorie*）。

1981 年，维尔纳·A.米勒接管了这个有前途的编辑部门，并推动了其进一步的发展。他确立了三个重点：第一个是德语教科书项目，在过去的 12 年里已出版了 100 多种教科书。其中最著名的是彼得·施塔尔克内希特（Peter Stahlknecht）的《经济信息学概论》（*Einführung in die Wirtschaftsinformatik*，1993 年，第 6 版）以及伯恩哈德·费尔德尔（Bernhard Felderer）和斯特凡·霍贝格（Stefan Homburg）的《宏观经济学和新宏观经济学》（*Makroökonomik und neue Makroökonomik*，1994 年，第 6 版）。这两本书已售出近 10 万册。该项目的其他成功作者有赫尔穆特·劳克斯（Helmut Laux）及其关于决策和组织理论的书籍，以及克里斯托夫·施内魏斯（Christoph Schneeweiß）和金

352

482　施普林格出版史

特·范德尔(Günter Fandel)的关于生产经济学的出版物。

513,514　阿尔弗雷德·施托贝(生于 1924 年)和他的著作《国民核算》,1989 年,第 7 版("海德堡平装本",第 14 卷)。

515　彼得·施塔尔克内希特:《经济信息学概论》(施普林格教科书),1991 年,第 5 版。

516　维尔纳·米勒(生于 1947 年)自 1981 年以来一直担任经济学编辑部负责人;此外,他还是 1983 年被施普林格收购的物理出版社的总经理。

August-Wilhelm Scheer

CIM Computer Integrated Manufacturing

Der computergesteuerte
Industriebetrieb

Vierte, neu bearbeitete und erweiterte Auflage

Mit 149 Abbildungen

Springer-Verlag Berlin Heidelberg New York
London Paris Tokyo Hong Kong

517 萨尔布吕肯市 CIM 技术转换中心的负责人奥古斯特-威廉·舍尔(生于 1941 年),除开展研究外,他还履行中产阶级经济的转移职能。他是几本丛书和期刊的作者和编辑。

518 奥古斯特-威廉·舍尔:《CIM:计算机控制的工业厂房》,1990 年,第 4 版。

有计划地扩大经济学中的计算机科学编辑部门是另一重点。这一领域与应用数据处理领域相近。除了作者彼得·施塔尔克内希特已经提到的出版物,还有萨尔布吕肯的奥古斯特-威廉·舍尔(August-W. Scheer)的四部主要作品:《EDV 导向的企业管理》(*EDV-orientierte Betriebswirtschaftslehre*),1990年,第 4 版。《CIM:计算机化的工业操作》(*CIM, Der Computergesteuerte Industriebetrieb*),1990 年,第 4 版。《经济信息学》,1994 年,第 4 版。《集成信息系统的架构》(*Architektur integrierter Informationssysteme*),1992 年,第 2 版。

同时,这四部作品都被翻译成了英文。这里还必须提到彼得·默滕斯(Peter Mertens),他是多部著作的作者和编辑。

第三个重点是发展国际项目,并利用我们向英语地区扩展所获得的优势。因此,我们是唯一在经济学领域提供国际影响力的德国出版商。这让许多作者,特别是年轻一代的作者找到了我们。通过创办新企业或接手英文期刊和丛书，以及出版个人英文作品，我们打入了世界各地的新市场。同时，这也对德语教科书计划产生了丰硕的成果。

1985 年底对物理出版社（Physica Verlag）的收购使该计划特别是期刊方面的计划更加充实，期刊的总数已增至 14 种。"物理"（"Physica"）这个名字纯粹是历史性的；这家出版公司最初是一家物理学期刊，现在已经不存在了。

整个经济学领域的可观增长在很大程度上归功于教科书领域的集中力量（W.A.："企业管理很快将面目全非"，载于《图书市场》，1987 年第 12 期，第 130 页—132 页）。

"格泽纽斯"

我们公司的一种舶来品是威廉·格泽纽斯（Wilhelm Gesenius）的《希伯来语和阿拉姆语简明词典》（*Hebräische und Aramäische Handwörterbuch*），其历史可以追溯到 19 世纪初。

格泽纽斯于 1786 年生于德国北豪森，1810 年，他在 24 岁时被哈雷大学聘为教授。同年开始，直到 1812 年，他的两卷本作品陆续出版：《旧约希伯来语—德语词典》（*Hebräisch-deutsches Handwörterbuch über die Schriften des Alten Testaments mit Einschluß der geographischen Namen und der chaldäischen Wörter beym David und Ezra*）。1921 年的最后一版，即第 17 版，是弗兰茨·布尔（Frants Buhl）自 1915 年起修订的第

WILHELM GESENIUS

Hebräisches und Aramäisches

HANDWÖRTERBUCH

über das Alte Testament

unter verantwortlicher Mitarbeit von
Dr. Udo Rüterswörden

bearbeitet und herausgegeben von
D. Rudolf Meyer
Professor an der Universität Jena
und
Dr. Dr. Herbert Donner
Professor an der Universität Kiel

18. Auflage
1. Lieferung א‐ג

Dies diem docet

Springer-Verlag
Berlin Heidelberg New York London Paris Tokyo

519　威廉·格泽纽斯：《旧约希伯来语和阿拉姆语简明词典》，第 1 期，1987 年，第 18 版。

16 版的再版。由福格尔出版公司出版,后者于 1931 年由施普林格出版社收购[HS:p.311,note62,Fig. 312]。这本词典从一开始就是为神学研究而编写的,这确保了它长久的生命力;这本词典一再重印,主要是为了满足神学学生的需求。第二次世界大战结束后不久,我问莱比锡旧约圣经学者阿尔布雷希特·阿尔特(Albrecht Alt),仅仅继续重印格泽纽斯的作品是否合理。他认为无论如何都要修订,并建议我去德国耶拿找他的学生鲁道夫·迈尔(Rudolf Meyer)。这是一次极为愉快合作的开始。迈尔在非常艰苦的条件下开始他热情的工作。1980 年,他在德国基尔找到了赫伯特·多纳(Herbert Donner)担任联合编辑,1987 年,第 18 版的第一期(字母为 א 至 ג)终于得以出版;手稿是在耶拿打印的。

教科书

以上概述的所有计划领域中,教科书一直发挥着特别重要的作用。因此,这里应单独讨论教科书。好的教科书可以不断推出新版本,获得出色的印刷门单,最重要的是,可以完成传递知识的重要任务,从而实现出版公司的主要目标之一。在早期,当科学研究的进步还不像今天这样取得极快的发展时,孩子完全有可能继承父辈的教科书。但现在的情况已经不同了。

能否收到一份好的教科书手稿似乎在某种程度上取决于运气。第二次世界大战后的头几十年里,施普林格出版社在医学、数学和物理学领域都有大量成功的教科书;然而,要发现他们成功的秘诀绝非易事。一些杰出作者写的教科书很难流行起来。一本教科书的成功基本上可能取决于作者是否是个热心的教师,他是否研究过教学,或者是否有这种天赋。毫无疑问,学生的心理因素也起到一定作用。教科书一旦出版,就不会轻易被赶出这个领域,即使新的竞争对手更优秀。

由于 20 世纪 60 年代学生人数的迅速增长,教育组织变得越来越重要;与此同时,还有一个问题是,在考试中测试所学知

355

识的最佳和最客观的方式是什么。学生人数的增加也意味着师生之间的关系变得越来越缺乏人情味。这反过来又导致这样一个事实，即教科书的效果不再依赖于作者的声誉和树立的榜样。而是教科书所依据的教学原则起到决定性的作用，它简化了学生强化学习的效果。这也是必要的，由于研究的步伐越来越快，不仅是学生的数量，而且学习的内容也在大幅增加。传递和研究知识的新方法开始得到讨论并传播开来。

在伯尔尼，由内科医生汉内斯·保利（Hannes Pauli）领导，建立了一个教育和考试研究机构，一个由相关人士组成的圈子不时在此聚会。他们主要是来自各个领域的大学讲师、教学理论家和大学代表。这个圈子里只有两家出版商。同时，为了让考试程序更加客观，研究机构设计了多项选择题系统。当时，并不是所有制定出来的内容都能经受住时间的考验，但有些内容确实已经客观化了，比如要在精心编制的问题目录中检查内容的数量。鉴于大学所经历的结构性变化，这些讨论和实验所留下的医学各学科的学习目标目录及其问题集是可以理解的。

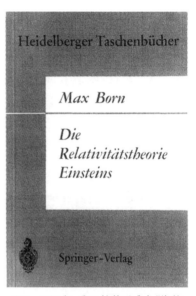

520　1964 年，我开始着手准备"海德堡平装本"，当时马克斯·玻恩（Max Born）写了一本《爱因斯坦相对论》（*Die Relativitätstheorie Einstein*）的书，这是一本低价平装本系列，涵盖了精确自然科学（生物学、医学和数学）以及经济学领域的主题。为了提供易于阅读的文本和复杂的插图，我们选择了比往常更大的开本。该系列也被用于"基础教科书"。与此同时，这套丛书已成功出版了 260 卷，并经历了无数版本。多年来，也有成功的单本图书或系列图书，如《数学科学导论》。1967 年 1 月 1日，我在纽约跟进了"海德堡科学书系"的想法，第一卷是埃尔温·比宁的《生物钟》（参见本书第 311 页）。

356

在此之前积累的所有经验的基础上,我构思了一个三步走的教科书体系。它包括第一步,也就是较低的一步,我称之为"基础教科书"。它的尺寸和版式设计与我们在1964年开始出版的"海德堡平装本"的尺寸和版式设计一致。第二步,也就是中间的一步,就是做规范的"标准教科书",即把所有学科的主要科目都纳入考试范围。第三步,也是最后一步,是详细的"教材和参考书"。这需要全面和

521 H.弗里克、H.莱昂哈特和 T. H.席布勒:《解剖学试题》。1979 年第 3 版。

系统的工作,以便为许多学科领域编写教科书,并找到合适的作者:他们已准备就绪,能够完成这项需要特殊才能的艰巨任务。因此在 1970 年,生理学家库特·克拉默(Kurt Kramer)从慕尼黑打电话询问我:基于我们在出版界的众多关系,是否有可能在德国为一位在美国接受教育并在德国任教的、德国出生的心理学家找到合适的工作。我认为这是一件幸事。克拉默已让此人为他的研究所工作过,但是,由于官方的经济措施,他突然间缺乏必要的资金。我询问了心理学家威廉·安格迈埃尔(Wilhelm F. Angermeier)的资质,并得知他来自美国一所心理学学院,并以自然科学为导向,一直致力于心理学的研习。就决定了问题的关键所在;通过面试,安格梅尔被聘用,安格迈埃尔的任务很明确,就是负责制定教科书计划。安格迈埃尔开始熟练地工作,并给我们的教科书作者提供了重要的指导。他通过对材料有目的的编排,成功地实现了巧妙的提纲挈领的说教,并通过色彩的突出教义,补充和丰富基本陈述,使得知识能够被轻

松理解。

这个新项目始于 1971 年,古斯塔夫-阿道夫·冯·哈纳克(Gustav-Adolf von Harnack)编写的第二版教材《儿科学》(*Kinderheilkunde*),同时采用了新的颜色组合,即蓝色/红色,从而拥有了自己的外在形象。随后,于 1972 年,维尔特·里克(Wirnt Rick)的《临床化学教科书》(*Lehrbuch der klinischen Chemie*)出版了。

522　库特·克拉默(1906—1985),是生理学家赫尔曼·赖恩的学生,于 1965 年至 1975 年担任慕尼黑大学生理研究所的教授。

523　古斯塔夫-阿道夫·冯·哈纳克:《儿科学》,1984 年,第 6 版。

524　菲利普·津巴多:《心理学》(施普林格教科书),1992 年,第 5 版,全新翻译版。

对于他自己的心理学领域,安格迈埃尔推荐翻译菲利普·津巴多(Philip G. Zimbardo)和弗洛伊德·利昂·鲁赫(Floyd L. Ruch)的一本美国教科书,该书第一版于 1974 年出版。之后的版本分别于 1975 年和 1978 年出版,第四版于 1983 年出版。所有版本都实现了一次或多次重印。1992 年春,该书推出了全新翻译版和增订版,到年底共售出 10 万册。

杰克·朗格

在我为所有医学学科编写教科书的过程中,我在德国却找不到的"医学微生物学"合适作者,因为这一学科尚未确立自己的地位,或者说还没有从旧式的传统"卫生"学科领域独立出来。我偶然发现了一本由雅韦茨(Jawetz)、梅尔尼克(Melnick)和阿德尔贝格(Adelberg)合著的英文教科书,这本书是由杰克·朗格(Jack Lange)最近在旧金山成立的一家教科书公司出版的。

朗格医学出版社译本

Of the 14 originally planned volumes, the following have been realized:

Jawetz / Melnick / Adelberg:
Medizinische Mikrobiologie,
November 1963, 5th edn.,
1980

Ganong: Medizinische Physio-
logie. April 1971, 3rd edn.,
1974

Harper: Physiologische Chemie,
later Löffler / Petrides / Weiss,
November 1975, 5th edn., 1990

Meyers / Jawetz / Goldfien: Pharma-
kologie, November 1975

Chusid: Funktionelle Neuro-
logie, May 1978

Vaughan / Asbury: Ophthalmo-
logie, October 1983

Junqueira / Carneiro: Histologie,
October 1984, 2nd edn., 1990

Sokolow / McIlroy: Kardiologie,
April 1985

Harper: Medizinische Biochemie,
October 1986, 2nd edn., 1987

Tanagho / McAninch (eds.):
Smiths Urologie, July 1992

原来,阿德尔贝格来自奥地利,我希望能从他那里获得德文版的文本。

1962 年,在我去北美西海岸旅行期间,我拜访了旧金山附近洛斯阿尔托斯的杰克·朗格。他曾是医学预科课程的教授,也是旧金山医学院的成员。他也注意到现代教科书的匮乏,并决定在同事的帮助下改变这种情况。他对教学问题有着浓厚的兴趣,并能为他的教师同事撰写手稿提供重要的帮助。他的著作起初在旧金山的校园书店畅销,后来在加州的所有大学

525　恩斯特·雅韦茨、约瑟夫·梅尔尼克、爱德华·阿德尔贝格:《医学微生物学概论》(*Medizinische Mikrobiologie*),1980年,第5版。

526　哈罗德·哈佩尔、戴维·马丁、彼得·迈尔斯、维克托·罗德维尔:《医学生物化学》(*Medizinische Biochemie*),1987年,第2版。

书店以及全球范围内都畅销。微生物学教科书的德文译本也取得了成功。后来,我们又从杰克·朗格的计划中挑选了九部作品,每一部都卖得很好。玛丽安妮·卡洛负责与洛斯阿尔托斯合作多年。

　　在此,我们还必须提及当时教科书领域的另一项实验:为了在医学领域创造一种新的教学法,人们提出了"程序教学法"("programmed")教科书的构想在这种教科书中,按照逻辑原则,学习的每一个

527　玛丽安妮·卡洛(生于1931年)于1971年加入施普林格出版社,主要负责影音新媒体、外科手术和骨科领域。1975年,她负责新组织的所有领域的教科书计划。

528 罗伯特·施密特（生于 1932
年），是维尔茨堡的生理学教授，《人体
生理学》（*Physiologie des Menschen*）
教科书的共同编辑。

529 格哈德·特夫斯（生于 1926 年）。

步骤都会引导下一个学习
步骤。

1971 年，我和当时在海德
堡的生理学家罗伯特·施密
特（Robert F. Schmidt）一起，
大胆地推出了第一种"程序教
学法"教材——《神经生理学》
（*Neurophysiology*）。施密特
后来和格哈德·特夫斯（Ger-
hard Thews）一起成功地延续
了赖恩/施奈德生理学教科
书。这本教科书和其他同类
教科书一样没有取得什么成
功，比如 R. L. 西德曼和 M. 西

359

530 R.F.施密特和格哈德·特夫斯
（主编）：《人体生理学》，1993 年，第
25 版。

德曼翻译的《神经解剖学》(*Neuroanatomie programmiert*)（1970 年）和 R.F. 施密特等人翻译的《感官生理学》(*Sinnesphysiologie programmiert*)（1973 年）。这些编写好的教科书有一个明显的缺点：读者不可能为了查资料而专门挑出任何一个章节；也不可能随心所欲地按照"程序"顺序进行思考。任何给定的观点只有在整体的逻辑背景下才有意义且显而易见。幸运的是，我还请到 R.F. 施密特以"传统形式"（"conventional form"）汇编他的教科书。

无论如何，这些都是非常有趣的实验，而一直让我着迷的教科书主题也继续吸引着我们。1974 年，威廉·安格迈埃尔接任科隆附近的灵长类动物中心的负责人，他离开后，我在玛丽安妮·卡洛的积极协助下，进一步发展了教科书项目。教科书项目最近在安妮·雷普诺的带领下再次修订，并继续使用"勾号"作为辨识标志。

活页版

在某些情况下，以活页形式（Loose-leaf Editions）出版大部头书籍或手册是合适的选择。例如，多年来法律法规类书籍就是这样的。因此，由哥廷根的 K. H. 韦德波尔编辑的《地球化学手册》选择以活页形式出版，共六卷（1969—1978）；这样就可以在每个条目完成时直接出版，而这些内容极为广泛的资料是在 10 年内出版的。

1974 年开始编辑的金特·霍梅尔的《危险品手册》

531　于尔根·维乔雷克（生于 1948 年）自 1978 年以来一直担任医学和生命科学的内部编辑。与此同时，他在海德堡工作，也管理在巴黎的法国施普林格出版社。

360

也选择了活页纸形式出版,这样做可以源源不断地补充新信息。为每套新资料制作新版本的成本太高。

出于同样的原因,这种做法同样适用于由于尔根·维乔雷克负责的下列图书,这些书籍通过补充卷进行更新:《艾滋病及其前期》(*Aids und die Vorstadien*),1988 年 10 月出版,目前有 14 种增补;《实践与计算机》(*Praxis und Computer*),1991 年 8 月出版,目前有 3 种增补;《自然疗法与非常规医学指导》(*Naturheilverfahren und Unkonventionelle Medizinische Richtungen*),1992 年 10 月出版。

此外,我们还计划针对不同出版部门的主题制作了类似的活页版本。(1)医学:急救疗法,工业医学,医师法,环境医学。(2)工程技术:开发和施工经理,物流经理,生产经理,质量保证经理,分销和销售经理。(3)化学:废物经济,污染地区。(4)地质学:德国下萨克森州(污染地区手册,污染地区恢复指南。(5)法学:EDP 项目开发。

361

出版战略计划

20世纪60年代中期，出版社的经理们之所以鼓励我们的出版科学著作使用英语，其根本原因在于英语在国际顶尖研究的所有领域都占据了主导地位，这一点在第二次世界大战后变得十分明显。英语成为通用语言。这种发展趋势让英语在美国和英国以外的国家的传播广受欢迎。

战后，欧洲、东亚和其他地区的科学活动也蓬勃发展。英语开始在科学著作中占据主导地位。

一家致力于在所有科学领域开展顶尖研究成果的出版公司已无法只在一个国家开展这项工作；相反，它都必须紧跟国际科学活动的发展和扩大，以便为之服务，并在所有特殊领域赢得最佳作者，无论他们身在何处。

必要的国际出版市场必须同时保持开放。这是一个艰巨的目标，追求这个目标需要冒很大的风险。资金瓶颈变得无可回避。

以曼海姆银行的董事海因茨·罗滕比歇尔为代表的德意志银行的信任帮助我们渡过了关键阶段。我们的财务经理赖因霍尔德·哈林依靠专业的知识和热情，也为我们提供了帮助。我对自己充满了信心，金特·霍尔茨是一位称职的同事，他在纽约和东京建立了具有决定性意义的分支机构。

在这两个国际科学技术进步的前沿阵地，我们的销售和作者潜力——除了欧洲（参见本书第222页地图）——给我们提供了一个机会，使我们的出版目标放眼全球，使销售机构和作者的参与具有最大的流动性。实现这一目标与开放的市场政策密不可分。与此同时，在当时建立"利润中心"（"profit centers"）是不可能的，因为这会成为沟通系统的障碍。成本与收益的比较决定必须取而代之。有关该系统开发的示意图，请参见本书第366页。

这样做的间接结果是，我们期望整个系统能够相对独立，不受地区性暂时性市场不稳定的影响；也就是说，我们的风险降低了。

公司的资本实力在第二次世界大战后是从零开始的，无法进行新的国际合资企业通常需要的数量级投资。因此，我的计划是一步一步进行的，这样我们就可以通过在美国和加拿大销售欧洲作品来支付建立纽约分公司的费用。对于一个必然规模较小的组织来说，销售的可能性，也就是利润，相应地是有限的；因此我们需要长期的计划。实际上，只有3.5万美元实际用于在纽约的工作——其他所有资金都是通过母公司的商品信贷筹集的。我们在5年后达到收支平衡点，9年后达到总成本的覆盖范围。

这清楚地表明，仅仅通过查看美国常见的"最终利润"（"bottom line"）来判断年度余额是不够的。发展动力才是决定性因素。

上述商品信贷是母公司征服美国市场的入场费。这笔费用以其产品更高的营业额的形式返还，这不仅使美国的分公司还清了信用额，还为自己带来了利润。商品信贷和投资回报密不可分。

由于战后形势的制约，也就是我们前文提到的"小步走政策"，即"无资本运营"（"management without capital"），这一政策在纽约施普林格出版社成功创建后，成为我们进一步扩张的指导原则。随着时间的推移，我们在北美的活动为我们在德国、欧洲和东亚那里赢得了更多尊重。

虽然我们实现的利润最初打算用于并购新的分支机构，但出版活动的机会比预期的要更早开始。从一开始就很清楚的是,仅靠纽约是无法满足美国作者的需求的。

然而,随着时间的推移,纽约出版了自己公司的一些重要和可观的作品,开始主要集中在数学、生物学和地球科学领域,后来还包括医学和心理学领域。不过,纽约施普林格出版社过去和现在的总营业额在很大程度上是通过销售欧洲产品实现的。从欧洲接管的图书与纽约公司自己图书的比例介于 7∶3 到 6∶4(1992 年)之间。因此,纽约公司年度总利润的 2/3 取决于母公司的生产量。因此,纽约和母公司之间的密切合作是必不可少的——特别是母公司还努力争取美国的作者和编辑的情况下。

上面所概述的关于创建纽约施普林格出版社的基本战略原则在我们创建其他分支机构时也是同样遵循的——不是以严格的形式,而是在赫尔穆特·詹姆斯·格拉夫·冯·毛奇(Helmuth James Graf Von Moltke)所说的意义上,他将"战略"理解为"临时支援系统"。

在日本,最重要的是让大家知道并销售我们新的英语作品。也是在这里,自 1965 年起,我们就小心翼翼地进行着,试图把风险降到最低。自 1977 年我们收购东京的怡斯顿图书有限公司起,这算是一个飞跃。这家公司是西方出版商在日本的代表,并继续在我们的管理下这样做。

与纽约的情况相反,我们自己在日本的出版计划受到了语言方面的限制。我们在 1983 年开始认真克服这一障碍,并翻译了海德堡/柏林和纽约的一些成功的作品。并且开始销售日文图书的英译本,尤其是日文期刊,这拓展了我们的出版范围。甚至说,我们日本作者的英文出版物也可以出版日文版。

我们公司的国际性不仅促使日本作者用英文与我们一起出版;此外,拥有自己期刊的科学协会也开始向我们求助,并期望在世界各地的英语地区发行这些期刊。施普林格作为国际经营企业的声誉是决定性因素。例如,这就是为什么日本外科学会会长三岛义雄在德国接受教育，并通过与 G. H.黑贝雷尔和西韦尔特(J. R. Siewert)的合作而为我们所知，他在 1992 年委托施普林格出版社在西方发行该学会的期刊《当代外科学》。

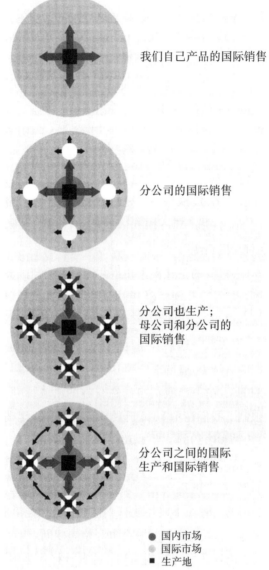

我们自己产品的国际销售

分公司的国际销售

分公司也生产；
母公司和分公司的
国际销售

分公司之间的国际
生产和国际销售

● 国内市场
○ 国际市场
■ 生产地

532 从全国性出版公司到全球性出版公司的四个发展阶段。

这些分公司之间还有更多合作的可能性,例如由加州圣克拉拉的阿兰·维德设计的计算机科学领域的 TELOS 项目。此举不仅使得英文书籍和丛书在日本销售,这些书籍和丛书也被翻译成了日文(参见本书第 325 页以下)。

1970—1992 年各分公司首次交付(新出版物、新版本)按分支分列

年	首次交付*	海德堡	柏林	慕尼黑	纽约	伦敦	巴黎	东京	
								E	J
1970	417				6				
1971	429				26				
1972	394				13				
1973	467				21				
1974	498				34				
1975	590				45				
1976	517				46				
1977	560				64				
1978	622				71				
1979	686				100	3			
1980	736				82	3			
1981	797	546	142	57	121	7			
1982	881	588	151	59	120	12			
1983	981	640	193	29	135	13		1	(2)
1984	1038	723	192	11	146	11		3	(1)
1985	1163	783	224	11	159	13		4	(3)
1986	1244	803	277	13	189	19**		8	(12)
1987	1435	928	338	10	196	20	1	9	(17)

年	首次交付*	海德堡	柏林	慕尼黑	纽约	伦敦	巴黎	东京	
								E	J
1988	1560	967	325	17	234	38	6	11	(11)
1989	1551	918	336	17	288	39	13	10	(17)
1990	1543	878	324	15	262	70	19	13	(28)
1991	1705	1083	366	—	301	79	15	21	(28)
1992	1675	1074	397	—	267	66	21	25	(17)

＊数据摘自德意志信托公司的年度最终报告；其他数字还包括重印本。

＊＊"1986 年,伦敦"一词首次作为分支机构标识出现在扉页上。

东京 E＝英文标题

东京 J(　)＝日文标题

　　我们的欧洲和美国作品的分销和销售活动反过来为母公司创造了可观的营业额增长,这对我们整个科学项目的盈利能力具有决定性的意义。

　　事实证明,施普林格香港出版社的成立对我们的作品在所谓的亚洲五小龙(中国台湾、新加坡、马来西亚、泰国和中国香港)的销售起到了积极作用——自 1974 年以来,我们就与中国大陆及其在北京的中心同时负责业务。我们很早就认识到,整个东亚地区的重要性将持续迅速增长,因此它需要我们时刻给予最大的关注。

　　在第 366 页的图解中,我试图说明母公司和分公司之间的必要关系(同时还有更多的分公司),这并非依靠双方不受阻碍的合作,而是分公司本身的直接合作,而且必须集中一切力量实现整体的共同利益。母公司必须保留下达指示的权利。

　　毋庸置疑,获得最佳的销售结果应该是每个分公司的目标。但是,这些活动绝不能对另一个分公司造成明显不利,也不能损害施普林格集团的整体国际形象。

367

分主题领域（施普林格出版社海德堡、柏林、纽约、伦敦、巴黎和东京公司，慕尼黑的贝格曼公司）首批交付的作品（新出版物，新版本）

	没有重印的新作品（品种数量）				
	1988	1989	1990	1991	1992
1. 医学	545	553	530	546	486
2. 数学和计算机科学	332	324	345	413	436
3. 工程技术	266	253	242	260	262
4. 生物学	139	120	132	108	108
5. 物理学	133	146	117	164	186
6. 经济学	93	95	102	119	106
7. 化学	64	65	58	68	63
8. 地球科学	40	33	50	40	39
9. 贝尔斯坦有机化学手册	15	18	17	28	34
合计	1627 (67)*	1607 (56)*	1593 (50)*	1746 (60)*	1720 (71)*

（ ）＊＝部分委托图书

因此，例如，在所有官方公告和新闻稿中，母公司和所有分公司必须统一使用公司名称。正是由于这份文件的国际性，才使得世界各地（包括美国在内）最优秀的作者来到我们这里，也为我们带来了国际协会期刊（《世界外科学杂志》《国际骨科学杂志》）。

除巩固欧洲市场（特别是东欧市场）外，东亚将继续发展成为一个重要的经济、工业和科学中心。

公司及其所有员工的一项特殊成就是，在 1945 年至 1992 年期间，施普林格在没有任何外部资金帮助的情况下，成功地发展成为一家全球性企业——尽管向即将退休的合伙人支付了必要的款项——从而保持了公司及其管理人员的完全独立性[GÖTZE(8)]。

20 世纪 60 年代中期开始，施普林格以柏林—海德堡为基地，以纽约和东京为海外中心，建立了全球性的出版结构和机构。公司面向未来的理念要求我们坚定地走下去。

368

369

加入图书行业协会

国际科技与医学出版者协会

1968 年在阿姆斯特丹举行国际出版商协会（International Publishers Association）期间，科学出版商小组召开了一次会议。在围绕所谓《斯德哥尔摩议定书》的第一版出现动荡并对版权法产生影响之后，他们认为有必要建立一个由所有科学出版公司组成的国际联盟，以强有力的声音在世界范围内维护他们的利益。

施普林格出版社 stm 集团成员

海因茨·格策	stm 的创始人之一	1968 年
	指导委员会委员	1968—1969 年
	stm 集团执行董事第二任主席（接替爱思唯尔的皮特·贝格曼斯）	1969—1975 年 1971—1973 年
	stm 版权委员会主席	1975—1977 年
克劳斯·米哈莱茨	stm 集团执行委员	1982—1988 年
约兰达·冯·哈根	市场营销委员会主席	1984—1987 年
	stm 集团执行委员	1987—1992 年
	stm 图书馆关系委员会主席	1990—1992 年

金特·霍尔茨	市场营销委员会主席	1976—1978 年
迪特里希·格策	stm 创新委员会成员（由 G.罗斯巴赫接任）	1985—1989 年
	stm 版权委员会委员	自 1983 年起
贝恩德·格罗斯曼	stm 版权委员会成员	自 1983 年起
约阿希姆·图斯	stm 创新委员会委员	1983—1989 年
格哈德·罗斯巴赫	stm 创新委员会委员	自 1989 年起
汉斯-乌尔里希·丹尼尔	stm 集团执行委员	自 1992 年起

370

　　最开始的主题是捍卫现有的版权法,但考虑到图书贸易和出版业的日益国际化,还有许多其他重要的问题需要达成国际协议——这也是为了所有人的利益。然而,还存在一些与国家图书贸易组织有关的问题,这些问题可以由一个国际机构来解决。

　　国际科技与医学出版商协会(International Group of Scientific, Technical and Medical Publishers,简称"stm")的八位"创始人"是皮特·贝格曼斯(Piet Bergmans,爱思唯尔出版社)、埃德·布赫(Ed Booher,麦格劳—希尔出版社)、罗伯特·科德·霍兰德(Robert Code Holland,皮特曼出版社)、乔治·迪诺(Georges Dunod,迪诺出版社)、丹尼尔·弗兰克(Daniel Frank,北荷兰出版社)、海因茨·格策(施普林格出版社)、罗伯特·马克斯韦尔(佩尔盖蒙出版社)和布雷福德·威利(Bradford Wiley,约翰威立出版社)。该组织于 1969 年在佛罗伦萨正式成立。在很短时间内就有大量成员加入,证明了我们迫切需要这样一个联盟。幸运的是,保罗·尼霍夫·阿塞接受了常任秘书长的职位;他以审慎和专业的态度处理小组的工作直到 1993 年 2 月 28 日退休。

stm 集团的第一任主席是皮特·贝格曼斯。我在 1971 年
跟随他工作,之后他在 1973 年将这一职位移交给了埃德·布
赫。上页的表格总结了 stm 中属于施普林格出版社的人员的
成员资质和职责范围。

533 爱德华·布赫(Edward E. Booher,1910—1990。左),麦格劳-希尔图书公司
前总裁,是 1968/1969 年 stm 集团的创始人之一,于 1973 年至 1975 年担任主席,
并于 1969 年至 1975 年担任执行董事。巴尔特·范·汤格伦(Bart van Tongeren,
生于 1920 年)于 1975 年至 1977 年担任主席,1977 年至 1980 年担任财务主管。

德国书业协会

从公司成立到现在,施普林格出版社及其代表与德国书业
协会有着密切的联系。海因茨·萨尔科夫斯基已经详细介绍了
这一点[HS: p. 429,Index]。

Tönjes Lange

Managing board, acting secretary	1956 – 1959
Participating board member:	
Publisher's committee	
Economics committee	
Bylaws and legal committee	
Committee on copyright and publishing law	
Committee on library and documentation questions	
Committee on questions of foreign trade	
Committee on publication of the *Börsenverein*	
Committee on foreign exhibits	1959 – 1961
Committee on foreign	
and interzonal trade	1959 – 1961

Julius Springer

Börsenverein medal of honor in gold	1954
Plaque "To the patron of the German book"	1965

Paul Hövel

Interzonal trade committee	1960 – 1971
Foreign trade committee	
(Chairman 1965 – 1971)	1961 – 1971
Committee on foreign exhibits	1961 – 1964
Publisher's committee	1965 – 1973
Collecting office for copyright fees	
on duplications	1964 – 1970
Economic committee	1965 – 1971
Delegates' meeting	1967 – 1973
Working group: Stockholm	1968 – 1969
Plaque "To the patron of the German book"	1968

Heinz Götze

Copyright and publishing law committee	1968 – 1983
Deutsche Forschungsgemeinschaft,	
expert on publisher's committee	1978 – 1984
Börsenverein award:	
Börsenverein medal of honor in gold	1977
Plaque "To the patron of the German book"	1982

Claus Michaletz

Committee on rationalization	
and head of the subcommittee VLB	
(*Verzeichnis lieferbarer Bücher*)	1972 – 1974
Chairman of the VLB committee	1974 – 1976
Budget committee	1974 – 1977
Publisher's committee	1976 – 1977

1992 年周年纪念日

1992 年，也就是本报告内容涉及的最后一年，我们庆祝了柏林出版公司成立 150 周年。庆祝活动于 5 月 10 日在柏林爱乐乐团的室内乐音乐厅举行。

理查德·冯·魏茨泽克（Richard von Weizsäcker）总统的出席对我们来说是很大的荣誉。柏林广播交响乐团的四重唱乐团，与伯恩哈德·哈托格（B. Hartog）、马利希（A. Malich）、特纳（T. C. Turner）和东德雷尔（G. Donderer）一起，演绎罗伯特·舒曼的 F 大调弦乐四重奏第 41 号作品第 2 号，以此开始了庆祝活动。而这首曲子创作于该公司成立的那一年——1842 年。

之后，克劳斯·米哈莱兹开始向客人致意，随后我做了简短的演讲。联邦研究和技术部长海因茨·里森胡贝尔（Heinz Riesenhuber）继续发表演讲，主题是"德国科学的前景"，这对一家科学出版公司来说是一个非常热门的主题。

随后，柏林市长埃贝哈德·迪普根（Eberhard Diepgen）和德国书业协会主席多罗特娅·黑斯-迈尔（Dorothee Hess-Maier）夫人向我们致以问候。

为庆祝这一节日，胡贝特·马克尔（Hubert Markl）作了关于"通过科学理解"（"Understanding Through Science"）的精彩演讲。

客人们随后聚集在一起参加自助餐招待会，这为个人层面

374

534 理查德·冯·魏茨泽克总统，海因茨·格策。背景：迪特里希·格策（左），布里塔·施普林格（Brita Springer，中）。

535 前排左起：林德·格策（Linde Götze）、海因茨·里森胡贝尔部长、布里塔·施普林格、理查德·冯·魏茨泽克总统、海因茨·格策、埃贝哈德·迪普根市长、多萝特娅·黑斯-迈尔夫人。第二排左起：迪特里希·格策，约翰娜·约斯（Johanna Joos）、沃尔夫拉姆·约斯、夏洛特·莱韦里希（Charlotte Lewerich）、伯恩哈德·莱韦里希。

的思想交流提供了许多机会。背景音乐由婚礼音乐学院（Music School of Wedding）于 1989 年成立的管弦乐队"Courorchester Gesundbrunnen"提供，来自德国和国外的访客很多。

我们于 9 月 27 日在海德堡市政中心为海德堡的员工和来自该地区的朋友举行了周年纪念活动。我们选择法兰克福书展前的星期天，

是为了给众多来自欧洲和海外的出版界和书市的朋友们一个和我们一同庆祝的机会。因此，美国、日本和中国、香港和印度、前苏联、瑞士、伦敦和巴黎、维也纳、米兰和布达佩斯都有代表前来参加。

375

536—538　海因茨·里森胡贝尔部长、多萝特娅·黑斯-迈尔和胡贝特·马克尔发表讲话或致以问候。

539　克劳斯·米哈莱兹、海因茨·格策、理查德·冯·魏茨泽克总统和埃贝哈德·迪普根市长抵达柏林爱乐乐团。

540　克劳斯·米哈莱兹、埃贝哈德·迪普根市长、理查德·冯·魏茨泽克总统、格奥尔格·拉勒、海因茨·格策、布里塔·施普林格、多萝特娅·黑斯-迈尔。

　　　　　　　　　　　　　　　　　　　施普林格出版史

541 管弦乐队"Courorchester Gesundbrunnen"演奏音乐以供娱乐。

542 汉斯·彼得·蒂尔、戈特弗里德·比尔京和鲁道夫·西格勒。

543　特劳特·希尔德布兰特与扎沙、罗泽玛丽和南迪·梅赫拉。

544,545　汉斯约赫姆·奥特鲁姆和海德堡市长贝亚特·韦伯（Beate Weber）向客人致辞。

　　　　　　　　　　　　　　　　　　　　施普林格出版史

546　卡尔·海因茨·卡歇尔、布里塔·施普林格、阿尔伯特·伯姆（Albert Böhm，站立）、康拉德·费迪南德·施普林格、汉斯约赫姆·奥特鲁姆。

547　约翰·埃克尔斯爵士与伯恩哈德·莱韦里希（右）和汉斯·东特（左）交谈。

Programm/Program
10. Mai 1992

Kammermusiksaal
der
Philharmonie zu Berlin

Musikalische Eröffnung/Musical Prelude
Hartog-Quartett
Robert Schumann: Streichquartett F-Dur op. 41 Nr. 2
(1842)

***

Claus Michaletz
Springer-Verlag
Begrüßung/Welcoming Remarks

***

Dr. Heinz Götze
Springer-Verlag
Ansprache/Opening Address

***

Dr. Heinz Riesenhuber
Bundesminister für Forschung und Technologie
"Perspektiven der Wissenschaft im vereinten Deutschland"
Ansprache/Address

***

Eberhard Diepgen
Regierender Bürgermeister von Berlin
Grußworte/Greetings

***

Dorothee Hess-Maier
Vorsteherin des Börsenvereins des Deutschen Buchhandels
Grußworte/Greetings

***

Prof. Dr. Hubert Markl
"Verständigung durch Wissenschaft"
Festvortrag/Keynote Address

***

Emplang mit Buffet/Reception and Buffet
Musik/Music
Courorchester Gesundbrunnen

Programm/Program
27. September 1992

Kongreßhaus/Stadthalle
Heidelberg

Musikalische Eröffnung/Musical Prelude
Das Heidelberger Ärzteorchester
Peter Tschaikowski: Variationen über ein Rokokothema
für Violoncello und Orchester, op. 33
Leitung: Prof. Dr. med. Dr. h.c. Michael Steinhausen
Violoncello: Manuel von der Nahmer, Berlin

***

Dr. Karl Heinz Karcher
für den Springer-Verlag
Begrüßung/Welcoming Remarks

***

Dr. Heinz Götze
Springer-Verlag
Ansprache/Opening Address

***

Brigitte Unger-Soyka
Ministerin des Landes Baden-Württemberg für
Familie, Frauen, Weiterbildung und Kunst
Ansprache/Address

***

Beate Weber
Oberbürgermeisterin von Heidelberg
Grußworte/Greetings

***

Prof. Dr. Hansjochem Autrum
"Wissenschaften einst, heute - und die Zukunft?"
Festvortrag/Keynote Address

***

Empfang mit Buffet/Reception and Buffet
Musik/Music
Trio "Rädelchen"

548,549　柏林和海德堡周年纪念活动的节目单。

　　庆祝活动以迈克尔·斯泰因豪森(Michael Steinhausen)指挥的海德堡医师管弦乐团(Physicians' Orchestra)音乐会开场。彼得·柴可夫斯基为大提琴和管弦乐队创作的《洛可可主题变奏曲》经来自柏林的年轻大提琴演奏家马努埃尔·冯德·纳默尔(Manuel Vonder Nahmer)之手,演绎得非常出色。

　　卡尔·海因茨·卡歇尔(Karl Heinz Karcher)代表我们的合作伙伴康拉德·费迪南德·施普林格,真诚地欢迎客人。我谈了与出版有关的基本主题。

巴登—符腾堡州的部长布里吉特·翁格尔-佐伊卡（Brigitte Unger-Soyka）以家庭、妇女、高等教育和艺术为主题发表了贺词，海德堡市长贝亚特·韦伯对我们的盛会表现出了浓厚的兴趣。

主题发言人是公司多年的朋友、作者和编辑汉斯约赫姆·奥特鲁姆，他是科学与艺术荣誉勋章的成员。他以"科学的过去和现在——以及未来？"为主题发表了精彩演讲。

嘉宾有我们备受尊敬的作者、诺贝尔奖获得者约翰·埃克尔斯爵士和他的妻子海伦娜夫人，以及哲学家汉斯-格奥尔格·伽达默尔和物理学家海因茨·迈尔-莱布尼茨，他们都是科学与艺术荣誉勋章的成员。

夜晚的社交晚会为新老朋友之间的思想交流和经验提供了机会。由哈赫曼（H. Hachmann）、瓦根曼（R. Wagenmann）和卡尔（P. Karl）组成的来自德国卡尔斯鲁厄的音乐三重奏 Rädelchen 乐队

550 在海德堡的周年庆典，就像柏林的周年庆典一样，不少知名嘉宾来访，比如广为人知的海德堡哲学家汉斯-格奥尔格·伽达默尔。

551 一艘帆船（"宝船"）在公海上的银帆（由 Takehiko 设计）：这是东京施普林格出版社和东京怡斯顿图书有限公司在公司成立周年之际赠送的礼物。这是我们在过去几十年中成功地为公司建立全球业务的一个可爱的象征，也是施普林格集团各公司之间密切联系的标志。

营造了一种轻松的气氛，客人们一直待到很晚。

552,553　老尤利乌斯·施普林格写给耶利米亚斯·戈特赫尔夫的信件
[HOLL]，是在施普林格出版社成立150周年之际赠送给该公司的礼物之一。这是
施普林格的瑞士分公司、位于巴塞尔的比克霍伊泽出版社和苏黎世弗赖霍费尔书店
联合赠送的礼物。在我们的历史叙述的结尾，让我们再次回到公司的创始人，在封
套上，和他的作者戈特赫尔夫在一起。

周年纪念活动的圆满结束，又一次激发了我们对前辈的怀
念之情。美好的未来取决于辉煌的过去。我们现在和未来的员
工都有理由为自己的公司感到自豪；我们也希望他们对此铭感
于心。

380

结 语

　　我们回顾了施普林格出版社 150 年的历史。在此期间,公司在各种力量的相互作用下形成了今天的面貌:特定时期的思想、政治和经济条件,以及公司管理者因这些条件而采取的相应创业对策。

　　由此形成的传统已成为我们公司的特色:排在首位的是关于我们出版物的标准和外观方面的高质量要求,以及管理层对员工的高度忠诚,这体现在与公司长期的合作关系上。

　　通过过去几十年的共同努力,我们已经能够将公司发展成一家在全球经营的企业。这就要求我们在图书交易中继续恪尽职责,以确保其未来的持续发展。不可或缺的先决条件是为决策做好准备以及保持独立思考的能力。内部编辑、制作、推广和销售是出版社生产力的发动机,我们必须持续不断地巩固经济基础,同时不能忽视我们对科学界的责任。

　　我们的努力取得了成功,这要归功于与我们所有的作者和编辑之间的相互信任与合作,以及全体员工的不懈努力。

附　录

尤利乌斯·施普林格学校

　　1987 年 10 月 18 日,海德堡市政府将巴登-符腾堡州最大的商学院之一——第二商业学校(Handelslehranstalt II)更名为尤利乌斯·施普林格学校(Julius Springer School)。自 1970年以来,这所学校一直培训来自巴登北部地区的年轻男女成为书业工作者。培训质量高,而且所有参与培训的人员通力合作,因此在业界被称为"海德堡模式"。由于图书贸易和出版专业的学生只占学生总数的 10％左右,因此,为出版商尤利乌斯·施普林格的名字投票是这一专业领域的荣誉,也是一种义务。此外,这个名字意在强调海德堡作为一座图书之城的地位。

　　此外,尤利乌斯·施普林格对海德堡而言非常重要,因为他当时作为主席,召集了德国书业协会会议,会议于 1871 年 9 月4 日至 6 日在海德堡举行。会议的目的是讨论与图书贸易有关的基本问题,特别是版权问题。这次会议的成果成为 1886 年通过的《伯尔尼版权公约》的组成部分。

　　在学校的入口大厅,施普林格出版社捐赠了一块青铜牌匾,上面摘录了尤利乌斯·施普林格写给他的作者耶利米亚斯·戈特赫尔夫的一封信(见插图)。

JULIUS SPRINGER

VERLEGER UND DEMOKRAT

10. V. 1817
17. IV. 1877

Wenn die Sorge um die Existenz des einzelnen und seiner Familie beseitigt ist, dann tritt an ihn die Verpflichtung heran, seine Kräfte dem allgemeinen Wohle VORSTEHER *zuzuwenden.*

DES BÖRSENVEREINS FÜR DEN
DEUTSCHEN BUCHHANDEL 1867-1873
WEGBEREITER DES NATIONALEN
UND INTERNATIONALEN
URHEBERRECHTS

554　尤利乌斯·施普林格（1817年 5 月 10 日——1877 年 4 月 17 日）：出版商和民主人士。"当我们解决了自己和家庭生计的问题之后，我们就有义务将精力投入为同胞谋福利的事业。"德国书业协会主席（1867—1873），国家和国际版权法的先驱。

周年纪念日职员名录

Springer-Verlag Berlin, Heidelberg, New York and Wien in the period from 1945 to 1992. Beginning year in parentheses; W = Springer-Verlag Wien; NY = Springer-Verlag NewYork.

65 years

Gosse, Paul (1902)

55 years

Salle, Henrik (1935)

50 years

Jungmann, Kurt (1925)
Kuder, Georg (1920)

45 years

Lange, Anna (1926)
Maetzigen, Irmgart (1939)
Mayer-Kaupp, Armgart (1946)
Munsky, Hans (1921)
Soschka, Franz (1924)
Vahlteich, Johanna (1920)
Witkowski, Erich (1924)

40 years

Drescher, Horst (1948)
Fibiger, Klaus (1952)
Großhans, Dora (1947)
Hoffbauer, Otto (1947)
Kühn, Bodo (1952)
Pfeiffer, Alfred (1927)
Przybilla, Lothar (1952)
Schmid, Charlotte (1947)
Schollmeyer, Ilse (1948)

35 years

Bergstedt, Wolfgang (1954)
Billing, Brigitte (1954)
Bülow, Ingrid (1952)
Cardocus, Eva (1948)
Deigmöller, Theresia (1954)
Eder, Margarete (1951, W)
Elfeldt, Christa (1952)
Fischer, Erika (1953)
Hillert, Gisela (1953)
Hofmann, Horst (1953)
Kleindienst, Herbert (1953, W)
Krambs, Karl-Heinz (1953)
Scheibel, Horst (1955)
Schlegel, Rudolf (1952)
Schultz, Lutz-Peter (1957)
Schwabl, Wilhelm (1948, W)
Skuhra, Bruno (1950, W)
Stehle, Siegfried (1947)
Wieser, Manfred (1956, W)
Wölfel, Dieter (1955)
Zillmann, Dieter (1956)

30 years

Albrecht, Renate (1961, W)
Baumann, Wilhelm (1948)
Blümel, Hannelore (1959)
Dahlmann, Kurt (1947)
Dammert, Helmuth (1949)
Esser, Ilse (1962)
Felgner, Waltraut (1960)
Glaeser, Wolfgang (1961)
Gollnisch, Joachim (1960)
Gordziel, Gerlinde (1956)
Graetz, Ilse (1951)
Hardt, Ilse (1952)
Hardt, Vera (1956)
Hinz, Peter (1962)
Huber, Oskar (1954)
Jacob, Alinde (1962)
Kammhuber, Elfriede (1949)
Köhler, Godehard (1955)

Latzkowski, Elli (1950)
Lauer, Erich (1958)
Leppert, Gerhard (1949)
Lowinsky, Hedwig (1937)
Montenbruck, Barbara (1962)
Müller, Edith (1952)
Muzeniek, Marianne (1962)
Schenk, Walter (1959)
Schmid, Leopoldine (1937, W)
Siegel, Lothar (1961)
Sobotta, Uta (1962)
Spindler, Josef (1950)
Strass, Gerlinde (1961, W)
Veith, Hildegunde (1952)
Vilardo, Doris (1961)
Vogel, Günter (1955)
Weiß, Ludwig (1947)
Wiesner, Sigrid (1953)
Wolter, Irmgard (1955)

25 years

Baumann, Peter G. (1950)
Baumann, Wilhelm (1948)
Behncke, Margot (1955)
Benger, Irmgard (1962)
Bonath, Evelyn (1966)
Bornheim, Elfriede (1956)
Brumm, Jürgen (1967)
Delis, Gisela (1966)
Fischer, Lydia (1956)
Fischer, Ralph-Peter (1967)
Fröhlich, Lotte (1950)
Goebel, Horst (1963)
Gohlke, Manfred (1966)
Groeben, Inge v. d. (1946)
Gummert, Gertraud (1965)
Habel, Volker (1966)
Hamilton, Heinz (1966)
Harzer, Siegfried (1948)
Hensel, Detlef (1957)
Herrmann, Isolde (1967)
Heyn, Eva (1954)
Höferth, Lydia (1963)

Hoffmann, Gisela (1956)
Holtz, Günter (1951)
Hövel, Paul (1945)
Hüttig, Hertha (1963)
Jankowski, Maria (1964)
Jungherr, Gerhard (1963, W)
Karch, Petra (1967)
Karwatzki, Evelin (1966)
Kröning, Heinz (1949)
Kutz, Ilse (1961)
Legner, Irmgard (1964)
Leisterer, Ingeborg (1957)
Liebmann, Dieter (1967)
Lönnies, Rudolf (1946)
Lowien, Georg (1958)
Lüttke, Cornelius (1967)
Manzel, Edith (1954)
Marquardt, Otto (1956)
Matthies, Heino (1967)
Mayer-Kaupp, Hermann (1947)
Melchert, Ingeborg (1956)
Müller, Dagmar (1963)
Müller, Elfriede (1964, W)
Müller, Erika (1966)
Müller, Ingeborg (1950)
Müller, Margot (1958)
Oelschläger, Dora (1966)
Piotrowski, Ingeborg (1954)
Presche, Frank (1967)
Preuss, Renate (1967)
Raedel, Marianne (1965)
Rathgeber-Manns, Dorothee
  (1966)
Rausch, Peter (1964)
Rehfeldt, Ursula (1954)
Riemer, Willy (1948)
Schäfler, Annemarie (1959)
Schlape, Edeltraud (1954)
Schmitz, Gabriele (1966)
Schröer, Manfred (1951)
Schulz, Gotthelf (1945)
Siebert, Gisela (1956)
Simke, Ursula (1960)
Storz, Günther (1957)
Synowitz, Claudia (1960)
Tirpitz, Hildegard (1955)
Trötzmüller, Walter (1966, W)
Tschöpe, Edeltraut (1961)
Ungersbäck, Ernestine
  (1955, W)
Vogt, Brigitte (1961)
Voss, Christa (1967)
Weisleder, Monika (1964)

Wenz, Gerlinde (1956)
Wiessler, Hans (1947)
Wojewoda, Hans (1962)

20 years

Abetz-Endter, Marianne (1971)
Ammon, Dagmar (1971)
Arndt, Hartmut (1972)
Aryan, Margret (1972)
Bartz, Rainer (1969)
Baumann, Karl-Dieter (1972)
Baumeister, Manfred (1972)
Beyer, Christa (1968)
Beyer, Martin (1969)
Bielfeldt, Irene (1968)
Birkenstock, Renate (1970)
Blecha, Edith (1972, W)
Bloche, Sigrid (1969)
Borde, Dagmar (1972)
Boehm, Albert (1968)
Bordt, Marika (1952)
Bornschein, Sibylle (1972)
Borowy, Gisela (1970)
Boschke, Friedrich L. (1965)
Braun, Adelheid (1968)
Bürkner, Rosa (1949)
Bujard, Ute (1971)
Csernyanszky, Irene
  (1972, NY)
Dangers, Ingeborg (1969)
Dehmel, Horst (1966)
Deus, Gerda (1971)
Doerr, Hans-Peter (1972)
Eckhardt, Margarete (1948)
Edwards, Yvonne (1972, NY)
El-Halabi, Heidemarie (1968)
Eschenhagen, Willy (1948)
Fabian, Angela (1971)
Fenske, Karin (1968)
Fordan, Elise (1970)
Gabriel, Jutta (1969)
Gassmann, Alfred (1969)
Gerl, Edeltraud (1971)
Gersbach, Volker (1970)
Gesche, Detlef (1969)
Grossmann, Bernd (1970, NY)
Haala, Hildegard (1970)
Haertel, Ingeborg (1949)
Hagen, Albrecht v. (1970)
Hailwax, Alois (1947, W)
Heckenberger, Gertrud (1951)
Heidt, Pauline (1972, NY)

Henze, Margot (1950)
Hesse, Erich (1952)
Hesse, Kurt (1952)
Hildebrandt, Gertraut (1968)
Hiltner, Renate (1970)
Hoffmann, Marianne (1967)
Hofmann, Manfred (1968)
Hoiczyk, Monika (1970)
Holzer, Eva (1972)
Horn, Gerhard (1969)
Hornoff, Hans-Joachim (1967)
Hortig, Margot (1959)
Huhn, Bernd (1972)
Ihloff, Willi (1948)
Janik, Eva (1970)
Kälke, Hans-Joachim (1965)
Kalow, Marianne (1971)
Kinnemann, Claudia (1971)
Klieme, Gisela (1972)
Kluge, Ulrich (1968)
Kräft, Anneliese (1949)
Krügel, Margarete (1956)
Krüger, Hans (1950)
Kühn, Heinz (1952)
Kühn, Helga (1968)
Kürschner, Rudolf (1948)
Kussmann, Gabriele (1970)
Lampert, Walter (1971)
Lax, Ellen (1950)
Liemert, Heide (1970)
Link, Dora (1971)
Lohse, Albertine (1949)
Lotsch, Helmut (1972)
Lückermann, Edda (1972)
Marschinke, Elfriede (1968)
Matton, Elfriede (1951)
May, Frank C. (1970, W)
Medem, Maria (1970)
Mees, Erika (1960)
Mees, Georg (1958)
Moechel, Klaus (1953)
Motza, Martha (1956)
Münster, Karl (1956)
Mutz, Dieter (1972)
Nather, Hans-Michael (1970)
Naujoks, Edith (1963)
Neuhaus, Anni (1947)
Noth, Max (1958)
Oppelt, Ingeborg (1970)
Ortel, Karola (1969)
Pamberger, Elfriede (1957)
Peusch, Wilfried (1972)
Pfeuffer, Ursula (1969)

施普林格出版史

Porawski, Marianne (1972)
Pozimsky, Ursula (1969)
Pupp, Julius (1969)
Pura, Visitacion (1968, NY)
Reinhalter, Johanna (1972)
Rhein, Helmut (1970)
Richter, Hans (1955)
Rosenbaum, Klothilde (1966)
Rünger, Werner (1950)
Sachse, Dagmar (1966)
Sattler, Elli (1959)
Schaepe, Heidrun (1972)
Schiketanz, Anna (1971, W)
Schlosser-Nassar, Carla (1971)
Schmidt, Ingrid (1969)
Schneider, Gerda (1962)

Schneider, Heinz (1965)
Schönefeldt, Hans (1969)
Schreiber, Edmund (1947)
Schröer, Friedrich (1946)
Schultz, Margarete (1947)
Schumann, Ingeborg (1958)
Schwinzer, Ursula (1948)
Seidler, Edgar (1957)
Seydel, Anneliese (1968)
Siewert, Fritz (1948)
Stäck, Harald (1972)
Sturm, Rosita (1968)
Sturmheit, Brigitte (1969)
Sturzbecher, Leonie (1950)
Teppert, Sieglinde (1972)
Thielen, Hans (1949)

Thuss, Joachim (1969)
Voelker, Bernd (1970)
Vollbrecht, Helga (1971)
Weinert, Brigitte (1972)
Weise, Helga (1968)
Wendt, Holger (1968)
Werner, Ingrid (1971)
Wilde, Alfred (1950)
Winckelmann, Joachim (1969)
Winckelmann, Jutta (1972)
Wirth, Ingeborg (1972)
Wolf, Sabine (1972)
Wolff, Klaus (1968)
Yaulema, Christa (1971)
Zaruba, Edith (1972, W)

公司所有者概览

Year	Ferdinand Springer	Tönjes Lange	Otto Lange	Julius Springer	Heinz Götze	Konrad F. Springer	Rösi Joos	Georg F. Springer	Claus Michaletz
1945									
1946									
1947				January 1, 1947					
1948									
1949	January 1, 1953								
1950			October 7, 1950						
1951									
1952									
1953									
1954									
1955									
1956									
1957					January 19, 1957				
1958		December 31, 1958							
1959									
1960									
1961		May 7, 1961		December 31, 1961					
1962									
1963						January 3, 1963			
1964									
1965	April 12, 1965	April 12, 1965				April 12, 1965	April 12, 1965 / February 1, 1965	April 12, 1965 / February 1, 1965	
1966			December 31, 1966						
1967									
1968									
1969									
1970									
1971									
1972									
1973									
1974									
1975								March 17, 1975	
1976									
1977									
1978									July 27, 1978
1979									
1980									
1981					January 1, 1985				
1982							December 31, 1982		
1983									
1984									
1985								January 1, 1985	
1986									
1987									
1988									
1989									
1990									
1991									
1992									

The left bar of each pair represents partnership in Springer-Verlag Wien, the right bar partnership in Springer-Verlag Berlin/Heidelberg. K. F. Springer, H. Götze, and C. Michaletz had been active in the company for quite some time prior to their partnerships: K. F. Springer with longer interruptions since October 1, 1948, H. Götze since February 15, 1949, C. Michaletz since January 1, 1972. Since April 12, 1965, Springer-Verlag Wien has been a limited partnership with the Ferdinand Springer GmbH as a full partner.

参考文献

Autrum, Hansjochem: Ein Handbook in Tusche-Pinsel-Strichen. In: Semper Attentus, pp. 22-25

Becke-Goehring, Margot: Attractio Electiva Simplex. Heinz Götze und das Gmelin-Institut. In: Semper Attentus, pp. 26-34

Behnke, Heinrich: Rückblick auf die Geschichte der Mathematischen Annalen. In: Mathematische Annalen 200 (1973), pp. I-VII

Beilstein. - Festschrift, herausgegeben anläßlich der Feier des 100jährigen Bestehens von Beilsteins Handbuch der Organischen Chemie am 13. Mai 1981 in der Jahrhunderthalle in Frankfurt/M.-Höchst. Private publication, Würzburg 1981

Bessis, Marcel: International English for Scientific Publications. In: Semper Attentus, pp. 42-48

Bollwage, Max: Ein neues Verlagsgesicht - Make up oder kosmetische Operation? In: Semper Attentus, pp. 49-60

Breyer, St.: The Uneasy Case for Copyright: A Study of Copyright in Books, Photocopies and Computer Programs. In: Harvard Law Review 84 (1979), pp. 281-351

Czeschlik, Dieter (ed.): Konrad F. Springer zum 60. Geburtstag. 23.9.1985. Springer, Berlin Heidelberg New York 1985

Dodeshöner, Werner: Am Grabe von Tönjes Lange. In: Börsenblatt 1961, p. 750

Doerr, Wilhelm: Geleitwort zum 400. Band von Virchows Archiv. In: Virchows Archiv A 400 (1983), pp. 1-12

Eckmann, Beno: Von der Studierstube in die Öffentlichkeit. In: Miscellanea Mathematica. Springer, Berlin Heidelberg New York 1991, pp. 109-118

Fluck, E.: Wirkung des Werks Leopold Gmelins in Gegenwart und Zukunft. In: Lippert, p. 40 f.

Fresenius, Wilhelm: Die 'Zeitschrift für Analytische Chemie' und ihre Verleger. In: Semper Attentus, pp. 106-110

Frisch, Karl von: Fünfzig Jahre 'Verständliche Wissenschaft'. In: Semper Attentus, pp. 113-116

Gall, Lothar: Die Heidelberger Jahrbücher. Geschichte und Neubegründung. In: Zeitschrift für Geschichte des Oberrheins 111 (1963), pp. 307-331

Götze, Heinz (1): Ansprache anläßlich der Verleihung der Ehrendoktorwürde der Medizinischen Fakultät der Universität Erlangen-Nürnberg am 15. Juli 1972. Private publication, Heidelberg 1972

- (2): J.F. Bergmann Verlag. In: Estermann/Knoche (ed.) Von Göschen bis Rowohlt. Beiträge zur Geschichte des deutschen Verlagswesens. Harrassowitz, Wiesbaden 1990, pp. 150-157

- (3): Future Prospects for Literature Documentation. In: Fresenius' Zeitschrift für Analytische Chemie 327 (1987), pp. 1–4
- (4): The Future of Scientific Books. In: Jahreskatalog von Kinokuniya, Tokyo 1974
- (5): Gefahren des schrankenlosen Fotokopierens. 'Reprographic Reproduction' (Schriftenreihe des Börsenvereins des Deutschen Buchhandels, Heft 9). Frankfurt am Main 1976
- (6): Springer-Verlag 1970. Bericht anläßlich der Bilanzsitzung der deutschen Firmengruppe Springer-Verlag am 17. Juli 1970
- (7): Das wissenschaftliche Handbuch. In: Beilstein, pp. 83–98
- (8): Ausblicke in die Zukunft. Private publication, Heidelberg 1992

Haberland, Detlev: Von Lemgo nach Japan. Das ungewöhnliche Leben des Engelbert Kaempfer 1651–1716. Westfalen Verlag, Berlin 1990

Hamperl, Herwig: Werdegang und Lebensweg eines Pathologen. Schattauer, Stuttgart New York 1972

Heuck, Friedrich and Heinz Vieten: Heinz Götze und die Medizinische Radiologie. In: Semper Attentus, pp. 147–149

Hilton, Peter J.: A Friendship and a Bond. In: Semper Attentus, pp. 150–153

Hövel, Paul: Vom Biedermeier zum Atomzeitalter. Ein Beitrag zur Geschichte des Julius-Springer-Verlages von 1842–1965. Private publication, 100 copies, Berlin 1982

Hohmeyer, D.: Kein Interesse an Verlagsfunktionen. In: Handelsblatt October 8, 1970

Holl, Hanns Peter (ed.): Julius Springer und Jeremias Gotthelf. Dokumente einer schwierigen Beziehung. Birkhäuser, Basel 1992

Imai, Masaki: 'Kaizen'. Der Schlüssel zum Erfolg der Japaner im Wettbewerb. Munich 1992

Ishibashi, Choei: Deutsche Medizin in Japan. In: Semper Attentus, pp. 158–161

Jaspert, Reinhard: Lieber Tönjes Lange! In: Börsenblatt 1959, p. 1557

Keene, Donald: The Japanese Discovery of Europe, 1720–1830. Revised edition. Stanford, Calif. 1969, pp. 76 ff. and 126 ff.

Kemp, Arnoud de: Neue Wege der Verbreitung von Information. In: Zeitschrift für Bibliothekswesen und Bibliographie. Sonderheft 58. Frankfurt a. M. 1993

Klingspor, Karl Hermann: Das naturwissenschaftliche Buch und die Buchkunst. In: Semper Attentus, pp. 219–228

Kraas, E. and Y. Hiki: 300 Jahre deutsch-japanische Beziehungen in der Medizin. Springer, Tokyo Berlin Heidelberg New York 1992

Labhart, Alexis: Durch die Wissenschaft zur Freundschaft. In: Semper Attentus, pp. 229–231

Leibniz: Herrn von Leibniz' Rechnung mit Null und Eins. 3rd edn. Siemens, Munich 1979, p. 51

Linder, Fritz (ed.) (1): Karl Heinrich Bauer. Konturen einer Persönlichkeit. Springer-Verlag, Berlin Heidelberg New York 1979
- and Wilhelm Doerr (ed.) (2): Karl Heinrich Bauer. Worte zu seinem Gedenken. Ansprachen, gehalten am 12. Juli 1978. Springer, Berlin Heidelberg New York 1978

- (ed.) (3): In Memoriam Karl Heinrich Bauer. Feier aus Anlaß des 100. Geburtstages. 26. September 1990. Springer, Berlin Heidelberg New York 1991
Lippert, W. (ed.): Der 200. Geburtstag von Leopold Gmelin. Eine Dokumentation der Festveranstaltung. Frankfurt am Main 1990
Lock, Stephen (ed.): The Future of Medical Journals. British Medical Journal, London 1991, particularly p. 205 (Richard Smith)
Matsubara, Hisako: Weg zu Japan. Albrecht Knaus Verlag, Hamburg 1983, p. 14 f.
McAlpine, Wallace A.: A Panegyricus to Doctor Götze, Scientific Publisher of the Twentieth Century. In: Semper Attentus, pp. 241–248
Mehra, Nandi K.: Scientific Books for India. In: Semper Attentus, pp. 249–253
Michaletz, Claus: Springer und unser Engagement in der Schweiz. In: Czeschlik, pp. 11–19
Palay, Sanford L.: Notes for a History of Friendship. In: Semper Attentus, pp. 272–277
Peitgen, Heinz-Otto and Peter H. Richter: The Beauty of Fractals. Springer, Berlin Heidelberg New York 1986
Rosa, Renato de (ed.): Karl Jaspers/K. H. Bauer. Briefwechsel 1945–1968. Springer, Berlin Heidelberg New York 1983
Sarkowski, Heinz (1): Amerikanische Nachdrucke deutscher Wissenschaftsliteratur während des Zweiten Weltkriegs. In: Buchhandelsgeschichte 3 (1987), pp. 97–103
- (2): Einhundertfünfundzwanzig Jahre Fresenius' Zeitschrift für Analytische Chemie. In: ibid. 326. (1987), pp. 1–4
- (3): Die Heidelberger Universität und der Springer-Verlag. In: Zentralblatt ... für Mitarbeiter der Springer-Gruppe. 1985, Heft 4, p. 7 f.
- (4): Hundert Jahre Herstellung im Springer-Verlag. Private publication, Heidelberg 1989
- (5): Springer hat Format(e). In: Zentralblatt... für Mitarbeiter der Springer-Gruppe. 1988, Heft 3, pp. 6–8
- (6): Springer-Verlag. History of a Scientific Publishing Company. Part I: 1842–1945. Springer, Berlin Heidelberg New York 1996. [Abbreviated HS]
Sass, Friedrich: Dr. Ing. E.h. Julius Springer 75 Jahre. In: Börsenblatt 1955, p. 277
Scheerer, E.: Fifty volumes of Psychological Research/Psychologische Forschung. In: Psychological Research 50 (1988), pp. 71–88
Schettler, Gotthard and Egbert Nüssel: Epidemiologische Herzinfarktforschung in West-Europa. In: Semper Attentus, pp. 290–296
Schiebler, Theodor Heinrich: Histochemie: Hoffnungen, Wirklichkeit und Träume. In: Semper Attentus, pp. 297–309
Schnedler, Friedrich: Dem 'Beilstein' verbunden. In: Semper Attentus, pp. 317–325
Schneider, Lambert: Ferdinand Springer zum achtzigsten Geburtstag. In: Börsenblatt 1961, p. 1346 f.
Schütz, Gerhard: Kassetten-Fernsehen. Audiovisuelle Wiedergabeverfahren. In: Börsenblatt 1970, p. 2103 f.

Semper Attentus. Beiträge für Heinz Götze zum 8. August 1977. Konrad F. Springer, ed. Springer, Berlin Heidelberg New York 1977

Siebeck, Ernst-Georg: Hat der wissenschaftliche Verlag noch Daseinsberechtigung? J.C.B. Mohr, Tübingen 1951

Springer New York (ed.): Twenty Years Springer-Verlag New York. 1964–1984. New York 1984

Stein, Karl: Luogeng Hua. In: Jahrbuch der Bayerischen Akademie der Wissenschaften. Verlag der Bayerischen Akademie der Wissenschaften, in Kommission bei der C.H. Beck'schen Verlagsbuchhandlung. Munich 1985

Sugita, Genpaku: Dawn of Western Science in Japan. Translated by Ryozo Matsumoto. Tokyo 1969

Ulmer, Eugen: Urheber- und Verlagsrecht. 3rd, newly revised edn. Springer, Berlin Heidelberg New York 1980

Umlauff, Ernst: Der Wiederaufbau des Buchhandels. Beitrag zur Geschichte des Büchermarktes in Deutschland nach 1945. Buchhändler-Vereinigung, Frankfurt am Main 1978

Vieten, Heinz: Radiologe aus Leidenschaft. Erinnerungen aus fünf Jahrzehnten. Private publication, 1983

Wanner, Gustav Adolf: Hundert Jahre Birkhäuser 1879–1979. Birkhäuser Verlag, Basel 1979

Wendt, Bernhard: Abschied von Max Niderlechner. In: Aus dem Antiquariat 26 (1970/4), pp. A1–A3

Zander, Josef: Überleben nach der Verdunkelung. 20 Jahre gynäkologische Grundlagenforschung in der Nachkriegszeit. Thieme, Stuttgart 1993

Zülch, Klaus-Joachim: Die Stellung der Neurologie unter den medizinischen Disziplinen. In: Semper Attentus, pp. 341–354

施普林格出版史

索引①

页码后面的"l"是指如果注解的单词或短语没有出现在页面上,则会在插图图例中提及。这里没有提及仅在附图中出现的书名和期刊名。同样的道理也适用于只出现在大的有边框的列表中的标题。属于施普林格家族成员的名字只有在特殊情况下才会被提及,这本书的作者也是如此。

A

---

① 此处标示为原书页码,即本书边码。——译者

施普林格出版史

施普林格出版史

299

Kohonen，Teuvo　托伊沃·科霍宁
333f.

Koldovsky，P.　科尔多夫斯基　79

Koller，Ferdinand　费迪南德·科勒尔
201

Kollmann，Franz　弗朗茨·科尔曼
349

Kolossova，V.F.　V.F.科洛索娃　181

Kongreßzentralblatt für Innere Medizin　《内科医学协会总报》　18

König，Fritz　弗里茨·柯尼希　45，
64

Konstruktion　设计建造　37，264，
350

Kopecky，Alfred　阿尔弗雷德·科佩
基　69

Koprowski，H.　科普罗夫斯基　79

Kosmos/Geyerhahn（bookstore），Rio
de Janeiro　里约热内卢科莫斯/盖尔
汉（书店）　204

Kraft，Hanspeter　汉斯彼得·克拉夫
特　197，321

Kraft，Victor　维克多·克拉夫特　38

Krämer，I.　克拉默　285

Kramer，K.　克雷默　83l

Kramer，Kurt　库特·克拉默　357

Krasikova，O.L.　克拉西科娃　189

Krayer，Otto　奥托·克来耶　74l，
75，77

Kreis，Wilhelm　威廉·克赖斯　261l

Kreß，Hans Freiherr von　汉斯·弗赖
赫尔·冯·克雷斯　35，58，279，
280l

Kreuschner，Harri　哈里·克罗伊斯
施纳　213

Kreuzer，Ferdinand　费迪南德·克罗
伊塞　79，82

Krieglstein，Günter K.　金特·克里格
施泰因　309

Krüger，H.　克吕格尔　6

Kuckuck，Hermann　赫尔曼·库库克
34

Kuder，Georg　格奥尔格·库德　7，
40，244，245l

Kuhlencordt，Friedrich　弗里德里希·
库伦科特　279

Kühn，Jörg　耶尔格·屈恩　48

Kuhn，Richard　理查德·库恩　54

Kujima，Hideo　小岛秀夫　136

Kulmus，Johann Adam　约翰·亚当·
克尔穆斯　120

Kultura（book-trading firm），Budapest
布达佩斯文化公司（图书贸易公
司）　193，206

Kunii，Tosiyasu L.　国井利泰　131f.，
325

Kunkel，Wolfgang　沃尔夫冈·孔克
尔　25，351

Künzel，Wolfgang　沃尔夫冈·金策尔
307

Küpfmüller，Karl　卡尔·屈普夫米勒
340

Kuptsov　库普佐夫　187

Kurfürstendamm　选侯大街　237
208，210

Kuroda，T.　黑田　120

Kurtenacker，Albin　阿尔宾·库尔特

N

Nachtsheim, Hans 汉斯·纳赫茨海姆 308

Nagel, Gerd A. 格尔德·纳格尔 278

Nagl, Manfred 曼弗雷德·纳格尔 328

Nakai, Masakatsu 中井将胜 126，129，130l

Nakata, Masao 中田正夫 120

Nakhosteen, John A. 约翰·纳康施特恩 278

Nankai University, Tianjin 天津南开大学 150f.

Nankodo (booksellers) 株式会社南江堂（书店）117，125

Narosa Book Distributors, Delhi 印度德里纳罗萨图书分销商 163—165

Nasemann, Theodor 特奥多尔·纳泽曼 305

National Book Trust 国家图书信托基金 165

National Bureau of Standards, Washington, DC 华盛顿特区的国家标准局 27

Naturwissenschaften, Die 《自然科学》4，27，36，311

Nauck, E.G. 瑙克 79

Naunyn-Schmiedebergs Archly 瑙恩—施米德贝格文献 304

Nazarian, Serge 塞尔日·纳察里恩 285

Nedden, Franz Zur 弗朗茨·齐·内登 37

Nephrology Dialysis Transplantation 《肾内科透析移植》170

Nervenarzt, Der 《神经科医师》58f.，292

Nettelbladt, Norbert von 诺伯特·冯·内特尔布拉德 217

Neubauer, Helmut 赫尔穆特·诺伊鲍尔 47

Neuberg, Carl 卡尔·纽伯格 83

neue Kosmos, Der 《新宇宙》334

Neuenheimer Landstrasse 诺伊恩海默公路 7，41，214

Neugebauer, Otto 奥托·诺伊格格鲍尔 316

Neuhaus, Günter A. 金特·诺伊豪斯 279

Neumann, Carl 卡尔·诺伊曼 34，315

Neurologie etneuroradiologie infantiles 《小儿神经学和神经放射学》176

Neurology program 神经病学项目 292—299

Neuroradiology 《神经放射学》51，290l，291

New books (publisher's announcement) 新书（出版商声明）258

New media 新媒体 245—252

Niderlechner, Max 马克斯·尼德莱希纳 19，86，211f.

Niederer, Hans 汉斯·尼德雷尔 197，201

Niederle, Norbert 诺贝特·尼德勒

64

插图来源

感谢以下作者和出版社、公司和机构提供的原始插图（英文版图号为括号内的数字）。

Baden-Baden: Franziska Krisch (230, 311).

Bad Krozingen: Daniela-Maria Brandt (76).

Basel: Werner Blaser (246). – V. + R. Jeck (243).

Berlin: Ludwig Binder (151). – Harry Croner (27). – Fritz Eschen (40). – Marianne Fleitmann (534, 536 – 538). – Foto Baumgartner (258). – Foto Kirsch (312). – Foto-Klebbe (87). – Foto-Dienst Leppin (73). – Traute Hildebrandt (304). – G. Hübner (308). – Heinz O. Jurisch (25, 26, 255, 309). – Stefan Kresin (165). – Rainer Schwesig (252, 270). – Technical University, University Library (491). – Horst Urbschat (489). – Dieter Wurster (frontispiece).

Berne: Fotolabor Inselspital (93).

Beuerbach: Ibab Kunkel (450).

Cologne: Foto Scharkowski (511). – Erika Kaufmann (384). – Dr. Dr. Herbert Mück (532).

Davos Platz: Foto B. Rustmeier (127).

Düsseldorf: Foto-Studio Faber (91).

Frankfurt am Main: Beilstein Institute (99, 100). – Association of German Chemists (archives) (41). – H. Boris Kerber (85). – Frankfurt/Stettin Fair (295).

Göttingen: Foto-Blankhorn (121).

Heidelberg: Foto-Borchard (275, 302, 443, 476, 516). – Foto-Gärtner (278). – Foto Sauer (272). – Otto Haxel (457). – Ingeborg Klinger (550). – Lossen-Foto (8 [released RPKA C no. 10/5900A]; 260). – Angelika Meiß (261). – Meyer Fotografie (442). – Dagmar Welker (541, 543 – 547). – Dieter Wölfel (292).

Junkersdorf, near Cologne: Photo Hildegard Lotz (337).

Langen: Dr. R. Strnad (92).

Mannheim: F. A. Brockhaus (2; from *Brockhaus Enzyklopädie*, vol. 2, 1967, detail from a colored city map of Berlin XVIII/XIX following p. 400).

Müllheim: Foto Studio Thoma (274).

Munich: Dermatology Clinic and Polyclinic of Ludwig Maximilian University, Prof. Dr. G. Plewig (archives) (379). – Irmingard Grashey-Straub (46, brush drawing in India ink). – Ernst-Habbo Hampe (83). – Foto-Studio Plaschka (356). – KES (373). – Inner City Medical Clinic of the University of Munich, Prof. Dr. E. Buchborn (35). – Porträt-Studio Meinen (330, 380). – Frauke Sinjen (144). – Studio Sexauer (277). – Ruth Weiß (11). – Hilde Zemann (323).

New York: Bo Parker Foto (152; after a color photo from: *Flatiron. A photographic history of the world's first steel frame skyscraper 1901–1990, photographs and commentary collected by Peter Gwillim Kreitler*, The American Institute of Architects Press, Washington, D.C., 1992). – New York University, L. Pellettieri Photo (158). – Star Black (146, 428).

Paris: E. Boubat "Agence TOP" (116).

Princeton, N.J.: Institute for Advanced Study, Rachel D. Gray (414).

Reinach, Switzerland: Prof. Dr. M. Allgöwer (127).

San Diego, Calif.: Zoological Society of San Diego, Photo Ron Garrison (89).

Schaffhausen: Rolf Wessendorf (247).

Stuttgart: Gustav Dreher Württemb. Graphische Kunstanstalt GmbH (287).

Tübingen: Pathological Institute of the University of Tübingen, Prof. Dr. B. Bültmann (77).

Vienna: Photo Simonis (16, 17). – Foto Winkler (18).

Wiesbaden – Mainz – Limburg: Studio Besier (529).

Worms: Foto-Bender (69).

Würzburg: Foto de Selliers (28). – Foto Studio Gundermann GmbH (284, 285). – Wolfram F. Joos (267). – Universitätsdruckerei H. Stürtz AG (283, 286).

Wuppertal: Ingrid von Kruse (55, 360).

Without place reference: Foto Swiridoff (30). – Ulrich Zillmann (493).

此外，没有版权的照片是由作者和员工或其家人提供的。其他许多照片来自公司的档案和作者个人。扉页、书籍封面和封套的比例（均来自公司档案）根据书的尺寸作过调整。

本书作者简介

海因茨·格策博士（1912—2001），施普林格出版社的出版人及前管理合伙人，1912年出生于德累斯顿，在德国莱比锡和意大利那不勒斯学习考古学、历史学和艺术史。于1949年加入施普林格出版社。应费迪南德·施普林格的邀请，于1957年成为位于海德堡和柏林的出版社的合伙人和共同所有者，直到1992年。

他于出版领域的职业生涯长达50年。海因茨·格策对医学、数学、物理学和计算机科学领域的出版表现出特别的兴趣。通过他的个人努力和奉献，格策成功创建了一个国际出版和发行网络。近500种施普林格期刊中有很大一部分是在他的领导下创办的。

他一直是出版社的合伙人，直到1998年贝塔斯曼收购施普林格出版社的多数股权之后，他被任命为监事会成员。

本书译者简介

钱思洁，西北政法大学新闻传播学院编辑出版系教师，出版硕士（2015年南京大学信息管理系）。2019—2020年在南京大学公派访学。主要关注数字出版物营销、世界出版产业方向。发表论文数篇。主带《数字出版物营销》《中国编辑出版史》《世界出版产业》等课程。参编《产学协同视域下的出版研究与探索》（南京大学出版社）。